Über dieses Buch Als neu eingestellter Systemmanager am Lawrence Berkeley Laboratory in Kalifornien mußte Clifford Stoll einen Abrechnungsfehler von 75 Cent für in Anspruch genommene, aber nicht bezahlte Computerarbeitszeit überprüfen. Dies bereitete ihm um so mehr Kopfzerbrechen, als er bei dieser Überprüfung auf die Spur von Hackern stieß, denen es gelungen war, in seine Datennetze einzudringen. Datennetze, die von hochgeheimen Militärunterlagen bis zum bargeldlosen Zahlungsverkehr alles mögliche verwalten.
Stolls Warnungen an FBI-Bürokraten in Washington fruchteten nichts. Auf eigene Faust verfolgte er die Hacker nun durch die Datennetze. Dabei erfährt der Leser auf höchst spannende und anschauliche Weise, wie man durch Löcher im elektronischen Zaun schlüpft, in Computer einbricht, digitale Fallen stellt und seine eigenen Daten besser schützt.
Aber auch die Hacker waren clever und ihrem Verfolger meist um eine atemberaubende Nasenlänge voraus. Ein Jahr dauerte es, bis Clifford Stoll sie nach einer digitalen Reise quer durch Nordamerika und Europa in Hannover lokalisieren konnte.
Und in der Tat stellte sich heraus, daß die Hacker hauptsächlich militärische Geheimnisse der Amerikaner ausgeforscht hatten – im Auftrag des KGB.
Eine authentische Geschichte, die wieder einmal beweist, daß die Wirklichkeit viel sensationeller sein kann als jede Fiktion. Dementsprechend war auch das Medienecho, von FAZ bis taz und von Spiegel bis Stern, und natürlich bei allen Radio- und Fernsehsendern.

Der Autor Clifford Stoll hatte ursprünglich Astronomie studiert und ist eher durch Zufall zum Computerexperten geworden. Heute ist er eine anerkannte Autorität in Fragen des Datenschutzes und der Computersicherheit – mit Sicherheit eines der brisanten Probleme des kommenden Jahrzehnts. Immer wieder wird Stoll als Experte von wichtigen amerikanischen Behörden und Gremien, bis hin zu Senatsausschüssen gehört. Er arbeitet am Harvard-Smithsonian Center für Astrophysics und lebt in Cambridge bei Boston in Massachusetts.

Clifford Stoll

KUCKUCKSEI

Die Jagd auf die deutschen Hacker,
die das Pentagon knackten

Aus dem Amerikanischen
von Gabriele Herbst

Fischer
Taschenbuch
Verlag

Die Übersetzerin dankt Walter Sielski, Ernst Guggolz, Jack Wolfinger und Michael Hiller für Rat und Tat.

16.–20. Tausend: Februar 1992

Von Clifford Stoll autorisierte deutsche Übertragung.

Veröffentlicht im Fischer Taschenbuch Verlag GmbH,
Frankfurt am Main, Mai 1991

Lizenzausgabe mit freundlicher Genehmigung
des Wolfgang Krüger Verlages, Frankfurt am Main
Die Originalausgabe »The Cuckoo's Egg. Inside
the World of Computer Espionage« erschien im
Verlag Doubleday, New York

Umschlaggestaltung: Manfred Walch, Frankfurt am Main
unter Verwendung einer Photographie
von Lutz Reinecke Foto-Design, Hannover
Graphiken: Stefan Birker, Viernheim,
nach Entwürfen von Clifford Stoll
Druck und Bindung: Clausen & Bosse, Leck
Printed in Germany
ISBN 3-596-10277-4

Kuckucksei

1. Kapitel

Ich ein Computercrack? Bis vor einer Woche war ich noch ein Astronom gewesen, der ganz zufrieden Teleskop-Optiken konstruierte. Wenn ich darauf zurückblickte, hatte ich in einem akademischen Traumland gelebt. Und während all dieser Jahre hatte ich nie für die Zukunft geplant, bis zu dem Tag, an dem mein Forschungsauftrag auslief.

Zu meinem Glück recyclete mein Labor gebrauchte Astronomen. Statt stempeln zu gehen, wurde ich vom Keck Observatorium am Lawrence Berkeley Laboratory (LBL) runter ins Rechenzentrum im Kellergeschoß desselben Gebäudes verfrachtet.

Also, verdammt nochmal, ich konnte den Computercrack so gut mimen, daß die Astronomen immer beeindruckt waren, dann würde ich wohl auch hier bald so gut mithalten können, daß meine Kollegen mir nicht auf die Schliche kämen. Denn – ich, ein Computercrack? Nein – ich bin Astronom.

Und was jetzt? Als ich apathisch auf mein Computerterminal starrte, dachte ich immer noch an Planetenumlaufbahnen und Astrophysik. Für eine Weile schuf mein Miesepeter-Rückzug in mich selbst noch Distanz zu meiner neuen Welt.

Als Neuer in diesem Haufen hatte ich die Wahl zwischen einer Besenkammer mit Fenster und Aussicht auf die Golden Gate Bridge und einem Büro ohne Belüftung, aber mit einer Wand voller Bücherregale. Ich schluckte meine Platzangst runter und nahm das Büro, in der Hoffnung, es würde niemandem auffallen, wenn ich unter dem Schreibtisch schlief. In den Büros nebenan saßen zwei Systemleute, Wayne Graves und Dave Cleveland, alte Hasen auf ihrem Gebiet. Ich sollte meine Nachbarn bald durch ihre Streiterei kennenlernen.

Wayne hielt alle anderen für inkompetent oder faul und lag daher mit der übrigen Mannschaft über Kreuz. Trotzdem kannte er das System durch und durch, vom Plattencontroller bis zu den Mikrowellenantennen. Wayne war eingeschworen auf VAX-Computer von Digital Equipment Corporation (DEC), dem nach IBM zweitgrößten Computerhersteller in der Welt, und akzeptierte nichts anderes.

Dave, unser heiterer Unix-Buddha, lauschte geduldig Waynes ununterbrochenem Strom von Computervergleichen. Kaum ein Gespräch gipfelte nicht in Waynes Satz: »Die VAX ist bei allen Wissenschaftlern der Computer Nummer 1, und man kann mit ihm auf tausend Arten mächtige Programme entwickeln.«

Dave erwiderte stets geduldig: »Okay, halte du deine VAX-Süchtigen bei Laune, und ich kümmere mich um den Rest der Welt.« Dave gab ihm nie die Genugtuung, sich zu ärgern, und Waynes Beschwerden verebbten schließlich in unverständlichem Genöle.

Na, großartig. Erster Arbeitstag, eingeklemmt zwischen zwei Typen, die meine Tagträume mit ihren ewig gleichen Disputen wie Seifenblasen platzen ließen.

Wenigstens würde sich niemand über mein Äußeres beschweren. Ich trug die Berkeley-Standarduniform: kariertes Hemd, abgewetzte Jeans und billige Latschen. Gelegentlich trug ein Systemverwalter (oder auch Systemmanager genannt), eine Krawatte, aber an diesen Tagen sank gewöhnlich die Produktivität.

Wayne, Dave und ich sollten gemeinsam die Computer als Dienstleistungsanlage für das gesamte Labor betreuen. Wir verwalteten ein Dutzend Zentralrechner – riesige Arbeitspferde zur Lösung physikalischer Probleme, die zusammen rund sechs Millionen Dollar wert waren. Den Wissenschaftlern, die diese Computer benutzten, sollte ein einfaches, leistungsfähiges Rechnersystem zur Verfügung stehen, das so zuverlässig war wie die Elektrizitätsgesellschaft. Das hieß, die Maschinen mußten die ganze Zeit laufen, rund um die Uhr. Und wie jede andere Service-Firma stellten wir jede Benutzung in Rechnung.

Von den viertausend Labormitarbeitern nutzte vielleicht ein Viertel die Zentralrechner. Jedes dieser tausend Konten wurde täglich aufsummiert, und der Computer führte ein elektronisches Hauptbuch. Weil eine Stunde Rechenzeit immerhin 300 Dollar kostete, mußte unsere Buchhaltung genau arbeiten, also verzeichneten wir jede ausgedruckte Seite, jeden Block Plattenspeicherplatz und jede Minute Prozessorzeit. Ein eigener Computer sammelte diese Zahlen und sandte monatliche Rechnungen an die Laborabteilungen.

Und so geschah es, daß Dave an meinem zweiten Arbeitstag in mein Büro marschierte und etwas von einem Schluckauf im Unix-Abrechnungssystem murmelte. Irgend jemand mußte ein paar Sekunden Rechenzeit verbraucht haben, ohne dafür zu bezahlen. Die Computerbücher gingen nicht ganz auf: Die letzte Monatsrechnung über 2387 Dollar wies ein Defizit von 75 Cents aus. Nun ist ein Fehler von ein paar Tausend Dollar offensichtlich und nicht schwer zu finden. Aber Fehler in der Cent-Spalte stammen von tiefverborgenen Problemen; sie aufzudecken ist deshalb eine Herausforderung für jeden sich mausernden Softwarecrack. Dave meinte, ich solle mal darüber nachdenken.

»Astreiner Raub, was?« fragte ich.

»Krieg's raus, Cliff, und alle werden staunen«, sagte Dave.

Das sah ganz nach einer netten Spielerei aus, also vergrub ich mich in das Abrechnungsprogramm.

Ich stellte sehr bald fest, daß unsere Abrechnungssoftware ein Flickenteppich aus Programmen war, die längst entschwundene Werkstudenten geschrieben hatten. Jedenfalls funktionierte der Eintopf gut genug, so daß sich niemand darum kümmerte. Dann sah ich mir die Programm-Mixtur genauer an; sie war in Assembler, Fortran und Cobol geschrieben, den ältesten aller Computersprachen. Hätte auch klassisches Griechisch, Latein oder Sanskrit sein können.

Wie bei der meisten Software ›Marke Eigenbau‹ hatte sich niemand die Mühe gemacht, unser Abrechnungssystem zu dokumentieren. Nur ein Irrer würde seine Nase ohne Karte in solch ein Labyrinth stecken.

Aber es war ein Zeitvertreib für den Nachmittag und eine Gelegenheit, das System kennenzulernen. Dave zeigte mir, wie es, immer wenn sich jemand bei dem Computer anmeldete, den Benutzernamen und das Terminal speicherte. Es versah jede Verbindung mit der Uhrzeit und zeichnete auf, welche Aufgaben er durchführen ließ, wie viele Sekunden Prozessorzeit er benötigte und wann er sich abmeldete.

Dave erklärte, daß wir zwei unabhängige Abrechnungssysteme hätten. Die normale Unix-Abrechnungssoftware speicherte nur die datierten Aufzeichnungen in einer Datei. Um aber die Bedürfnisse von ein paar Bürokraten zu befriedigen, die wissen wollten, welche Abteilungen die Computer benutzten, hatte Dave ein zweites Abrechnungssystem installiert, das detailliertere Aufzeichnungen über die Computerbenutzer machte.

Im Lauf der Jahre hatte eine lange Reihe gelangweilter Werkstudenten Programme geschrieben, um diese ganzen Abrechnungsinformationen zu analysieren. Ein Programm sammelte die Daten und legte sie in einer Datei ab. Ein zweites Programm las die Datei und berechnete die Kosten für den jeweiligen Zeitraum. Und ein drittes sammelte all diese Kosten und druckte Rechnungen aus, die an jede Abteilung geschickt wurden. Das letzte Programm addierte alle Benutzergebühren auf und verglich das Gesamtergebnis mit dem Ergebnis des computerinternen Abrechnungsprogramms. Und zwei Abrechnungsdateien, die von verschiedenen Programmen parallel geführt wurden, sollten eigentlich dasselbe Ergebnis erbringen.

Ein Jahr lang hatte es keine Differenzen gegeben, diese Woche aber war etwas nicht ganz in Ordnung. Die naheliegende Erklärung: ein Rundungsfehler. Wahrscheinlich war jeder Abrechnungsposten korrekt; wurden sie aber addiert, summierten sich Differenzen von Zehntel-Cents bis zu einem Fehler von 75 Cents auf. Ich sollte in der Lage sein, dies zu beweisen, indem ich entweder analysierte, wie die Programme arbeiteten, oder indem ich sie mit verschiedenen Daten testete.

Statt mir den Code jedes Programms mühsam zu entschlüsseln, schrieb ich kurzerhand ein Programm zur Kontrolle der Dateien. In ein paar Minuten hatte ich das erste Programm geprüft: Es sammelte die Abrechnungsdaten wirklich korrekt. Hier gab's keine Probleme.

Zur Simulation des zweiten Schrittes brauchte ich länger, aber in einer Stunde hatte ich ein ausreichendes *ad-hoc*-Programm zu-

sammengeklopft, um zu beweisen, daß auch das zweite Programm richtig funktionierte. Es addierte einfach die Zeitintervalle auf und multiplizierte sie mit den Kosten für die Rechenzeit. Also lag der 75-Cent-Fehler nicht an diesem Programm.
Auch das dritte Programm arbeitete perfekt. Es sah in der Liste der autorisierten Benutzer nach, fand ihre Laborkonten und druckte eine Rechnung aus. Rundungsfehler? Nein, jedes der Programme verzeichnete das Geld bis auf den Hundertstel Cent. Kumulative Fehler würden bei den Zehntel-Cents auftreten. Seltsam. Woher kam dann dieses 75-Cent-Defizit?
Ich hatte nun bereits einige Stunden in den Versuch investiert, ein triviales Problem zu verstehen. Und ich wurde stur: Verdammt, ich würde bis Mitternacht hierbleiben, wenn's sein mußte.
Nach einigen weiteren Testprogrammen fing ich an, dem Mischmasch der hausgemachten Abrechnungsprogramme wirklich zu vertrauen. Keine Frage, die Rechnungen gingen nicht auf, aber es war sicher kein Rundungsfehler, und die Programme waren zwar nicht kugelsicher, aber sie verschlampten keinen Cent. Ich hatte auch die Listen der autorisierten Benutzer gefunden und fand heraus, wie die Programme die Datenstrukturen nutzten, um den verschiedenen Abteilungen Rechnungen auszustellen. Gegen 19 Uhr fiel mir ein Benutzer namens *Hunter* auf. Dieser Typ hatte keine gültige Rechnungsadresse.
Ha! *Hunter* hatte im letzten Monat für 75 Cents Rechenzeit verbraucht, aber niemand hatte für ihn bezahlt. Er war die Quelle unseres Defizits! Jemand hatte Mist gebaut, als er unserem System diesen Benutzer anhängte. Ein triviales Problem, verursacht durch einen trivialen Fehler.
Ein Grund zum Feiern. Als ich diesen kleinen Triumph auf die ersten Seiten meines Notizbuchs schrieb, kreuzte Martha, meine Freundin, auf, und wir feierten die Sache mit einem späten Cappuccino im CAFÉ ROMA.
Ein richtiger Computercrack hätte das Problem in ein paar Minuten gelöst. Für mich war's unbekanntes Terrain, und ich hatte einige Zeit gebraucht, um mich darin zurechtzufinden. Ich konnte mich damit trösten, das Abrechnungssystem kennenge-

lernt und mich in ein paar obsoleten Sprachen geübt zu haben.
Am nächsten Tag schickte ich eine elektronische Nachricht an Dave und erklärte ihm das Problem, wobei ich mich gehörig aufplusterte.

Mittags kam Dave vorbei, um einen Berg Manuals abzuladen und erwähnte beiläufig, er habe nie einen Benutzer namens *Hunter* zugelassen. Es müsse einer der anderen Systemverwalter gewesen sein.

Waynes trockener Kommentar: »Ich war's nicht. LDVM.«

Die meisten seiner Sätze endeten mit Akronymen, dieses bedeutete: »*L*ies *d*as *v*erdammte *M*anual.«

Aber ich las die Manuals nicht. Die Operator durften keinen neuen Benutzer ohne ein Konto zulassen. In anderen Rechenzentren loggt man sich einfach in ein privilegiertes Konto ein und sagt dem System, es solle einen neuen Benutzer hinzufügen. Weil wir auch verschiedene Buchhaltungseinträge vornehmen mußten, konnten wir kein solches Larifari-System betreiben. Unseres war so komplex, daß wir spezielle Programme besaßen, die automatisch den Papierkram erledigten und mit den Systemen jonglierten. Auf Nachfrage meinten die Operator übereinstimmend, das automatische System sei so gut, daß niemand von Hand einen neuen Benutzer einführen könne. Und das automatische System würde keinen solchen Fehler begehen.

Offen gesagt, ich konnte mir nicht vorstellen, wer sich diesen Witz erlaubt hatte. Niemand kannte *Hunter*, und es gab kein Konto für ihn. Also löschte ich den Namen aus dem System – wenn er auftauchte, um sich zu beschweren, konnten wir ihn ja richtig installieren.

Einen Tag später schickte uns ein obskurer Computer namens *Dockmaster* eine elektronische Nachricht. Sein Systemverwalter behauptete, jemand aus unserem Labor habe am Wochenende versucht, in seinen Computer einzubrechen.

Die Antwortadresse von *Dockmaster* hätte überall sein können, die Anzeichen wiesen aber auf Maryland. Die Nachricht war durch ein Dutzend anderer Computer gelaufen, und jeder hatte einen ›Eingangsvermerk‹ hinterlassen.

Dave beantwortete die Nachricht mit einem unverbindlichen »Wir sehen's uns mal an.«

Sicher. Wir würden's uns ansehen, wenn wir unsere anderen Probleme gelöst hatten.

Unsere Laborcomputer stehen über ein Dutzend Netzwerke mit Tausenden anderer Systeme in Verbindung. Jeder unserer Wissenschaftler kann sich in unseren Computer einloggen und sich dann bei einem entfernten Computer anmelden. Steht die Verbindung einmal, kann er sich in den entfernten Computer einloggen, wenn er einen Kontennamen und ein Passwort eingibt. Im Prinzip ist das einzige, was einen Computer im Netzwerk schützt, das Passwort, weil man Kontennamen leicht rausfinden kann. (Wie man sie findet? Man schaut einfach ins Telefonbuch – die meisten Leute verwenden ihre Namen für den Computer.)

Die elektronische Nachricht von *Dockmaster* war ungewöhnlich, und Dave übermittelte sie mit der Frage: »Wer ist Dockmaster?« an Wayne, der sie an mich weiterreichte; er vermutete, es handelte sich um »ein Mitglied von FDIC« – das mußte irgendeine Bank sein. Aber sind Banken das einzige, in das es sich lohnt, einzubrechen?

Ich hielt *Dockmaster* eher für irgendeine Flottenbasis. Das Ganze war nicht sonderlich wichtig, schien aber doch wert, daß man sich ein paar Minuten damit beschäftigte.

Die Nachricht enthielt Datum und Uhrzeit des Versuchs von irgend jemandem an unserem Unix-Computer, sich in den *Dockmaster*-Computer einzuloggen. Weil ich gerade am Abrechnungssystem herumhantiert hatte, wußte ich, wo ich nachforschen mußte, um herauszubekommen, wer unsere LBL-Computer am Samstagmorgen um 8.46 Uhr benutzt hatte. Wieder stimmten die beiden Abrechnungssysteme nicht überein. Die Unix-Hauptabrechnungsdatei wies einen Benutzer namens *Sventek* auf, der sich um 8.25 Uhr eingeloggt, eine halbe Stunde nichts getan und sich dann abgemeldet hatte. Dazwischen keine mit Uhrzeit versehene Aktivität. Unsere hausgemachte Software zeichnete Sventeks Aktivität ebenfalls auf, zeigte aber, daß er die Netzwerke von 8.31 Uhr bis 9.01 Uhr benutzte. An diesem Samstagmorgen war nichts los gewesen, niemand sonst hatte Rechenzeit verbraucht.

Oje. Noch ein Abrechnungsproblem. Die Zeitmarkierungen stimmten nicht überein; ein System verzeichnete Aktivität, als das andere meldete, alles sei ruhig. Ich fing gerade erst an, mich in diesem Gebiet zurechtzufinden, und andere Dinge schienen dringender, also ließ ich das Problem auf sich beruhen. Nachdem ich bereits einen Nachmittag damit vergeudet hatte, dem Fehler eines Operators nachzujagen, wollte ich das Abrechnungssystem nicht noch einmal anfassen.

Beim Mittagessen mit Dave erwähnte ich, ein gewisser *Sventek* sei der einzige gewesen, der eingeklinkt war, als *Dockmaster* den Einbruch meldete.

Dave riß die Augen auf und sagte: »Sventek? Joe Sventek? Der ist doch in Cambridge! Cambridge, England. Was macht der denn wieder hier?«

Er erklärte mir, daß Joe Sventek der Unix-Guru des Labors gewesen war und im Lauf der letzten zehn Jahre ein Dutzend größere Programme geschrieben hatte. Joe war vor einem Jahr nach England gegangen und hatte über der ganzen Computergemeinde Kaliforniens einen strahlenden Heiligenschein zurückgelassen. Dave konnte nicht glauben, daß Sventek zurück sei, weil keiner von seinen anderen Freunden von ihm gehört hatte.

»Er muß von irgendeinem Netzwerk aus in unseren Computer gekommen sein«, mutmaßte Dave.

»Du glaubst also, Joe ist schuld an diesem Problem?« fragte ich.

»Auf keinen Fall«, gab Dave zurück. »Joe ist ein Hacker der alten Schule. Ein cleverer, schneller, fähiger Programmierer. Keiner von diesen bekifften Punkern, die das Wort ›Hacker‹ in Verruf gebracht haben. Jedenfalls würde er nicht versuchen, in irgendeinen Computer in Maryland einzubrechen. Und hätte er's doch versucht, dann hätte er's geschafft, *ohne* eine Spur zu hinterlassen.«

Seltsam: Joe Sventek war seit einem Jahr in England. Trotzdem tauchte er früh am Samstagmorgen auf, versuchte in einen Computer in Maryland einzubrechen, meldete sich ab und hinterließ ein unausgeglichenes Abrechnungssystem. Im Korridor erzählte ich das Wayne, der gehört hatte, Joe sei in England auf Urlaub und er hätte sich irgendwo in Dartmoor vergraben, weit weg von allen Computern.

»Vergiß diese Nachricht von *Dockmaster*, Cliff. Sventek soll JSB nach Berkeley kommen und kann dann alles aufklären.«

JSB? *J*etzt *s*ehr *b*ald. Waynes Art zu sagen: »Ich bin nicht sicher, wann.«

Mein Interesse galt aber nicht Sventek. Es galt den unausgeglichenen Konten. Warum hielten die beiden Abrechnungssysteme verschiedene Zeiten? Und warum wurde eine Aktivität in einer Datei vermerkt, ohne in der anderen aufzutauchen?

Am Nachmittag kehrte ich zum Abrechnungssystem zurück. Ich fand heraus, daß die fünfminütige Zeitdifferenz zwischen den Zeitmarkierungen sich daraus ergeben hatte, daß unsere verschiedenen Computeruhren im Lauf der Monate voneinander abgewichen waren. Eine unserer Computeruhren ging jeden Tag ein paar Sekunden nach ...

Aber es hätten doch alle Aktivitäten von Sventek in beiden Listen auftauchen müssen. Stand diese Unstimmigkeit in Zusammenhang mit dem Abrechnungsproblem von letzter Woche? Hatte ich etwas durcheinandergebracht, als ich darin herumpfuschte? Oder gab es noch eine andere Erklärung?

2. Kapitel

Ich saß in einer beeindruckend langweiligen Vorlesung über die Struktur von Galaxien. Der hochgelehrte Herr Professor sprach nicht nur monoton, er füllte die Tafel auch noch mit mathematischen Bandwurmformeln.

Ich versuchte wach zu bleiben und wälzte die Probleme, in die ich hineingetappt war. Da hatte jemand Mist gebaut, als er ein neues Konto anlegte. Eine Woche später loggte sich Sventek ein und versuchte, in einen Computer in Maryland einzubrechen. Der Abrechnungssatz für diesen Vorgang schien frisiert. Sventek war unerreichbar. Da ist was faul, sagte ich mir. Es scheint fast so, als ob jemand das Abrechnungsprogramm umgehen wollte. Aber was wäre nötig, um unsere Computer umsonst zu benutzen? Konnte jemand einen Weg um unser Abrechnungssystem herum gefunden haben?

Große Computer haben zwei Softwarearten: Benutzerprogramme und Systemprogramme. Programme, die man selbst schreibt oder installiert, sind Benutzerprogramme – zum Beispiel meine astronomischen Standardberechnungen, mit denen ich die Atmosphäre eines Planeten analysiere.

Für sich allein können Benutzerprogramme nicht viel. Sie kommunizieren nicht direkt mit dem Computer, sie rufen vielmehr das Betriebssystem auf, mit dem der Computer arbeitet. Wenn mein Astronomieprogramm etwas schreiben will, knallt es mir nicht einfach nur ein Wort auf meinen Bildschirm. Es leitet das Wort vielmehr an das Betriebssystem weiter, das wiederum die Hardware anweist, ein Wort zu schreiben.

Das Betriebssystem bildet zusammen mit den Editoren, den Softwarebibliotheken, den Interpretern und Compilern die Systemsoftware. Diese Programme schreibt man nicht – sie sind entweder beim Computer dabei oder man kauft sie. Wenn sie einmal installiert sind, sollte niemand dran rumpfuschen.

Das Abrechnungsprogramm ist Systemsoftware. Um sie zu modifizieren oder zu umgehen, muß man entweder Systemverwalter sein oder auf irgendeine Weise eine privilegierte Position innerhalb des Betriebssystems erlangt haben.

Okay. Wie wird man privilegiert? Der direkte Weg ist, sich mit dem Passwort des Systemverwalters in unseren Computer einzuloggen. Wir hatten unser Passwort *(Fafnir)* seit Monaten nicht gewechselt, aber ich war mir sicher, daß es nicht durchgesickert war. Und ein Außenstehender hätte es wohl nie erraten – wie viele Leute würden wohl an einen mythologischen, geflügelten Drachen denken, wenn sie ein Passwort erraten wollen?

Aber selbst wenn man Systemverwalter wäre, würde man nicht an der Abrechnungssoftware rumspielen, dazu ist sie zu obskur, zu schlecht dokumentiert. Wie auch immer, ich hatte gesehen, daß sie funktionierte.

Moment mal – unsere hausgemachte Software arbeitete korrekt. Jemand hatte ein neues Konto eingerichtet, ohne sie zu benutzen. Vielleicht hatte er das gar nicht gemerkt. Wenn jemand von draußen gekommen wäre, würde er unsere hiesigen Ecken und Winkel nicht kennen. Unsere Systemverwalter und Operator kannten sie. Joe Sventek kannte sie sicher, auch noch in England. Aber wie wär's bei jemandem von draußen – einem Hacker?

Das Wort Hacker hat zwei sehr verschiedene Bedeutungen. Die Leute, die ich kannte und die sich Hacker nannten, waren Softwarespezialisten, die es fertigbrachten, sich auf kreative Weise aus engen Ecken herauszuprogrammieren. Keine stumpfsinnigen Software-Ingenieure, die ihre 40 Wochenstunden runterrissen, sondern kreative Programmierer, die den Computer nicht verlassen konnten, bis die Maschine zufrieden war.

Ein Hacker identifiziert sich mit dem Computer und kennt ihn wie einen Freund. Die Astronomen hielten mich für so einen. »Cliff ist zwar kein guter Astronom, aber was für ein Computerhacker!« (Die Computerleute sahen das genau umgekehrt: »Cliff ist zwar kein guter Programmierer, aber was für ein Astronom!«

Wenigstens lernte ich in meiner Doktorandenzeit beide Seiten zum Narren zu halten.)

Im allgemeinen Sprachgebrauch jedoch ist ein Hacker jemand, der in Computer einbricht.* 1983, als eine Gruppe aus Milwaukee mit Hilfe von Terminals, Modems und Telefonfernverbindungen in über 60 Computersysteme einbrach, unter anderem in das Atomwaffenlabor in Los Alamos und ins Columbia Medical Center, wurde die Computergemeinschaft erstmals auf die Verwundbarkeit ihrer Netzwerksysteme aufmerksam. Alle paar Monate höre ich Gerüchte, in das System von irgend jemand anderem sei eingebrochen worden; gewöhnlich geschah das an Universitäten und wurde meist Studenten oder Teenagern zur Last gelegt.

Gewöhnlich ist so etwas harmlos, einfach nur ein runtergeschriebener Hackerstreich.

Könnte der Film WAR GAMES Wirklichkeit werden – könnte ein Teenagerhacker in einen Computer des Pentagon einbrechen und einen Krieg auslösen? Ich bezweifelte das. Natürlich ist es einfach, in Universitätscomputern herumzuhantieren, wo es keine Sicherheitsvorkehrungen gibt. Schließlich schließen Universitäten kaum einmal die Eingangstüren der Gebäude ab. Ich stellte mir aber vor, daß das bei Militär-Computern eine völlig andere Geschichte sein mußte – sie waren bestimmt so stark gesichert wie ein Militärstützpunkt. Und selbst wenn man in einen Militärcomputer hineinkäme, wäre es absurd zu glauben, man könne einen Krieg auslösen. So etwas wird nicht von Computern entschieden – dachte ich.

Unsere Computer im Lawrence Berkeley-Labor waren nicht besonders sicher, wir hatten aber die Anweisung, Außenstehende von ihnen fernzuhalten und Mißbräuche möglichst zu verhindern. Wir machten uns keine Sorgen, jemand könne unsere Computer knacken; wir wollten uns nur unseren Geldgeber, das Ener-

* Mit welchem Wort soll man jemanden bezeichnen, der in Computer einbricht? Softwarespezialisten alten Stils sind stolz auf den Namen *Hacker* und empört über die Kerle, die sich diesen Namen angeeignet haben. In den Medien bezeichnen die Spezialisten diese Wegelagerer unseres elektronischen Zeitalters als *Cracker* oder *Kyberpunker*. In den Niederlanden gibt es den Ausdruck *computervredebreuk* – »Computerfriedensbrecher«. Und ich? Die Vorstellung, ein Datenstrolch bricht in meinen Computer ein, macht mich fürchterlich wütend. Ich würde sagen: »Mistkerl! Vandale!«

gieministerium, vom Leib halten. Wenn diese hehre Institution unsere Computer grün gestrichen haben wollte, wir hätten Farbe und Pinsel bestellt.
Um aber Gastwissenschaftlern eine Freude zu machen, hatten wir mehrere Computerkonten für Gäste eingerichtet. Mit dem Kontennamen *guest* und dem Passwort *guest* konnte jeder das System zur Lösung seiner Probleme benutzen, solange er nicht für mehr als ein paar Dollar Rechenzeit verbrauchte. Ein Hacker könnte leicht in dieses Konto einbrechen – es stand weit offen. Das wäre aber kaum ein Einbruch zu nennen, bei einer auf Minuten begrenzten Rechenzeit. Von einem solchen Konto aus könnte man sich allerdings im System umschauen, jede offene Datei lesen und sehen, wer eingeloggt war. Wir fanden, die Bequemlichkeit sei das geringe Sicherheitsrisiko wohl wert.
Ich überschlug die Situation und bezweifelte weiter, daß ein Hakker in unserem System herumturnte. Niemand interessierte sich für Teilchenphysik. Zum Teufel, die meisten unserer Wissenschaftler wären froh, wenn jemand ihre Artikel läse. Es gab hier nichts, was einen Hacker reizen könnte – keine topmodernen Supercomputer, keine hochkarätigen Wirtschaftsgeheimnisse, keine vertraulichen Daten. Der beste Teil der Arbeit in den Lawrence Berkeley-Labors war saubere, offene Wissenschaft.
Fünfzig Meilen weiter weg führten die Lawrence Livermore Laboratories geheime Forschungen durch, entwickelten Atombomben und SDI-Projekte. Das wäre ein Ziel für einen Hacker. Da aber die Livermore-Computer keine Verbindung nach draußen hatten, konnten sie auch nicht übers Telefonnetz angezapft werden. Ihre Daten wurden mit roher Gewalt geschützt: durch Isolation.
Wenn wirklich jemand in unser System eingedrungen war, was könnte er erreichen? Er könnte jede allgemein zugängliche Datei lesen. Die meisten unserer Wissenschaftler zeichneten ihre Daten in dieser Weise auf, damit ihre Mitarbeiter sie lesen können. Einiges von der Systemsoftware war ebenfalls frei zugänglich. Obwohl jeder, der eingeloggt war, diese Dateien lesen konnte, war es nur dem Autor dieser Dateien gestattet, sie zu löschen oder zu modifizieren.
Aber obwohl wir diese Daten allgemein zugänglich nennen, sollte

ein Außenseiter nicht unbeschränkt Zugang zu ihnen haben. Manche davon sind eigentums- oder urheberrechtlich geschützt – wie unsere Softwarebibliotheken und Textverarbeitungsprogramme. Andere Datenbanken sind nicht für jedermanns Gebrauch bestimmt – Adressenlisten unserer Mitarbeiter und unvollständige Berichte über laufende Arbeiten. Dennoch ist das alles kaum sensibles Material und weit entfernt vom Status ›geheim‹.
Nein, ich machte mir keine Sorgen, jemand könnte als Gast in unseren Computer eingedrungen und mit irgend jemandes Telefonnummer wieder davongezogen sein. Meine wirklichen Befürchtungen kreisten um ein viel größeres Problem: Könnte ein Fremder in unserem Computer privilegierte Zugangsberechtigungen erhalten?
Um ein paar Hundert Benutzer gleichzeitig bedienen zu können, teilt das Betriebssystem die Hardwareressourcen genauso auf, wie ein Wohnhaus in verschiedene Wohnungen aufgeteilt wird. Jede Wohnung funktioniert unabhängig von den anderen: Während ein Bewohner fernsieht, telefoniert ein anderer, und ein dritter spült Geschirr. Die haustechnischen Einrichtungen – Strom, Telefon und Wasser – werden von der Hausanlage versorgt. Jeder Bewohner beschwert sich über den langsamen Service und die überhöhten Mieten. – Innerhalb des Computers kann ein Benutzer ein mathematisches Problem lösen, ein anderer elektronische Post nach Toronto schicken und ein dritter wiederum einen Brief schreiben. Die Dienstprogramme des Computers werden von der Systemsoftware und dem Betriebssystem versorgt; jeder Benutzer lästert über die unzuverlässige Software, die obskure Dokumentation und die zu hohen Kosten.
Der private Bereich im Wohnhaus wird durch Schlösser und Schlüssel geregelt. Ein Bewohner kann die Wohnung eines anderen ohne Schlüssel nicht betreten, und die Bewohner stören einander nicht (sofern die Wände dick genug sind). Im Computer ist es das Betriebssystem, das den Privatbereich des Benutzers sichert. Man kommt nicht ohne das richtige Passwort in fremden Speicherplatz, und das Programm eines Benutzers stört die der anderen nicht (wenn das Betriebssystem die Ressourcen fair verteilt).

Aber die Wände einer Wohnung sind nie dick genug, und die Parties meines Nachbarn dröhnen in mein Schlafzimmer. Und mein Computer wird stets langsamer, wenn ihn mehr als 100 Leute gleichzeitig benutzen. Also brauchen wir einen Hausverwalter im Wohnhaus, und beim Computer haben wir Systemverwalter und privilegierte Benutzer.

Mit einem Universalschlüssel kann der Hausverwalter jedes Zimmer betreten. Mit einem privilegierten Konto kann der Systemverwalter alle Programme und Daten im Computer lesen oder modifizieren. Privilegierte Benutzer setzen sich über die Schutzvorrichtungen des Betriebssystems hinweg und können die volle Leistung des Computers beanspruchen. Sie brauchen diese Macht, um die Systemsoftware zu pflegen (»Richte mal den Editor ein!«), die Leistung des Betriebssystems zu beschleunigen (»Heute läuft alles zu langsam!«) und neuen Benutzern Zugang zum Computer zu verschaffen (»He, gib mal Barbara ein Konto!«). Privilegierte Benutzer lernen, mit leichter Hand vorzugehen. Sie können nicht viel Schaden anrichten, solange sie nur berechtigt sind, Dateien zu lesen. Geht ihre Berechtigung aber darüber hinaus, können sie jeden Systemteil verändern – und es gibt keinen Schutz vor ihren Fehlern.

Der privilegierte Benutzer ist wirklich allmächtig: Er kontrolliert die Vertikalsteuerung; er kontrolliert die Horizontalsteuerung. Wenn die Sommerzeit kommt, stellt er die Systemuhr neu. Ein neuer Plattenspeicher? Er ist der einzige, der die nötige Software ins System einpassen kann. Verschiedene Betriebssysteme haben verschiedene Namen für privilegierte Konten – privilegierter Benutzer, *root*, Systemverwalter und andere –, aber diese Konten müssen immer eifersüchtig vor Außenseitern behütet werden.

Was würde passieren, wenn ein Hacker für unser System privilegiert würde? Zumindest konnte er neue Benutzerkonten einrichten.

Ein Hacker mit Systemverwalterprivilegien hätte den Computer als Geisel. Mit dem Universalschlüssel zum System könnte er es herunterfahren, wann immer er wollte, und es so unzuverlässig machen, wie er wollte. Er könnte jede Information im Computer lesen, schreiben oder modifizieren. Keine Benutzerdatei wäre vor ihm geschützt, wenn er von seiner privilegierten Position aus operierte. Auch die Systemdateien stünden zu seiner Verfügung – er könnte elektronische Post lesen, bevor sie ausgeliefert wird. Er könnte selbst die Abrechnungsdateien manipulieren, um seine eigenen Spuren zu verwischen.

Er konnte ›Super-User‹ werden ...

Der Professor redete weiter über galaktische Strukturen und Gravitationswellen. Ich war plötzlich hellwach; mir war klar, was sich in unserem Computer abspielte. Ich wartete noch, bis Fragen gestellt werden konnten, fragte etwas Belangloses, griff mir dann mein Rad und düste den Hügel hinauf zu den Lawrence Berkeley-Labors.

Ein Hacker mit privilegierter Zugangsberechtigung.

Jemand bricht in unser System ein, findet die Universalschlüssel, erteilt sich selbst Privilegien und wird so zum Superhacker.

Wer? Von wo aus?

Und vor allem, warum?

3. Kapitel

Von der Universität bis zu den Lawrence Berkeley-Labors ist's nur eine Viertelmeile, aber die Cyclotron Street ist so steil, daß man mit dem Fahrrad etwa 15 Minuten braucht. Das alte Zehn-Gang-Rad hatte keinen so niedrigen Gang, weshalb meine Knie die letzten paar hundert Meter ganz gewaltig spürten.

Unser Rechenzentrum sitzt zwischen drei Teilchenbeschleunigern: dem 184-Zoll-Zyklotron, wo Ernest Lawrence zum ersten Mal ein Milligramm spaltbaren Urans rein herstellte, dem Bevatron, wo das Antiproton entdeckt wurde, und dem Hilac, dem Geburtsort eines halben Dutzends neuer Elemente.

Heute sind diese Beschleuniger überholt (ihre Energien von einigen Megaelektronenvolt werden längst von Zyklotronen im Gigaelektronenvoltbereich in den Schatten gestellt); mit ihnen kann man keine Nobelpreise mehr holen, aber Physiker und Doktoranden warten immer noch sechs Monate auf die Zuteilung von Strahlzeit. Schließlich eignen sich unsere Beschleuniger ganz gut dazu, exotische Kernteilchen zu studieren und neue Materieformen mit so esoterischen Namen wie Quark-Gluon-Plasma oder Pionen ausfindig zu machen. Und wenn die Physiker sie nicht benutzen, werden die Strahlen für biomedizinische Forschung, unter anderem Krebstherapie, eingesetzt.

Im Zweiten Weltkrieg, zur Blüte des Manhattan-Projekts, war das Lawrence-Zyklotron die einzige Möglichkeit, den Durchmesser von Kernteilchen zu messen. Natürlich war das Labor streng abgeschirmt; es diente als Modell für den Bau von Atombombenfabriken.

In den 50er Jahren blieb die Forschung in den Lawrence Berkeley-Laboratorien geheim, bis Edward Teller nur eine Autostunde

entfernt das Lawrence Livermore-Laboratory gründete. Die gesamte nichtöffentliche Arbeit ging nach Livermore, während die nichtgeheime Wissenschaft in Berkeley blieb.
Vielleicht, um Verwirrung zu stiften, sind beide Laboratorien nach dem ersten Nobelpreisträger Kaliforniens benannt, beide sind Zentren der atomphysikalischen Forschung, und beide werden vom Nachfolger der Atomenergiekommission, dem Energieministerium, finanziert. Damit endet aber auch schon die Ähnlichkeit.
Ich brauchte keine Sicherheitsüberprüfung, um im Berkeley-Labor arbeiten zu können – es gibt keine Geheimnisse, kein Militärauftrag ist in Sicht. Livermore dagegen ist ein Zentrum zum Bau von Kernwaffen und SDI-Laserwaffen – wohl kaum ein Ort für einen langhaarigen Ex-Hippie. Während mein Berkeley-Labor mit mageren wissenschaftlichen Forschungsaufträgen und unsicheren Universitätsmitteln überlebte, expandierte Livermore konstant. Seit Edward Teller die H-Bombe konstruierte, hatte die Geheimforschung in Livermore nie unter Geldmangel zu leiden.
Aber auch die Offenheit in Berkeley hat ihre Vorteile. Als reine Wissenschaftler dürfen wir jedes merkwürdige Phänomen erforschen und können unsere Ergebnisse immer publizieren. Unsere Beschleuniger sind vielleicht Erbsenknaller im Vergleich zu den Behemoths des Europäischen Kernforschungszentrums (CERN) in Genf oder der Hochenergie-Forschungsanlage Fermilab bei Chicago; trotzdem erbringen sie riesige Datenmengen, und wir haben einige respektable Computer laufen, um sie zu analysieren. Und wir sind recht stolz darauf, daß Physiker, die ihre Daten mit anderen Beschleunigern generiert haben, zum LBL kommen und ihre Läufe auf unseren Computern analysieren.
Was die Verarbeitungsgeschwindigkeit von numerischen Daten angeht, lassen die Livermore-Computer unsere zu Zwergen schrumpfen. Die kaufen normalerweise die größten, schnellsten und teuersten Crays. Sie brauchen sie, um berechnen zu können, was in den ersten paar Nanosekunden einer thermonuklearen Explosion geschieht. Wegen ihrer geheimen Forschung sind ihre Computer isoliert. Natürlich haben sie auch ein paar nichtgeheime Systeme für normale Wissenschaft. Aber für ihre geheime

Arbeit – nun, die ist eben nicht für gewöhnliche Sterbliche bestimmt... Diese geheimen Computer haben keine Verbindung zur Außenwelt. Genauso unmöglich ist es, Daten von außen nach Livermore zu importieren. Wer mit Hilfe der geheimen Computer von Livermore Atombombenzünder konstruieren will, muß sich persönlich in das Labor begeben und seine Daten auf Magnetband mitbringen. Er kann die Dutzende Netzwerke, die das Land überziehen, nicht benutzen und sich nicht von zu Hause einloggen, um zu sehen, wie sein Programm läuft.

Da die Livermore-Computer häufig die ersten einer Produktionsreihe sind, müssen die Betriebssysteme meist in Livermore selbst geschrieben werden; so entsteht eine bizarre Software-Ökologie, die man außerhalb des Labors nicht sieht. Diesen Preis zahlt man, wenn man in einer Geheimwelt lebt.

Wenn wir auch nicht die Verarbeitungskapazität von Livermore hatten, so waren unsere Computer doch keine Schlaffis. Unsere VAX-Rechner waren schnell, benutzerfreundlich und bei Physikern beliebt. Wir mußten unser Betriebssystem nicht erfinden, weil wir das VMS-Betriebssystem von Digital kauften und uns Unix von der Uni schnappten. Als offenes Labor konnten wir unsere Computer an jedes Netzwerk hängen, und wir unterstützten Wissenschaftler überall auf der Welt. Wenn mitten in der Nacht Probleme auftauchten, wählte ich den LBL-Computer einfach von zu Hause an – warum mit dem Rad zur Arbeit fahren, wenn ein Telefonanruf genügt?

Aber jetzt fuhr ich mit dem Rad hinauf zum Labor und fragte mich, ob in unserem System ein Hacker war. Das würde einige meiner Abrechnungsprobleme erklären. Wenn ein Außenstehender die ›Schlösser‹ unseres Unix-Betriebssystems aufgebrochen und die Privilegien eines Systemverwalters erlangt hatte, hätte er die Macht, die Abrechnungsaufzeichnungen zu löschen. Und, was noch schlimmer war, er konnte unsere Netzwerkverbindungen benutzen, um andere Computer anzugreifen...

Ich schob mein Rad in eine Ecke und rannte hinüber zu dem Labyrinth aus Würfeln, in dem mein Büro untergebracht war. Es war jetzt lange nach 17 Uhr, und die meisten Leute waren zu Hause. Wie konnte ich feststellen, ob wirklich jemand unser Sy-

stem hackte? Nun, ich hätte einfach eine elektronische Nachricht an das verdächtige Konto schicken können, etwa ›He, bist du wirklich Joe Sventek?‹, oder Joes Konto sperren und abwarten, ob sich unsere Probleme damit erledigten.
Meine Gedanken über den Hacker wurden abgelenkt, als ich eine Notiz in meinem Büro fand: Die Astronomiegruppe wollte wissen, wie sich die Qualität der Teleskopbilder verringert, wenn man die Anforderungen an die Spiegel heruntersetzt. Das hieß einen Abend lang Modellbauen, alles am Computer. Ich arbeitete zwar nicht mehr offiziell für sie, aber Blut ist dicker als Wasser... gegen Mitternacht liefen die Graphiken aus dem Plotter.

Am nächsten Morgen brannte ich darauf, Dave Cleveland meinen Hacker-Verdacht mitzuteilen.
»Ich wette Gold gegen sauer Bier, daß es ein Hacker ist.«
Dave lehnte sich zurück, schloß die Augen und flüsterte: »Klar, sauer Bier.«
Seine geistige Akrobatik war fast mit Händen zu greifen. Dave verwaltete das Unix-System wie aus der Hängematte. Seit er sich mit den VMS-Systemen um Wissenschaftler bemühte, hatte er nicht ein einziges Mal die Sicherheitsschrauben an seinem System angezogen, weil er fürchtete, die Physiker könnten etwas dagegen haben und ihre Arbeit anderswo erledigen. Er vertraute seinen Benutzern, ließ ein offenes System laufen und widmete seine Zeit lieber der Verbesserung der Software, statt ›Schlösser‹ zu installieren.
Mißbrauchte jemand sein Vertrauen?
Marv Atchley war mein neuer Chef. Er war ruhig, sensibel und schlagfertig und leitete eine lockere Gruppe, die es irgendwie fertigbrachte, die Computer am Laufen zu halten. Marv war das genaue Gegenteil unseres Abteilungsleiters, Roy Kerth. Mit seinen 55 sah Roy aus wie Rodney Dangerfield* als Professor. Mit den am Lawrence-Labor üblichen großen Gesten schoß Roy Protonen und Antiprotonen aufeinander und sah sich das Strandgut aus diesen Kollisionen an.

* Etwa das amerikanische Gegenstück von Harald Juhnke. (A. d. Ü.)

Roy behandelte seine Studenten und Mitarbeiter genauso wie seine subatomaren Teilchen: Er richtete sie aus, lud sie auf und schoß sie dann gegen unbewegliche Objekte. Seine Forschungen erforderten eine mordsmäßige Zahlenfresserei, da sein Labor jedesmal Millionen Ereignisse generierte, wenn der Beschleuniger lief. Da Jahre von Verzögerungen und Entschuldigungen ihn sauer auf die Computerprofis gemacht hatten, sorgte ich dafür, daß wir über relativistische Physik sprachen, als wir bei ihm eintraten, und die Rechnerei beiseite ließen.

Nun konnten Dave und ich uns Roys Reaktion auf unser Problem lebhaft vorstellen: »Warum, zum Teufel, habt ihr auch unsere Türen sperrangelweit offenstehen lassen?«

Die Reaktion unseres Chefs mochte zwar vorhersehbar sein, aber wie sollten wir darauf reagieren? Daves erster Gedanke war, das verdächtige Konto zu sperren und es zu vergessen. Wir hatten das Gefühl, wir sollten dem, der da einbrach, einen ›Drohbrief‹ schikken und ihm raten, die Finger davon zu lassen oder wir würden's seinen Eltern sagen. Wenn wirklich jemand eingebrochen war, dann bestimmt irgendein Student von der Uni unten.

Aber wir waren nicht sicher, ob wirklich jemand in unser System eingedrungen war. Es würde einige unserer Abrechnungsprobleme erklären – jemand erfuhr das Passwort des Systemverwalters, klinkte sich in unsere Maschine ein, richtete ein neues Konto ein und fummelte am Abrechnungssystem herum. Aber warum sollte jemand ein neues Konto benutzen, wenn er doch schon Zugang zum Systemverwalterkonto hatte?

Unser Chef wollte schlechte Nachrichten absolut nicht hören, aber wir atmeten tief durch und berichteten von unserem Verdacht. Natürlich besaßen wir keinen klaren Beweis für einen Hacker, nur zufällige Hinweise, die wir aus trivialen Abrechnungsproblemen ableiteten. Wenn es einen Einbruch gab, wußten wir weder, wie umfangreich er war, noch, wer ihn beging.

Roy Kerth machte uns zur Schnecke. »Warum vergeudet ihr meine Zeit? Ihr wißt nichts, und ihr habt nicht den Funken eines Beweises. Macht, daß ihr an eure Kästen kommt, und findet's raus. Bringt mir Beweise.«

Okay. Wie findet man einen Hacker?

Ich stellte mir das einfach vor: warten, bis jemand wieder Sventeks Konto benutzte, und dann versuchen, die Verbindung zurückzuverfolgen.
Ich verbrachte den Donnerstag damit zu beobachten, wie sich die Leute in den Computer einloggten. Ich schrieb ein Programm, damit mein Terminal piepste, sobald sich jemand bei dem Unix-Computer anmeldete. Ich konnte nicht verfolgen, was die Benutzer taten, aber ich konnte ihre Namen sehen. Alle paar Minuten piepste mein Terminal, und ich schaute, wer sich eingeloggt hatte. Ein paar waren Bekannte, Astronomen, die an wissenschaftlichen Artikeln arbeiteten, oder Doktoranden, die sich mit ihren Dissertationen abrackerten. Die meisten Konten gehörten aber Fremden, und ich fragte mich, wie ich rausfinden sollte, hinter welcher Verbindung ein Hacker stecken könnte.
Um 12.33 Uhr am Donnerstagnachmittag loggte sich Sventek ein. Ich fühlte einen Adrenalinstoß und dann eine Riesenenttäuschung, als er innerhalb einer Minute verschwand. Wo war er? Der einzige Hinweis, der mir blieb, war die Kennzeichnung seines Terminals: Er hatte Anschluß ›*tt23*‹ benutzt.

Da saß jemand vor einem Computerterminal, seine Finger spielten auf der Tastatur, und er meldete sich bei unserem Labor an. Der Unix-Computer gab ihm die Adresse von Anschluß ›*tt23*‹. Das war doch schon ein Anfang. Mein Problem bestand nun darin, herauszufinden, welche physikalischen Drähte dem logischen Namen ›*tt23*‹ entsprachen.
Terminals in unserem Labor und Modems von Wähltelefonen werden alle mit ›*tt*‹ markiert, während Netzwerkverbindungen als ›*nt*‹ erscheinen. Ich vermutete, daß der Benutzer entweder aus unserem Labor gekommen war oder sich auf einer Telefonleitung über ein Modem eingewählt hatte.
Einige Sekunden hatte ich gespürt, wie sich zögernd ein Fühler in unseren Computer ausstreckte. Theoretisch mußte es möglich sein, den Weg vom Computer zum Menschen zurückzuverfolgen. Jemand mußte am anderen Ende der Leitung sitzen.
Mein erster Schritt bestand darin, die Verbindung aus dem Gebäude hinaus zu verfolgen. Ich vermutete ein Modem einer Tele-

fonleitung; es war aber auch jemand im Labor denkbar. Im Lauf der Jahre waren mehr als 500 Terminals verdrahtet worden, und nur Paul Murray hatte den Überblick. Mit etwas Glück waren unsere hausgemachten Hardwareverbindungen besser dokumentiert als unsere hausgemachte Abrechnungssoftware.

Paul ist ein verschlossener Hardwaretechniker, der sich meist in Dickichten aus Telefondraht verbirgt. Ich fand ihn hinter einer elektronischen Schaltplatte, wo er einen Partikeldetektor an das laborumspannende Ethernetsystem anschloß. Er fluchte, weil ich ihn beim Verlöten eines Drahtes störte, und weigerte sich, mir auch nur ein bißchen zu helfen, bevor ich bewiesen hatte, daß ich einen legitimen Grund besaß, das zu wissen, was ich wissen wollte. Ach, zum Teufel, Hardwaretechniker verstehen Softwareprobleme nicht, und Softwarecracks wissen nichts über Hardware.

In jahrelanger Radiobastelei hatte ich löten gelernt; so besaßen Paul und ich wenigstens einen gemeinsamen Nenner. Ich nahm seinen Ersatzlötkolben zur Hand, und er zollte mir knurrend seinen Respekt, nachdem ich ihm ein paar Minuten auf die Finger geschielt und mir die meinigen verbrannt hatte.

Schließlich wickelte er sich aus den Ethernetkabeln und führte mich im LBL-Schaltraum herum, in dem die Leitungen für die Datenübertragung zusammenliefen. In diesem Raum voller Drähte sind die Telefone, Intercoms, Radios und Computer wechselseitig durch einen Wust von Kabeln, Drähten, Glasfaserleitungen und Schalttafeln verbunden. Der verdächtige Anschluß ›*tt23*‹ mündete in diesen Raum, und ein Hilfscomputer vermittelte ihn an eines von tausend möglichen Terminals. Jeder, der sich ins Labor einwählte, wurde zufällig einem Unix-Anschluß zugewiesen. Wenn ich das nächste Mal ein verdächtiges Zeichen sah, mußte ich hinüber in den Schaltraum rennen und die Verbindung herausfinden, indem ich den Vermittlungscomputer untersuchte. Wenn der Benutzer verschwand, bevor ich die Verbindung herausgefieselt hatte, war's eben schiefgegangen. Und sogar wenn's klappte, konnte ich nur auf ein paar Drähte zeigen, die ins Labor hineinliefen. Ich wäre immer noch weit entfernt von dem Hacker.

Die Verbindung am Mittag hatte jedoch durch einen glücklichen Zufall Spuren hinterlassen. Paul hatte eine Statistik darüber an-

gelegt, wie viele Leute den Schaltraum benutzten. Zufällig hatte er in diesem Monat die Anschlußnummern jeder Verbindung aufgezeichnet. Da ich den Zeitpunkt kannte, zu dem Sventek über Anschluß *›tt23‹* aktiv war, konnten wir feststellen, woher er kam. Der Ausdruck der Statistik zeigte, daß um 12.33 Uhr eine einminütige Verbindung mit 1200 Baud bestanden hatte.
1200 Baud? Das sagte doch schon etwas. Die Baudrate bezeichnet die Geschwindigkeit, mit der Daten durch eine Leitung fließen. 1200 Baud bedeutet 120 Zeichen pro Sekunde – jede Minute ein paar Seiten Text.
Modems für Telefonleitungen laufen mit 1200 Baud. Jeder Mitarbeiter des LBL hätte mit höherer Geschwindigkeit arbeiten lassen: 9600 oder 19200 Baud. Nur wer durch ein Modem anrief, war gezwungen, seine Daten aus einem 1200-Baud-Strohhalm tröpfeln zu lassen. Dafür sind die Anonymität und Bequemlichkeit solcher Telefonwählleitungen für Fremde überaus einladend.
Die Teile des Puzzles fingen an, sich zusammenzufügen.
Es hatte sich jemand in unser Labor hineingewählt und Sventeks Konto benutzt. Trotzdem war die 1200-Baud-Verbindung kaum ein Beweis, daß ein Hacker in unser System eingedrungen war. Eine unvollständige Spur, besonders eine, die nicht weiter als bis zum Schaltraum führte, würde meinen Chef nie davon überzeugen, daß etwas Ungewöhnliches vorging. Ich mußte unwiderlegbare Indizien für einen Hacker finden. Aber wie?
Roy Kerth hatte mir von Detektoren für hochenergetische Teilchen berichtet, die an das Bevatron gekoppelt waren: Sie stellen zig-Millionen subatomarer Wechselwirkungen fest, und 99,9 Prozent davon lassen sich mit den Gesetzen der Physik erklären. Wenn man seine Zeit damit verbringt, jede Teilchenspur zu erforschen, muß man schließen, daß alle Partikel der bekannten Physik gehorchen und daß es nichts mehr zu entdecken gibt. Stattdessen könnte man allerdings auch alle erklärbaren Wechselwirkungen beiseite lassen und sich nur um diejenigen kümmern, die den kanonischen Regeln nicht ganz entsprechen.
Astronomen, entfernte Vettern der Hochenergiephysiker, arbeiten nach ähnlichen Prinzipien. Die meisten Sterne sind langweilig. Fortschritte macht man durch das Studium der seltsamen Ge-

sellen – der Quasare, Pulsare, der Schwarzen Löcher –, die nicht in die Modelle zu passen scheinen, mit denen man aufgewachsen ist. Wenn man die Statistik der Kraterverteilung auf dem Planeten Merkur kennt, weiß man auch, wie oft der Planet im jungen Sonnensystem bombardiert wurde. Aber untersucht man die wenigen Krater, die von Böschungen und Graten geschnitten werden, erfährt man, wie der Planet in seinen ersten paar Milliarden Jahren während des Abkühlens geschrumpft ist.

Sammle Rohdaten, und schmeiß das Erwartete weg! Mit dem, was übrigbleibt, prüf deine Theorien!

Nun übertragen wir diese Denkweise darauf, jemanden zu beobachten, der meinen Computer besucht. Ich habe ein Terminal auf meinem Schreibtisch und könnte mir ein paar andere borgen. Nehmen wir an, ich beobachtete nur den Datenverkehr ins Rechenzentrum hinein. Ungefähr 500 Leitungen führen ins System. Die meisten davon laufen mit 9600 Baud (oder etwa 150 Wörtern pro Sekunde). Wenn nur die Hälfte der Leitungen gleichzeitig benutzt wird, müßte ich mehr als 10000 Seiten pro Minute lesen. Stimmt: Unmöglich könnte ich diesen Datenverkehr auf meinem Terminal überwachen!

Aber die Leitungen mit hoher Geschwindigkeit kamen von Mitarbeitern des LBL. Wir hatten schon eine verdächtige Verbindung zu einer 1200-Baud-Leitung festgestellt. Davon gab's wenige (wir können es uns nicht leisten, zu viele Telefonleitungen reinzulassen), und sie waren langsam. Etwa 50 Leitungen mit 1200 Baud gaben vielleicht hundert Seiten pro Minute – immer noch zuviel, um es auf dem Bildschirm meines Terminals zu beobachten. Ich konnte aber vielleicht alle ihre interaktiven Sitzungen ausdrukken lassen und die Stöße Papier in meiner Freizeit lesen. Ein Ausdruck auf Papier würde harte Beweise liefern, daß da jemand herumsaute; und wenn wir nichts Verdächtiges fanden, konnten wir das ganze Projekt ruhig sterben lassen.

Ich wollte alles aufzeichnen, was sich in jeder 1200-Baud-Verbindung abspielte. Das war eine technische Herausforderung – weil ich nicht wußte, auf welcher Leitung der Hacker aufrief, mußte ich vier Dutzend überwachen. Noch bedenklicher war das juristische Problem bei der Aufzeichnung unserer Kommunikation.

Hatte ich überhaupt das Recht, den Datenverkehr zu beobachten, der durch unsere Leitungen lief?

Meine Freundin Martha beendete gerade ihr Jurastudium. Bei einer großen Pizza sprachen wir über die rechtlichen Aspekte eines Computereinbruchs. Ich fragte sie, ob ich Ärger kriegen würde, wenn ich den einlaufenden Datenverkehr belauschte.

»Sieh mal«, murmelte sie und verbrannte sich ihren Gaumen an dem vulkanisierten Mozzarella, »du bist nicht die Regierung, also brauchst du keine Abhörgenehmigung. Das Schlimmste, was man dir vorwerfen würde, ist eine Verletzung der Privatsphäre. Und Leute, die einen Computer anwählen, haben wahrscheinlich kein Recht, darauf zu bestehen, daß der Systemeigner ihnen nicht über die Schulter guckt. Ich sehe also nicht ein, wieso du das nicht machen solltest.«

Also fing ich mit ruhigem Gewissen an, ein Überwachungssystem einzurichten. Wir hatten 50 1200-Baud-Leitungen, und ein Hakker konnte jede davon benutzen. Ich dagegen besaß keine geeignete Ausstattung, um den Datenverkehr aufzuzeichnen.

Es gab jedoch einen einfachen Weg, die Aktivität eines Hackers zu dokumentieren: Man modifiziert das Unix-Betriebssystem so, daß es jedesmal, wenn sich eine verdächtige Person einloggt, alle Tasten, die sie drückt, aufzeichnet. Das war verführerisch, weil ich nur der Unix-Dämonen-Software einige Codezeilen zufügen mußte.

Dämonen sind einfach Programme, die Daten von der Außenwelt in das Betriebssystem kopieren – die ›Augen‹ und ›Ohren‹ von Unix. (Die antiken Dämonen waren rangniedrige Gottheiten auf halbem Wege zwischen Göttern und Menschen. In diesem Sinn sind meine Dämonen auf halbem Weg zwischen dem gottähnlichen Betriebssystem und der Welt der Terminals und Platten.)

Ich konnte den Output des Dämons wie ein T-Stück in der Leitung teilen, damit die Anschläge des Hackers simultan ans Betriebssystem und an meinen Drucker gingen. Lösungen über die Software sind einfach und elegant.

»Mach ruhig an den Dämonen rum«, sagte Dave, »aber auf eigenes Risiko. Und beachte ihren Verbrauch an Rechenzeit.«

Wayne warnte mich: »Wenn du's versaust, sprengst du bestimmt das System. Es verwandelt sich in Brei, und du wirst überhaupt nicht mehr mitkriegen, was passiert. Warte nur, bis die Systemkonsole *›panic kernel mode interrupt‹* ausdruckt – und komm dann bloß nicht, um dich auszuweinen!«

»Paß bloß auf«, warf Dave ein, »wenn dein Hacker Unix-Erfahrung hat, dann merkt er eine Änderung an den Dämonen.«

Das überzeugte mich. Einem gewieften Systemmenschen würde auffallen, daß ich das Betriebssystem geändert hatte. In dem Moment, in dem der Hacker wußte, daß ihn jemand beobachtete, würde er unsere Datenbanken zu Müll machen und abhauen. Meine Lauscheinrichtungen durften deshalb auf keinen Fall zu entdecken sein, nicht einmal für einen allmächtigen privilegierten Benutzer. Vielleicht würde es funktionieren, einfach die Telefonleitungen abzuhören? Aber Tonbandgeräte schienen mir irgendwie nicht das Richtige, einfach zu umständlich. Wir hätten die Bänder abhören müssen und die Anschläge erst lange, nachdem sich der Hacker wieder ausgeklinkt hatte, feststellen können. Und woher sollte ich auch 50 Tonbandgeräte nehmen?

Der einzig geeignete Ort zur Überwachung unseres Datenverkehrs war wohl mitten zwischen den Modems und den Computern. Die Modems wandeln Telefontöne in elektronische Impulse um, die unseren Computern und den Dämonen in ihren Betriebssystemen genehm sind. Diese Modemleitungen schlängeln sich als flache, 25polige Kabel im Boden des Schaltraums entlang. Ein Drucker oder ein PC kann mit jeder dieser Leitungen parallel geschaltet werden und jeden Anschlag aufzeichnen, der durchkommt.

Umständlich? Ja.

Machbar? Vielleicht.

Alles, was wir brauchten, waren 50 Fernschreiber, Drucker und tragbare Computer. Die ersten paar waren leicht zu bekommen – man mußte nur bei der Materialausgabe nachfragen. Dave, Wayne und der Rest der Systemgruppe liehen mir zähneknirschend ihre tragbaren Terminals. Am späten Freitagabend hatten wir ein Dutzend Monitore unten im Schaltraum installiert. Die knapp 40 anderen organisierte ich, als das Labor in die Wochenendruhe versunken war. Ich ging von Büro zu Büro und befreite die PC von den Schreibtischen der Sekretäre. Am Montag würde es einen Riesenwirbel geben, aber es war leichter, sich zu entschuldigen, als etwas erlaubt zu kriegen.

Der mit 50 Fernschreibern und tragbaren Terminals übersäte Boden des Schaltraums sah aus wie der Alptraum eines Ingenieurs. Ich schlief mittendrin und hütete die Drucker und Computer. Jeder griff sich Daten von einer anderen Leitung, und jedesmal, wenn sich jemand in unser System einwählte, wachte ich von dem Druckergeschnatter auf. Alle halbe Stunde ging einer Überwachungseinheit das Papier oder der Plattenplatz aus, so daß ich aktiv werden und nachladen mußte.

Am Samstagmorgen rüttelte mich Roy Kerth wach. »Na, wo ist Ihr Hacker?«

Ich lag noch in meinem Schlafsack, blinzelte blöde und murmelte etwas von »muß mir erst die 50 Papierstöße ansehen . . .«

Er schnaubte: »Also, bevor Sie anfangen, die Nase in diese Ausdrucke zu stecken, geben Sie die Drucker zurück. Sie sind hier wie ein Verrückter rumgerannt und haben Geräte geklaut, die von Leuten benutzt werden, die ihre Arbeiten erledigt haben wollen. Sie haben ein Dutzend Astronomen auf die Palme gebracht. Meinen Sie, die wollen Ihretwegen eine Arbeitspause einlegen? Wohl kaum! Was glauben Sie eigentlich, was das hier ist: Ihre persönliche Sandkiste?!«

Müde schleppte ich jeden Drucker zu seinem rechtmäßigen Besitzer zurück. Die ersten 49 zeigten nichts Interessantes. Aus dem fünfzigsten hingen zwei Meter Ausdruck.

In der Nacht hatte sich jemand durch ein Loch ins Betriebssystem geschlichen.

4. Kapitel

Drei Stunden lang war ein Hacker in meinem System herumspaziert und hatte gelesen, was er wollte. Ohne daß er es wußte, hatte mein 1200-Baud-DEC-Drucker seine Sitzung auf zwei Metern Computerpapier aufgezeichnet. Da stand jeder Befehl, den er erteilt hatte, jeder Tippfehler und jede Antwort vom Computer.
Dieser Drucker überwachte die Leitung von Tymnet. Es war mir nicht aufgefallen, aber ein paar unserer 1200-Baud-Leitungen waren keine Modemleitungen. Sie kamen vielmehr von Tymnet, einer Datenübertragungsfirma, die Computer in der ganzen Welt miteinander verband.
Früher hatte die Bell Company das Kommunikationsmonopol. Nur AT&T konnte New York und Chicago miteinander verbinden. Mit Hilfe von Modems übermittelte das Telefonnetz Daten, aber das Hintergrundgeräusch und die Kosten des Ferndienstes machten es ungeeignet für Computer. In den späten 70er Jahren engagierten sich einige andere Firmen und boten spezielle Dienstleistungen wie Datentelefone an. Tymnet baute dann ein Netzwerk zur Verbindung von Computern in größeren Städten auf.
Die Idee von Tymnet war ebenso einfach wie elegant: Man schaffe ein digitales Rückgrat, in das sich jeder mittels eines Ortsgesprächs einklinken kann, dann schicke man die digitalen Daten an jeden beliebigen Computer im Netzwerk. Mit einem digitalen Netzwerk konnte Tymnet Dutzende von Benutzerdaten in ›Paketen‹ zusammenfassen und diese ökonomisch günstig im ganzen Land herumschicken. Das System war immun gegen Rauschen, und jeder Benutzer konnte sein Material so schnell laufen lassen, wie er wollte. Zudem sparten die Kunden Geld, weil sie auch entfernte Computer mit einem Ortsgespräch erreichen konnten.

Um Wissenschaftlern im ganzen Land zur Verfügung stehen zu können, schloß sich LBL Tymnet an. Wenn sich eine Wissenschaftlerin in Stonybrook, New York, in unseren Computer einklinken wollte, wählte sie ihre örtliche Tymnet-Nummer. War ihr Modem mit Tymnet verbunden, verlangte sie einfach LBL und arbeitete, als ob sie in Berkeley säße. Physiker von weit her liebten diesen Service, und wir waren erfreut darüber, daß sie ihre Forschungsdollars lieber mit unseren Computern ausgaben als mit ihren zu Hause.

Jemand brach mit Hilfe der Tymnet-Leitung ein. Weil Tymnet das ganze Land verband, konnte unser Hacker überall sein.

Einen Moment lang war ich fasziniert – nicht davon, woher der Hacker gekommen war, sondern davon, was er in drei Stunden gemacht hatte. Meine Vermutung war richtig gewesen: Sventeks Konto war benutzt worden, um in unseren Unix-Computer einzubrechen. Aber nicht nur um einzubrechen. Dieser Hacker besaß inzwischen eine privilegierte Zugangsberechtigung. Er hatte sich durch ein Loch in unser System geschlichen, um Superhacker zu werden – er hatte sich ins Systemverwalterkonto nicht einmal eingeloggt.

Er war eher wie ein Kuckuck.

Der Kuckuck legt seine Eier in die Nester anderer Vögel. Er ist ein Nistparasit: Irgendein anderer Vogel zieht seine Jungen auf. Das Überleben des Kuckucksjungen hängt ab von der Unwissenheit der anderen Spezies.

Unser mysteriöser Besucher hatte ein Kuckucksei in unseren Computer gelegt und ließ es vom System ausbrüten und mit Privilegien füttern.

An diesem Morgen hatte der Hacker ein kurzes Programm geschrieben, um sich Privilegien zu verschaffen. Normalerweise würde Unix ein solches Programm nicht zulassen, da es niemals Privilegien über das hinaus erteilt, was einem Benutzer zusteht. Läßt jemand das Programm aber von einem privilegierten Konto aus laufen, wird er privilegiert. Sein Problem besteht darin, sein spezielles Programm – das Kuckucksei – zu maskieren, damit es vom System angenommen wird.

Alle fünf Minuten führt das Unix-System sein eigenes Programm,

Atrun genannt, durch. Atrun ordnet routinemäßig andere Jobs und führt Aufräumarbeiten durch. Es läuft in einem privilegierten Modus mit der vollen Kraft und Macht des Betriebssystems. Gelingt es jemandem, ein fingiertes Atrun-Programm einzusetzen, würde es innerhalb von fünf Minuten ausgeführt, mit voller Systempriorität. Aus diesem Grund sitzt Atrun in geschütztem Speicherplatz, der nur dem Systemverwalter zugänglich ist. Außer ihm hat niemand die Berechtigung, an Atrun herumzuhantieren.

Hier lag das Kuckucksnest: Fünf Minuten lang vertauschte der Eindringling das Atrun-Programm des Systems gegen sein Ei. Für seinen Angriff mußte er nur einen Weg finden, um sein Programm in das geschützte Nestgebiet zu bringen. Die Barrieren des Betriebssystems waren speziell dafür konstruiert, dies zu verhindern. Normale Kopierprogramme konnten sie nicht umgehen; es war unmöglich, einen Befehl abzusetzen, um sein Programm in den Systemspeicher zu kopieren.

Aber es gab hier einen Joker, den wir noch nie bemerkt hatten. Richard Stallman, ein freischaffender Computerprogrammierer, trat lauthals dafür ein, daß Information frei zugänglich sein sollte. Seine Software, die er umsonst abgibt, ist brillant konstruiert, elegant geschrieben und macht süchtig. Im Lauf der letzten zehn Jahre schuf Stallman ein starkes Editierprogramm namens Gnu-Emacs, das mehr ist als bloß ein Texteditor. Es kann leicht an persönliche Präferenzen angepaßt werden. Es ist eine Grundlage, auf der man andere Programme aufbauen kann. Es hat sogar eine eingebaute elektronische Post.

Natürlich wollten unsere Physiker Gnu haben. In der Hoffnung, mehr Rechenzyklen verkaufen zu können, installierten wir es.

Es gab nur ein Problem: In dieser Software war ein Fehler.

So wie der Gnu-Emacs-Editor in unserem Unix-Computer installiert war, konnte man damit eine Postdatei vom eigenen Dateiverzeichnis überallhin schicken. Er prüfte nicht nach, wer es erhalten sollte oder ob der Empfänger die Datei überhaupt wollte. Er benannte die Datei nur neu und änderte ihre Eigentümerkennung. Man konnte somit die Eigentümerschaft der Datei einfach von einem auf den nächsten übertragen. Kein Problem also, eine

Datei von meinem Speicherplatz woandershin zu schicken. Alles wäre gut gewesen, wenn eine Datei nicht auch in den geschützten Systemspeicher hätte geschickt werden können; nur der Systemverwalter sollte hier zugelassen sein. Stallmans Software hätte dies sicherstellen müssen. Aber Gnu prüfte das nicht. Folglich konnte jeder eine Datei in den geschützten Systemspeicher schicken.

Der Hacker wußte das, wir nicht.

Der Hacker benutzte Gnu, um seine spezielle Atrun-Datei gegen die legitime Version des Systems auszutauschen. Fünf Minuten später brütete das System sein Kuckucksei aus, und er hatte die Schlüssel zu unserem Computer in der Hand.

Er hatte den Computer hereingelegt, damit dieser ihm Macht gab. Er plazierte sein frisiertes Programm dorthin, wo der Computer erwartete, ein echtes zu finden. Gleich nachdem das System das fingierte Atrun-Programm ausgeführt hatte, schob der Hacker das Original wieder dahin zurück, wo es hingehörte. Die ganze Operation basierte darauf, daß er eine Datei dahin schieben konnte, wo er sie hinhaben wollte.

Gnu war das Loch in unserer Systemsicherheit. Ein winziger Fehler in einer dunklen Ecke einer verbreiteten Software, die blindlings von unseren Systemprogrammierern installiert worden war, ohne daß irgend jemand auch nur geahnt hätte, daß sie die Sicherheit unseres gesamten Systems zerstören könnte.

Jetzt verstand ich. Unser Freund mußte über ein Gastkonto eingedrungen sein, seine Privilegien mit Hilfe des Lochs vergrößert und dann ein neues Konto zu den Computerdateien hinzugefügt haben.

Vor meinen Augen zeigten mir die ersten paar Zentimeter des Ausdrucks, wie der Kuckuck sein Nest vorbereitet, das Ei gelegt und dann gewartet hatte, bis es ausgebrütet wurde. Das übrige Papier zeigte, wie der flügge gewordene Kuckuck seine Flügel ausprobierte.

Als Super-User besaß er die Macht über unser System und konnte die Arbeit eines jeden lesen. Er sah die elektronische Post von allen Benutzern durch, las Neuigkeiten, Klatsch und Liebesbriefe. Er erfuhr von den Veränderungen des Computers, den Forschungsanträgen und Neueinstellungen des letzten Monats. Er suchte nach Änderungen in den Systemverwalterdateien und entdeckte, daß ich gerade mit der Arbeit begonnen hatte. Er kannte mein Gehalt und meinen Arbeitsbeginn. Doch bedenklicher war, daß er wußte, daß ich ein Systemverwalter war, und daß er meinen Kontennamen kannte. Ab jetzt sollte ich besser einen anderen benutzen.

Alle zehn Minuten erteilte der Hacker den Befehl ›*who*‹, um alle aufzulisten, die gerade eingeloggt waren. Offensichtlich befürchtete er, jemand könnte sehen, daß er eingeklinkt war, oder ihn beobachten. Später suchte er nach Änderungen im Betriebssystem; hätte ich die Dämonen modifiziert, so daß seine Aktion aufgezeichnet worden wäre, wie ich es anfangs geplant hatte – er hätte es sicher entdeckt. Ich kam mir vor wie ein Kind, das Verstecken spielt, und der Suchende geht nur um Zentimeter am Versteck vorbei.

In der ersten Stunde schrieb er ein Programm, um die gesamte elektronische Post auf eine Erwähnung seiner Aktivität zu durchforsten. Er suchte nach den Wörtern ›*hacker*‹ und ›*security*‹.

Ein Wissenschaftler hatte ein Programm gestartet, das übers Wochenende Daten eines Experiments sammelte. Es lief unter dem Namen ›*gather*‹ und erhob ganz harmlos alle paar Minuten Informationen und schrieb sie in eine Datei. Der Hacker entdeckte dieses Programm, verbrachte zehn Minuten mit dem Versuch, es zu verstehen, und – schoß es ab.

Jawohl! Da sah sich einer alle paar Minuten um, ob ihm auch niemand über die Schulter schaute. Er killte alle Jobs, von denen er glaubte, daß sie ihn überwachten. Er öffnete die Post und sah nach, ob jemand was über Hacker schrieb.

Wayne hatte recht: Wenn man offen vorging, würde er sofort wissen, daß er beobachtet wurde. Wir mußten deshalb möglichst unsichtbar bleiben.

Wenn er sich nicht gerade umblickte, las der Hacker Dateien. Er studierte verschiedene Befehls- und Textdateien von Wissenschaftlern und entdeckte so Wege in andere Laborcomputer. Unser Computer rief jede Nacht automatisch 20 andere auf, um Post und Netzwerknachrichten auszutauschen. Als der Hacker diese Telefonnummern las, kannte er 20 neue Ziele.

Ein Beispiel aus der Postdatei eines Ingenieurs:

Hi Ed!
I'll be on vacation for the next couple weeks. If you need to get any of my data, just log into my account on the Vax computer. Account name is Wilson, password is Maryanna (that's my wife's name). Have fun!

Der Hacker folgte dieser Einladung, meldete sich über unser lokales Netzwerk bei dieser VAX an und hatte kein Problem damit, sich in Wilsons Konto einzuloggen. Wilson hätte nie bemerkt, daß der Hacker seine Dateien las; wahrscheinlich wäre es ihm aber auch egal gewesen. Sie enthielten numerische Daten, die für jeden – außer für Kernphysiker – bedeutungslos waren.
Unser Besucher wußte von unseren laborinternen Netzwerken. Unsere zwölf Großrechner waren mit einem Ethernet, seriellen Schnittstellen und Kaugummi mit hundert Laborcomputern verbunden. Wenn die Physiker Daten von einem Computer am Zyklotron in unseren Großrechner holen wollten, war Eleganz nicht gefragt. Sie benutzten irgendeinen Anschluß, irgendeine Leitung, irgendein Netzwerk. Im Lauf der Jahre hatten die Techniker ein Spinnennetz von Kabeln über das Labor gezogen, das fast alle Computer mit allem verband, was zu funktionieren schien. Dieses lokale Netzwerk reichte in jedes Büro und verband PC, Macintoshs und Terminals mit unseren Zentralrechnern.
Häufig waren diese vernetzten Computer so eingerichtet, daß sie einander vertrauten. Wenn man für einen Computer ›okay‹ war, war man es auch für die anderen. Das sparte Zeit: Die Leute mußten nicht mehr als ein Passwort vorweisen, auch wenn sie mehrere Computer benutzten.
Der Hacker beutete dieses Vertrauen aus, um in ein halbes Dutzend Computer einzudringen. Als Super-User, privilegierter Benutzer unseres Unix-Zentralrechners also, versteckte er sich unter einem zugelassenen Kontennamen. Dann klopfte er einfach an die Tür einer anderen vernetzten Maschine und wurde zugelassen, ohne das Passwort auch nur zu flüstern. Unser Besucher konnte nicht wissen, wozu diese Systeme benutzt wurden; trotz-

dem erfühlte er sich seinen Weg durch das Netz und suchte nach Verbindungen zu unerkundeten Computern.
Gegen Ende der Aktion ging dem Druckfarbband die ›Tinte‹ aus. Ich strich leicht mit einem Bleistift über das Papier und konnte so die Eindrücke des Druckerkopfs lesbar machen: Der Hacker hatte unsere Passwortdatei kopiert und sich dann abgemeldet...

Ein Baßgitarrenton zog meine Aufmerksamkeit weg von der Spur des Hackers. Grateful Dead spielten draußen im Berkeley Greek Theater, nur hundert Meter vom Labor den Hügel hinunter. Die Polizei konnte es nicht verhindern, daß sich die Leute auf den Rasen setzten und das Konzert verfolgten, also lief ich rasch hinüber und mischte mich unter tausend andere in Hemd und Krawatte. Abgebrannte Schnorrer, die aus den 60er Jahren übriggeblieben waren, liefen in der Menge herum, erbettelten Eintrittskarten und verkauften Poster, Buttons und Grass. Das Schlagzeugsolo im zweiten Set hallte aus dem Strawberry Canyon zurück und bescherte einen seltsamen Nachklang, den aber nur wir Zaungäste auf dem Rasen zu würdigen wußten. Das war wirklich Leben: Kein Hacker ist es wert, daß man seinetwegen ein Konzert der Dead versäumte.

5. Kapitel

Mit dem Montagmorgen begann meine zweite Woche in diesem Job. Mir war sehr ungemütlich: Ich war umgeben von überarbeiteten Spezialisten und wußte dennoch nicht, welche Aufgaben ich zu erfüllen hatte. Bis die Sache anfing Spaß zu machen, konnte ich diese Hackergeschichte bestimmt zu Ende bringen.

Wie ein Erstsemester im Physiklabor schrieb ich in ein Tagebuch, was ich am Wochenende gemacht hatte. Nicht daß ich vorhatte, dieses Tagebuch zu benutzen: Es war nur eine Gelegenheit, das Textverarbeitungsprogramm meines Macintoshs kennenzulernen. Außerdem lautet die Faustregel des Astronomen: Was man nicht niederschreibt, ist nicht passiert.

Ich gab die Ergebnisse an den Rest der Mannschaft weiter und hoffte, niemand würde merken, daß ich im Schaltraum übernachtet hatte.

Der Chef wollte mich sofort sprechen, als er eingetrudelt war. Ich befürchtete, er sei stinksauer, weil ich mir die ganzen Terminals ausgeborgt hatte. Der Führungsstil mochte ja locker sein, aber trotzdem durften auch Computercracks nicht Türme von Laborgeräten abbauen, ohne zu fragen.

Aber Roy erwähnte die Terminals mit keinem Wort. Er wollte nur etwas über den Hacker wissen.

»Wann ist er aufgetaucht?«

»Sonntag morgen um 5 Uhr, drei Stunden lang.«

»Irgendwelche Dateien kaputt?«

»Hat ein Programm abgeschossen, von dem er dachte, es überwache ihn.«

»Sind wir in Gefahr?«

»Er ist privilegierter Benutzer. Er kann als Super-User unsere gesamten Dateien löschen.«

»Können wir ihn abschießen?«
»Wahrscheinlich. Wir kennen sein Loch, das stopfen wir schnell.«
»Glauben Sie, das hält ihn auf?«
Ich konnte spüren, wohin Roys Gedanken wiesen. Er wußte, daß wir das gestohlene Konto von Sventek leicht deaktivieren konnten. Und jetzt, wo wir kapiert hatten, was lief, war es nicht schwierig, das Gnu-Emacs-Loch zu stopfen: Wir mußten nur ein paar Codezeilen hinzufügen, um das angepeilte Dateienverzeichnis zu prüfen.
Die entscheidende Frage lautete aber: Sollten wir unsere Türen offenlassen oder nicht? Den Laden dichtzumachen war die naheliegendste Reaktion. Wir wußten, wie dieser Hacker in unser System eingedrungen war, und wußten, wie wir ihn rausschmeißen konnten. Aber was stimmte außerdem nicht? Welche anderen Geschenke hatte uns unser mysteriöser Besucher hinterlassen? Zu wie vielen Konten hatte er sich noch Zugang verschafft? In welche anderen Computer war er eingebrochen?
Das war Roys Sorge. Der Ausdruck zeigte, daß der Hacker ein kompetenter Systemprogrammierer war, der versteckte Fehler ausbeuten konnte, die wir noch nicht einmal bemerkt hatten. Was hatte er bereits getan?
Als privilegierter Benutzer kann man jede Datei im System modifizieren. Hatte der Hacker ein Systemprogramm geändert, um sich eine Hintertür zu öffnen? Hatte er an unserem System herumgeschustert, daß es ein Zauberpasswort anerkannte? Hatte er einen Computervirus eingesetzt? In Heimcomputern verbreiten sich Viren, indem sie sich selbst in andere Softwareteile kopieren. Wenn man jemand anderem infizierte Software gibt, kopiert sich der Virus in dessen Software und verbreitet sich so von Platte zu Platte. Wenn der Virus gutartig ist, ist er schwer zu entdecken und richtet wahrscheinlich keinen großen Schaden an. Aber es ist einfach, bösartige Viren zu konstruieren, die sich reduplizieren und dann Dateien löschen. Genauso leicht ist es, einen Virus zu schaffen, der monatelang inaktiv ist und dann irgendwann in der Zukunft ausbricht. Viren sind die Geschöpfe, die Programmierer in ihren Alpträumen verfolgen.

Als privilegierter Benutzer konnte der Hacker unser System in einer Weise infiziert haben, daß es fast unmöglich war, seinen Virus auszurotten. Er konnte sich in die Systemsoftware kopieren und in dunklen Ecken des Computers verstecken. Indem er sich von Programm zu Programm kopierte, würde er all unsere Versuche, ihn zu löschen, vereiteln.

Anders als bei einem PC, bei dem man das Betriebssystem von der Programmdiskette neu laden kann, hatten wir unser Betriebssystem weitreichend modifiziert. Wir konnten nicht zu einem Hersteller gehen und sagen: »Geben Sie uns bitte eine Originalkopie.« Wenn das System infiziert war, konnten wir es nur mit Sicherheitskopiebändern wieder restaurieren. Wenn der Hacker den Virus aber bereits vor sechs Monaten eingepflanzt hatte, waren diese Bänder auch infiziert.

Vielleicht hatte er eine logische Bombe gelegt – ein Programm, das zu einem bestimmten Zeitpunkt in der Zukunft hochgeht. Aber vielleicht hatte dieser Eindringling auch nur unsere Dateien geplündert, ein paar Jobs gekillt und unsere Abrechnung versaut... Wie konnten wir wissen, daß er nicht etwas viel Schlimmeres getan und an unseren Datenbanken herumgepfuscht hatte? Konnten wir unseren Programmen und Daten jemals wieder vertrauen? Wir konnten es nicht. Und zu versuchen, ihn auszusperren, würde kaum funktionieren, weil er dann nur einen anderen Weg suchen würde. Wir mußten herausfinden, was er schon getan hatte und was er noch tat! Vor allem mußten wir wissen, wer am anderen Ende der Leitung saß.

»Es muß irgendein Student aus Berkeley sein«, sagte ich zu Roy, »das sind die Unix-Cracks, und uns halten sie für Blödmänner.«

»Ich wäre da nicht so sicher.« Roy lehnte sich in seinem Sessel zurück. »Warum sollte jemand aus Berkeley durch Tymnet reinkommen, wenn er unser System doch viel einfacher über die Telefonleitungen anwählen könnte?«

»Vielleicht ist Tymnet nur ein Deckmantel«, erwiderte ich, »ein Versteck. Wenn er das Labor direkt anwählen würde, könnten wir ihn verfolgen. Aber so müssen wir sowohl Tymnet als auch einen Telefonanruf verfolgen.«

Mein Abwinken überzeugte den Chef nicht. Ob aus wissenschaftlicher Erfahrung oder aus zynischem Prinzip – Roy legte sich nicht fest: Es war so lange kein Student, bis man einen in sein Büro schleifte. Sicher, die Ausdrucke vom Wochenende zeigten einen guten Programmierer, aber es war auch möglich, daß wir irgendeinen kompetenten Computercrack von irgendwo beobachteten. Den Kerl zu verfolgen bedeutete, Telefonleitungen zu verfolgen.

Der Preis für harte Beweise war harte Arbeit.

Konfrontiert mit den Spuren eines mysteriösen Besuchers, sah Roy nur Fußabdrücke. Ich sah einen Eindringling. Roy entschied sich dafür, sich nicht zu entscheiden.

»Stellen wir für heute alle Netzwerkverbindungen ein. Morgen früh werde ich mit dem Labordirektor reden und überlegen, was wir tun.«

Wir konnten noch zuwarten, aber früher oder später mußten wir mit dem Verfolgen anfangen oder den Typ aussperren.

Ich fragte mich, ob ich Lust hatte, jemanden zu verfolgen? Es würde mich von der wissenschaftlichen Arbeit abhalten, denn es hatte nichts zu tun mit Astronomie oder Physik. Und es roch so nach Räuber-und-Gendarm- oder Versteckspiel.

Andererseits würde ich vielleicht etwas über Telefonverfolgungen und Netzwerke erfahren. Und das Beste war die Vorstellung, wie so ein Hacker aus der Wäsche gucken würde, wenn wir in seine Bude platzen und schreien würden: »Halt! Keine Bewegung! Finger von der Tastatur!«

Am Dienstagnachmittag rief Roy an.

»Der Direktor sagt, das sei elektronischer Terrorismus. Nutzt alle Mittel, die ihr habt, um den Kerl zu fangen. Nehmt euch so viel Zeit, wie ihr braucht. Drei Wochen, wenn's sein muß. Aber nagelt den Burschen fest!«

Nun konnte ich den Hacker jagen, wenn ich wollte; die Rückendeckung von oben hatte ich...

6. Kapitel

Ich radelte heim und dachte über abwegige Hackerfangmethoden nach. Wie ich aber so meiner Wohnung näher kam, gingen meine Gedanken in Richtung Abendessen.

Es ist toll, wenn man jemanden hat, zu dem man nach Hause kommen kann.

Martha Matthews und ich lebten jetzt seit ein paar Jahren zusammen und waren seit fast zehn befreundet. Wir kannten uns so gut, daß es schwer war, mir die Zeit, bevor ich sie kannte, vorzustellen. Alte Freunde schüttelten den Kopf. Sie hatten noch nie erlebt, daß ich's so lange mit einer Frau aushielt. In der Regel verliebte ich mich, das hielt ein paar Jahre, und dann wurden wir uns über und trennten uns. Ich war mit einigen früheren Geliebten immer noch gut Freund, aber die Romanzen hatten nie sehr lange gehalten. Ich war immer zynisch und sarkastisch gewesen, um mich vor allzuviel Nähe zu schützen.

Das Leben mit Martha aber war anders. Eine Mauer nach der andern fiel, langsam, mit der Zeit. Sie bestand darauf, unsere Differenzen in Gesprächen auszutragen, forderte, die Gründe meiner Launen und Stimmungen zu wissen, forderte, daß wir über Wege nachdachten, besser miteinander zurechtzukommen. Manchmal war es unerträglich – ich hasse es zu reden, wenn ich wütend bin –, aber es schien zu funktionieren.

Ich ertappte mich dabei, wie ich Nestbauinstinkte entwickelte. Ein vollkommener Nachmittag bestand darin, sich am Haus zu schaffen zu machen, einen Schalter zu verlegen, ein paar Knollen zu pflanzen oder ein Bleiglasfenster zu löten. Wir verbrachten manchen ruhigen Abend mit Nähen, Lesen oder Scrabblespielen. Ich fing an, mich zu fühlen wie ein ... Ehemann.

Ich? Bestimmt nicht. Wirklich nicht. Die Ehe schleift dich ab; sie ist ein Hamsterrad für Eindimensionale. Du heiratest und er oder sie erwartet, daß du immer und ewig derselbe bleibst, dich nie änderst, nie etwas Neues tust. Und dann gibt's Zoff auf Zoff, und du kannst nicht abhauen, derselbe Mensch jeden Morgen, jeden Abend wird dir einfach über.

Zusammenleben war was anderes. Wir waren beide unabhängig. Wir entschieden uns frei, den Tag miteinander zu teilen, und jeder von uns konnte gehen, wenn die Beziehung nicht mehr gut für uns war. So war es besser, und Martha schien zufrieden zu sein. Ach ja.

Ich fragte mich, ob sie noch so fröhlich bliebe, wenn ich die nächsten Wochen im Labor schliefe.

Drei Wochen, um einen Hacker zu fangen. Wie lange würde es wohl dauern? Vielleicht ein paar Tage, um die Spuren zu sichern, noch ein paar Tage, um ihn durch die Netzwerke zu verfolgen und dann festzunageln.

Wahrscheinlich brauchten wir die Mithilfe der Polizei, man mußte also noch einen Tag oder zwei dazurechnen. Wir könnten, schloß ich die Sache in Gedanken ab, das Ganze in zwei Wochen erledigt haben, und dann würde ich wieder einen Computer verwalten, und nebenher vielleicht ein bißchen Astronomie betreiben.

Wir mußten ein Netz knüpfen, das dicht genug war, um den Hacker zu fangen, aber weit genug, um unsere Wissenschaftler durchzulassen. Ich mußte den Hacker entdecken, sobald er in der Leitung war, und die Techniker von Tymnet anrufen, damit sie feststellten, woher der Anruf kam.

Den Hacker zu entdecken, war einfach: Ich mußte nur in meinem Büro zwischen zwei Terminals kampieren. Ein Terminal zum Arbeiten und ein anderes zur Beobachtung des Systems. Jedesmal, wenn sich jemand in den Computer einloggte, piepste es zweimal, damit ich den neuen Benutzer überprüfen sollte. Sobald ein Fremder auftauchte, mußte ich runter zum Schaltraum düsen und nachsehen, was da lief. Theoretisch narrensicher. Praktisch unmöglich. Von tausend Benutzern kannte ich etwa zwanzig. Die andern 980? Ich hatte jeden einzelnen zu überprüfen. Also würde ich alle zwei Minuten den Gang runterrennen und glauben, ich hätte jemanden gefangen. Und weil ich das Signal versäumen würde, wenn ich zu Hause war, nahm ich auf Martha keine Rücksicht und schlief unter dem Schreibtisch.

Der Teppich roch wie der Sitz eines Linienbusses, und immer wenn ein Terminal piepste, fuhr ich auf und schlug mir die Rübe am Boden einer Schublade an. Etliche Nächte, die ich damit verbrachte, mir die Stirn zu spalten, überzeugten mich, daß es einen einfacheren Weg geben müsse.

Wenn ich die gestohlenen Kontennamen kannte, wäre es leicht, ein Programm zu schreiben, das darauf wartete, daß der Übeltäter auftauchte. Unnötig, jeden zu überprüfen, der den Computer benutzte; einfach klingeln lassen, wenn ein gestohlenes Konto benutzt wurde. Aber ich mußte Waynes Warnung beherzigen – unsichtbar bleiben.

Das hieß, keine Jobs auf dem Zentralrechner laufen zu lassen. Aber ich könnte von einem anderen Computer aus zusehen. Wir hatten gerade einen neuen Unix-Computer installiert, unser Unix-8-System. Noch niemand hatte ihn bis jetzt benutzt, er war deshalb vielleicht nicht supersicher, aber jedenfalls bestimmt nicht verseucht. Ich konnte ihn in unser lokales Netzwerk einklinken, ihn gegen alle möglichen Angriffe sichern und ihn die Unix-4- und Unix-5-Computer beobachten lassen.

Ich schützte meine Unix-8-Burg mit Wassergraben und Einwegzugbrücke: Information konnte in den Computer hinein, aber nichts konnte heraus. Dave Cleveland, der nicht sehr angetan davon war, einen Hacker zu jagen, lächelte leicht und zeigte mir, wie man einen Unix-8 dazu bringt, alle Login-Versuche abzuweisen und trotzdem die anderen Unix-Maschinen heimlich auf Anzeichen von Übeltätern zu überprüfen.

Das Programm war nicht schwierig – nur ein paar Dutzend Codezeilen, um einen Statusblock von jedem der lokalen Computer zu bekommen. Aus alter Tradition programmieren Astronomen in Fortran, deshalb war ich nicht überrascht, daß mich Dave etwas merkwürdig ansah, weil ich eine so antiquierte Sprache benutzte. Er forderte mich auf, die Sprache C zu verwenden; in ein paar

Minuten hatte er das Programm auf 20 Zeilen dicht geschriebenen Code verkürzt.

Wir luden Daves Wachhundprogramm in den Unix-8. Von außen sah er aus wie ein weiteres Laborsystem. Jeder, der seinen Status abfragte, erhielt eine Einladung, sich einzuloggen. Aber man konnte sich nicht einloggen, weil dieser Computer jeden zurückwies außer Dave und mich. Der Hacker dürfte keinen Verdacht schöpfen, weil der Computer noch nicht ganz ins Netzwerk integriert zu sein schien. Auf dieser hohen Ebene ging eine Netzwerkabfrage an jeden der andern Unix-Computer: ›*Hey, who's logged on?*‹ Jede Minute analysierte das Unix-8-Programm diese Berichte und suchte nach Sventeks Namen. Wenn Sventek auftauchte, piepste mein Terminal, und es war Zeit, sich die Stirn anzuschlagen.

Aber ein Alarm allein würde den Hacker nicht fangen. Wir mußten ihn durch unser System verfolgen bis zurück zu seinem Lager. Und um uns zu schützen, mußten wir wissen, was er machte.

Es war nicht möglich, sich noch mal 50 Drucker zu schnappen, um den gesamten Datenverkehr durch unser System zu überwachen. Deshalb durfte ich nur die Leitungen beobachten, die er wahrscheinlich benutzen würde. Samstag morgen war er durch eine unserer vier Tymnet-Verbindungen reingekommen – eine gute Stelle, um anzufangen. Ich konnte keine vier Drucker für ein paar Wochen kaufen, stehlen oder leihen, also verlegte ich mich aufs Betteln. Ein Physikprofessor gab mir einen ausgeleierten alten DEC-Drucker und freute sich, daß ihm jemand den alten Haufen abnahm. Eine Sekretärin spendete einen überschüssigen IBM-PC im Austausch dafür, daß ich ihr zeigte, wie man Arbeitsblattprogramme benutzt. Eine Kombination von Pralinen, Schmeichelei und Augenzudrücken erbrachte zwei weitere überschüssige Drucker.

Jetzt waren wir voll im Geschäft und zeichneten unseren gesamten Datenverkehr mit Tymnet auf.

Am Mittwochnachmittag war eine Woche vergangen, seit wir den Hacker zum ersten Mal entdeckt hatten. Es war sonnig in Berkeley. Daves Wachhund war wach, die Drucker schnatterten emsig bei jedem Anschlag, und ich dachte nach – besonders über Infrarotemissionen der Pleiaden. Plötzlich piepste das Terminal zweimal: Sventeks Konto war aktiv. Das Adrenalin schoß mir ins Blut, als ich in den Schaltraum rannte; der Anfang der Papierbahn zeigte, daß sich der Hacker um 14.26 Uhr eingeloggt hatte und immer noch aktiv war. Buchstabe für Buchstabe spuckte der Drucker die Anschläge des Hackers aus.

Er hatte sich als *Sventek* in den Unix-4-Computer eingeloggt und listete als erstes die Namen aller eingeklinkten Benutzer auf. Glück gehabt: Es war niemand da außer dem üblichen Physiker- und Astronomenhaufen; mein Wachhundprogramm war gut im Unix-8-Computer verborgen. Siehst du dich wieder nach allen Seiten um, dachte ich. »Tut mir leid, niemand da außer uns Astrophysikern«, flüsterte ich dem Terminal zu.

Wieder das gleiche, er prüfte alle laufenden Prozesse. Der Unix-Befehl ›*ps*‹ druckt den Status anderer Prozesse aus.

Gewohnheitsmäßig tippte ich ›*ps-axu*‹ ein; die letzten drei Zeichen befehlen Mutter Unix, den Status von allen anzugeben. Der Eindringling jedoch gab ›*ps-eafg*‹ ein. Seltsam. Ich hatte noch nie jemanden die g-Markierung benutzen sehen. Nicht daß er viel entdeckt hätte: nur ein paar wissenschaftliche Analyseprogramme und ein verschrobenes Satzprogramm. Und eine Netzwerkverbindung zum Unix-8-System.

Er hatte genau drei Minuten gebraucht, um den Unix-8-Computer zu entdecken, der lose mit dem Unix-4-System verbunden war. Aber konnte er hinein? Mit dem Unix-Befehl ›*rlogin*‹ versuchte er es ein halbes dutzendmal und klopfte mit Sventeks Kontenname und Passwort an die Tür der Unix-8-Maschine.

Pech! Dave hatte diese Türe zugenagelt.

Offenbar zufrieden, daß ihn keiner beobachtete, listete er die Passwortdatei des Systems auf. Da gab's nicht viel zu sehen für ihn: Alle Passwörter sind chiffriert und dann gespeichert. Ein chiffriertes Passwort sieht aus wie Buchstabensalat; wenn der Hacker nicht eine beeindruckend komplizierte Chiffrierung löste, war die Passwortdatei für ihn nicht viel mehr als ein Traumbild.

Er wurde nicht zum privilegierten Benutzer; er prüfte vielmehr, ob die Gnu-Emacs-Datei geändert worden war. Das setzte jedem Zweifel ein Ende, ob sich auch derselbe Hacker eingeklinkt hatte:

Niemand sonst hätte das Sicherheitsloch in unserem System überprüft. Um 14.37 Uhr, elf Minuten nachdem er sich eingeloggt hatte, loggte er sich abrupt aus dem Unix-4-Computer aus, aber nicht zu früh, um uns auf seine Spur zu setzen.
Tymnet! Ich hatte vergessen, dem Betriebszentrum des Netzwerks mitzuteilen, daß es einige Verbindungen verfolgen müsse. Ich hatte nicht mal gefragt, ob sie ihr eigenes Netzwerk überhaupt verfolgen konnten. Jetzt, wo ich den Drucker jede Taste kopieren sah, die der Hacker drückte, blieben nur Minuten, um die Spur aufzunehmen.
Ron Vivier leitet den Suchdienst von Tymnet in Nordamerika. Während ich mit ihm am Telefon sprach, konnte ich hören, wie er in die Tasten seines Terminals hieb. In kurzen Sätzen verlangte er unsere Kontenadresse. Soviel wenigstens hatte ich vorbereitet. In ein paar Minuten hatte Ron die Verbindung vom Tymnet-Anschluß des LBL in ein Tymnet-Büro in Oakland zurückverfolgt, das jemand übers Telefonnetz angewählt hatte.
Ron zufolge hatte der Hacker das Tymnet-Modem von 415/430-2907 angewählt. Das war in Oakland, nur drei Meilen vom Labor entfernt. Ich begann zu überlegen. Es ist einfacher, unser Labor in Berkeley direkt anzuwählen, statt durchs Tymnet-Büro in Oakland zu marschieren. Warum also durch Tymnet aufrufen, wenn man unser System direkt wählen kann? Ein direkter Anruf würde die Vermittlungen von Tymnet vermeiden und wäre ein Quentchen zuverlässiger. Aber ein Aufruf via Tymnet verbarg die Spur unter einer weiteren Schicht.
Der Hacker hatte die hiesige Tymnet-Anschlußnummer angerufen und nicht unser Labor. Das war, als würde man die Autobahn nehmen, um drei Häuserblocks weiter sich eine Cola kaufen zu wollen. Wer auch immer am anderen Ende der Leitung war, er wußte, wie man sich versteckt.
Ron Vivier sprach mir sein Beileid aus – ich hatte nicht nur eine Tymnet-Telefonnummer wissen wollen; ich machte Jagd auf einen Menschen.
Nun, wir waren auf seiner Spur, aber es war eine kurvenreiche Strecke. Irgendwie mußten wir den Telefonanruf zurückverfolgen. Und das bedeutete eine richterliche Genehmigung.

Puh!
Als sich der Hacker ausgeloggt hatte, sah ich vom Ausdruck auf. Wie ein Schießhund hatte Roy Kerth die Nachricht gewittert und kam runter in den Schaltraum. Dave und Wayne auch.
Als Ron auflegte, verkündete ich: »Er ruft von Tymnet Oakland an. Also muß er aus der Gegend sein. Wenn er in Peoria wäre, würde er sich seinen Nickel sparen und Tymnet Peoria rufen.«
»Ja, Sie haben wahrscheinlich recht.«
Roy freute sich nicht darauf, eine Wette zu verlieren.
Dave dachte nicht über die Telefonspur nach. »Dieser *›ps-eafg‹*-Befehl stört mich«, sagte er. »Ich kann nicht sagen, warum, aber es schmeckt mir einfach nicht. Vielleicht ist's nur paranoid, aber ich bin sicher, daß ich diese Kombination schon mal irgendwann gesehen habe.«
»Zur Hölle mit Unix. Geschieht uns recht, so ein saumäßiges Betriebssystem zu fahren.« Wayne ergriff die Gelegenheit, Dave zu reizen. »Na, die Passwortdatei nützt ihm aber nicht viel, was?«
»Nur wenn er einen Supercomputer hat. Man braucht so einen, um die Verschlüsselung zu knacken. Unix ist nicht VMS – es hat die schwierigsten Chiffrierschlüssel überhaupt«, konterte Dave.
Roy hatte das alles schon gehört; er meinte, weit über dem Krieg der Betriebssysteme zu stehen. »Sieht aus, als ob Sie ein paar Fangschaltungen bräuchten, Cliff.«
Mir gefiel das gewählte Pronomen überhaupt nicht, aber genau das war der Punkt.
»Hat jemand eine Idee, wo wir anfangen?« fragte ich. »Was man nicht in den Beinen hat, muß man in den Fingern haben«, spottete Dave.

7. Kapitel

Tags darauf, nachdem wir beobachtet hatten, wie der Hacker in unser System eingebrochen war, traf sich der Chef mit Aletha Owens, der Rechtsanwältin des Labors. Aletha waren Computer egal, aber sie hatte ein waches Auge für Probleme am Horizont. Sie verlor keine Zeit und rief das FBI.

Beim hiesigen FBI-Büro zog man nicht mal eine Augenbraue hoch. Fred Wyniken, Spezialagent der Zweigstelle Oakland, fragte ungläubig: »Ihr ruft uns, weil ihr für 75 Cents Rechenzeit verloren habt?«

Aletha versuchte zu erklären, was Informationssicherheit ist und den Wert unserer Daten zu erläutern.

Wyniken unterbrach sie und sagte: »Sehen Sie mal, wenn Sie den Verlust von mehr als einer Million Dollar vorweisen oder glaubhaft versichern können, daß jemand seine Nase in geheime Daten steckt, leiten wir ein Untersuchungsverfahren ein. Wenn nicht, dann lassen Sie uns bitte in Ruhe.«

Richtig. Je nach Standpunkt waren unsere Daten entweder nichts wert oder zig Millionen Dollar. Wieviel ist die Struktur eines Enzyms wert? Was ist ein Hochtemperatursupraleiter wert? Das FBI dachte in völlig anderen Begriffen; wir lebten in einer Welt der Forschung. Geheime Daten? Wir waren weder ein Militärstützpunkt noch eine Atomwaffenschmiede.

Trotzdem brauchten wir die Unterstützung des FBI. Wenn der Hacker das nächste Mal sein Periskop ausfahren würde, konnten wir ihn wahrscheinlich bis zur Telefonnummer des Tymnet-Anschlusses Oakland verfolgen. Von da würde uns, so hoffte ich, eine Fangschaltung zu ihm führen. Aber ich hatte gehört, daß die Telefongesellschaft ohne richterliche Genehmigung keine Lei-

tung abhören würde. Und wir brauchten zunächst das FBI, um schließlich diese Genehmigung zu erhalten.
Nachdem Aletha dort auf Granit gebissen hatte, rief sie den zuständigen Staatsanwalt an. Der Staatsanwalt von Oakland fakkelte nicht lange: »Was? Jemand bricht in Ihren Computer ein? Teufel auch, da holen wir uns doch eine Abhörgenehmigung und verfolgen diese Telefonleitungen.«
Gegen Ende des Tages hatte Aletha die Verhandlungen mit Tymnet, der Telefongesellschaft und dem Staatsanwalt abgeschlossen. Mit der hiesigen Strafverfolgungsbehörde im Rücken war nun auf das FBI bestens zu pfeifen. Kurz nach fünf schaute Dave herein und fing an, über den Einbruch zu reden.
»Cliff, der Hacker ist nicht aus Berkeley.«
»Woher weißt du das?«
»Du hast doch gesehen, wie der Typ den Befehl ›*ps-eafg*‹ eintippte, nicht wahr?«
»Klar, da ist der Ausdruck«, antwortete ich. »Das ist ein gewöhnlicher Unix-Befehl, um alle aktiven Prozesse aufzulisten. ›*ps*‹ heißt ›*print status*‹, und die vier Buchstaben modifizieren die Anzeige. Sie sind wie Knöpfe oder Tasten an einer Stereoanlage – sie modifizieren die Art und Weise, wie der Befehl zu funktionieren hat.«
»Cliff, ich weiß wohl, daß du an Berkeley-Unix gewöhnt bist. Seit Berkeley-Unix erfunden wurde, haben wir ganz mechanisch ›*ps*‹ getippt, wenn wir sehen wollten, was im System passierte. Aber sag mir, was modifizieren diese vier Buchstaben?«
Dave wußte, daß ich von obskuren Unix-Befehlen keine Ahnung hatte. Ich schlug mich, so gut ich konnte: »Na, die ›*e*‹-Markierung bedeutet ›liste Prozeßname und Systemumgebung auf‹, und die ›*a*‹-Markierung listet die Prozesse von allen auf – nicht bloß deine. Also wollte der Hacker sehen, was auf dem System lief.«
»Okay, die Hälfte hast du. Und wofür sind die ›g‹- und die ›*f*‹-Markierungen?«
»Weiß ich nicht.« Dave ließ mich zappeln, bis ich zugeben mußte, daß ich nicht mehr weiterkam.
»Du läßt mit ›g‹ auflisten, wenn du sowohl interessante als auch uninteressante Prozesse haben willst. Die ganzen unwichtigen

Jobs, wie die Abrechnung, werden auftauchen. Und alle Hintergrundprozesse auch.«

»Und wir wissen, daß er am Abrechnungsprogramm rumspielt.«

Dave lächelte. »Bleibt uns also noch die ›f‹-Markierung. Und die gibt es im Berkeley-Unix nicht. Das AT&T-Unix listet so die Dateien jedes Prozesses auf. Das Berkeley-Unix macht das automatisch und braucht die ›f‹-Markierung nicht. Unser Freund kennt das Berkeley-Unix nicht. Er ist aus der Schule des altmodischen Unix.«

Das Unix-Betriebssystem wurde in den frühen 70er Jahren in den Bell Laboratories von AT&T in New Jersey entwickelt. In den späten Siebzigern besuchten Unix-Anhänger von AT&T den Campus von Berkeley, und es wurde eine neue, mächtigere Version von Unix entwickelt. Neben freier Liebe, linker Politik und der Studentenbewegung ist Berkeley für seine Unix-Implementierung bekannt. Zwischen den Verfechtern des kleinen, kompakten AT&T-Unix und denen der verfeinerten Berkeley-Version entstand ein Schisma. Trotz Konferenzen, Standards und Versprechungen stellte sich kein Konsens ein, und die Welt muß nun mit zwei konkurrierenden Unix-Betriebssystemen zurechtkommen. Natürlich verwendete unser Labor das Berkeley-Unix, wie das alle Leute mit Köpfchen tun. Angeblich haben die von der Ostküste eine Schwäche für das AT&T-Unix, aber sie haben schließlich auch nicht die freie Liebe entdeckt.

Mit einem einzigen Buchstaben hatte Dave die gesamte datenverarbeitende Bevölkerung der Westküste ausgeschlossen. Es war auch denkbar, daß ein Hacker in Berkeley einen altmodischen Befehl benutzte, aber Dave glaubte nicht so recht daran.

»Wir beobachten jemanden, der noch nie Berkeley-Unix verwendet hat.« Dann hielt er den Atem an und flüsterte: »Ein Heide.«

Wayne scherte sich keinen Deut um Unix. Als VMS-Junkie war Wayne ein Ungläubiger. Außerdem glaubte er, daß der Hacker mit unserer Passwortdatei überhaupt nichts anfangen konnte: »Sieh mal, niemand kann auf irgendeine Weise diese Passwörter dechiffrieren. Alles, was er vielleicht erfahren hat, sind unsere Namen. Was soll die Aufregung?«

Ich bewegte das in meinem Herzen. Ein Wissenschaftler mit Konten in verschiedenen Computern würde für jedes Konto dasselbe Passwort verwenden. Wenn der Hacker Passwörter für den Unix-4-Computer kannte, konnte er versuchen, in die benachbarten LBL-Computer einzudringen. Wenn er in unseren geschützten Unix-8-Computer hinein wollte, na, warum dann nicht einige der Passwörter von der Unix-4-Maschine ausprobieren? Wenn er Passwörter aus einem System benutzen konnte, um in ein anderes einzubrechen, würden Dutzende Systeme fallen wie Dominosteine.

Passwörter sind das Herzstück der Sicherheit in einem Großrechner. PC brauchen keine Passwörter: Es gibt nur einen Benutzer. Jeder an der Tastatur kann auf jedes Programm zugreifen. Wenn aber zehn oder zwanzig Leute ein einziges System benutzen, muß der Computer sicher sein, daß die Person hinter dem Terminal kein Betrüger ist. Passwörter bestätigen die Authentizität einer Übertragung wie eine elektronische Unterschrift. Zählautomaten, Telefonkreditkarten, elektronischer Zahlungsverkehr, sogar einige Anrufbeantworter hängen von Passwörtern ab. Wenn ein Hacker Passwörter klaut oder fälscht, kann er Guthaben vortäuschen, Dienstleistungen umsonst in Anspruch nehmen oder geplatzte Schecks einlösen. Als noch Geld in Tresoren aufbewahrt wurde, hatten es Safeknacker auf die Zahlenschlösser abgesehen. Heute, wo die Sicherheitsmaßnahmen nur noch Bits in Computerspeichern sind, sind Diebe hinter den Passwörtern her.

Wenn ein Computer fünfzig oder hundert Benutzer hat, kann man einfach das Passwort jeder Person in einer Datei speichern. Wenn der Benutzer sich einloggen will, bittet der Computer ihn um sein Passwort und vergleicht es mit dem in der Datei.

In einer freundlich gesinnten Welt kein Problem. Aber wie hält man jemanden davon ab, der einem in die Passwortdatei gucken will? Na, man schützt die Passwortdatei so, daß nur das System sie lesen kann. Auch wenn man die Passwortdatei schützt, werden von Zeit zu Zeit von allen Dateien Sicherungskopien gezogen. Sogar ein Programmierneuling könnte diese Bänder auf einem andern Computer lesen und die Inhalte der Passwortdatei auflisten. Dateienschutz allein genügt nicht.

1975 entwickelten Robert Morris und Fred Grampp von den Bell Laboratories eine Möglichkeit, Passwörter auch dann zu schützen, wenn die Dateien nicht sicher waren. Sie setzten auf Chiffrierung anstelle von Dateienschutz. Wenn man das Passwort *›cradle‹* wählt, speichert man dieses Wort nicht einfach in eine Passwortdatei. Statt dessen vermanscht Unix die Buchstaben zu einem verschlüsselten Wort, etwa *›pn6yywersyq‹*. Das verschlüsselte Passwort wird gespeichert, nicht der offene Text. Eine Unix-Passwortdatei würde also etwa so aussehen:

Aaron: fnqs241kcvs
Blacker: anvpqw0xcsr
Blatz: pn6yywersyq
Goldman: mwe785jcy12
Henderson: rp2d9c149b7

Hinter jedem Kontennamen steht das verschlüsselte Passwort. Wie Wayne sagte: »Wer die Passwortliste klaut, kriegt nur 'ne Liste von Leuten.«

Das Computerprogramm, das *›cadle‹* zu *›pn6yywersyg‹* chiffriert, beruht auf einem Falltür-Algorithmus: ein Prozeß, der vorwärts einfach geht, aber zurück schwierig. Wenn Sally Blatz sich einloggt, tippt sie ihren Kontennamen *›Blatz‹* ein und dann ihr Passwort *›cradle‹*. Das System verschlüsselt das Passwort zu *›pn6yywersyg‹* und vergleicht das mit der Eingabe in der Passwortdatei. Wenn die verschlüsselten Eingaben nicht miteinander übereinstimmen, fliegt Sally aus der Maschine. Das lesbare Wort selbst wird nicht verglichen, sondern die Chiffrierung. Die Passwortsicherheit hängt von der Falltürfunktion ab.

Falltürfunktionen sind mathematische Ratschen: Man kann sie vorwärts drehen, aber nicht rückwärts. Sie übersetzen Text rasch in Chiffren. Um diese Schlüssel diebstahlsicher zu machen, muß es unmöglich sein, den Algorithmus umzudrehen.

Unsere Falltüren waren nach dem Data Encryption Standard (DES) konstruiert, der von IBM und der National Security Agency (NSA) entwickelt wurde. Wir hatten Gerüchte gehört, die elektronischen Super-Schnüffler der NSA hätten den DES geschwächt, weil sie dessen interne Schlüssel beschnitten hätten: Sie banden sie so kurz an, daß sie von der NSA geknackt werden konnten, ließen sie aber so stark, daß sie den Versuchen gewöhnlicher Sterblicher widerstanden. Man flüstert, auf diese Weise könnte die NSA den Code knacken und Nachrichten lesen, aber niemand sonst.

Das DES-Chiffrierprogramm in unserem Unix-Computer war allgemein zugänglich. Jeder konnte es studieren. Die NSA hatte seine Stärken und Schwächen analysiert, die Berichte jedoch waren geheim. Gelegentlich hatten wir zwar Gerüchte gehört, jemand habe diesen Code geknackt, aber nie bestätigte sich das. Bevor die NSA ihre Analysen des DES nicht veröffentlichte, mußten wir eben darauf vertrauen, daß unsere Chiffrierung stark genug war.

Wayne und ich hatten den Hacker beobachtet, wie er einbrach und unsere Passwortdatei stahl. Der Hacker kannte jetzt die Namen von ein paar hundert Wissenschaftlern. Er hätte sich auch unser Telefonbuch holen können – in denen standen wenigstens noch die Adressen. Wenn er nicht einen Cray-Supercomputer besaß, konnte er die Falltürfunktion nicht umdrehen, und unsere Passwortdatei blieb sicher.

Wayne war immer noch beunruhigt. »Vielleicht ist dieser Kerl auf eine geniale Möglichkeit gestoßen, die Falltürfunktion umzudrehen. Wir sollten eine Spur vorsichtiger sein und unsere wichtigen Passwörter ändern.«

Dagegen konnte ich kaum etwas einwenden. Das Systempasswort war seit ein paar Jahren nicht geändert worden und hatte schon einige Leute überdauert, die geheuert und gefeuert worden waren. Ich hatte nichts dagegen, mein Passwort zu ändern, und um sicherzugehen, benutzte ich für jeden Computer ein anderes Passwort. Wenn es dem Hacker gelang, mein Passwort für den Unix-4-Computer herauszufinden, hätte er damit noch keine größere Chance, es bei den anderen zu erraten.

Bevor ich nach Hause radelte, sah ich noch mal den Ausdruck der Sitzung des vorigen Tages durch. In den zehn Seiten lagen Hinweise auf die Person des Hackers, seinen Standort und seine Absichten verborgen. Aber zuviel widersprach sich: Wir hatten

ihn durch Tymnet in Oakland, Kalifornien, geortet. Aber Dave glaubte nicht, daß er aus Berkeley war. Er kopierte unsere Passwortdatei, obwohl unsere Chiffrierung nur Buchstabensalat daraus machte.
Und was machte er mit unseren verschlüsselten Passwörtern?
In mancher Hinsicht war es wie Astronomie. Wir beobachteten passiv ein Phänomen und versuchten aufgrund einiger Hinweise, das Ereignis zu erklären und die Quelle zu lokalisieren. Astronomen sind daran gewöhnt, still und leise Daten zu sammeln, indem sie auf einem Berggipfel durch ein Teleskop starren. Hier wie dort tauchten die Daten sporadisch, aus unbekannter Quelle auf. Statt Thermodynamik und Optik mußte ich jetzt Chiffriermethoden und Betriebssysteme verstehen. Auf irgendeine Weise bestand eine physische Verbindung zwischen unserem System und einem wer weiß wie weit entfernten Terminal. Durch Anwendung gewöhnlicher Physik mußte es möglich sein, zu verstehen, was da passierte.
Physik: Das war der Schlüssel, erkannte ich.
Zeichne deine Beobachtungen auf. Wende physikalische Prinzipien an. Spekuliere, aber traue nur bewiesenen Schlußfolgerungen.
Wenn ich irgendwelche Fortschritte machen wollte, mußte ich die Aufgabe wie ein Physikproblem für Erstsemester angehen.
Zeit, mein Tagebuch auf den neuesten Stand zu bringen.

8. Kapitel

Und gerade rechtzeitig. Am Mittwoch, dem 10. September 1986 um 7.51 Uhr erschien der Hacker für sechs Minuten in unserem System. Lange genug, um Alarm in meinem Terminal auszulösen, aber nicht lange genug, um irgend etwas damit anzufangen. Diese Nacht war ich zu Hause geblieben.

»Fünf Tage im Labor sind genug«, hatte Martha gesagt.

Ich war, wie gesagt, nicht im Labor auf der Lauer gelegen, aber der Drucker rettete auf drei Seiten die Spur des Hackers. Er hatte sich als ›*Sventek*‹ in unseren Unix-4-Computer eingeloggt. Das verstand ich noch – er hatte Sventeks Passwort und war über Tymnet reingekommen.

Aber er blieb nicht in meinem Unix-4-Computer – statt dessen hüpfte er hindurch und landete im Milnet. Nun ist es nicht gerade das Allerneuste, daß es das Milnet gab – es ist ein Teil des Internet, eines Computernetzwerks, das hundert andere Netzwerke miteinander verknüpft. Von unserem Unix-Computer aus können wir das Internet erreichen und von da aus das Milnet.

Doch das Milnet gehört dem Verteidigungsministerium.

Mein Hacker meldete sich bei der Milnet-Adresse 26.0.0.113 an, loggte sich dort als ›*Hunter*‹ ein und prüfte, ob sie eine Kopie von Gnu-Emacs hatten. Dann verschwand er.

Als ich gegen Mittag angeradelt kam, gab es keine Spur, um den Hacker stromaufwärts zu verfolgen. Aber er hatte eine untilgbare Spur stromabwärts gezogen. Wo war diese Milnet-Adresse? Das Network Information Center dekodierte sie für mich: Redstone Army Depot in Anniston, Alabama. Der Standort der Raketenbasis Redstone, zweitausend Meilen von Berkeley entfernt.

In ein paar Minuten hatte er sich durch unser Labor bei einer Militärbasis angemeldet. Der Ausdruck ließ wenig Zweifel daran, daß es der Hacker war. Niemand außer ihm würde Sventeks Konto benutzen. Und wer sonst würde in irgendeinem Computer in Alabama nach dem Gnu-Emacs-Sicherheitsloch suchen?

Es war niemand da, der mir sagte, ich solle das nicht beachten, deshalb rief ich die Auskunft in Anniston an. Bestimmt hatte das Militärdepot Anniston ein Rechenzentrum, und schließlich fand ich Chuck McNatt, den Unix-Crack von Anniston.

»Hallo, Chuck. Sie kennen mich nicht, aber ich glaube, wir haben jemanden entdeckt, der sich an Ihren Computer ranmacht.«

»Wer sind Sie denn? Woher soll ich wissen, daß nicht *Sie* versuchen einzubrechen?« Nach etlichen Minuten des Zweifelns bat er mich um meine Telefonnummer, legte auf und rief mich zurück. Das ist einer, der Fremden nicht traut, dachte ich, oder rief er mich auf einer sicheren Telefonleitung zurück?

»Schlechte Nachrichen«, sagte ich. »Ich glaub, ich hab gesehen, wie jemand in euer System einbricht.«

»Verdammt noch mal – dieser Hunter?«

»Ganz genau. Woher wissen Sie das?«

»Ich hab seinen Hintern schon mal gesehn.«

Chuck McNatt erklärte es mir in breitem Alabama-Dialekt. Das Arsenal der Raketenbasis Redstone verwaltete seine Logistik auf ein paar Unix-Computern. Damit Bestellungen schneller bearbeitet wurden, hängten sie sich an Chucks Computer in der Basis Anniston an. Der Großteil ihres Datenverkehrs betraf Aktualisierungen – kaum jemand loggte sich von weit weg ein.

Um der Augusthitze zu entgehen, war Chuck – er erzählte mir alles haargenau – an einem Samstagmorgen arbeiten gegangen und hatte die Benutzer in seinem System überprüft. Ein Benutzer namens ›*Hunter*‹ war gerade dabei, eine Unmenge Rechenzeit zu verbraten. Überrascht, an einem Samstag überhaupt jemanden vorzufinden, hatte Chuck eine Nachricht auf Hunters Bildschirm geschickt: ›*He, identifizier dich!*‹

Der mysteriöse Hunter tippte zurück: ›*Für wen hältst du mich?*‹

Chuck war nicht so leicht zu übertölpeln. Er schickte noch eine Nachricht: ›*Identifizier dich oder ich schmeiß dich aus dem System!*‹

Es folgte die Antwort Hunters: *›Ich kann nicht antworten.‹*
»Also hab ich ihn aus der Maschine geschmissen«, sagte Chuck. »Wir haben sofort das FBI verständigt, aber die haben drauf gepfiffen. Also haben wir mit der CID gesprochen, damit man jede einzelne verdammte Verbindung verfolgt, die durch unsere Telefonleitungen reinkommt.«
»Was bedeutet CID«, fragte ich, »Christliche Informationsdiakonie?«
»Bleiben Sie ernst«, mahnte Chuck. »Die CID ist die Bullenorganisation der Army. Criminal Investigation Division. Aber die machen nicht viel.«
»Kein geheimes Material verlorengegangen, was?« fragte ich und nahm damit die Antwort vorweg.
Das FBI in Montgomery, Alabama, hatte Chuck dieselbe Geschichte erzählt wie Oakland mir. Man würde eine Untersuchung einleiten, wenn eine Million Dollar verschwunden sei. Einfach unglaublich, dachte ich. Für Beträge, die drunter liegen, rühren die nicht mal den kleinen Finger. Computerverbrechen sind für die fast so was wie Kavaliersdelikte.
»Was haben Sie gefunden?« setzte ich nach.
»Die verrücktesten Sachen«, antwortete Chuck. »Ich hab Hunter zwei- oder dreimal erwischt, als er sich in meinen Computer einschlich, aber die Telefonüberwachung hat nicht reagiert.«
»Ich wette, ich weiß, warum. Er kommt durch die Hintertür rein. Eure Milnet-Verbindung. Ein Hacker bricht in unser System ein, und diesen Morgen ist er in euren Computer eingestiegen – und wir...«
Chuck fluchte – er hatte die Drei-Minuten-Verbindung verpaßt. Er hatte in allen Telefonleitungen Fallen aufgestellt, aber vergessen, seine Netzwerkleitungen zu überwachen.
»... versuchen rauszufinden, wer in unserem System hackt«, fuhr ich fort. »Wir glauben, daß es ein Student hier in Berkeley ist, und setzten gerade alle Hebel in Bewegung, um ihn auszumachen. Unsere erste Spur weist auf Berkeley oder Oakland.«
»Kann ich mir denken. Bei uns hat man den Verdacht, es ist 'n Student hier in Alabama«, gab Chuck zurück. »Wir haben uns schon überlegt, dichtzumachen, aber wir wollen ihn kriegen. Ich würd ihn lieber hinter Gittern als hinter 'nem Terminal sehen.«

Zum ersten Mal machte ich mir um diesen unbekannten Hacker Sorgen. Wenn die Army den Kerl erwischte, würde es ihm übel ergehen. »Chuck, ich hab da was. Die Haare werden Ihnen zu Berge stehen, wenn ich's Ihnen sage: In unserm System ist dieser Typ privilegierter Benutzer.«
»Nein! Er hat vielleicht 'n Konto geklaut, aber er könnte nie Super-User werden. Wir sind 'ne Armeebasis, nicht irgend 'ne verhaschte Uni.«
Ich ging auf den Seitenhieb gegen Berkeley nicht ein.
»Er suchte nach eurer Gnu-Emacs-Postdatei.«
»Ja. Na und?«
»Was wissen Sie über die Nistgewohnheiten des Kuckucks?«
Ich erklärte, wie das Sicherheitsloch von Gnu-Emacs funktionierte.
Chuck war verblüfft. »Sie meinen, wir haben dieses Loch, seit uns White Sands diese Gnu-Datei geschickt hat?« Chuck pfiff leise. »Dann frag ich mich, wie lang der schon da rumpfuscht.«
Chuck verstand das Loch und seine Folgen ...
Der Hacker listete Dateien im Anniston-System auf. Nach den Daten dieser Dateien zu urteilen, war er seit Anfang Juni '86 in den Computern von Anniston. Seit vier Monaten benutzte ein illegitimer Systemverwalter einen Militärcomputer in Alabama. Trotzdem war er durch Zufall entdeckt worden, nicht durch eine logische Bombe oder verlorengegangene Information. Offenbar war kein Schaden entstanden.
Als ich mir den Ausdruck dieses Morgens näher ansah, stellte ich fest, daß der Hacker den Befehl zur Änderung des Passworts gegeben hatte. Im Anniston-Computer hatte er Hunters Passwort zu ›*Hedges*‹ verändert. Endlich ein Hinweis: Von zig Millionen möglicher Passwörter hatte er Hedges gewählt. Hedges Hunter? Hunter Hedges? Gleich die H's im Telefonbuch von Berkeley durchgehen!
Drei Telefonanrufe bei H. Hunter ergaben Harold, Heidi und Hilda Hunter. Ich legte los.
»Hallo, sind Sie an kostenlosen Abos von Computerzeitschriften interessiert?«
Kein Treffer. Keiner von ihnen interessierte sich für Computer.

Was hat ein Physiklabor in Berkeley mit einer Militärbasis in Anniston, Alabama, gemeinsam, überlegte ich, weil man sich nämlich keine größeren Gegensätze vorstellen kann, als eine Militärbasis aus echtem Schrot und Korn und eine radikale Hippiestadt. Dieses hatten wir gemeinsam: Bei beiden liefen die Computer mit Unix und waren durch das Milnet-Netzwerk verbunden.
Moment mal. Im Anniston-System lief das AT&T-Unix. Nicht der Berkeley-Dialekt. Wenn ich Dave Cleveland glaubte, war der Hakker im Anniston-System zu Hause.
War's vielleicht ein Hacker aus dem Süden?

9. Kapitel

Ich konnte die sterilen, neonerhellten Räume des Labors nicht mehr ertragen und ging nach draußen, um den herrlichen Blick weit über die Bay unter mir zu genießen. Der Campus von Berkeley lag direkt unterhalb meines Labors. Er war einmal die Heimstatt der amerikanischen Studentenbewegung und der Antikriegsproteste gewesen und ist immer noch bekannt für seine heftigen politischen Auseinandersetzungen und seine ethnische Mannigfaltigkeit. Wenn ich ein bißchen näher dran wäre, würde ich wahrscheinlich hören, wie sich die Young Republicans und die Socialist Workers anblafften, während der chinesische Club erstaunt zusah.

Verräucherte Cafés drängen sich rund um den Campus, wo hagere Doktoranden ihre Dissertationen kritzeln und sich dabei von Espresso ernähren. In den Eisdielen nebenan mischen sich kichernde Studentinnen unter Punker in schwarzem Leder und mit Igelfrisuren. Das beste von allem: Berkeleys Buchläden.

Von der Vorderseite des Labors aus konnte ich weiter südwärts blicken zu den freundlichen Straßen des nördlichen Oakland, wo wir wohnten. Dort teilte ich einen alten Bungalow mit einer Kollektion ausgeflippter Hausgenossen. Auf der andern Seite der Bay, im Nebel verborgen, lag San Francisco.

Ach ja.

Vor drei Jahren war Martha hierher gezogen, um Jura zu studieren, und ich war mitgegangen. Sie war's wert, ihretwegen das ganze Land zu überqueren. Sie war eine verdammt gute Wanderkameradin und eine erfahrene Höhlengängerin. Als ich einmal zehn Meter tief in eine Höhle stürzte, kam sie mir zu Hilfe, indem sie sich zu der Stelle abseilte, wo ich lag, total hilflos, weil ich

mir den Fuß verstaucht und meine Liebe zu ihr mich mit völliger Blindheit geschlagen hatte. Meine Verletzungen heilten dank ihrer Hühnerbrühe, und meine Zuneigung zu dem kecken Mädel, das so furchtlos über Felsen sprang, reifte zur Liebe.
Jetzt lebten wir zusammen. Sie studierte Jura, und es machte ihr Spaß. Sie wollte nicht Anwältin, sondern Rechtsphilosophin werden. Irgendwie hatte sie außerdem noch Zeit, Aikido, einen japanischen Kampfsport, zu üben und kam oft verschrammt, aber grinsend heim. Sie kochte, gärtnerte, nähte Patchwork-Decken, webte Teppiche und machte Bleiglasfenster. Trotz unserer Ausgeflipptheit schwelgten wir total in widerlich häuslichem Glück...

Nun radelte ich heim und erzählte Martha von dem Einbruch in Alabama und spekulierte, wer wohl dahintersteckte.
»Also Techno-Vandalen«, sagte sie, »sonst noch was Neues?«
»Das ist doch an sich schon neu«, entgegnete ich. »Techniker haben jetzt unglaubliche Macht, Information und Kommunikation zu kontrollieren.«
»Na und? Schon immer hat jemand die Information kontrolliert. Und immer haben andere versucht, sie zu stehlen. Lies Machiavelli. Wenn sich die Technologie verändert, finden sich neue Schleichwege.«
Martha erteilte mir immer noch Geschichtsunterricht, als Claudia hereinstürmte und über ihre Schüler jammerte. In Berkeley zu leben, bedeutet gewöhnlich, einen Untermieter oder zwei zu haben. Wir hatten Claudia. Eine vollkommene Untermieterin. Sie war großzügig und fröhlich und bestrebt, ihr Leben, ihre Musik und ihre Küchenausrüstung mit uns zu teilen. Als Berufsgeigerin bestritt sie ihren Lebensunterhalt schlecht und recht, indem sie in zwei Symphonieorchestern und in einem Kammermusiktrio spielte und Kindern Unterricht gab. Claudia war selten kontemplativ oder unbeschäftigt. In den paar Augenblicken zwischen ihren Jobs kochte sie, telefonierte und spielte gleichzeitig mit ihrem Hund. Zuerst hörte ich ihr zu, aber bald wurde ihre Stimme zum Hintergrundgezwitscher eines Wellensittichs, während ich mir Gedanken machte, wie gefährlich dieser Hacker wohl sein mochte. Wie sollte ich wissen, was er tat, während ich zu Hause war?

Claudia wußte, wie sie mich von dem Kerl ablenken konnte: Sie brachte ein Video mit nach Hause – PLAN 9 AUS DEM WELTRAUM – Außerirdische in fliegenden Stannioluntertassen ziehen Vampire aus Gräbern.

Mittwoch, der 17. September, war ein regnerischer Berkeley-Tag. Weil Martha und ich das einzige Paar in Kalifornien waren, das kein Auto hatte, mußten wir durch den Regen radeln. Auf meinem Weg ins Labor besuchte ich den Schaltraum, um nachzusehen, ob uns der Hacker besucht hatte. Wasser tropfte aus meinem triefnassen Haar auf den Ausdruck und verschmierte die Tinte auf dem Papier. Irgendwann in der Nacht hatte sich jemand bei unserem Computer angemeldet und methodisch versucht, sich in den Unix-4-Computer einzuloggen. Zuerst versuchte er, sich mit dem Passwort ›*guest*‹ in das Gastkonto einzuloggen. Dann in das Besucherkonto mit dem Passwort ›*visitor*‹. Schließlich in die Konten ›*root*‹, ›*system*‹, ›*manager*‹, ›*service*‹ *und* ›*systemoperator*‹. Nach ein paar Minuten verschwand der Angreifer wieder.
War das etwa ein anderer Hacker? Dieser Kerl probierte nicht mal gültige Konten wie Sventek oder Stoll. Er probierte offensichtliche Kontennamen und einfache Passwörter. Ich fragte mich, wie oft so ein Angriff wohl gelingen mochte.
Nicht oft – bei Passwörtern mit sechs Buchstaben hatte ein Hakker bessere Chancen, in der Lotterie zu gewinnen, als zufällig ein bestimmtes Passwort zu erraten. Weil sich der Computer nach vier vergeblichen Einlogversuchen abmeldet, bräuchte ein Angreifer die ganze Nacht, um auch nur ein paar Hundert mögliche Passwörter auszuprobieren.
Nein, ein Hacker könnte nicht wie durch Zauberei in mein System eindringen. Er müßte wenigstens ein Passwort wissen.
Um 12.29 Uhr waren meine Kleider fast trocken, nur meine Treter quietschten noch. Ich hatte mich halb durch ein aufgeweichtes Hörnchen und fast ganz durch einen astronomischen Artikel über die Physik der vereisten Jupitersatelliten gekaut. Mein Terminal piepste. Ärger im Schaltraum. Ein schneller (wenn auch quietschender) Trab das Treppenhaus runter, und ich sah, wie sich der Hacker als Sventek in unser System einklinkte.

Wieder der Adrenalinstoß: Ich rief Tymnet an und bekam Ron Vivier auf der Stelle. Ron startete die Verfolgung, und ich hastete hinüber zu dem DEC-Drucker, der jetzt die Befehle des Hackers ausdruckte.
Der Hacker trödelte nicht lange rum. Er gab Befehle, ihm alle aktiven Benutzer und jeden laufenden Hintergrundjob zu zeigen. Dann schickte er Kermit los.
Kermit ist nach dem Helden der Muppets-Show benannt und die Universalsprache, um Computer zusammenzuschalten. 1980 mußte Frank da Cruz Daten an eine Anzahl verschiedener Computer schicken. Statt fünf verschiedene inkompatible Programme zu schreiben, schuf er einen einzigen Standard für den Austausch von Dateien zwischen zwei beliebigen Systemen. Kermit wurde das Esperanto der Computer.
Geistesabwesend kaute ich an meinem Hörnchen und beobachtete, wie der Hacker Kermit benutzte, um ein kurzes Programm in unsern Unix-Computer zu übertragen. Zeile für Zeile setzte der treue Kermit es zusammen, und bald konnte ich das folgende Programm lesen:

```
echo-n "WELCOME TO THE LBL UNIX-4 COMPUTER"
echo -n "PLEASE LOGIN NOW"
echo -n "LOGIN:"
read account_name
echo -n "ENTER YOUR PASSWORD:"
(stty -echo;/
read password;/
stty echo;/
echo "";/
echo $account_name $password » /tmp/.pub)
echo "SORRY, TRY AGAIN."
```

Na so was. Das war vielleicht ein merkwürdiges Programm! Wenn's in unserem Computer installiert wäre, würde es einen Benutzer veranlassen, Namen und Passwort einzugeben. Und ein gewöhnlicher Benutzer, der dieses Programm laufen ließ, würde auf seinem Bildschirm folgendes sehen:

```
WELCOME TO THE LBL UNIX-4 COMPUTER
PLEASE LOGIN NOW
LOGIN:
```

Sein Terminal würde dann warten, bis er seinen Kontennamen eingegeben hätte.
Nachdem er seinen Namen eingetippt hat, antwortet das System:

```
ENTER YOUR PASSWORD
```

Und er würde natürlich sein Passwort eintippen.
Das Programm legt dann Name und Passwort des unglücklichen Benutzers in einer Datei ab, sagt dem Benutzer:

```
SORRY, TRY AGAIN
```

und verschwindet.
Die meisten Leute denken dann, sie hätten sich bei ihrem Passwort vertippt und versuchen einfach, sich noch mal einzuloggen. Aber dann ist ihr Passwort schon gemopst. Vor viertausend Jahren fiel Troja, weil sich Odysseus und Co., verborgen im trojanischen Pferd, dort eingeschlichen hatten.
Man macht also seinem Feind ein verlockendes Geschenk, das ihn des Schlüssels für seine Sicherheit beraubt. Im Lauf der Jahrtausende verfeinert, funktioniert diese Technik immer noch bei jedem, nur nicht bei echten Paranoikern.
Das Trojanische-Pferd-Programm des Hackers sammelte Passwörter. Unser Besucher war so scharf auf unsere Passwörter, daß er's riskierte, erwischt zu werden, wenn er ein Programm installierte, das entdeckt werden mußte. War das ein trojanisches Pferd?
Vielleicht eher eine Spottdrossel: ein falsches Programm, das sich wie das echte anhörte. Ich hatte keine Zeit, mir den Unterschied auszumalen – in einer Minute würde er todsicher sein Programm in der Systemumgebung installieren und es starten.
Was tun? Es zu sperren, würde ihm zeigen, daß ich ihn beobachtete. Nichts tun würde ihm aber jedesmal ein neues Passwort verschaffen, wenn sich jemand einloggte.

Aber auch legitime privilegierte Benutzer haben Macht. Bevor der Hacker dieses Programm starten konnte, änderte ich eine Zeile darin, so daß es aussah, als hätte er einen trivialen Fehler gemacht. Dann fummelte ich an ein paar Systemparametern herum, um es langsamer zu machen. Langsam genug, daß der Hacker zehn Minuten bräuchte, um sein Programm neu aufzubauen. Genug Zeit, daß wir auf diesen neuen Angriff reagieren konnten.

Also los.

Ich brüllte durchs ganze Haus nach Dave.

»Was füttert man einem trojanischen Pferd?«

Der Guru kam angerannt. Wir schalteten den Computer auf hohe Geschwindigkeit um und bereiteten eine Heuladung fingierter Konten und falscher Passwörter vor.

Aber unsere Panik war umsonst. Der Hacker baute sein trojanisches Pferd wieder auf, installierte es aber nicht richtig. Dave erkannte sofort, daß es ins falsche Dateienverzeichnis plaziert worden war. Das trojanische Pferd wäre im Standard-AT&T-Unix ganz glücklich gewesen, konnte aber auf den Feldern des Berkeley-Unix nicht herumtänzeln.

Dave grinste.

»Ich will ja nicht sagen, Cliff, ›ich hab's dir gleich gesagt‹, aber wir beobachten jemanden, der noch nie in Kalifornien gewesen ist. Jeder Unix-Crack an der Westküste würde Befehle im Berkeley-Stil benutzen, aber unser Hacker benutzt noch AT&T-Unix.«

Dave bequemte sich von seinem Podest herab, um zu erklären, was er meinte.

»Die Schreibweise seiner Befehle unterscheidet sich vom Berkeley-Unix. Das ganze Programm macht einen andern Eindruck. Etwa so, wie wenn man beim Lesen spürt, daß der Schriftsteller Brite und nicht Amerikaner ist. Natürlich fallen Wörter wie ›*colour*‹ und ›*defence*‹ auf, aber man kann genauso gut den Stilunterschied spüren.«

»Und was ist nun der Unterschied?« fragte ich.

Dave lächelte höhnisch: »Der Hacker hat den Befehl ›*read*‹ benutzt, um Daten von der Tastatur zu kriegen. Ein zivilisierter Programmierer würde den ›*set*‹-Befehl benutzen.«

Für Dave verstanden zivilisierte Computer Berkeley-Unix. Alle andern waren ungehobelt.

Der Hacker merkte das nicht. Im Vertrauen darauf, daß er sein trojanisches Pferd auf die richtige Weide geschickt hatte, ließ er es als Hintergrundprozeß laufen und loggte sich aus. Bevor der Bursche sich abmeldete, hatte Ron Vivier ihn durch das Tymnet-Netzwerk bis zu einer Telefonleitung aus Oakland, Kalifornien, zurückverfolgt. Da der Staub unserer richterlichen Genehmigung wegen sich noch nicht gelegt hatte, konnten wir die Telefonleitung leider nicht weiterverfolgen.

Der Hacker war verschwunden, aber sein trojanisches Pferd war zurückgeblieben und lief als Hintergrundtask. Wie Dave vorausgesagt hatte, sammelte es keine Passwörter, weil es an einer Stelle installiert war, die während des Login nicht angesteuert wurde. Wie erwartet, erschien der Hacker zwanzig Minuten später, suchte nach einer Sammlung Passwörter und mußte enttäuscht feststellen, daß sein Programm versagt hatte.

»Sieh mal, Dave, der arme Kerl braucht deine Hilfe«, sagte ich.

»Stimmt. Sollen wir ihm eine elektronische Nachricht schicken und ihm erzählen, wie man ein trojanisches Pferd schreibt, das funktioniert?« erwiderte Dave.

»Das Grundprinzip ist schon richtig – unsere Login-Sequenz imitieren, Benutzername und Passwort abfragen, dann die gestohlene Information speichern. Er braucht nur ein paar Lektionen Berkeley-Unix.«

Wayne schaute herein, um zu sehen, wie der Hacker sich abmühte.

»Ach, was habt ihr denn erwartet? Es gibt einfach zu viele Arten von Unix. Macht es diesen unfähigen Hackern das nächste Mal leichter und gebt ihnen das VMS-Betriebssystem von Digital. Hacken ist dann vielleicht nicht einfacher, aber wenigstens standardisiert. AFDOBUE.«

Er meinte: *A*uch *f*ür *d*en *o*berflächlichen *B*eobachter *u*nmittelbar *e*insichtig.

Den Punkt konnte Wayne für sich verbuchen. Der Angriff des Hackers mit dem trojanischen Pferd war danebengegangen, weil das Betriebssystem nicht dem entsprach, das er gewöhnt war.

Wenn jeder dieselbe Version desselben Betriebssystems benutzte, ließe ein einziges Sicherheitsloch Hacker in alle Computer ein. Statt dessen gibt's eine Vielzahl von Betriebssystemen: Berkeley-Unix, AT&T-Unix, VMS von DEC, TSO von IBM, VM, DOS, sogar Macintosh und Atari. Diese Vielfalt von Software bedeutete, daß ein einzelner Angriff nicht bei allen Systemen gelingen konnte. Wie die genetische Verschiedenheit verhindert, daß eine Epidemie eine ganze Spezies auf einmal auslöscht, ist auch die Verschiedenheit in der Software eine feine Sache.

Dave und Wayne zankten sich weiter, als sie den Schaltraum verließen. Ich trödelte noch ein paar Minuten herum und lud Papier nach. Um 13.30 Uhr erschien der Hacker wieder; ich stellte noch den Drucker ein, als der Hacker schon zu tippen begann.

Diese zweite Sitzung war vorhersagbar. Unser Besucher sah seine spezielle Datei nach Passwörtern durch und fand keine. Er listete sein Programm auf und testete es ein paarmal. Es lief nicht. Offensichtlich hatte er keinen Dave Cleveland, der ihm half. Frustriert löschte er die Datei und loggte sich nach ein paar Minuten aus.

Aber obwohl er nur ein paar Minuten lang drin gewesen war, gelang es Tymnet, ihm auf der Spur zu bleiben – wieder nach Oakland. Ron Vivier, der die Tymnet-Verbindungen verfolgte, schien jeder Notfall willkommen, der ihn aus einer Besprechung herausholen konnte, und war sofort auf dem Sprung, als ich ihn anrief. Wenn wir nur die Telefongesellschaft soweit bringen könnten, daß sie die Verfolgung fortsetzte, wir hätten vielleicht alles in ein paar Tagen abgeschlossen.

Dave glaubte, jeden, der von der Westküste kam, ausschließen zu können. Chuck in Anniston vermutete einen Hacker aus Alabama. Die Verfolgung von Tymnet wies nach Oakland.

Und ich?

Ich hatte keine Ahnung.

10. Kapitel

Unsere Tymnet-Spuren liefen nach Oakland, zu verschiedenen Zeiten Wohnort von Jack London, Ed Meese und Gertrude Stein. Nach einer Fahrradfahrt von zwanzig Minuten ist man vom Berkeley-Campus aus am Paramount Theater von Oakland mit seiner vollendeten Art deco-Architektur und den unübersehbaren Wandgemälden. Einige Blocks weiter hat Tymnet im Keller eines häßlichen Gebäudes einen Raum für 50 Modems gemietet. Ron Vivier hatte den Hacker von unserm Labor bis in diese Modembank verfolgt.

Ein fünf Zentimeter starkes Kabel verläuft unter dem Broadway und verbindet die Modems von Tymnet mit einem unauffälligen, fensterlosen Gebäude. Hier beherbergt das Franklin Office von Pacific Bell eine elektronische Knotenvermittlung für zehntausend Telefonleitungen mit der Vorwahl 415 und den ersten drei Ziffern 430. Tymnet hat 50 dieser Leitungen gemietet.

Von irgendwoher hatte der Hacker 415/430-2900 gewählt. Der Pfad zu unserem mysteriösen Besucher führte zur Knotenvermittlung ESS-5 von Pac Bell.

Jenseits der Bay von San Francisco blickt man von Lee Chengs Büro in eine heruntergekommene Sackgasse, die in die Market Street mündet. Lee ist der Bluthund von Pac Bell; von seinem Büro aus oder oben auf einem Telefonmast überwacht er Telefonleitungen.

Lee hat sein Diplom in Kriminologie gemacht und seine Doktorarbeit über Unfallrekonstruktion und -verursachung. Aber in den acht Jahren der Telefonüberwachung hat er gelernt, die Telefongesellschaft mit den Augen eines Ingenieurs zu sehen und die Gesellschaft mit den Augen eines Polizisten. Für ihn zerfällt die Gesellschaft in Vorwahlen, Vermittlungen und Fernleitungen, sowie in Polizeireviere und Nachbarschaftsbezirke. Nach einer Vorwarnung startet Lee ein Softwareprogramm in dem Computer, der die Telefonvermittlung steuert. In der Vermittlungszentrale loggt er sich in den ESS-Betriebskanal ein, lädt Software zur Überwachung des Leitungszustands und startet eine elektronische Falle.

Die automatische Falle überwacht den Status einer einzelnen Telefonleitung. Das Programm zeichnet Datum und Uhrzeit auf, wie oft es vor dem Anheben klingelt und von wo der Anruf kommt.

Wenn er von einem benachbarten Telefon derselben Vermittlung kommt, ist die Spur vollständig und Lees Arbeit einfach. Häufiger kommt jedoch der Anruf von einer andern Vermittlung, und Lee muß Spuren aus vielleicht fünf Telefonvermittlungen koordinieren.

Wenn eine Technikerin in einer Vermittlung telefonisch von einer Fangschaltung verständigt wird, läßt sie alles stehen und liegen – Lees Verfolgungen haben Vorrang vor allem anderen, ausgenommen Brandbekämpfung. Sie loggt sich in den Kontrollcomputer ein, befiehlt ihrem Computer, den Status des Telefonanschlusses (besetzt, frei, Hörer abgehoben) anzugeben und startet weitere Programme, die ermitteln, woher die Verbindung kam (Streckenindex, Fernleitungsgruppenzahl, Name der nächsten Vermittlung).

Mit etwas Glück dauert das ein paar Sekunden. Ein paar Vermittlungen jedoch, die aus den 50er Jahren übriggeblieben sind, verwenden immer noch mechanische Relais. Wenn man über diese Vermittlungen telefoniert, kann man ein leises Knacken im Hintergrund hören, wenn die Relais je nach der gewählten Zahl einen Hebel bewegen. Die alten Hasen des Telefonsystems sind stolz auf diese Antiquitäten und sagen: »Das sind die einzigen Vermittlungen, die einen Atomangriff überstehen.« Aber sie verkomplizieren Lees Job: Er braucht einen Techniker, der von Relaisstation zu Relaisstation rennt, um diese Anrufe zu verfolgen.

Lokale Telefonleitungen können nur verfolgt werden, solange die Verbindung besteht. Wenn man auflegt, bricht die Verbindung zu-

sammen. Lee muß also in einem Rennen gegen die Zeit eine Verbindung bis zum Ende verfolgen, bevor sie abbricht.
Telefongesellschaften betrachten Fangschaltungen als Zeitverschwendung. Nur ihre fähigsten Techniker wissen, wie man eine Telefonverbindung verfolgt. Noch schlimmer: Fangschaltungen sind teuer, ziehen Gerichtsverfahren nach sich und beunruhigen die Kunden.
Lee sieht die Sache natürlich anders.
»Gestern waren es Drogenhändler, heute ist's Erpressung, morgen verfolgen wir einen Hehlerring. Obszöne Anrufe rund um die Uhr. Kürzlich haben wir die Taschenpiepser von Callgirls verfolgt. So geht's zu in der Großstadt.«
Aber die Angst vor Rechtsanwälten hinderte ihn doch daran, inoffiziell auszuhelfen.

Unser Gespräch im September 1986 war kurz und bündig.
»Hey, Lee, wir brauchen eine Fangschaltung.«
»Habt ihr 'ne Genehmigung?«
»Nein. Brauchen wir eine?«
»Wir richten keine ein ohne Genehmigung.«
Das war's. Nichts bewegte sich, bis Aletha Owens die richterliche Genehmigung hatte.
Nach dem gestrigen Angriff konnten wir nicht mehr warten. Meine Nachforschungen im Telefonbuch führten zu nichts. Ein kompetenteres trojanisches Pferd würde meinen Chef so sehr in Panik versetzen, daß er die Untersuchung abbrechen lassen würde. Und meine für die ganze Aktion genehmigte Zeit von 3 Wochen war inzwischen auf 10 Tage zusammengeschmolzen.
Sandy Merola war Roy Kerths Busenfreund. Wenn Roys spitze Zunge sich jemanden vom Team vorgeknöpft hatte, legte Sandy Balsam auf die Wunden. Bei einem Auftrag in der Universität von Berkeley bemerkte Sandy eine Reihe IBM-PC in einem allgemein zugänglichen Teil der Bibliothek. Wie jeder Computer-Crack es tun würde, lief er hinüber und versuchte, sie zu benutzen. Genau wie er vermutet hatte, waren diese Computer darauf programmiert, automatisch Tymnet zu wählen und sich in den Dow-Jones-Informationsdienst einzuloggen.

Tymnet? Sandy spielte ein paar Minuten auf dem Terminal rum und stellte fest, daß er die neuesten Aktiennotierungen und Finanzgerüchte aus dem WALL STREET JOURNAL kriegen konnte. Noch wichtiger, als er aus dem Dow-Jones-Service ausstieg, meldete ihm das Terminal ›*Tymnet username?*‹.

Er startete einen Versuch und gab ›*LBL*‹ ein. Prompt war Sandy mit meinen Laborrechnern verbunden.

Vielleicht erklärten diese öffentlichen Terminals die Sache. Jeder konnte sie benutzen; sie wählten die Tymnet-Nummer Oakland; und die Bibliothek war gerade dreißig Meter von der Cory Hall weg, wo die Unix-Cracks von Berkeley sich trafen.

Sandy war Jogger, wie manche Leute Katholiken sind. Also trabte er Cardiac Hill hoch und teilte der Polizei seine Entdeckung mit. Hier war ein Weg, eine Fangschaltung zu umgehen – wenn der Hacker das nächste Mal auftauchte, würden wir einfach rüber zur Bibliothek rasen und uns den Kerl schnappen. Wir brauchten nicht mal eine richterliche Verfügung. Sandy kam von der Polizeistation zurück und schwitzte noch. Er überraschte mich beim Jojo-Spielen. »Laß den Blödsinn, Cliff. Die Polizei kauert in den Startlöchern, um sofort rüber zum Campus zu sprinten und jeden zu verhaften, der diese Terminals benutzt.«

Das für uns zuständige Polizeirevier versteht sich bestens auf die Verwarnung von Falschparkern und Weiterleitung medizinischer Notfälle, versteht aber nicht die Bohne von Computern und hütet sich sehr vor Fangschaltungen. Aber sie sahen tatsächlich keine Probleme, jemanden zu verhaften, der in Computer einbricht.

»Hätten wir uns nicht zuerst vergewissern sollen, ob es wirklich der Hacker ist?« fragte ich Sandy.

Ich hatte die Vision, wie ein paar Zivilfahnder ein Terminal umstellen und einen Bibliothekar in den Streifenwagen zerren, weil er den Dow-Jones-Index abgefragt hatte.

»Ganz einfach, Cliff. Ruf mich an, wenn der Hacker das nächste Mal auftaucht. Ich fahre mit der Polizei runter zur Bibliothek und schau nach, was auf dem Bildschirm ist. Wenn es Daten vom LBL sind, überlassen wir die Sache der Polizei.«

»Werden die etwa das Terminal observieren? Vielleicht mit Spiegelblenden und Scherenfernrohren?«

»Was? Bleib doch ernst, Cliff.«
Sandy joggte davon.
Ich glaube, Wissenschaftler haben alle über das Thema ›*Bierernst*‹ promoviert. Es erinnerte mich daran, daß ich einmal als Student in einen Fragebogen über meinen Gesundheitszustand unter der Rubrik Suchterscheinungen ›*Heißhunger auf Kartoffeln*‹ eintrug. Der Arzt hatte mich beiseite genommen und belehrt: »Mein Sohn, für uns hier ist Gesundheit eine ernste Sache.«

Wir bekamen unsere Chance, Sandys Theorie zu testen, nur zu bald. Zwei Tage nach seinem verunglückten trojanischen Pferd kam der Hacker um 12.42 Uhr zurück. Mittagessenszeit. Für einen Studenten in Berkeley die Gelegenheit, hinüber zur Bibliothek zu schlendern und dort ihre Terminals zu benutzen.
Sofort rief ich Sandy. Fünf Minuten später erschien er mit zwei Beamten in Zivil; Anzug, Krawatte, Wintermantel. An einem heißen Sommertag auf einem Campus voller Hippies äußerst unverdächtig. Unter einem der Mäntel der Bullen sah ich sogar einen großen Revolver.
Es war tatsächlich ernst gemeint.
Die nächsten 25 Minuten tat der Hacker nicht sehr viel. Er wurde durch das Gnu-Emacs-Loch zum privilegierten Benutzer, listete die elektronische Post von heute auf und sah nach, was gerade so lief. Ron Vivier ließ das Mittagessen sausen und verfolgte die Tymnet-Verbindung nach Oakland. Ich erwartete jede Minute, daß der Drucker plötzlich stoppte, weil Sandy und die Ersatz-Bogarts unseren Mann am Wickel hatten.
Aber nein, der Hacker loggte sich um 13.20 Uhr aus.
Sandy kehrte wenige Minuten später zurück.
»Kein Glück, was?« Sein Gesicht sagte alles.
»Es war überhaupt niemand an den Terminals der Bibliothek. Nicht mal in ihrer Nähe. Bist du sicher, Cliff, daß der Hacker drin war?«
»Klar, hier ist der Ausdruck. Und Tymnet hat ihn wieder bis Oakland verfolgt.«
Sandy war enttäuscht. Unsere Abkürzung war eine Sackgasse. Nur eine Fangschaltung konnte uns weiterbringen.

11. Kapitel

Heute abend wollte Martha eigentlich Verfassungsrecht lernen, nähte jedoch an einer Patchwork-Decke.

Etwas resigniert kam ich nach Hause. Die Bibliotheksobservierung war uns so vielversprechend erschienen. Und dann diese Pleite.

»Vergiß den Hacker. Du bist jetzt hier.«

»Aber er könnte gerade jetzt in meinem System sein«, nervte ich.

»Dann kannst du eben auch nichts machen. Hier, fädle einen Faden ein und hilf mir bei diesem Saum.«

Martha lenkte sich mit Nähen vom Streß des Jurastudiums ab; sicher würde das bei mir auch funktionieren. Nach zwanzig Minuten Schweigen, während sie lernte, wurde meine Naht krumm.

»Wenn wir die Abhörgenehmigung kriegen, müssen wir warten, bis der Hacker auftaucht. Nach allem, was wir wissen, wird das um 3 Uhr nachts sein, und dann ist niemand da.«

»Ich sagte: ›Vergiß den Hacker. Du bist jetzt hier.‹«

Sie sah nicht mal von ihrem Buch auf.

Natürlich tauchte der Hacker am nächsten Tag nicht auf. Dafür aber die Genehmigung. Jetzt war's legal. Natürlich konnte man mir so was Wichtiges wie eine Fangschaltung nicht anvertrauen. Roy Kerth stellte deutlich klar, daß er und nur er mit der Polizei sprechen würde. Wir probierten die Sache ein paarmal trocken aus, damit wir sicher waren, wen wir anrufen mußten und um zu überprüfen, daß wir unser eigenes, lokales Netzwerk aufdröseln konnten. Dann langweilte mich das Ganze, und ich ging zurück, um etwas Software zur Analyse optischer Formeln für einen Astronomen zu schreiben.

Am Nachmittag rief Roy uns Systemleute und die Operator zusammen. Er belehrte uns über die Notwendigkeit, unsere Nachforschungen geheimzuhalten. Wir wüßten nicht, woher der Hakker käme, deshalb dürften wir von unserer Arbeit niemandem erzählen, der nichts mit dem Labor zu tun hatte.
Ich glaubte, daß die Leute weniger redeten, wenn sie wußten, was los war, und so erklärte ich an der Tafel, was wir gesehen und welche Absichten wir hatten. Dave Cleveland warf die Sache mit dem Gnu-Emacs-Loch ein, und Wayne betonte, daß wir ausschließlich mündlich über den Hacker diskutieren sollten, da er regelmäßig unsere elektronische Post läse. Die Besprechung löste sich nach etlichen Boris-und-Natascha-Scharaden auf.

Am Dienstag um 12.42 Uhr leuchtete Sventeks Konto auf. Roy rief die Polizei an – sie wollten die Leitung der Telefonverfolgung haben. Als Tymnet sein Netzwerk aufgedröselt hatte, schrie Roy ins Telefon. Ich konnte gut hören, was er sagte.
»Wir müssen eine Telefonnummer rauskriegen. Wir haben die Genehmigung. Jetzt.«
Ein Augenblick Schweigen. Dann explodierte er. »Eure Probleme sind mir scheißegal!! Fangt an mit der Verfolgung!«
Weiteres Schweigen.
»Wenn ihr euch nicht sofort auf die Spur setzt, werdet ihr vom Labordirektor was zu hören kriegen!«
Roy knallte den Hörer auf die Gabel.
Der Chef war wütend – sein Gesicht verfärbte sich purpurrot. »Zum Henker mit unserer Polizei! Sie haben noch nie was mit einer Fangschaltung am Hut gehabt, und wissen nicht, wen sie bei der Telefongesellschaft anrufen müssen!«
Mist, aber wenigstens hatte seine Wut diesmal ein anderes Ziel.
Vielleicht war's auch ganz gut so. Der Hacker meldete sich nach ein paar Minuten ab, nachdem er nur die Namen der aktiven Benutzer aufgelistet hatte. So hätte es zu dem Zeitpunkt, an dem die Fangschaltung ›gegriffen‹ hätte, keine Verbindung mehr gegeben, die zu verfolgen gewesen wäre.
Während sich der Chef abkühlte, schaute ich mir den Ausdruck an. Es gab nicht viel für mein Tagebuch zusammenzufassen. Der

Hacker hatte sich nur eingeloggt, die Benutzer aufgelistet und sich dann ausgeloggt. Hatte nicht mal die Post durchsucht.
Aha! Ich sah, warum er sich so schnell ausgeloggt hatte. Der Systemoperator war in der Nähe. Der Hacker mußte den Namen des Sysops kennen. Er hatte sein Periskop ausgefahren, den Feind gesehen und war untergetaucht. Wie ich auf früheren Ausdrucken sah, blieb er nur da, wenn keine Operator in der Nähe waren.
Der reinste Verfolgungswahn!
Ich sprach mit allen Operatoren und erklärte ihnen diese Entdekkung. Von jetzt an würden sie das System verdeckt betreiben und Pseudonyme verwenden.

Am 16. September war die zweite Woche Fährtensuche verstrichen. Ich begann wieder an der Optik zu arbeiten, aber meine Gedanken schweiften ständig ab zu den Ausdrucken. Tatsächlich piepste gleich nach Mittag mein Terminal.
Der Hacker war wieder da.
Ich rief Tymnet an und dann den Chef. Diesmal machten wir eine Konferenzschaltung, und ich hörte zu, wie sie die Leitung verfolgten, während ich den Hacker durch unser System marschieren sah.
»Hallo, Ron, hier ist Cliff. Wir brauchen noch mal den Verlauf unserer Tymnet-Leitung, LBL, Tymnet-Knoten 128, Anschluß 3.«
Eine Minute Herumfummeln am andern Ende.
»Sieht aus wie das dritte Modem in unserem Block mit 1200-Baud-Leitungen. Das wäre Leitung 2903. Das ist dann 415/430-2903.«
»Danke, Ron.« Die Polizei hörte das und übermittelte es an Lee Cheng von der Telefongesellschaft.
»Kommt von der Vermittlung Franklin. Bleiben Sie dran.«
Bei der Telefongesellschaft war ich Warten gewöhnt.
Ich sah, wie der Hacker die Gnu-Emacs-*movemail*-Datei abschickte. Er wurde zum privilegierten Benutzer. Als Super-User würde er mindestens noch 10 Minuten drinbleiben. Vielleicht lange genug, um die Verfolgung zu Ende zu führen.
Mach schon, Pac Bell!
Drei Minuten. Lee kam in die Leitung zurück.

»Die Leitung ist wirklich aktiv. Mündet in eine Fernleitung nach Berkeley. Ich lasse sie sofort durch einen Techniker überprüfen.«

Weitere zwei Minuten.

Der Hacker ist jetzt privilegierter Benutzer. Er stürzt sich sofort auf die Postdateien des Systemverwalters.

»Der Techniker in Berkeley sagt, daß die Leitung in die Fernleitungen von AT&T mündet. Bleiben Sie dran.«

Aber Lee drückt den Knopf nicht, und ich höre sein Gespräch mit dem Büro in Berkeley mit. Der Typ in Berkeley versichert, daß die Leitung von weither kommt; Lee sagt ihm, er solle es nochmals nachprüfen.

Mittlerweile arbeitete der Hacker an unserer Passwortdatei. Will sie editieren, denke ich, aber ich versuche zu hören, was bei der Telefongesellschaft passiert.

»Es ist unsere Fernleitungsgruppe 369, und, verdammt noch mal, die führt zu 5096MCLN.« Der Berkeley-Techniker sprach in Rätseln.

»Okay. Ich glaube, wir müssen New Jersey anrufen.« Lee schien bestürzt. »Cliff, sind Sie noch dran?«

»Ja. Was ist los?«

»Egal. Bleibt er noch länger?«

Ich schaute auf den Ausdruck. Der Hacker war aus unserer Passwortdatei gegangen und räumte seine temporären Dateien auf.

»Ich weiß nicht. Ich vermute – hoppla, er hat sich ausgeloggt.«

»Abgemeldet von Tymnet.« Ron Vivier war ruhig gewesen bis jetzt.

»Aus der Telefonleitung raus.«

Lees Spur verschwand. Unser Polizeibeamter schaltete sich ein. »Nun, meine Herren, wie steht's?«

Lee Cheng sprach zuerst. »Ich glaube, der Anruf kommt von der Ostküste. Es gibt eine winzige Chance, daß es ein Ortsgespräch aus Berkeley ist, aber... nein, er kommt von AT&T.« Lee dachte laut, wie ein Diplomand bei einer mündlichen Prüfung. »Alle unsere Hauptleitungen von Pacific Bell sind mit drei Ziffern gekennzeichnet. Nur die Fernleitungen haben Kennzahlen mit vier Ziffern. Diese Leitung... Lassen Sie mich nachsehen.«

Ich hörte, wie Lee etwas in seinen Computer tippte.
Nach einer Minute war Lee wieder da.
»Hey, Cliff«, fragte er, »kennen Sie jemanden in Virginia? Vielleicht Nordvirginia?«
»Nein. Da gibt's keine Teilchenbeschleuniger. Nicht mal ein Physiklabor. Doch, natürlich, meine Schwester wohnt da...«
»Glauben Sie, Ihre Schwester bricht in Computer ein?«
»Meine Schwester war technische Sekretärin bei der gottverdammten Navy. Sie besuchte sogar die Abendschule des Navy War College. Wenn sie das tut«, antwortete ich, »dann bin ich der Papst von San Francisco.«
»Na, dann kommen wir heute nicht weiter. Das nächste Mal bin ich schneller.«
Schneller konnte ich's mir kaum vorstellen: Ich hatte fünf Minuten gebraucht, um alle an die Strippe zu kriegen; Ron Vivier hatte in zwei Minuten die Spur durch Tymnet verfolgt; Lee Cheng hatte weitere sieben Minuten gebraucht, um durch mehrere Telefonvermittlungen zu kriechen. In noch nicht mal einer Viertelstunde hatten wir den Hacker durch einen Computer und zwei Netzwerke hindurch verfolgt.
Hier war ein Rätsel.
Sandy Merola glaubte, der Hacker käme vom Berkeley-Campus. Dave Cleveland war sicher, daß er von überall her käme, nur nicht von Berkeley. Chuck McNatt in Anniston vermutete jemanden aus Alabama. Die Tymnet-Spur führte nach Oakland, Kalifornien. Jetzt sagte die Pacific Bell »Virginia«. Oder war's New Jersey?
Mit jeder Sitzung wuchs mein Tagebuch. Es war nicht genug, einfach zusammenzufassen, was geschehen war. Ich begann, jeden Ausdruck mit Anmerkungen zu versehen und Zusammenhänge zwischen den Sitzungen zu suchen. Ich wollte meinen Besucher kennenlernen, seine Wünsche verstehen, seine Züge voraussagen, seinen Namen erfahren und seine Adresse wissen.
Während ich versuchte, die Spuren zu koordinieren, hatte ich überhaupt nicht darauf geachtet, was der Hacker im Augenblick tat. Nachdem die Spannung nachgelassen hatte, vergrub ich mich mit dem Ausdruck seiner letzten Verbindung in der Bibliothek.

Ganz klar: Die 15 Minuten, die ich den Hacker beobachtet hatte, waren nur der Schlußpunkt seiner Arbeit. Zwei Stunden lang war er in unserem System eingeklinkt gewesen. Ich hatte ihn nur in der letzten Viertelstunde bemerkt. Verflucht. Wenn ich ihn nur gleich entdeckt hätte! Zwei Stunden hätten gereicht, um die Spur zu komplettieren.

Noch verfluchter war aber, weshalb ich ihn nicht bemerkt hatte. Ich hatte nach Aktivität auf Sventeks Konto gesucht, aber der Kerl hatte drei andere Konten benutzt, bevor er das von Sventek anfaßte.

Um 11.09 Uhr vormittags hatte sich ein Hacker in ein Konto eingeloggt, das einer Kernphysikerin namens Elissa Mark gehörte. Dieses Konto war gültig und wurde mit der Fakultät für Atomwissenschaften abgerechnet, obwohl seine Inhaberin letztes Jahr vom Fermilab beurlaubt gewesen war. Ein einziges Telefongespräch genügte, um festzustellen, daß Elissa nicht wußte, daß jemand ihr Rechnerkonto benutzte; sie wußte nicht mal, daß es noch existierte. War das derselbe Hacker wie der, den ich verfolgte?

Oder jemand anders?

Ich hatte nicht vorausahnen können, daß das Konto ›*Mark*‹ gehackt worden war. Aber das Durchblättern des Ausdrucks ließ keinen Zweifel.

Wer auch immer das Konto ›*Mark*‹ benutzte, er war privilegierter Benutzer geworden, indem er durch das Gnu-Emacs-Loch gekrochen war. Als privilegierter Benutzer suchte er nach Konten, die lange Zeit nicht benutzt worden waren. Er fand drei: ›*Mark*‹, ›*Goran*‹ und ›*Whitberg*‹. Die letzten beiden gehörten Physikern, die längst aus unserem Labor ausgeschieden waren. Der Super-User editierte die Passwortdatei und hauchte den drei toten Konten Leben ein. Da keines dieser Konten gelöscht worden war, blieben alle ihre Dateien und die gesamte Abrechnungsinformation gültig. Um diese Konten zu stehlen, brauchte der Hacker die Passwörter. Die aber waren durch Chiffrierung geschützt: unsere DES-Falltürfunktionen.

Kein Hacker konnte diesen Panzer durchbrechen.

Mit seinen geklauten Privilegien editierte der Hacker die systemweite Passwortdatei. Er versuchte nicht, Gorans verschlüsseltes Passwort zu dechiffrieren, sondern löschte es statt dessen. Nun hatte das Konto kein Passwort, und der Hacker konnte sich als Goran einloggen.

Damit meldete er sich ab.

Was hat er vor? Er konnte keine Passwörter knacken, aber als privilegierter Benutzer mußte er das auch nicht. Er editierte einfach die Passwortdatei.

Er erschien eine Minute später wieder als Goran und wählte ein neues Passwort für sein Konto: ›*Benson*‹. Wenn Roger Goran das nächste Mal versuchte, unseren Unix-Rechner zu benutzen, würde er frustriert feststellen müssen, daß sein altes Passwort nicht mehr funktionierte.

Und unser Hacker hatte noch ein Konto gestohlen.

Aha! Deshalb stahl der Hacker alte Konten. Wenn er aktive Konten gestohlen hätte, würden sich die Leute beschweren, wenn ihre vertrauten Passwörter nicht mehr funktionierten. Er stahl alte Konten, die nicht mehr benutzt wurden.

Leichenfledderei.

Sogar als privilegierter Benutzer konnte er die DES-Falltür nicht außer Kraft setzen und niemandes Passwort herausfinden. Aber er konnte mit einem trojanischen Pferd Passwörter klauen oder ein ganzes Konto stehlen, indem er das Passwort durch ein neues Wort ersetzte.

Nachdem er das Konto Goran gestohlen hatte, griff er sich das von Whitberg. Der Hacker kontrollierte nun mindestens vier Konten, Sventek, Whitberg, Goran und Mark auf zwei von unseren Unix-Rechnern.

Wie viele Konten hatte er sonst noch? Auf welchen anderen Systemen?

Unter dem Pseudonym Whitberg versuchte der Hacker, sich durch unsere Milnet-Verbindung bei drei Systemen der Air Force anzumelden. Nachdem er eine Minute drauf gewartet hatte, daß diese entfernten Computer reagierten, gab er auf und begann, Dateien aufzulisten, die Leuten vom LBL gehörten. Als er einige wissenschaftliche Artikel, verschiedene langatmige Forschungsanträge und eine detaillierte Beschreibung, wie man den Durchmesser irgendwelcher Berylliumisotope mißt, gelesen hatte, wurde ihm langweilig.

Gähn!

In Computer einzubrechen war gewiß nicht der Schlüssel zu Macht, Ruhm und zum Stein der Weisen.

In unsere zwei Unix-Systeme hineinzukommen, hatte dem Unersättlichen nicht genügt. Er hatte versucht, den Graben um unseren gesicherten Unix-8-Rechner zu überwinden, war aber gescheitert – Dave hatte diese Maschine versiegelt. Ziemlich frustriert, druckte er eine Liste entfernter Computer aus, die von uns aus erreichbar waren.

Nichts Geheimes da, nur die Namen, Telefonnummern und elektronischen Adressen von dreißig Computern in Berkeley.

12. Kapitel

Bei Vollmond erwartete ich verstärkte Aktivitäten des Hackers und hatte vor, unter dem Schreibtisch zu übernachten.
Der Hacker tauchte an diesem Abend nicht auf, wohl aber Martha. Etwa um 19 Uhr radelte sie herauf, brachte mir einen Topf Minestrone und eine Patchwork-Arbeit, damit ich beschäftigt sei. Handgenähtes Patchwork verträgt bei den Arbeitsgängen keine Abkürzungen. Jedes Dreieck, Quadrat und Parallelogramm muß zugeschnitten, gebügelt, eingepaßt und an seine Nachbarstücke angeheftet werden. Aus der Nähe betrachtet, ist es schwierig, die Stücke von den Papierverstärkungen zu unterscheiden. Das Muster wird erst sichtbar, wenn man die Verstärkungen entfernt und die Stücke zusammennäht.
So um 23.30 Uhr gab ich meine Wache auf. Wenn der Hacker um Mitternacht auftauchen wollte, würden ihn die Drucker sowieso erwischen.
Am nächsten Tag tauchte der Hacker ein einziges Mal auf. Ich verpaßte ihn und ging lieber mit Martha in die Stadt mittagessen.
Es lohnte sich: An einer Straßenecke spielte eine Band Melodien aus den dreißiger Jahren. Der Sänger brachte voller Hingabe sein Liedchen: »Everybody loves my baby, but my baby loves nobody but me.«
»Einfach absurd«, sagte Martha. »Bei logischer Analyse muß der Sänger seine eigene Liebste sein.«
»Wie?« fragte ich. Klang verdammt schlau.
»Sieh mal. ›Everybody‹ schließt ›my baby‹ ein. Wenn ›Everybody loves my baby‹, dann liebt ›my baby‹ sich selbst. Richtig?«
»Äh, ja.«

Ich versuchte zu folgen.
»Aber dann sagt er, ›my baby loves nobody but me.‹ Also kann ›my baby‹, die sich ja selbst lieben muß, niemanden sonst lieben. Also muß ›my baby‹ er selbst sein.«
Sie erklärte es zweimal, bevor ich's verstand.
Der Sänger hatte niemals elementare Logik gelernt. Ich auch nicht.
Als ich vom Essen wiederkam, war der Hacker längst wieder weg, hatte aber seine Spur auf einem Ausdruck hinterlassen.
Ausnahmsweise war er nicht zum privilegierten Benutzer geworden. Ja, wie üblich suchte er in seiner hypergründlichen Manier nach Systemleuten und Überwachungsprozessen, aber er schlüpfte nicht durch das Loch im Betriebssystem.
Statt dessen ging der Super-User im Milnet fischen.
Ein einzelner, isolierter Rechner ohne Kommunikation mit der Welt ist immun gegen Angriffe. Aber ein Einsiedlercomputer hat nur begrenzten Wert; er kann nicht auf dem laufenden bleiben über das, was um ihn herum passiert. Computer sind dann von größtem Nutzen, wenn sie mit Menschen, Mechanismen und anderen Maschinen interagieren. Über Netzwerke können Leute Daten, Programme und elektronische Post austauschen.
Was geschieht aber in einem Computernetzwerk? Was haben sich Rechner zu sagen? Die meisten PC genügen den Bedürfnissen ihrer Besitzer und müssen nicht mit andern Systemen kommunizieren. Für Textverarbeitung, Arbeitsblätter für Abrechnungen und Spiele braucht man wirklich keine andern Computer. Aber wenn man ein Modem an seinen Computer ankoppelt, berichtet das Telefon das Neueste vom Aktienmarkt, Weltgeschehen und von Gerüchteküchen. Die Verbindung zu einem andern Computer bietet viele Möglichkeiten, sich in die neuesten Nachrichten einzuschalten.
Unsere Netzwerke bilden Nachbarschaften, die alle ein gewisses Gemeinschaftsgefühl haben. Die Netzwerke der Hochenergiephysik zum Beispiel übertragen jede Menge Daten über subatomare Teilchen, Forschungsprojekte sowie Klatsch und Tratsch darüber, wer unausweichlich auf einen Nobelpreis zusteuert. Nichtgeheime militärische Netzwerke geben vielleicht Bestellungen für

Schuhe, Anträge auf Gelder und Gerüchte darüber weiter, wer sich alles um die freigewordene Kommandeursstelle schlagen will. Und ich wette, irgendwo gibt's geheime Netzwerke, um geheime militärische Befehle und streng geheimen Klatsch und Tratsch auszutauschen.

Diese elektronischen Gemeinschaften sind durch die Grenzen ihrer Kommunikationsprotokolle gebunden. Einfache Netzwerke wie zum Beispiel öffentliche Schwarze Bretter verwenden die simpelsten Kommunikationswege. Jeder, der einen PC und ein Telefon hat, kann sich an sie ankoppeln. Fortgeschrittene Netzwerke erfordern gemietete Telefonleitungen und spezielle Rechner, die Tausende von Computern miteinander verbinden. Diese physikalischen Unterschiede setzen Schranken zwischen den Netzwerken. Die Netzwerke selbst sind durch Zugangscomputer verbunden, die unformatierte Nachrichten zwischen verschiedenen Netzwerken austauschen.

Wie ein Einsteinsches Universum sind die meisten Netzwerke endlich, aber unbegrenzt. Es gibt nur eine bestimmte Zahl beteiligter Computer, dennoch erreicht man nie den Rand des Netzwerks. Hinter einem Computer gibt es immer einen anderen. Am Ende schließt sich der Kreis und beginnt wieder von vorne. Die meisten Netzwerke sind so kompliziert und so miteinander verwoben, daß niemand weiß, wohin all ihre Verbindungen führen; deshalb müssen die meisten Leute sich ihren Weg hindurch erforschen.

Alle Computer, die an einem Netzwerk hängen, kommunizieren in derselben Sprache – ein rigoros definiertes Protokoll. Diese Protokolle sind alle wechselseitig inkompatibel. Wie isolierte Siedlungen entwickeln sich diese seltsamen Systeme entlang einer anderen Entwicklungslinie als die gängigen Computer. Schließlich müssen die isolierten Systeme mit dem Rest der Welt sprechen, also baut jemand einen Zugang, der die Sprache des seltsamen Netzwerks in die Sprache eines verbreiteten Protokolls übersetzt, und alle kommunizieren.

Die Computer unseres Labors sind mit einem Dutzend Computernetzwerken verbunden. Manche davon sind örtlich begrenzt, wie das Ethernet, das Computer in einem Gebäude mit dem Labor nebenan verbindet. Andere Netze reichen in eine ausgedehnte Gemeinde hinein: das Bay Area Research Net verknüpft ein Dutzend nordkalifornische Universitäten. Schließlich können sich unsere Wissenschaftler über die nationalen und internationalen Netzwerke bei Computern in der ganzen Welt anmelden. Das Hauptnetzwerk aber ist das Internet.

Mitte der fünfziger Jahre begann die US-Bundesregierung das Interstate Highway System zu bauen, das Asphalt-Wunderwerk einer gezielten Stimmviehpolitik durch Vergabe öffentlicher Arbeiten. Mit Hilfe von Erinnerungen an Transportengpässe während des Zweiten Weltkriegs stellten die Militärs sicher, daß das Interstate-System für Panzer, Militärkonvois und Truppentransporte ausgelegt wurde. Heute betrachten nur noch wenige die Interstate Highways als militärisches System, obwohl es genauso gut Panzer wie Lastwagen quer durch das Land tragen kann. Aus denselben Beweggründen begann das Verteidigungsministerium, ein Netzwerk aufzubauen, um Militärcomputer zusammenzukoppeln. 1969 entwickelten sich aus den Experimenten der Defense Advanced Research Projects Agency (DARPA) das Arpanet und dann das Internet: ein elektronischer Highway, der hunderttausend Computer rund um die Welt verbindet.

In der Welt der Datenverarbeitung ist das Internet mindestens so erfolgreich wie das Interstate-System. Beide sind von ihrem Erfolg überrollt worden und leiten jeden Tag Verkehrsströme, die viel größer sind, als sich das ihre Konstrukteure jemals erträumt hatten. Jedes System provoziert regelmäßig Beschwerden über Verkehrsstaus, schlechte Straßen, zuviel Baustellen, kurzsichtige Planung und miserable Wartung. Dennoch spiegeln gerade diese Beschwerden die phänomenale Popularität dessen wider, was erst vor ein paar Jahren noch ein Experiment mit unsicherem Ausgang gewesen war.

Zuerst war das DARPA-Netzwerk nur eine Teststrecke, um nachzuweisen, daß Computer zusammengekoppelt werden konnten. Weil es als unzuverlässiges Experiment galt, benutzten es Universitäten und Labors, und die wenig experimentierfreudigen Militärs ignorierten es. Nach acht Jahren waren nur ein paar hundert Computer an das Arpanet angeschlossen, aber allmählich überzeugten Verläßlichkeit und Einfachheit des Netzwerks immer mehr. Um 1985 listete das Dateienverzeichnis des Netzwerks Zehntausende von Computern auf; heute müssen es mehr als 100 000 sein. Wenn man die vernetzten Computer zählen würde, wäre das wie eine statistische Erhebung der Großstädte und Städte, die mit dem Interstate-System erreichbar sind – es ist schwierig, viele Orte aufzuzählen, die nicht über irgendeinen verschlungenen Pfad erreichbar wären.

Die Wachstumsschmerzen des Netzwerks haben sich in Namensänderungen niedergeschlagen. Das erste Arpanet war ein Rückgrat, das zufällig Computer von Universitäten, dem Militär und von Rüstungsfirmen verknüpfte. Als das Militär mehr und mehr vom Netzwerk abhängig wurde, um Nachrichten und elektronische Post zu befördern, beschloß man dort, das Netzwerk in einen militärisch genutzten Teil, das Milnet, und einen wissenschaftlich genutzten, das Arpanet, aufzuteilen.

Es gibt jedoch wenig Unterschiede zwischen dem militärischen und dem akademischen Netz; und durch Zugänge können Datenströme zwischen ihnen fließen. Zusammen bilden Arpanet, Milnet und hundert andere Netzwerke das Internet.

Durch das Internet werden Tausende von Universitäts-, Wirtschafts- und Militärcomputer verknüpft. Wie die Häuser einer Stadt hat jeder eine besondere Adresse. Die meisten dieser Adressen sind im Network Information Center (NIC) in Menlo Park, Kalifornien, registriert. Jeder einzelne Computer kann Dutzende oder hunderte Benutzer haben, und so sind Personen wie auch Computer im NIC registriert.

Die Computer des NIC stellen ein Dateienverzeichnis zur Verfügung: Man meldet sich einfach beim NIC an, fragt nach jemandem und erfährt dessen Standort. Sie haben nicht viel Glück dabei, ihre Datenbänke auf dem laufenden zu halten (Computerleute wechseln häufig ihren Job), aber das NIC dient immer noch als gutes Telefonbuch für Computerleute.

Während meiner Mittagspause tauchte der Hacker ins NIC ein. Der Drucker dokumentierte ungerührt die Sitzung, in der unser Hacker das NIC nach der Abkürzung ›*WSMR*‹ durchsuchte:

```
LBL> telnet NIC.ARPA (Der Hacker ruft das Network Information Center)
Trying...
Connected to 10.0.0.51.
Escape character is ' ^]'.
+.............................DDN Network Information Center.............................
|
| For user and host information, type:  WHOIS <carriage return>
| For NIC information, type:            NIC <carriage return>
|
+........................................................................................
@ whois wsmr (Er sucht nach WSMR)
White Sands Missile Range   WSMR-NET-GW.ARMY.MIL        26.7.0.74
White Sands Missile Range   WSMR-TRAPS.ARMY.MIL         192.35.99.2
White Sands Missile Range   WSMR-AIMS.ARMY.MIL          128.44.8.1
White Sands Missile Range   WSMR-ARMTE-GW.ARMY.MIL      128.44.4.1
White Sands Missile Range   WSMR-NEL.ARMY.MIL           128.44.11.3
```

WSMR? *White Sands Missile Range*. Mit zwei Befehlen und zwanzig Sekunden fand er fünf Computer in White Sands.

Astronomen kennen Sunspot, New Mexico, als eines der besten Sonnenobservatorien. Klarer Himmel und große Teleskope entschädigen für die äußerste Einsamkeit des Sacramento Peak, ein paar Hundert Meilen südlich von Albuquerque. Die einzige Straße zum Observatorium führt durch White Sands, wo die Army ihre Lenkraketen testet. Als ich die Korona untersuchte, mußte ich einmal für eine Beobachtungsperiode nach Sunspot, an der Einöde von White Sands vorbei. Die verschlossenen Tore und die Wachtürme schrecken Schaulustige ab. Und wenn einen die Sonne nicht brät, tun's die elektrischen Zäune.

Ich hatte von Gerüchten gehört, daß die Army ihr Boden-Boden-Raketen-Konzept aufgeben und statt dessen Raketen entwickeln würde, mit denen Satelliten abgeschossen werden konnten. Schien ein SDI-Krieg-der-Sterne-Projekt zu sein, aber zivile Astronomen können da nur raten. Vielleicht wußte dieser Hacker mehr über White Sands als ich.

Kein Zweifel jedoch, daß der Hacker mehr über White Sands wissen wollte. Er versuchte zehn Minuten lang, sich in jeden der Computer einzuloggen und meldete sich dabei über das Internet an.
Der Drucker zeichnete seine Schritte auf:

LBL› telnet WSMR-NET-GW.ARMY.MIL	
Trying . . .	
Connected to WSMR-NET-GW.ARMY.MIL	
4.2 BSD UNIX	
Welcome to White Sands	Meldet sich bei einem
Missile Range	White Sands-Computer an.
login: guest	Versucht das Gastkonto
Password: guest	Rät ein Passwort
Invalid password, try again	Hat aber kein Glück
login: visitor	Versucht anderen wahrscheinlichen Kontennamen
Password: visitor	
Invalid password, try again	Wieder kein Glück
login: root	Er versucht noch ein anderes Konto
Password: root	
Invalid password, try again	Immer noch kein Glück
login: system	Und ein vierter Versuch
Password: manager	
Invalid password, disconnecting after 4 tries	

Er versuchte bei jedem Computer, sich mit *›guest‹*, *›visitor‹*, *›root‹* oder *›system‹* einzuloggen. Wir sahen ihn ein ums andere Mal scheitern, als er versuchte, Passwörter zu raten. Vielleicht waren diese Konten gültig, aber der Hacker konnte nicht in sie rein, weil er die richtigen Passwörter nicht kannte.
Ich lächelte über den Ausdruck. Kein Zweifel, der Hacker wollte nach White Sands hineinkommen. Aber in Sachen Sicherheit ließen die nicht mit sich spaßen. Zwischen ihren Elektrozäunen und Passwörtern konnten weder Touristen noch Hacker hindurch.

In White Sands waren die Türen zu. Mit einem Kichern zeigte ich seinen Versuch meinem Chef, Roy Kerth.
»Und was machen wir jetzt?« fragte ich. »Auch wenn er nicht nach White Sands reingekommen ist, sollten wir denen das nicht doch sagen?«
»Teufel auch, natürlich sagen wir denen das«, antwortete Roy. »Wenn jemand versucht, im Haus meines Nachbarn einzubrechen, sag ich ihm das auch. Ich werd auch die Bullen rufen.«
Ich fragte, welche für das Internet zuständig seien.
»Verdammt will ich sein, wenn ich das weiß«, sagte Roy. »Aber ab jetzt verfahren wir so: Wenn einer angegriffen wird, sagen wir's ihm. Ist mir egal, ob der Hacker reingekommen ist oder nicht, Sie rufen sie an, Cliff, und sagen es ihnen. Denken Sie dran, auch nicht eine Silbe darüber in der elektronischen Post. Und kriegen Sie raus, welche Bullen zuständig sind.«
»Alles klar.«
Ein einziger Anruf genügte, um festzustellen, daß das FBI Internet nicht bewachte.
»Na, Kleiner«, es war dieselbe Stimme, »habt ihr jetzt mehr als 75 Cents verloren?«
»Äh, nein.«
»Irgendwelche geheimen Informationen?«
»Äh, nein.«
»Dann geh aus der Leitung, Kleiner.«
Unser fünfter Versuch, das FBI aufzurütteln, war gescheitert.
Vielleicht wußte das Network Information Center, wer ihr Netz polizeilich überwachte. Ich rief in Menlo Park an und traf schließlich auf Nancy Fischer. Für sie war das Internet nicht einfach eine Ansammlung von Kabeln und Software. Für sie war's ein lebendiges Geschöpf, ein Gehirn mit Neuronen, die um die Welt reichten, und in das zehntausend Computerbenutzer jede Stunde Leben hauchten.
Nancy war fatalistisch: »Es ist eine Miniaturausgabe der Gesellschaft um uns herum. Früher oder später werden irgendwelche Geier versuchen, es zu killen.«
Und offensichtlich gab es keine Netzwerkpolizei. Da der Verkehr bisher einwandfrei funktionierte und Milnet – jetzt Defense Data

Network – keine geheimen Daten transportieren darf, kümmerte sich niemand um dessen Sicherheit.
»Sie sollten mit dem Air Force Office of Special Investigations sprechen«, sagte sie. »Das sind die Schnüffler der Luftwaffe, Drogenrazzien, Mord. Nicht unbedingt Weiße-Kragen- oder Wirtschaftsverbrechen, aber es kann nicht schaden, mal mit ihnen zu reden. Tut mir leid, daß ich Ihnen nicht helfen kann, aber das fällt wirklich nicht in mein Ressort.«
Drei Anrufe später bin ich in einer Konferenzschaltung mit dem Spezialagenten Jim Christy eben jenes AFOSI und Major Steve Rudd von der Defense Communications Agency.
Jim Christy machte mich nervös – er hörte sich wirklich an wie ein Schnüffler.
»Lassen Sie mich das klarstellen«, schnarrte er los. »Irgendein Hacker ist in Ihren Computer eingebrochen, kam dann in einen Computer der Army in Alabama, und will jetzt bei White Sands Missile Range rein. Richtig?«
»Ja, das ungefähr haben wir gesehen«, antwortete ich. Das Unix-Gnu-Emacs-Loch wollte ich ihm nicht erklären. »Unsere Spur ist noch nicht vollständig. Er könnte aus Kalifornien, Alabama, Virginia oder vielleicht New Jersey kommen.«
»Oh ... ihr sperrt ihn nicht aus, damit ihr den Burschen fangen könnt.«
Er blickte durch. Ich mußte es neidlos anerkennen.
»Und wenn wir ihn aussperren würden, käme er bloß durch ein anderes Loch wieder ins Internet rein«, betonte ich und wußte, daß das sowieso jedem klar war.
Steve Rudd wollte jedoch, daß der Hacker dingfest gemacht würde. »Wir können das nicht so weiterlaufen lassen. Auch wenn es sich nicht um geheime Informationen handelt, erfordert es doch die Unversehrtheit des Milnet, daß Spione draußen bleiben.«
Spione? Ich spitzte die Ohren.
Der Schnüffler sprach als nächster: »Das FBI hat vermutlich keinen Finger gerührt.«
Ich faßte unsere fünf Anrufe beim FBI in einem Wort zusammen.

Fast entschuldigend teilte mir Jim Christy mit: »Das FBI muß nicht jedem Verbrechen nachgehen. Wahrscheinlich sehen sie sich eins von fünfen an. Computerverbrechen sind nicht einfach – nicht wie Entführungen oder Bankraub, wo's Zeugen gibt und meßbare Schäden. Machen Sie denen keinen Vorwurf, wenn sie bei einem harten Fall ohne klare Lösung erst mal Manschetten haben.«

Steve drängte Jim. »Okay, das FBI wird also gar nichts tun. Und das AFOSI?«

Jim antwortete langsam: »Wir sind die Ermittler der Air Force bei Computerverbrechen. Gewöhnlich erfahren wir von Computerverbrechen erst nach dem Schadensfall. Jetzt ist das erste Mal, daß wir auf eins stoßen, das noch im Gange ist.«

Steve warf ein: »Jim, Sie sind Spezialagent. Der einzige Unterschied zwischen Ihnen und einem FBI-Beamten liegt in Ihrer Zuständigkeit. Fällt das wirklich nicht in Ihren Bereich?«

»Sicher. Es ist ein ungewöhnlicher Fall, der in mehrere Zuständigkeitsbereiche fällt.« Über das Telefon konnte ich fast hören, wie Jim nachdachte. »Wir sind interessiert. In Ordnung. Ich kann nicht sagen, ob's was Ernstes ist oder ein Ablenkungsmanöver, aber eine Untersuchung ist's wohl wert.«

Jim fuhr fort: »Sehen Sie mal, Cliff, jede Behörde hat eine Art Reizschwelle. Unsere Möglichkeiten sind begrenzt, wir sind also gezwungen, bei allem, was wir untersuchen, eine Auswahl zu treffen. Deshalb haben wir Sie nach finanziellen Verlusten gefragt – wir wollen mit unseren Bemühungen natürlich möglichst viel erreichen. Wenn geheimes Zeug gestohlen wird, ist's natürlich anders. Die nationale Sicherheit läßt sich nicht in Dollar aufwiegen.«

Steve warf ein: »Aber auch nichtgeheime Information kann mit nationaler Sicherheit aufgewogen werden. Das Problem besteht darin, die Strafverfolgungsbehörden davon zu überzeugen.«

»Was werden Sie also tun?« fragte ich.

»Zum jetzigen Zeitpunkt können wir wirklich nicht viel machen. Wenn dieser Hacker aber die militärischen Netzwerke benutzt, betritt er unser Gebiet. Halten Sie uns auf dem laufenden, und wir wetzen derweil unsere Messer.«

In der Hoffnung, das AFOSI anzutreiben, schickte ich Jim eine Kopie meines Tagebuchs und Auszüge aus den Hacker-Ausdrukken.
Nach diesem Gespräch erläuterte Jim Christy das Milnet. Was ich Milnet nannte, kannte Jim als das nichtgeheime Defense Data Network, das von der Defense Communications Agency betrieben wurde. »Das Verteidigungsministerium betreibt das Milnet für alle Abteilungen – Army, Navy, Air Force und Marines. Auf diese Weise hat jede Abteilung gleichen Zugang zu dem Netz, und Sie werden Computer aus jeder Waffengattung am Netz finden.«
»Warum ist dann Steve Rudd bei der Luftwaffe?«
»Er ist wirklich ein Topmann – er arbeitet für alle drei Waffengattungen. Wenn er ein Problem riecht, ruft er natürlich die Ermittler der Luftwaffe.«
»Und Sie bearbeiten ausschließlich Computerverbrechen?«
»Ja. Wir überwachen zehntausend Rechner der Luftwaffe.«
»Und warum können Sie dann diesen Fall nicht mit einem Streich erledigen?«
Jim sprach langsam: »Wir müssen unser Gebiet klar abgrenzen, sonst treten wir allen andern auf die Zehen. Sie, Cliff, machen sich mal keine Sorgen, daß Sie Ärger mit dem OSI kriegen – für die Luftwaffenbasis sind wir zuständig.«
Zuständig sind immer die andern.
Und sosehr ich auch über Zuständigkeiten gezetert hatte, hatte ich doch begriffen, daß sie meine eigenen Rechte schützten: Unsere Verfassung verbietet dem Militär, sich in zivile Angelegenheiten einzumischen. Jim hatte das in ein neues Licht gerückt – manchmal geraten diese Rechte tatsächlich in Konflikt mit der Durchsetzung des Gesetzes. Zum ersten Mal begriff ich, daß meine Bürgerrechte tatsächlich die Befugnisse der Polizei eingrenzen.
Hoppla. Ich hatte die Anweisung des Chefs vergessen, daß ich White Sands anrufen sollte. Noch ein paar Minuten am Telefon, und ich hatte Chris McDonald an der Strippe, einen Zivilangestellten der Raketenbasis.
Ich umriß den Fall. Unix, Tymnet, Oakland, Milnet, Anniston, AFOSI, FBI.

Chris unterbrach mich. »Haben Sie Anniston gesagt?«
»Ja, der Hacker war privilegierter Benutzer im Depot von Anniston ... Ist ein kleiner Ort in Alabama, glaub ich.«
»Ich kenne Anniston gut. Ist unsere Schwesterbasis. Wenn wir unsere Raketen getestet haben, schicken wir sie rüber nach Anniston«, erklärte Chris. »Und ihre Computer kommen auch von White Sands.«
Ich fragte mich, ob das nur ein Zufall war. Vielleicht hatte der Hacker Daten in den Rechnern von Anniston gelesen und begriffen, daß der harte Stoff von White Sands kam. Vielleicht nahm der Hacker Proben von jedem Ort, wo die Army Raketen lagerte.
Oder vielleicht hatte der Hacker eine Liste von Computern mit Sicherheitslöchern. »Sagen Sie, Chris«, bohrte ich, »haben Sie Gnu-Emacs auf Ihren Rechnern?«
Chris wußte es nicht, wollte aber nachfragen. Um aber dieses Loch auszunutzen, mußte sich der Hacker zuerst einmal einloggen. Und das war ihm nicht gelungen, nachdem er es bei jedem der fünf Computer viermal versucht hatte.
White Sands hielt seine Türen verschlossen, indem es alle an seinen Computern zwang, lange Passwörter zu benutzen und sie alle vier Monate zu wechseln. Kein Techniker durfte sein Passwort selbst wählen – der Computer wies ihm nicht zu erratende Passwörter wie ›*agnitfom*‹ oder ›*nietoayx*‹ zu. Jedes Konto hatte ein Passwort, und keines konnte man erraten. Ich mochte das System von White Sands nicht. Ich konnte mir vom Computer generierte Passwörter nicht merken, deshalb schrieb ich sie auf meinen Notizblock oder irgendwohin neben mein Terminal. Es ist viel besser, die Leute sich ihr eigenes Passwort wählen zu lassen. Natürlich werden dann manche erratbare Passwörter, zum Beispiel ihren Namen, wählen. Aber wenigstens beschweren sie sich nicht darüber, sich sinnlose Wörter wie ›*tremvonk*‹ merken zu müssen, und dann schreiben sie sie auch nicht auf.
Aber der Hacker war in mein System gekommen und in White Sands zurückgewiesen worden. Vielleicht sind Zufallspasswörter, so verhaßt und mißtönend sie auch sind, doch sicherer.
Ich weiß es nicht.

Ich hatte die Anweisungen des Chefs ausgeführt. Dem FBI waren wir egal, aber die Spürhunde der Luftwaffe waren am Fall dran. Und ich hatte White Sands einen Tip gegeben, daß jemand einzubrechen versuchte. Zufrieden traf ich Martha an einem vegetarischen Pizzastand. Bei dick mit überbackenem Spinat und Pesto belegten Stücken beschrieb ich die Ereignisse des Tages. Danach entspann sich folgender Dialog:

»Gutt, Natascha, jätzt wirr chaben Auftrrak eins ausgefiert.«

»Wundärbarr, Boris, welch ein Siek. Boris... was ist Auftrrak eins?«

»Chaben wirr gechabt Rendezvous mit gecheime Luftwaffänpolizei, Natascha.«

»Und, Boris?«

»Chaben wirr alarmiert Rakätenbasis zu Spionagäabwährr.«

»Und, Boris?«

»Und chaben wirr beställt gecheimä Spionpizza.«

»Aber Boris, wann wirr wärden fangen Spion?«

»Gäduld, Natascha. Das ist Auftrrak zwai.«

Erst als wir nach Hause gingen, wandten wir uns der ernsten Seite unseres Spiels zu. »Diese Sache wird immer unheimlicher«, sagte Martha. »Es fing damit an, aus Zeitvertreib einen Spaßvogel aus der Nachbarschaft zu jagen, und jetzt redest du mit diesen Leuten vom Militär, die keinen Humor haben und deren Handwerk der Tod ist. Cliff, die sind nicht deine Kragenweite.«

Ich verteidigte mich ärgerlich. »Das ist ein ungefährliches und möglicherweise nützliches Projekt, um die Säbelraßler in Bewegung zu halten.«

Martha wollte das nicht so gelten lassen. »Mag sein, aber was ist mit dir, Cliff? Weißt du, was du tust, wenn du dich mit diesen Leuten abgibst? Ich versteh ja, daß du zumindest mit ihnen reden mußt, aber wie tief steckst du schon drin?«

»Ich steck nicht drin. Ich begleite die Sache. Und jeder Schritt erscheint mir, so wie ich es sehe, völlig logisch«, entgegnete ich. »Ich bin ein Systemverwalter, der versucht, seinen Computer zu schützen. Und wenn jemand versucht, ihn zu hacken, muß ich ihm auf die Finger klopfen. Wenn man den Kerl ignoriert, macht er nur andere Systeme kaputt. Okay, ich arbeite mit den Bullen

der Air Force zusammen, aber das heißt noch lange nicht, daß ich alles gutheiße, was die Militärs so anzetteln.«
»Nun gut, aber du mußt dich entscheiden, wie du dein Leben leben willst«, sagte Martha. »Willst du etwa Bulle spielen?«
»Bulle? Nein, lieber Astronom. Aber hier droht einer unsere Arbeit zu vernichten. Sollte ich nicht versuchen, ihn zu stellen?«
»So genau wissen wir's ja gar nicht«, erwiderte Martha. »Möglicherweise steht uns dieser Hacker politisch näher als diese Sicherheitsfuzzis. Und wenn du nun jemanden jagst, der auf deiner Seite steht? Vielleicht versucht er, militärische Verflechtungen offenzulegen. Eine Art elektronischer ziviler Ungehorsam?«
Meine politischen Ansichten hatten sich seit den späten Sechzigern nicht viel weiterentwickelt... ein verschwommenes, buntes Sammelsurium der Neuen Linken. Ich habe nie viel über Politik nachgedacht und glaubte, ein harmloser, undogmatischer Zeitgenosse zu sein, der versucht, unangenehme politische Verwicklungen zu vermeiden. Sicher, ich hatte was gegen linke Dogmatik, war aber bestimmt kein Konservativer, und hatte auf keinen Fall den Wunsch, mit dem FBI zu kungeln. Und jetzt fand ich mich plötzlich Arm in Arm mit der Militärpolizei.
»Der einzige Weg herauszufinden, wer am anderen Ende der Leitung sitzt, ist wahrscheinlich, die Telefondrähte zu überwachen«, sagte ich. »Und die uns dabei unterstützenden Organisationen sind, ich geb's ja zu, nicht gerade unsere Vorbilder, aber ziemlich effektiv. Ach, Martha, es ist doch nicht so, als ob ich Waffen an die Contras verschieben würde.«
»Paß bloß auf dich auf.«

13. Kapitel

Meine drei Wochen waren fast um. Wenn ich den Hacker nicht in 24 Stunden geortet hatte, würde das Labor meine Verfolgungsoperation abbrechen. Ich kampierte im Schaltraum und fuhr bei jeder Verbindung hoch.

›Komm in meine Liebeslaube‹, sagte die Spinne zur Fliege.

Und dann, um 14.30 Uhr, schob der Drucker eine Seite vor, und der Hacker loggte sich ein. Obwohl er diesmal das gestohlene Konto ›*Goran*‹ benutzte, zweifelte ich nicht, daß es der Hacker war: Er prüfte sofort, wer alles im System war. Weil er keinen Operator fand, suchte er das Gnu-Emacs-Sicherheitsloch und begann sein zierliches Menuett, um privilegierter Benutzer zu werden.

Ich sah nicht zu. Einige Minuten, nachdem sich der Hacker eingeklinkt hatte, rief ich Ron Vivier von Tymnet und Lee Cheng von der Telefongesellschaft an. Ich schrieb mit, was Ron murmelte.

»Er kommt über euern Anschluß 14 und ins Tymnet von Oakland aus. Das ist unser Anschluß 322, das ist, hm, wollen mal sehen.« Ich konnte ihn auf seiner Tastatur tippen hören. »Ja, das ist 2902.430-2902. Diese Nummer muß verfolgt werden.«

Lee Cheng sprang auf die Telefonleitung.

»Gut. Ich verfolge sie.« Weitere Tastenanschläge, diesmal mit ein paar Piepsern dazwischen. »Die Leitung ist aktiv, ganz richtig. Und sie kommt von AT&T. AT&T in Virginia. Bleiben Sie dran, ich rufe New Jersey.«

Ich hörte zu, wie Lee mit einem Typen von AT&T namens Edsel (oder war es Ed Sell?) in Whippany, New Jersey, sprach. Offenbar werden alle Fernleitungen von AT&T durch New Jersey verfolgt. Ohne den Jargon zu verstehen, schrieb ich mit, was ich hörte.

»Strecke 5095, nein, das ist 5096MCLN.«
Die Stimme eines anderen Technikers mischte sich ein.
»Ich rufe McLean.«
Der Techniker von New Jersey war wieder dran.
»Ja. 5096 mündet im Bereich 703.«
Plötzlich waren sechs Leute in der Leitung. Die Konferenzschaltungen der Telefongesellschaft waren klar und laut. Die neueste Teilnehmerin der Konferenz antwortete leicht schleppend: »Ihr seid alle in der Fernleitung nach McLean, und es ist fast Mittagszeit hier in C und P.«
Lees abgehackte Stimme unterbrach sie: »Dringende Verfolgung auf Streckencode 5096MCLN, Ihre Endleitung 427.«
»Ich übernehme 5096MCLN, Leitung 427. Ich verfolge jetzt.«
Eine Minute Schweigen, dann kam sie in die Leitung zurück. »Da kommt er, Jungs. Hey, sieht aus, als käme er vom Gebiet 415.«
»Ja, Grüße von der San Francisco Bay«, warf Lee ein.
Die Frau sprach zu keinem besonderen: »Fernleitungsgruppe 5096MCLN, Strecke 427 läuft in 448. Unser ESS4 bei vier achtundvierzig. Ist es ein Motordrehwähler?« Sie beantwortete ihre eigene Frage: »Nein, es ist ein Kontaktrelais. Einheit vierundzwanzig. Ich bin fast an der Muffe zur Ortsleitung. Okay. Fünfhundert Doppelkabel, Gruppe 3 Nummer zwölf... das ist zehn, äh, zehn sechzig. Soll ich mit einer kurzen Unterbrechung bestätigen?«
Lee übersetzte ihren Jargon.
»Sie hat die Spur vervollständigt. Um zu prüfen, ob sie die richtige Nummer verfolgt hat, will sie die Verbindung eine Sekunde unterbrechen. Wenn sie das tut, ist die Leitung weg. Ist das okay?«
Der Hacker las gerade irgendwelche elektronische Post. Ich bezweifelte, daß er ein paar Buchstaben vermissen würde.
»Sicher«, antwortete ich. »Sagen Sie ihr, sie soll nur machen, und ich schau, was hier passiert.«
Lee redete mit ihr ein paar Takte und kündigte dann mit fester Stimme an: »Fertig!«
Er erklärte, daß jede Telefonleitung in der Vermittlungszentrale eine Reihe Sicherungen hat; sie schützen die Anlage vor Blitzen

und vor Idioten, die ihr Telefon in die Steckdose stöpseln. Die Technikerin der Zentrale kann in den Kabelraum gehen und die Sicherung der Leitung herausziehen, die damit unterbrochen wird. Es war nicht nötig, aber sicherte ihre Verfolgungsversuche doppelt ab.

Nach einer Minute kam die Technikerin in die Leitung und sagte: »Ich zieh die Sicherung raus ... jetzt.« Sofort war der Hacker weg, mitten in einem Befehl.

Sie hatten die richtige Leitung verfolgt.

Die Frauenstimme kam wieder: »Es ist 1060, in Ordnung. Das wär's, Jungs. Ich werd ein paar Blätter zusammenheften und sie dann hochschicken.«

Lee dankte allen, und ich hörte, wie sich die Konferenzschaltung auflöste.

»Die Spur ist vollständig«, faßte er zusammen, »und die Technikerin wird sie schriftlich festhalten. Sobald ich die Unterlagen bekomme, gebe ich sie an die Polizei weiter.«

Ich verstand das nicht. Warum sagte er mir nicht einfach, wem das Telefon gehörte?

Lee erklärte, daß die Telefongesellschaft nur mit der Polizei verhandelt, nie mit Privatpersonen. Darüber hinaus wußte er nicht, wohin die Leitung verfolgt worden war. Die Technikerin, die die Spur vervollständigt hatte, würde die richtigen Papiere ausfüllen (Ah! ›Blätter zusammenheften‹), und sie den Behörden übergeben.

Ich protestierte: »Können Sie nicht auch die Bürokratie kurzschließen und mir sagen, wo der Hacker ist?«

Es ging nicht. Erstens hatte Lee keine Information über die Spur, sondern nur die Technikerin in Virginia. Solange die Telefongesellschaft in Virginia sie nicht herausgab, wußte Lee so wenig wie ich.

Lee wies auf ein weiteres Problem hin: Meine Abhörgenehmigung galt nur für Kalifornien. Ein kalifornisches Gericht konnte die Telefongesellschaft in Virginia nicht zwingen, Beweisstücke herauszugeben. Wir brauchten entweder die Verfügung eines Gerichts in Virginia oder eines Bundesgerichts.

Ich protestierte schon wieder: »Das FBI hat uns fünfmal abgewiesen. Und der Kerl bricht vielleicht nicht einmal ein Gesetz von Virginia. Können die denn nicht ein Auge zudrücken und mir die Telefonnummer unter der Hand geben?«

Lee wußte es nicht. Er wollte Virginia anrufen und versuchen, sie zu überreden, uns die Information zu geben, hatte aber nicht viel Hoffnung.

Verdammt. Am andern Ende der Telefonleitung brach jemand in Militärcomputer ein, und wir konnten nicht mal seine Telefonnummer kriegen, zehn Sekunden, nachdem die Verbindung ermittelt worden war.

Die Telefonspur war vollständig, aber es fehlte der krönende Abschluß. Wie kriegen wir nur eine Genehmigung für Virginia? überlegte ich. Mein Chef, Roy Kerth, war die nächsten Wochen nicht da, also rief ich die Rechtsanwältin des Labors direkt an. Zu meiner Überraschung widmete Aletha dem Problem allen Ernstes ihre Aufmerksamkeit. Sie wollte das FBI nochmals aufrütteln und feststellen lassen, ob unser Problem in Virginia überhaupt einen Fall abgäbe. Ich warnte sie, daß ich als Untergebener keine Befugnis hatte, auch nur mit ihr zu sprechen, geschweige denn, Rechtsbeistand von ihr zu erbitten.

»Reden Sie keinen Quatsch«, tröstete sie mich. »Das macht mehr Spaß, als sich mit dem Patentrecht rumzuschlagen.«

Unsere Polizei vor Ort wollte alles über die Fangschaltung wissen. Ich teilte den Leutchen mit, sich darauf gefaßt zu machen, den ganzen Staat Virginia absuchen zu müssen. Trotz dieses zynischen Zungenschlags verhielten sie sich meinem Problem mit der Abhörgenehmigung für Virginia gegenüber überraschend wohlwollend bis zuvorkommend und boten mir an, ihr Netzwerk »unter Freunden« zu benutzen, um die Information über irgendeinen inoffiziellen Kanal zu kriegen. Ich bezweifelte, daß das funktionieren würde.

Aber warum sollten sie es nicht versuchen?

14. Kapitel

Die Telefongesellschaft mochte die Telefonnummer des Hackers verheimlichen, meine Drucker zeigten mir jedoch jeden seiner Züge. Während ich mit Tymnet und der Fernmeldetechnikerin gesprochen hatte, war der Hacker in meinem Computer umhergestiefelt. Er hatte sich nicht damit zufriedengegeben, die Post des Systemverwalters zu lesen, er hatte auch die Post mehrerer Atomphysiker durchschnüffelt.

Nach zehn Minuten Lektüre sprang er in Gorans gestohlenes Konto zurück und benutzte dabei sein neues Passwort ›*Benson*‹. Er startete ein Programm, das die Dateien unserer Benutzer nach Passwörtern durchsuchte; während es lief, rief er das Milnet Network Information Center. Wieder wußte er, wonach er suchte:

```
LBL› telnet Nic.arpa
Trying...
Connected to 10.0.0.51.
+ ............................... DDN Network Information Center ..........................
| For TAC news, type:                      TACNEWS ‹carriage return›
| For user and host information, type:     WHOIS ‹carriage return›
| For NIC informaion, type:                NIC ‹carriage return›
|
+ ........................................................................................
SRI-NIC, TOPS-20 Monitor 6.1 (7341)-4
@ Whois cia
Central Intelligence Agency (CIA)
   Office of Data Processing
   Washington, DC 20505
   There are 4 known members:
```

Fischoff, J. (JF27)	FISHOFF @ A.ISI.EDU	(703) 351-3305
Gresham, D.L. (DLG33)	GRESHAM @ A.ISI.EDU	(703) 351-2957
Manning, Edward J. (EM44)	MANNING @ BBN.ARPA	(703) 281-6161
Ziegler, Mary (MZ9)	MARY @ NNS.ARPA	(703) 351-8249

Er hatte nach dem Weg in die CIA gefragt. Aber anstelle ihres Computers hatte er vier Leute gefunden, die bei der CIA arbeiteten.
Hui! Ich stellte mir alle diese CIA-Agenten vor, wie sie ›Die drei Musketiere‹ spielten, und mittlerweile macht sich jemand an ihrer Hintertür zu schaffen.
Also überlegte ich: Soll ich's ihnen sagen?
Nein. Ich verwarf den Gedanken. Warum meine Zeit damit vergeuden? Soll doch ein Spion im Hinterhof der CIA rumlaufen. Was geht's mich an. Meine drei Wochen, um den Hacker zu jagen, sind sowieso rum. Zeit, unsere Türen zu schließen und an wirklichen Physik- und Astronomieproblemen zu arbeiten. Jetzt haben andere das Problem.
Trotzdem hatte ich ein ungutes Gefühl. Der Hacker wanderte durch Militärcomputer, und niemand merkte es. Die CIA wußte es nicht. Dem FBI war's egal.
Wer würde die Fährte aufnehmen, wo wir sie verlassen hatten?
Ich griff nach dem Hörer, um die Leute anzurufen, die bei der CIA aufgelistet waren, und legte ihn wieder auf. Warum sollte ein wuschelhaariger Alt-Hippie irgendwelche Schnüffler anrufen?
Was würde Martha dazu sagen?
Auf welcher Seite stand ich eigentlich? Nicht auf der der CIA, das war sicher. Aber dann brauchte ich auch niemandem nachzuspüren, der da einbrach. Zumindest glaubte ich das.
Puh! Aber der Unbekannte versuchte, sich in einen fremden Computer einzuschleichen. Und keiner warnt sie, also würde ich es tun. Ich bin für die Handlungen der CIA nicht verantwortlich, nur für meine eigenen.
Bevor ich mir es wieder anders überlegen konnte, wählte ich die Nummer des ersten CIA-Typs. Keine Antwort. Der zweite war in Urlaub – sagte sein Anrufbeantworter. Der dritte ...

Eine sehr geschäftsmäßig klingende Stimme meldete sich: »Hier 6161.«
Ich stotterte: »Äh, hallo, wollte Ed Manning.«
»Ja?«
Ich wußte nicht, wo ich anfangen sollte. Wie stellt man sich einem Schnüffler vor? »Äh, Sie kennen mich nicht, aber ich bin ein Computerverwalter, und wir haben einen Computerhacker verfolgt.«
»Hmhm.«
»Also hören Sie, er suchte nach einem Weg, um in die Computer der CIA einzudringen. Er fand statt dessen Ihren Namen und Ihre Telefonnummer. Ich bin nicht sicher, was das bedeutet, aber jemand sucht nach Ihnen. Oder vielleicht einfach nur nach der CIA und ist auf Ihren Namen gestoßen.«
Ich stocke, weil ich Angst habe vor dem Kerl, mit dem ich rede.
»Wer sind Sie?«
Etwas nervös erzählte ich es ihm in der Erwartung, er würde mir postwendend ein paar Schläger in Trenchcoats auf den Hals schicken. Ich beschrieb unser Labor und vergewisserte mich, daß er verstand, daß die Volksrepublik Berkeley keine offiziellen diplomatischen Beziehungen zu seiner Organisation unterhielt.
»Kann ich morgen jemanden rüberschicken? Nein, da ist Samstag. Wie wär's mit Montag nachmittag?«
Oje. Die Schläger waren unterwegs. Ich versuchte einen Rückzieher.
»Vielleicht ist es nichts Ernstes. Der Kerl hat außer vier Namen nichts gefunden. Sie brauchen sich keine Sorgen zu machen, daß er in Ihren Computer kommt.«
Mr. Manning machte sich keine Sorgen.
»Ich weiß, warum mein Name aufgelistet ist. Letztes Jahr habe ich an einigen Computern des Ballistics Research Labors gearbeitet. Wir sind aber von Berufs wegen an der Sache interessiert und nehmen die Gelegenheit gerne wahr, mehr zu erfahren. Schon denkbar, daß es ein ernstes Problem ist.«
Mit wem sprach ich? Waren das nicht die Leute, die sich in Mittelamerika einmischten und Waffen für rechte Mörderbanden schmuggelten? Doch der Kerl, mit dem ich gerade geredet hatte,

hörte sich nicht wie ein Schurke an. Er erschien mir wie ein ganz normaler Mensch, der sich mit einem plötzlich auftauchenden Problem befaßt.

Und warum sollten sie sich nicht auf die Spur von jemanden setzen, der genauso aufdringlich und destruktiv war, wie ich immer geglaubt hatte, daß *sie* es seien? Einen echten Schurken zu verfolgen, würde der CIA etwas Sinnvolles, vielleicht sogar Nützliches zu tun geben – hielt sie davon ab, weiter Unruhe in der Welt zu stiften.

Wie ich's drehte und wendete: Sie mußten es wissen, und ich konnte keinen triftigen Grund finden, es ihnen nicht mitzuteilen. Und mit der CIA zu sprechen, würde niemandem wehtun – das war was völlig anderes, als Waffen an eine Militärdiktatur zu liefern. Ist nicht schließlich das ihre eigentliche gesetzliche Aufgabe: uns Amerikaner vor Übelwollenden zu schützen?

Ich konnte nicht umhin, die Reaktion der CIA mit der Antwort zu vergleichen, die ich vom FBI bekommen hatte. Sechs Hilferufe und ein halbes dutzendmal die Antwort: »Geh aus der Leitung, Kleiner.«

Also, ich war damit einverstanden, mich mit dem Agenten unter der Bedingung zu treffen, daß er keinen Trenchcoat trug.

Jetzt bin ich mittendrin, dachte ich. Ich rede nicht nur mit der CIA, ich lade sie sogar noch nach Berkeley ein.

Wie bring ich das nur meinen Freunden bei?

15. Kapitel

Der Windmill-Steinbruch liegt genau Buffalo, NY, gegenüber, wo ich aufgewachsen bin, auf der anderen Seite des Niagara. Mit dem Fahrrad sind's bis dorthin etwa zehn Meilen, über die Peace Bridge nach Kanada und ein paar Serpentinen hinunter zum schönsten Baggersee weit und breit. Wenn man den Schlaglöchern ausweicht und höflich zu den US- und kanadischen Zollbeamten ist, hat man wirklich keine Schwierigkeiten.

Im Juni 1968 fuhr ich mit Freunden, gerade mit der High-School fertig, an einem Samstag zum Schwimmen hinüber zum Windmill-Steinbruch. Zu dritt tobten wir herum und beschlossen, zu dem Floß in der Mitte des Sees zu schwimmen. Am frühen Abend ging uns der Dampf aus, wir sprangen auf unsere Drahtesel und radelten zurück nach Buffalo.

Drei Meilen vor der Peace Bridge, wir strampelten den Schotterrand einer Landstraße entlang, drängte uns ein Lieferwagen von der Böschung. Jemand fluchte über uns, warf mit einer halbvollen Bierdose und traf unsere Vorderfrau. Sie wurde nicht verletzt, aber wir waren alle drei stinksauer.

Nur mit Muskelkraft hatten wir keine Chance, die Kerle einzuholen. Und selbst wenn wir's gekonnt hätten, was dann? Wir waren machtlos, unfähig, es ihnen heimzuzahlen.

Aber ich hatte einen Blick auf das Nummernschild geworfen... Aus dem Staat New York... Oh, sie fuhren auch nach Buffalo zurück. Da hatte ich eine Idee.

Am ersten Telefonhäuschen hielt ich an – zum Glück war ein Telefonbuch drin –, und rief die Beamten vom US-Zoll an: »Da fährt 'n grüner Chevy zur Peace Bridge«, berichtete ich, »bin mir nicht sicher, aber ich glaub, die haben Drogen dabei.«

Der Beamte dankte mir, und ich legte auf.
Wir drei radelten locker zurück, kamen an den Brückenkopf, schauten hinüber auf den Seitenstreifen... und mir lachte das Herz im Leibe! Da stand der grüne Lieferwagen, Haube offen, Sitze ausgebaut und zwei Räder abmontiert. Überall krochen Zollbeamte in ihm rum und durchsuchten ihn.
Rache ist Blutwurst.
Ich hatte diesen Kerl damals nicht gebeten, eine Bierdose nach uns zu werfen. Und jetzt hatte ich diesen Hacker auch nicht gebeten, in meinen Computer einzudringen. Ich war wirklich nicht begierig, ihn durch die Netzwerke hindurch zu verfolgen, ich wollte viel lieber Astronomie treiben. Aber jetzt, wo ich eine Strategie entwickelt hatte, konnte ich dem Hacker nur folgen, wenn ich gerissen und hartnäckig war. Und wenn ich Behörden informierte, die sich dafür zu interessieren schienen. Wie die CIA.
Roy war in Urlaub, deshalb konnte er mir nicht nur nicht die Untersuchung verbieten, jetzt wo meine drei Wochen um waren, sondern auch nichts gegen den CIA-Besuch sagen.
Sein Stellvertreter, Dennis Hall, begrüßte die Agenten.
Dennis ist ein gelassener, introvertierter Zen-Meister, dessen Job es ist, kleine Computer mit Cray-Superrechnern zu verbinden. Er sieht Netzwerke als Kanäle, um die Rechenkapazität der Labors auf Schreibtische zu verfrachten: Kleine Computer sollen mit Menschen kommunizieren; die Datenverarbeitung ist Sache der Zentralrechner. Wenn eine Workstation auf dem Schreibtisch zu langsam ist, dann schiebt sie die schwere Arbeit einem größeren Rechner zu.
In gewissem Sinn ist Dennis der Feind von Rechenzentren. Er möchte, daß die Leute Computer ohne das Heckmeck der Programmiererei benutzen. Solange es Software-Cracks und Gurus gibt, würde Dennis unzufrieden sein mit der Verteilung der Rechenkapazität.
Seine Welt besteht aus Ethernets, Glasfaserkabeln und Satellitenverbindungen. Andere Computerleute messen die Speichergröße in Megabytes und die Geschwindigkeit in Megaflops – *millions of floating point operations per seconds* –, also Fließkommaoperationen pro Sekunde in Millionen. Für Dennis bemißt sich die

Größe nach der Zahl der Computer in unserem Netzwerk und die Geschwindigkeit in Megabytes pro Sekunde – wie schnell reden wie viele Computer miteinander. Das System ist nicht der Computer, es ist das Netzwerk.

Dennis sah das Hackerproblem sozialethisch.

»Es wird immer ein paar Blödmänner geben, die an unseren Daten herumfummeln«, sagte er. »Ich mach mir Sorgen, daß Hacker das Vertrauen vergiften könnten, auf dem unsere Netzwerke basieren. Da versucht man jahrelang, einen Haufen Computer zusammenzuschalten, und dann können so 'n paar Idioten alles verderben.«

Ich sah nicht ein, was das mit Vertrauen zu tun haben sollte.

»Netzwerke sind doch kaum mehr als Kabel und Drähte«, entgegnete ich.

»Und ein Interstate Highway ist wohl nur Beton, Asphalt und Brücken?« konterte Dennis. »Sie sehen nur den bloßen physikalischen Apparat, Cliff – die Drähte und Verbindungen. Die eigentliche Arbeit besteht aber nicht darin, Drähte zu verlegen, sondern zuzustimmen, daß isolierte Gemeinschaften miteinander verbunden werden. Sie besteht darin, auszuhandeln, wer Unterhalt und Verbesserungen bezahlt, darin, Bündnisse zwischen Gruppen zu schmieden, die einander nicht trauen.«

»Wie das Militär und die Universitäten, was?« sagte ich und dachte an das Internet.

»Ja, und mehr. Die Übereinkünfte sind informell und die Netzwerke überlastet«, sagte Dennis. »Zudem ist unsere Software empfindlich – wenn die Leute Häuser so bauen würden, wie wir Programme schreiben, würde der erstbeste Specht unsere Zivilisation zerhacken.«

Weil die CIA in etwa zehn Minuten zu erwarten war, besprachen Dennis und ich, was wir den Leuten sagen sollten. Ich hatte keine Ahnung, was sie hören wollten, außer einen Bericht über die Aktivitäten vom vergangenen Freitag.

Dennis gab mir Instruktionen: »Cliff, erzählen Sie ihnen, was wir wissen, aber spekulieren Sie nicht. Beschränken Sie sich auf Tatsachen.«

»Alles klar. Aber wenn sie einen Schläger dabei haben, der mich

in die Mangel nehmen will, weil ich rausgefunden habe, daß sie das Militär ausspionieren?«
»Bleiben Sie ernst, Cliff.«
Alle sagten mir, ich solle ernst bleiben.
»Und noch was«, beschwor mich Dennis, »seien Sie höflich. Die haben auch ohne einen phantasierenden wuschelhaarigen Eierkopf aus Berkeley genug Probleme. Und lassen Sie das Jojo-Spielen.«
»Ja, Papi. Ich will artig sein. Ich versprech's.«
»Sie brauchen keine Angst vor ihnen zu haben, Cliff. Sie sind genauso wie alle andern hier, nur vielleicht ein bißchen paranoider.«
»Und ein bißchen republikanischer«, fügte ich hinzu.
Nun denn, sie trugen keine Trenchcoats, nicht mal Sonnenbrillen, statt dessen langweilige Anzüge und Krawatten. Ich hätte sie aufklären sollen, sich wie die ›Eingeborenen‹ hier zu kleiden: ausgebeulte Cordhosen und Flanellhemden.
Wayne sah die vier die Straße hochkommen und schickte mir eine Nachricht aufs Terminal: ›*Alle Mann an Deck! Vertreter im Anmarsch Richtung Steuerbordtor. Anthrazitgraue Anzüge. Sofort Leinen los, um IBM-Verkaufsangebot zu entgehen.*‹
Wenn der wüßte...

Die vier stellten sich vor. Einer in den Fünfzigern sagte, er sei hier als Steuermann, und nannte seinen Namen nicht – er saß die ganze Zeit nur still da. Den zweiten Schnüffler, Greg Fennel, hielt ich für einen Computercrack, weil er sich in seinem Anzug nicht wohl zu fühlen schien.
Der dritte Agent war gebaut wie ein Rugbyspieler. Tejott nannte seinen Nachnamen nicht – oder verheimlichte er seinen Vornamen? Wenn einer von ihnen der Schläger war, dann Tejott. Der vierte Typ mußte der Obermacker sein: Alle hielten den Mund, wenn er redete. Kurz, sie sahen alle mehr wie Bürokraten aus und nicht wie Schnüffler.
Das Kleeblatt saß schweigend da, während Dennis ihnen einen Überblick gab über das, was wir gesehen hatten.
Keine Fragen. Ich ging zur Tafel und zeichnete ein Diagramm:

Die Verbindungen des Hackers in den USA

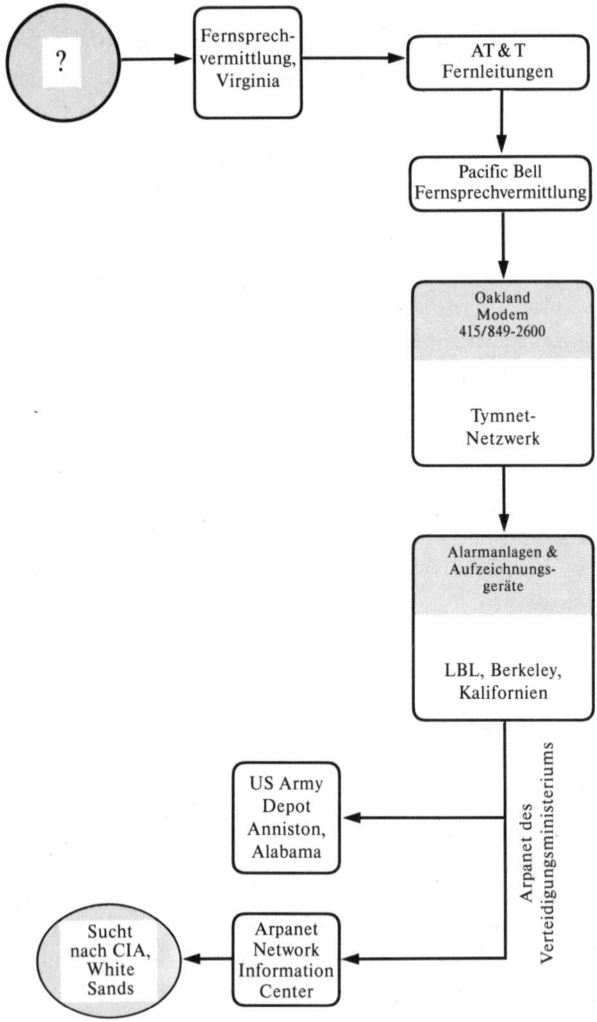

Greg Fennel wollte mich nicht bloß mit einer Zeichnung davonkommen lassen.
»Beweisen Sie die Verbindung von der Telefongesellschaft zu Tymnet«, sagte er.
Ich beschrieb die Fangschaltung und die Konferenzschaltungen mit Ron Vivier.
»Wenn er nichts löscht, wie haben Sie ihn dann entdeckt?«
»Ein Schluckauf in unserem Abrechnungssystem, das heißt, unsere Abrechnung war plötzlich unausgeglichen, und er...«
Greg unterbrach mich. »Er ist also privilegierter Benutzer in eurem Unix-System? Dumme Sache, was?«
Dieser Greg schien ein topfitter System-Mensch zu sein. Ich dachte, dann könnte ich auch ins Detail gehen und präzisierte:
»Im Gnu-Emacs-Editor gibt's einen Fehler. Sein Dienstprogramm für die elektronische Post läuft mit Systempriorität.«
Die technischen Fragen waren einfach. Wir redeten ein bißchen über Unix, und Mr. Big Boss fing an, mit seinem Bleistift zu spielen. »Können Sie uns ein Profil dieses Kerls geben, Mr. Stoll? Wie alt ist er? Wie hoch sind seine fachlichen Fähigkeiten?«
Schon eine schwierigere Frage.
»Nun, wir beobachten ihn erst seit drei Wochen, deshalb ist das schwierig zu sagen. Er ist das AT&T-Unix gewöhnt, also ist er nicht aus der Gegend von Berkeley. Vielleicht ist er noch auf der High-School. Er ist hartnäckig und gewieft, sieht sich ständig nach hinten um, ist aber trotzdem geduldig, und nicht sehr kreativ.«
»Spricht er Englisch?«
»Also wir glauben, daß er einmal unserem Systemverwalter Post geschickt und ›Hallo‹ gesagt hat. Nachdem er diese Nachricht geschickt hatte, benutzte er dieses Konto nie wieder.«
Tejott, der bis jetzt geschwiegen hatte, fragte: »Zeichnet er seine Sitzungen auf?«
»Ich kann's nicht mit Sicherheit sagen, glaube aber, daß er sich Notizen macht. Gewiß hat er ein gutes Gedächtnis.«
Mr. Big Boss nickte und fragte: »Nach welchen Passwörtern hat er gesucht?«
»Er sucht nach Wörtern wie ›*password*‹, ›*nuclear*‹, ›*SDI*‹ und ›*No*-

rad‹. Für sich hat er seltsame Passwörter genommen: ›*lblhack*‹, ›*hedges*‹, ›*jaeger*‹, ›*hunter*‹ und ›*benson*‹. Die Konten, die er gestohlen hat, ›*Goran*‹, ›*Sventek*‹, ›*Whitberg*‹ und ›*Mark*‹, sagen nicht viel über ihn, weil das Namen von Leuten hier im Labor sind.«
Tejott wurde plötzlich lebendig. Er schob Greg einen Zettel zu. Greg gab ihn an Mr. Big Boss weiter, der nickte und fragte: »Erzählen Sie mir, was hat er in Anniston gemacht?«
»Davon habe ich leider nicht viel Unterlagen«, sagte ich. »Er war seit mehreren Monaten in ihrem System, vielleicht sogar schon seit einem Jahr. Jetzt, wo er weiß, daß man ihn entdeckt hat, loggt er sich immer nur für einen Moment ein.«
Mr. Big Boss rutschte ein wenig auf seinem Sitz hin und her, was bedeutete, daß sich das Treffen seinem Ende näherte.
Greg stellte noch eine Frage: »Welche Maschinen hat er angegriffen?«
»Unsere natürlich und die der Army in Anniston. Er hat versucht, in die Raketenbasis White Sands reinzukommen, und in irgendeine Schiffswerft in Maryland. Ich glaube, sie heißt Dockmaster.«
»Scheiße!« riefen Greg und Tejott zugleich. Mr. Big Boss sah sie fragend an.
Greg sagte: »Woher wissen Sie, daß er Dockmaster erwischt hat?«
»Ungefähr zur gleichen Zeit, als er unsere Abrechnung versaut hat, schickte uns dieser Dockmaster eine Nachricht und teilte uns mit, daß jemand versucht habe, dort einzubrechen.«
Ich verstand die Aufregung nicht.
»Hat er's geschafft?«
»Ich glaube nicht. Was hat's denn mit diesem Dockmaster auf sich? Ist das keine Werft der Navy?«
Sie flüsterten miteinander, und Mr. Big Boss nickte.
Greg erklärte: »Dockmaster ist keine Werft, sondern wird von der National Security Agency betrieben.«
Ein Hacker, der in die NSA einbricht? Wahnsinn. Dieser Kerl wollte in die CIA, die NSA, in militärische Raketenbasen und in das North American Air Defense Headquarter eindringen.
Ich wußte wenig über die NSA. Da sitzen die geheimen Elektro-

nikschnüffler, die fremde Radiosendungen abhören. Sie schießen Satelliten hoch, um sowjetische Telefongespräche zu belauschen. Ich hatte Gerüchte gehört (und nicht geglaubt), daß sie jedes Telefongespräch und jedes Telegramm nach Übersee aufzeichnen.

Greg erklärte das aus seiner Sicht: »Der Großteil der NSA beschäftigt sich mit der Sammlung und Analyse von Signalen aus dem Ausland. Eine Abteilung jedoch ist damit befaßt, Informationen zu schützen, die den USA gehören.«

»Genau«, sagte ich, »wie zum Beispiel Codes entwickeln, von denen Sie glauben, daß die Kommunisten sie nicht knacken können.« Dennis warf mir einen Blick zu und formte mit den Lippen stumm das Wort ›höflich‹.

»Äh, ja«, sagte Greg. »Diese Gruppe kümmert sich um Computersicherheit. Sie betreibt den Dockmaster-Computer.«

»Erinnert mich an Janus, den zweigesichtigen Gott«, sagte ich. »Eine Seite versucht, Codes fremder Länder zu knacken; die andere Seite versucht, nichtknackbare Codes zu konstruieren. Ziehen immer in entgegengesetzter Richtung.«

»Sie scheinen Ihren Geheimdienst ja sehr zu mögen.« Greg sah sich etwas nervös um. »Man sagt uns schmutzige Tricks nach, aber im Grunde sind wir eine reine Nachrichtenorganisation. Der Großteil unserer Arbeit besteht einfach darin, Informationen zu sammeln und zu analysieren. Aber versuchen Sie mal, das auf dem Campus zu erklären.«

Greg verdrehte die Augen. Er hatte als Anwerber im College Lehrgeld bezahlt. Schwer zu sagen wieso, aber dieser Schnüffler erschien mir vernünftig. Nicht arrogant, sondern sensibel und geistig rege. Wenn wir in dunklen Ecken rumfummeln müßten, wär's mir wohler, wenn er dafür zuständig wäre.

»Warum kann ich dann die Computer der NSA von meinem nichtgeheimen und ganz offensichtlich unsicheren Computer aus erreichen?« fragte ich, weil mir plötzlich etwas klargeworden war: Wenn ich nämlich ausholen und die NSA erreichen konnte, dann auch die mich.

»Dockmaster ist der einzige nichtgeheime Computer der NSA«, sagte Greg. »Er gehört der Computersicherheitsgruppe, und die ist wirklich öffentlich.«

Mr. Big Boss begann langsam zu sprechen: »In dieser Angelegenheit können wir nicht viel tun. Ich glaube nicht, daß es hier Anzeichen ausländischer Spionage gibt. Agenten mit Auftrag schikken Gegnern keine Nachrichten.«
»Und wer sollte diesen Fall Ihrer Meinung nach dann bearbeiten?« fragte ich.
»Das FBI. Tut mir leid, aber wir sind dafür nicht zuständig. Wir sind nur insoweit betroffen, als vier Namen öffentlich wurden – Namen, die in der Öffentlichkeit aber schon bekannt sind, wie ich hinzufügen möchte.«
Auf dem Weg nach draußen zeigte ich Greg und Tejott unsere VAX-Computer.
Zwischen den Reihen von Plattenantrieben sagte Greg: »Wissen Sie, Mr. Stoll, dies ist das ernsteste Hackerproblem, von dem ich bisher gehört habe. Egal, was der Boss meint, können Sie mich bitte auf dem laufenden halten?«
Ich beschloß, diesem Typ zu trauen.
»Sicher. Wollen Sie eine Kopie meines Tagebuchs?«
»Ja. Schicken Sie mir alles. Auch wenn der Geheimdienst nichts tun kann, müssen wir uns auf diese Art Bedrohung einstellen.«
»Warum? Haben Schnüffler auch Computer?«
Greg sah Tejott an und lachte.
»Wir haben das Zählen aufgegeben. Unser Laden quillt über von Computern.«
»Wofür benutzt denn die CIA Computer? Können Sie fremde Regierungen denn mit Software stürzen?«
Dennis war nicht in der Nähe, um mich zu ermahnen, höflich zu sein.
»Jetzt hören Sie mal auf, uns für die Oberschurken zu halten; denken Sie einfach, wir sind Informationssammler. Die Information ist wertlos, bevor sie nicht korreliert, analysiert und zusammengefaßt ist. Allein das bedeutet eine Menge Textverarbeitung.«
»Bestimmt so PC-Zeug.«
»Nein, nicht wenn man's richtig machen will. Wir versuchen, das nächste Pearl Harbour zu verhindern, und das heißt, der richtigen Person Informationen rasch zu liefern. Kurz, das heißt Netzwerke

und Rechner. Um die Aktionen ausländischer Regierungen zu analysieren und vorherzusagen, benutzen wir rechnergestützte Modelle. Großrechner. Heutzutage erfordert alles – von wirtschaftlichen Vorhersagen bis zur Bildverarbeitung – leistungsfähige Datenverarbeitungsmaschinen.«

Ich hätte wirklich nicht gedacht, daß die CIA Großrechner brauchen könnte, und fragte: »Wie sichern Sie Ihre Systeme?«

»Strikte Isolation. Es gibt keine Drähte nach draußen.«

»Kann ein CIA-Agent die Dateien eines andern lesen?«

Greg lachte, Tejott nicht.

»Aber nein. In unserer Welt gehört jeder zu einer isolierten Gruppe. Wenn sich also eine Person als, sagen wir, weniger vertrauenswürdig herausstellt, ist der Schaden begrenzt.«

»Wie halten Sie dann die Leute davon ab, die Dateien der andern zu lesen?«

»Wir verwenden bewährte Betriebssysteme. Computer mit dicken Mauern zwischen den Daten jedes einzelnen. Wenn Sie die Dateien eines andern lesen wollen, müssen Sie sich eine Erlaubnis besorgen. Tejott kann Ihnen da Horrorgeschichten erzählen.«

Tejott sah Greg von der Seite an.

Greg sagte: »Mach schon, Tejott. Es ist doch schon publik.«

»Vor zwei Jahren baute einer unserer Zulieferer eine zentrale Terminalvermittlung«, erläuterte Tejott. »Wir mußten ein paar tausend Terminals mit einigen unserer Computer verbinden.«

»Ach, wie der Schaltraum meines Labors.«

»Nehmen Sie Ihren Schaltraum mal fünfzig, dann haben Sie eine Vorstellung.«

Tejott fuhr fort: »Jeder Angestellte dieses Zulieferers mußte sich denselben Sicherheitsprüfungen unterziehen wie unsere normalen Mitarbeiter – streng geheim, nur zur internen Verwendung. Dann ging eine unserer Sekretärinnen für einen Monat in Urlaub. Als sie zurückkam und sich in ihren Computer einloggte, stellte sie fest, daß jemand eine Woche zuvor Zugang zu ihrem Konto erhalten hatte. Sie sehen also, jedesmal, wenn man sich bei unseren Computern anmeldet, zeigen sie das Datum, an dem man sich zum letzten Mal eingeloggt hat. Wir fingen an, herumzuschnüffeln. Der Kerl, der die Terminals miteinander verbunden hatte,

hatte sie von unserem Computerraum aus abgehört. Er hatte Passwörter und Text erwischt und dann in unsere Passwortdateien gespäht.«

Ich wußte, wie einfach es war, den Datenverkehr in der LBL-Zentrale zu kontrollieren. »Haben Sie ihn umgelegt?« fragte ich und stellte mir eine mitternächtliche Aktion mit Pistolen und Schalldämpfern vor.

Tejott sah mich befremdet an.

»Seien Sie ernst. Bei uns heißt es: ›Gott vertrauen wir, alle andern kommen an den Polygraphen‹.«

Greg beendete die Geschichte: »Wir stöpselten ihn eine Woche an den Lügendetektor, und das FBI verhaftete ihn. Es wird lange dauern, bis er die Sonne wiedersieht.«

Im Hinausgehen fragte ich Tejott: »Sieht so aus, als ob die CIA nicht viel für mich tun kann, was?«

»Wenn mein Vorgesetzter nicht glaubt, daß es was Ernstes ist, können wir nicht viel tun. Ed Manning hat die Macht, etwas in Bewegung zu bringen.«

»Wie? Ich dachte, Ed Manning ist ein Programmierer?«

»Ganz und gar nicht. Er ist Direktor der Abteilung Informationstechnologie. Als Sie ihn anriefen, haben Sie einen Hauptnerv getroffen.«

Ein Direktor, der sich in den Netzwerken auskannte? Wirklich eine seltsame Organisation. Kein Wunder, daß sie drei Leute hier nach Berkeley eingeflogen hatten. Es gab noch einen größeren Mr. Big Boss im Hauptquartier.

»Wenn Sie also berichten, daß das hier nichts Weltbewegendes ist, dann läßt man die Sache fallen?«

»Da können wir eben nicht viel machen«, sagte Greg. »Das ist FBI-Terrain.«

»Gibt's eine Chance, das Büro wachzurütteln und die Jungs zu bitten zu ermitteln?«

»Ich würde es versuchen, aber erwarten Sie nicht zu viel. Das FBI jagt lieber Bankräuber und Kidnapper. Aber Computerverbrechen? Sagen wir, die haben andere Sorgen.«

»Wenn ich Sie richtig verstehe«, entgegnete ich, »meinen Sie damit: ›Laß das Beobachten‹ und: ›Schwamm drüber‹.«

»Nicht ganz. Sie beobachten einen großangelegten Angriff auf unsere Netzwerke. Jemand ist genau hinter dem Kernstück unserer Informationssysteme her. Wir haben mehrere Jahre lang kleinere Angriffe erwartet, aber wir haben noch nie von etwas derart Weitreichendem gehört. Diese verschlungenen Verbindungen, diese zielbewußte Suche nach sensitiven Zielen…, das alles weist auf einen Gegner hin, der fest entschlossen ist, in unsere Computer reinzukommen. Wenn man die Türen schließt, wird er einfach einen neuen Weg hinein finden.«

»Also meinen Sie eigentlich: ›Laß alles offen und überwache weiter, auch wenn uns das FBI nicht beachtet‹«, konstatierte ich.

Greg sah Tejott an. »Ich kann nicht gegen meine Vorgesetzten aufmucken. Aber Sie leisten hier ein wichtiges Stück… Forschungsarbeit. Das FBI wird schließlich aufwachen. Bleiben Sie bis dahin am Ball.«

Ich war erstaunt – diese beiden Typen sahen, daß die Situation gravierend genug war, konnten aber nichts tun.

Oder sagten sie das nur so?

16. Kapitel

Das wäre die Show für die Schnüffler gewesen, wenn der Hacker während ihres Besuchs erschienen wäre. Leider tauchte er erst am nächsten Morgen um 9.30 Uhr wieder auf. Und wieder verfolgten wir die Spur durch Tymnet und die Telefongesellschaft; wieder liefen wir irgendwo in Virginia gegen eine Wand. Wenn doch unsere kalifornische Verfügung auch in Virginia gelten würde...

An diesem Tag schien der Hacker zuversichtlich, sogar arrogant. Er brachte seine üblichen Tricks: überprüfen, wer im System ist, durch das Loch in unser Betriebssystem kriechen, elektronische Post auflisten. In der Vergangenheit hatte er gelegentlich Fehler gemacht, wenn er neue Befehle ausprobierte. Heute verwendete er keine neuen Befehle. Er war geschmeidig, entschlossen, fehlerlos.

Als ob er sich produzieren wollte.

Er ging schnurstracks auf das Armeedepot Anniston los und druckte eine kurze Datei über die Einsatzbereitschaft der Raketen aus. Er verließ den Armeecomputer und versuchte, in die Rechner des Ballistic Research Laboratory (BRL) der Army in Aberdeen, Maryland, zu kommen. Das Milnet brauchte nur eine Sekunde, um ihn zu verbinden, aber die Passwörter des BRL brachten ihn zu Fall.

Er konnte nicht durchkommen.

Den Rest meines Vormittags verschwendete er damit, die Dateien meiner Wissenschaftler zu durchkämmen und nach Passwörtern zu suchen. In der Datei eines Physikers fand er eines.

Es war eine alte Datei, die den Weg in einen Cray-Supercomputer der Lawrence Livermore Labors beschrieb.

Um die Leute davon abzuhalten, Passwörter zu ihrem Supercomputer zu raten, benutzte Livermore ebenfalls computererzeugte Passwörter wie ›*agnitfom*‹ oder ›*ngagk*‹. Natürlich kann sich niemand diese Passwörter merken. Das Ergebnis? Manche Leute bewahren ihre Passwörter in Computerdateien auf.
Welchen Sinn hat ein Zahlenschloß, wenn die Kombination an die Wand gekritzelt ist?
Dave Cleveland, unser Unix-Guru, beobachtete den Hacker. »Wenigstens kann er nicht in die geheimen Computer in Livermore«, sagte Dave.
»Wieso nicht?«
»Ihr geheimes System ist total außerhalb des Netzes. Völlig isoliert.«
»Wohin führt dann das Passwort?«
»Livermore hat ein paar nichtgeheime Computer, mit denen sie die Kernfusion erforschen.«
»Klingt nach Bombenbastelei«, sagte ich. Jede Art Fusion schien mir wie Bombenherstellung.
»Sie versuchen, Fusionsenergiereaktoren zu bauen, um billige Elektrizität zu erzeugen. Weißt du, Kernverschmelzung in ringförmigen Magnetfeldern.«
»Klar. Hab als Kind mit so was gespielt.«
»Hab ich mir gedacht. Und weil das keine Rüstungsforschung ist, ist dieser Computer von den Netzwerken aus zugänglich.«
»Wir sollten Livermore sagen, daß sie dieses Konto sperren.«
»Wart mal. Man kann den Magnetic-Fusion-Energy-Computer von hier aus nicht erreichen. Dein Hacker wird sich bei dem Versuch eine blutige Nase holen.«
»Yogiii, dem Ranger wird das aber nicht gefallen ...«
»Vertraue mir.«
Der Hacker blieb noch ein paar Minuten und meldete sich dann ab. Versuchte nicht mal, nach Livermore reinzukommen.
»So viel zu dieser Theorie«, schloß Dave und zuckte die Schultern. In der Hoffnung, sie könnten als Beweisstücke gebraucht werden, zeichneten Dave und ich die Ausdrucke ab. Wir ließen die Drucker im Schaltraum stehen, und ich ging zurück in mein Büro. Nach knapp einer Stunde piepste mein Terminal.

Der Hacker war wieder da.
Aber kein Ausdruck. Ich prüfte die Unix-Systeme und sah ihn, eingeloggt als Sventek. Aber er war nicht über unsere Tymnet-Anschlüsse reingekommen!
Rasch überprüfte ich die Modems. Zwei Wissenschaftler, die Programme editierten, ein Bürokrat, der irgendeinen Schwachsinn aus einem Vertrag auflistete und ein Student, der einen Liebesbrief schrieb.
Kein Hacker.
Ich rannte in mein Büro zurück und warf einen Blick auf den Status des Unix-Rechners. *Sventek*, ganz richtig. Aber von woher?
Da: Der Anschluß des Hackers war keine gewöhnliche 1200-Baud-Leitung. Deshalb tauchte er nicht im Schaltraum auf. Nein, er kam aus unserem örtlichen Netzwerk. Unserem Ethernet. Das grüne Kabel, das hundert Terminals und Workstations überall in unserm Labor miteinander verband.
Ich rannte in Waynes Büro. »Mensch, schau mal – der Hacker ist in unserem lokalen Netzwerk.«
»Immer langsam, Cliff. Laß mal sehen.« Wayne hatte fünf Terminals in seinem Büro, und jedes beobachtete ein anderes System. »Ja, da ist Sventek, auf dem Unix-4-Computer. Was willst du da machen?«
»Aber das ist der Hacker! Und er kommt aus unserem Labor-Ethernet!«
»Na und? Es gibt ein Dutzend Wege dahin.« Wayne wandte sich einem andern Terminal zu und meinte:
»Ich schalte einfach meinen netten Ethernet-Analyzer ein und schau mir an, wer was macht.«
Als Wayne Parameter eingab, dachte ich über die Folgen nach, die es hatte, daß der Hacker in unserem lokalen Netzwerk war. Unser Ethernet war ein Sammelanschluß, der sich durch alle Büros zog. Daß er einen Weg ins Ethernet gefunden hatte, war eine schlimme Sache: Es hieß, daß der Hacker sogar PC angreifen konnte, die am Ethernet hingen.
Aber vielleicht würde sich das auch als feine Sache erweisen. Vielleicht lebte der Hacker hier in Berkeley und arbeitete in unserem Labor. Wäre dem so, würden wir ihn bald stellen. Wayne

würde das Ethernet durchsuchen, bis er auf ein paar Zentimeter an die Quelle herangekommen wäre.
»Hier ist unsere Verbindung. Er kommt aus ... aus dem Rechner, der das MFE-Netz steuert.«
»Du meinst, der Hacker kommt durch das MFE-Netzwerk in unser Labor?«
»Ja. Er kommt aus dem Lawrence Livermore Labor. Das Magnetic-Fusion-Energy-Network.«
Ich rief den Korridor runter: »Hey, Dave! Rat mal, wer Livermore besucht!«
Dave schlenderte hinüber zu Waynes Büro.
»Wie ist er denn da reingekommen?« fragte er. »Es gibt doch von dort aus keine Verbindung zu unserm Unix-System.«
»Ich weiß nicht, wie er nach Livermore reingekommen ist, aber er ist in unserem Ethernet und kommt aus Livermore.«
Dave zog die Augenbrauen hoch. »Ich wußte nicht, daß das geht. Dein Hacker hat einen Weg ins Unix-System gefunden, den nicht mal ich kenne.«
Wayne setzte zu seiner üblichen Tirade gegen Unix an. Ich verließ die beiden Busenfeinde und rief Livermore an.
Drei Telefonate waren nötig, um den Systemverwalter des MFE-Netzwerks zu finden.
»Hallo, Sie kennen mich nicht, aber Sie haben einen Hacker in Ihrem System.«
Eine Frau antwortete. »Wie? Wer sind Sie?«
»Ich arbeite am LBL. In meinem Computer stromert einer rum, und er kommt vom MFE-Netzwerk aus rein. Es sieht so aus, als ob er sich von Livermore aus eingeloggt hat.«
»Oh, verdammt. Ich überprüfe unsere Benutzer ... Es läuft nur ein Job mit Verbindung von Livermore nach Berkeley. Konto 1674 ... Das gehört jemandem namens Cromwell.«
»Das ist er«, sagte ich. »Der Hacker hat das Passwort vor ein paar Stunden gefunden. Hat es aus einer Befehlsdatei hier in Berkeley.«
»Ich schieße das Konto ab. Cromwell kann unser System benutzen, wenn er lernt, sein Passwort geheimzuhalten.«
Für sie lag das Problem bei blöden Benutzern, nicht bei un-

freundlichen Systemen, die die Leute zwangen, verrückte Passwörter wie ›*agnitfom*‹ zu verwenden.
»Können Sie die Verbindung verfolgen?« Ich wollte, daß Livermore den Hacker *on line* hielt, zumindest lange genug, bis die Leitung ermittelt war.
»Nein, wir sind nicht berechtigt, Leitungen zu verfolgen. Da müssen Sie zuerst mit unserer Verwaltung sprechen.«
»Aber bis da jemand entschieden hat, ist der Hacker wieder weg.«
»Wir betreiben hier eine sichere Einrichtung«, sagte sie. »Wenn einer rauskriegt, daß es in Livermore einen Hacker gibt, dann rollen Köpfe.«
»Wenn Sie nicht nachforschen, woher der Hacker kommt, wissen Sie nie, ob er aus Ihrem System raus ist.«
»Meine Arbeit ist es, einen Computer zu betreiben, nicht, Netzflaneuren Beine zu machen. Lassen Sie mich raus aus Ihrer Gespensterjagd.« Sie beschloß, den Zugang zu blockieren und das gestohlene Konto zu sperren.
Der Hacker verschwand aus dem Computer von Livermore und aus unserem.
Vielleicht war das so auch recht. Selbst wenn sie die Verbindung verfolgt hätte, hätte ich nicht beobachten können, was der Hacker tat. Gut, ich konnte entdecken, daß er in meinem Computer war, das schon. Aber das MFE-Netzwerk war direkt mit meinem Computer verbunden, ohne durch den Schaltraum zu laufen. Meine Drucker würden nicht festhalten, was der Hacker eintippte.
Etwas deprimiert schlurfte ich zum Mittagessen. In der Cafeteria des LBL setzte sich Luis Alvarez mir gegenüber. Er war Erfinder, Physiker und Nobelpreisträger und ein Renaissancemensch des 20. Jahrhunderts. Er verschwendete keine Zeit mit Bürokratie; er forderte Ergebnisse.
»Was macht die Astronomie?« Sogar von seiner Stratosphäre aus fand Alvarez immer noch Zeit, mit so einem kleinen Licht wie mir zu reden. »Immer noch Arbeit an diesem Teleskop?«
»Nein, ich arbeite jetzt im Rechenzentrum. Ich sollte eigentlich Programme schreiben, aber ich bin die ganze Zeit einem Hacker hinterher.«

»Glück gehabt?«
»Er spielt Katz und Maus in den Drähten. Erst dachte ich, er käme von Berkeley, dann Oakland, dann Alabama, dann Virginia. Kürzlich hab ich ihn nach Livermore verfolgt.«
»Schon das FBI angerufen?«
»Sechsmal«, antwortete ich. »Die haben dort Besseres zu tun. Das Frustrierende daran ist, daß es überhaupt keine Erfolge gibt.« Ich erzählte ihm von den Vorgängen dieses Morgens in Livermore.
»Ja, die haben Jobs, um die sich andere sorgen müssen.«
»Aber ich versuch doch nur, ihnen zu helfen, verdammt nochmal. Denen ist's egal, wenn ihr Nachbar ausgeraubt wird.«
»Hören Sie auf, sich wie ein Kreuzritter ins Zeug zu legen, Cliff. Warum sehen Sie das nicht als Forschung? Niemand sonst interessiert sich dafür – weder Livermore noch das FBI. Zum Teufel, in einer Woche oder zwei wahrscheinlich nicht mal unsere Laborverwaltung.«
»Man hat mir drei Wochen gegeben. Die sind schon um.«
»Genau das meine ich. Wenn man wirklich Forschung betreibt, weiß man nie, was sie kostet, wieviel Zeit man braucht oder was dabei rauskommt. Man weiß nur, daß man unbekanntes Gelände betritt und eine Chance hat, zu entdecken, was da draußen ist.«
»Sie haben leicht reden. Aber ich muß mich mit drei Chefs auseinandersetzen. Da sind auch noch Programme zu schreiben und Systeme zu verwalten.«
»Na und? Sie folgen einer faszinierenden Fährte. Sie sind ein Kundschafter. Stellen Sie sich vor, wer dahinterstecken könnte. Ein internationaler Spion, vielleicht.«
»Wahrscheinlich eher ein Schüler, dem es langweilig ist.«
»Na, dann vergessen Sie, wer die Probleme verursacht«, sagte Luis. »Versuchen Sie nicht, Polizist zu werden, bleiben Sie Wissenschaftler. Erforschen Sie die Verbindungen, die Techniken, die Löcher. Wenden Sie physikalische Prinzipien an. Finden Sie neue Methoden, um die Probleme zu lösen. Stellen Sie Statistiken zusammen, veröffentlichen Sie Ihre Ergebnisse und trauen Sie nur dem, was Sie beweisen können. Aber schließen Sie unwahrscheinliche Lösungen nicht aus – bleiben Sie offen nach allen Richtungen.«

»Aber was mach ich, wenn ich gegen Wände renne?«
»Wie bei der Systemverwalterin von Livermore?« fragte Luis.
»Oder bei der Telefongesellschaft, die uns eine wichtige Spur vorenthält. Oder dem FBI, das eine richterliche Genehmigung verweigert. Oder unserm Labor, das mich in ein paar Tagen stoppt?«
»Sackgassen bildet man sich nur ein, Cliff. Hat Sie schon mal ein Schild ›Bitte nicht betreten‹ von etwas abgehalten? Umgehen Sie die Mauern. Wenn's nicht klappt, klettern Sie drüber oder graben Sie sich drunter durch. Geben Sie einfach nicht auf.«
»Und wer zahlt mir mein Gehalt?«
»Erlaubnis... Finanzierung... vergiß es. Niemand zahlt Forschung, man ist nur an Ergebnissen interessiert«, grollte Luis. »Klar, Sie könnten einen differenzierten Plan zur Verfolgung dieses Hackers schreiben. Auf fünfzig Seiten könnten Sie beschreiben, was Sie wissen, was Sie erwarten, wieviel Geld Sie brauchen. Nennen Sie auch die Namen dreier renommierter Gutachter, Kosten-Nutzen-Rechnungen und welche Artikel Sie schon verfaßt haben. Ach, und vergessen Sie nicht die theoretische Begründung.
Oder aber Sie machen sich einfach auf die Jagd nach dem Kerl. Laufen Sie schneller als er. Schneller als die Laborverwaltung. Warten Sie nicht auf andere, tun Sie's selbst. Halten Sie Ihren Chef bei Laune, aber lassen Sie sich von ihm nicht festnageln. Bieten Sie ihnen kein stehendes Ziel.«
Deshalb hatte Luis den Nobelpreis gewonnen. Nicht dafür, *was* er tat, sondern dafür, *wie* er's tat. Er interessierte sich für alles. Aus ein paar Steinen, die schwach mit Iridium angereichert waren, schloß er, daß vor etwa 65 Millionen Jahren Meteoriten (eine Iridiumquelle) die Erde getroffen haben mußten. Trotz der Skepsis von Paläontologen erkannte er, daß diese Meteoriten für die Saurier die Totenglocke waren.
Luis Alvarez hatte die subatomaren Trümmer nie gesehen, mit denen er seinen Nobelpreis gewonnen hatte. Er fotografierte vielmehr ihre Spuren in Blasenkammern. Er analysierte diese Spuren – aus ihrer Länge berechnete er die Lebensdauer der Partikel. Aus ihren Krümmungen ihre Ladung und Masse.

Meine eigene Forschung war nur ein schwacher Abglanz davon, aber was hatte ich zu verlieren? Vielleicht funktionierten seine Methoden auch bei mir. Wie erforscht man einen Hacker wissenschaftlich?

Um 18.19 Uhr an diesem Tag kam der Hacker zurück, diesmal durch Tymnet. Ich machte mir nicht die Mühe, ihn zu verfolgen – es hatte keinen Zweck, alle vom Abendessen wegzuholen, wenn sie mir die Nummer doch nicht gaben.

Statt dessen saß ich da und beobachtete, wie sich der Hacker planvoll beim MX-Computer einklinkte, ein PDP-10 im MIT-Labor für Künstliche Intelligenz in Cambridge, Massachusetts. Er loggte sich als der Benutzer Litwin ein und verbrachte fast eine Stunde damit, zu lernen, wie man mit diesem Computer umgeht. Er schien mit dem System des MIT nicht recht vertraut zu sein und rief häufig das automatische Hilfe-Programm ab. In einer Stunde lernte er nur wenig mehr als Dateien aufzulisten.

Weil die KI-Forschung so abgehoben ist, fand er nicht viel. Natürlich bietet das antike Betriebssystem nicht viel Sicherheit – jeder Benutzer konnte die Dateien eines jeden andern lesen. Aber der Hacker merkte das nicht. Die reine Unfähigkeit, ihr System zu verstehen, schützte ihre Information.

Ich machte mir Sorgen, ob und wie der Hacker übers Wochenende unsere Netzwerkverbindungen mißbrauchen würde. Aber statt im Computerraum zu übernachten, zog ich die Stecker zu allen Netzwerken. Um meine Spuren zu verwischen, setzte ich folgende Begrüßungssequenz an jeden Benutzer ab, der sich einloggte: ›*Wegen Baumaßnahmen sind alle Netzwerke bis Montag unzugänglich.*‹ Das würde den Hacker sicher vom Milnet abschneiden. Wenn ich die Beschwerden zählte, konnte ich eine Statistik der Leute erheben, die sich auf dieses Netzwerk stützen.

Es waren doch etliche, wie sich herausstellte. Genug, um mich in Schwierigkeiten zu bringen.

Roy Kerth war der erste: »Cliff, uns wird mächtig eingeheizt, weil das Netzwerk abgeklemmt ist. Ein paar Dutzend Leute meckern, weil sie keine elektronische Post bekommen haben. Können Sie mal nachsehen?«

Er mußte die Begrüßung geglaubt haben!
»Äh, klar. Ich schau mal, ob ich's gleich zum Laufen bringen kann.«
Es dauerte fünf Minuten, um das Netzwerk wieder zusammenzustöpseln. Der Chef hielt mich für einen Zauberer, und ich hielt den Mund.
Aber während das Netzwerk abgeschaltet war, war der Hacker erschienen. Als einzige Aufzeichnung hatte ich einen Ausdruck vom Monitor, doch das war genug. Er war um 5.15 Uhr in der Frühe aufgetaucht, hatte versucht, sich bei einer Milnet-Anlage in Omaha, Nebraska, anzumelden und verschwand zwei Minuten später. Aus dem Dateienverzeichnis des Netzwerks ersah ich, daß er dort bei SRI Inc., einem Rüstungsbetrieb, reinkommen wollte.
Ich rief Ken Crepea von SRI an. Er hatte niemanden bemerkt, der einzudringen versucht hätte.
»Aber ich werde zurückrufen, wenn ich was Merkwürdiges sehe«, versicherte er.
Ken rief zwei Stunden später zurück: »Cliff, Sie werden's nicht glauben, aber ich hab unsere Abrechnungsprotokolle überprüft, und es ist tatsächlich jemand in unseren Computer eingebrochen.«
Ich glaubte ihm, fragte aber dennoch: »Woher wissen Sie das?«
»Es gibt Verbindungen jeweils am Wochenende von verschiedenen Orten her, auf Konten, die tot sein sollten.«
»Von wo?«
»Von Anniston, Alabama, und von Livermore, Kalifornien. Jemand hat unser altes Konto ›*sac*‹ benutzt. Es wurde gewöhnlich für das Strategic Air Command hier in Omaha benutzt.«
»Haben Sie eine Vorstellung, wie er eingedrungen ist?«
»Nun, das Passwort war nie ein großer Schutz«, antwortete Ken. »Das Passwort war ›*sac*‹. Da haben wir wohl Mist gebaut, was?«
»Was wollte er?«
»Meine Abrechnungssätze zeigen nicht, was er gemacht hat. Ich kann nur sagen, wann und wie lange er eingeklinkt war.«
Er teilte mir die Zeiten mit, und ich trug sie in mein Tagebuch ein. Um sein System zu schützen, änderte Ken alle Passwörter für

alle Konten und ließ die Leute persönlich antreten, um sich ein neues Passwort zu holen.
Der Hacker war durch mindestens zwei weitere Computer, Anniston und Livermore, in das Milnet gekommen. Und wahrscheinlich auch durch MIT.
MIT. Ich hatte vergessen, sie zu warnen. Ich rief Karen Sollins von der dortigen Computerabteilung an und berichtete ihr von dem Einbruch Freitag nacht.
»Keine Sorge«, sagte sie. »In diesem Computer ist nicht viel, und in ein paar Wochen schmeißen wir ihn sowieso raus.«
»Gut zu wissen. Können Sie mir sagen, wem das Konto Litwin gehörte?« Ich wollte wissen, woher der Hacker Litwins Passwort hatte.
»Er ist Plasma-Physiker an der Universität Wisconsin«, sagte sie. »Er benutzt die Großrechner von Livermore und überträgt seine Ergebnisse in unser System.« Zweifellos hatte er seine MIT-Passwörter im Livermore-Computer gelassen.
Schweigend folgte dieser Hacker Wissenschaftlern von einem Computer zum nächsten und pickte die Krümel auf, die sie zurückgelassen hatten.
Was er nicht wußte, war, daß auch jemand die Krümel aufpickte, die er zurückließ.

17. Kapitel

Der Hacker kannte sich im Milnet aus. Jetzt sah ich ein, wie sinnlos es war, ihn aus unseren Computern auszusperren. Er würde einfach durch eine andere Tür reinkommen. Vielleicht könnte ich meine eigenen Türen verrammeln, aber dann würde er immer noch in andere Systeme einsteigen.

Niemand entdeckte ihn. Unbelästigt hatte er sich in Livermore, SRI, Anniston und MIT eingeschlichen. Niemand jagte ihn. Das FBI ganz bestimmt nicht. Die CIA und das Air Force Office of Special Investigations konnten oder wollten nichts tun.

Nun, fast niemand. Ich folgte ihm, mir fiel aber kein Weg ein, auf dem ich ihn stellen könnte. Die Fangschaltungen brachten nichts. Und weil er mehrere Netzwerke benutzte, woher sollte ich wissen, woher er kam? Heute konnte er durch mein Labor reinkommen und in einen Computer in Massachusetts einbrechen, aber morgen konnte er die Netze genauso gut in Peoria betreten und in Podunk einbrechen. Ich konnte ihn nur überwachen, wenn er mein System berührte.

War's Zeit aufzugeben und wieder zum Programmieren und zur Astronomie zurückzukehren, oder aber meine Anlage so einladend zu machen, daß er Berkeley bevorzugt als Startplatz benutzen würde?

Aufgeben schien das Beste. Die drei Wochen waren um, und es hatte schon Sticheleien gegeben, wie: ›Cliffs Suche nach dem Heiligen Gral.‹ Solange es aussah, als ob ich mit meiner Jagd Erfolg haben würde, würde sie das Labor tolerieren, aber ich mußte Fortschritte vorweisen. Und was die letzte Woche anbetraf, so hatte nur der Hacker Fortschritte gemacht.

»Betreibe Forschung«, hatte Luis Alvarez gesagt. Also gut, ich würde diesen Kerl observieren und das Wissenschaft nennen. Mal sehen, was ich über Netzwerke, Computersicherheit und vielleicht den Hacker selbst lernen konnte.

Also öffnete ich unsere Türen wieder, und tatsächlich kam der Hacker rein und fummelte am System herum. Er fand eine interessante Datei, die neue Techniken zur Konstruktion integrierter Schaltkreise beschrieb. Ich sah zu, wie er Kermit abschickte, das universelle Dateientransportprogramm, um unsere Datei zurück zu seinem Computer zu schicken.

Das Kermit-Programm kopiert nicht einfach eine Datei von einem Computer zu einem andern. Es überprüft ständig, ob es Übertragungsfehler gab. Als also der Hacker unser Kermit-Programm startete, wußte ich, daß dasselbe Programm auf seinem Computer lief. Ich wußte nicht, wo der Hacker war, aber er benutzte mit Sicherheit einen Computer, nicht nur ein einfaches Terminal. Das wiederum bedeutete, daß der Hacker alle seine Sitzungen mit einem Ausdruck oder einer Diskette aufzeichnen konnte. Er mußte sich keine schriftlichen Notizen machen.

Kermit kopiert Dateien von einem System in ein anderes. Die beiden Computer müssen kooperieren – einer schickt eine Datei, und der andere empfängt sie. Kermit läuft auf beiden Computern: ein Kermit spricht, das andere Kermit hört zu.

Um sicherzustellen, daß es keine Fehler macht, pausiert das sendende Kermit nach jeder Zeile und gibt dem Zuhörer Gelegenheit zu sagen: ›Ich hab diese Zeile richtig, weiter, die nächste.‹ Das sendende Kermit wartet auf dieses okay und schickt dann die nächste Zeile. Wenn es ein Problem gibt, versucht es das sendende Kermit immer wieder, bis es ein okay hört. So ähnlich wie bei einem Telefongespräch, wo eine Person nach fast jedem Satz »ja, ja« sagt.

Mein Beobachtungsposten lag zwischen dem Kermit meines Systems und dem des Hackers. Na, nicht genau in der Mitte. Mein Drucker zeichnete ihren Dialog auf, saß aber am Berkeley-Ende einer Fernverbindung. Ich beobachtete, wie das Programm des Hackers sich unsere Daten griff und den Empfang quittierte.

Plötzlich hatte ich eine Idee: Es war, wie wenn man neben jemandem sitzt, der Botschaften über eine Schlucht hinweg schreit. An den Echos erkennt man, welche Entfernung der Schall zurückgelegt hat. Um die Entfernung zum Rand der Schlucht herauszufinden, multipliziert man einfach die Verzögerung des Echos mit der halben Schallgeschwindigkeit.

Einfache Physik.

Rasch rief ich unsere Elektroniker an. Lloyd Bellknap wußte, wie man Echos mißt.

»Du brauchst nur ein Oszilloskop. Und vielleicht einen Zähler.«

In einer Minute organisierte er ein Oszilloskop aus dem Mittelalter, als Vakuumschläuche allgemein beliebt waren.

Aber das war alles, was wir brauchten, um die Impulse zu sehen. Wir beobachteten die Verbindung und maßen die Zeit. Drei Sekunden. Dreieinhalb Sekunden. Dreieinviertel Sekunden.

Drei Sekunden für den Weg hin und zurück? Wenn das Signal sich mit Lichtgeschwindigkeit fortpflanzte (für ein Netzwerk keine schlechte Näherung), dann hieß das, daß der Hacker 279 000 Meilen weit weg war.

Mit dem angemessenen Pathos in der Stimme verkündete ich Lloyd: »Nach den grundlegenden Begriffen der Physik schließe ich nunmehr, daß der Hacker auf dem Mond wohnt.«

Lloyd kannte sein Kommunikationsnetz: »Ich nenne dir drei Gründe, warum du dich irrst.«

»Okay, einen kenne ich schon«, entgegnete ich. »Die Signale des Hackers könnten über eine Satellitenverbindung laufen. Mikrowellen brauchen eine Viertelsekunde für die Strecke von der Erde zum Satelliten und zurück.«

Kommunikationssatelliten kreisen in 25 000 Meilen Höhe über dem Äquator.

»Ja, das ist ein Grund«, sagte Lloyd. »Aber bei einer Verzögerung von drei Sekunden müßten das zwölf Satellitenstationen sein. Was ist also der wahre Grund für diese Verzögerung?«

»Vielleicht hat der Hacker einen langsamen Computer.«

»Nicht so langsam. Aber vielleicht hat der Hacker sein Kermit so programmiert, daß es langsam antwortet. Das ist Grund zwei.«

»Ah! Ich weiß den dritten Grund. Der Hacker benutzt Netzwerke, die seine Daten in Paketen transportieren. Seine Pakete werden ständig umgeleitet, auseinandergenommen und neu zusammengestellt. Jedesmal, wenn sie durch einen neuen Knoten laufen, wird er langsamer.«

»Genau. Bevor du nicht die Knotenzahl kennst, kannst du nicht sagen, wie weit er weg ist. Mit andern Worten, du bist der Verlierer.«

Lloyd gähnte und ging wieder, ein Terminal reparieren.

Aber es gab immer noch einen Weg, um die Entfernung des Hakkers herauszufinden. Nachdem er verschwunden war, rief ich einen Freund in Los Angeles an und bat ihn, sich durch AT&T und Tymnet bei meinem Computer anzumelden. Er ließ Kermit laufen, und ich bestimmte seine Echozeiten. Wirklich kurz, vielleicht eine Zehntelsekunde.

Ein anderer Freund, diesmal in Houston, Texas. Seine Echos dauerten etwa 0,15 Sekunden. Drei andere Leute aus Baltimore, New York und Chicago hatten Echoverzögerungen von weniger als einer Sekunde.

Von New York nach Berkeley sind es etwa 2500 Meilen. Das war eine Verzögerung von rund einer Sekunde. Eine Verzögerung von 3 Sekunden bedeutet also 7500 Meilen. Plus oder minus ein paar tausend Meilen.

Komisch. Der Weg zu dem Hacker mußte verschlungener sein, als ich vermutete.

Ich schickte dieses neue Beweisstück rüber zu Dave Cleveland: »Angenommen, der Hacker wohnt in Kalifornien, ruft die Ostküste und meldet sich dann in Berkeley an. Das würde die langen Verzögerungen erklären.«

»Der Hacker ist nicht aus Kalifornien«, erwiderte mein Guru. »Ich sag dir, er kennt das Berkeley-Unix einfach nicht.«

»Dann benutzt er einen sehr langsamen Computer.«

»Unwahrscheinlich; er ist auf Unix schließlich kein Schlappschwanz.«

»Hat er seine Kermit-Parameter absichtlich langsamer gemacht?«

»Das tut niemand – ist bei der Dateienübertragung doch nur Zeitverschwendung.«

Ich dachte über die Bedeutung dieser Messung nach. Die Stichproben mit meinen Freunden ergaben, wieviel Verzögerung Tymnet und AT & T bewirkten: Weniger als eine Sekunde. Blieben zwei Sekunden unerklärter Verzögerung.
Vielleicht war meine Methode falsch. Vielleicht benutzte der Hacker einen langsamen Computer. Oder vielleicht kam er durch ein anderes Netzwerk jenseits der Telefonleitungen von AT & T. Ein Netzwerk, von dem ich nichts wußte?
Jedes neue Stück Daten wies in eine andere Richtung. Tymnet hatte gesagt, Oakland. Die Telefongesellschaft hatte gesagt, Virginia.
Seine Echos sagten, 5000 Meilen jenseits von Virginia.

18. Kapitel

Ende September 1986 erschien der Hacker jeden zweiten Tag. Oft fuhr er sein Periskop aus, sah umher und verschwand nach ein paar Minuten wieder. Nicht genügend Zeit zur Verfolgung, und kaum einer Aufregung wert.

Ich war angespannt und hatte ein bißchen Schuldgefühle. Ich ließ das Mittagessen zu Hause oft sausen, um ein bißchen zusätzliche Hackerjagdzeit rauszuschinden.

Der einzige Weg, auf dem ich dem Hacker weiter folgen konnte, war, meine Versuche als echte Arbeit zu tarnen. Ich hantierte mit Computergraphik für die Astronomen und Physiker herum, spielte dann mit den Netzwerkverbindungen, um meine Neugier zu befriedigen. Manches von unserer Netzwerksoftware brauchte wirklich meine Aufmerksamkeit, aber meistens stöberte ich nur herum, um zu lernen, wie sie funktionierte. Ich rief andere Rechenzentren, vorgeblich um Netzwerkprobleme zu klären. Aber wenn ich mit ihnen redete, brachte ich das Gespräch vorsichtig auf das Thema Hacker – wer hatte noch Hackerprobleme?

Dan Kolkowitz von der Stanford University war sich wohl bewußt, daß er Hacker in seinem Computer hatte. Er war eine Autostunde weg von Berkeley, mit dem Fahrrad war's eine Tagestour. Also verglichen wir unsere Notizen am Telefon und fragten uns, ob nicht dasselbe Nagetier an unseren Systemen knabberte.

Seit ich angefangen hatte, meine Monitoren zu beobachten, hatte ich gelegentlich einen Eindringling gesehen, der versuchte, in meinen Computer zu kommen. Alle paar Tage wählte sich jemand ins System und versuchte, sich als ›*system*‹ oder ›*guest*‹ einzuloggen. Das ging unweigerlich schief, deshalb machte ich mir nicht die Mühe, dem nachzugehen. Dan war viel schlimmer dran.

»Sieht aus, als ob jedes Kind in Silicon Valley versucht, in Stanford einzubrechen«, klagte er. »Sie finden Passwörter zu legitimen Studentenkonten raus und verschwenden dann Rechen- und Verbindungszeit. Lästig und ärgerlich, aber etwas, das wir ertragen müssen, solange Stanford ein einigermaßen vernünftiges, offenes System betreiben will.«

»Haben Sie daran gedacht, die Schrauben anzuziehen?«

»Die Sicherheitsschwellen tatsächlich zu erhöhen, wäre für alle ein Unglück«, sagte Dan. »Die Leute wollen Informationen austauschen, also machen sie die meisten Dateien für jeden in ihrem Computer lesbar. Sie beschweren sich, wenn wir sie zwingen, ihre Passwörter zu wechseln. Trotzdem fordern sie, daß ihre Daten privat bleiben sollen.«

Die Leute verwandten mehr Aufmerksamkeit darauf, ihre Autos abzuschließen, als darauf, ihre Daten zu sichern.

Besonders ein Hacker ärgerte Dan: »Schlimm genug, daß er ein Loch im Unix-System von Stanford gefunden hat. Aber er hatte auch noch die Stirn, mich anzurufen. Er redete zwei Stunden und wühlte zur gleichen Zeit in meinen Systemdateien rum.«

»Haben Sie ihn verfolgt?«

»Ich hab's versucht. Während er am Telefon sprach, rief ich die Polizei von Stanford und die Telefongesellschaft an. Er war zwei Stunden lang dran, und sie konnten ihn nicht ermitteln.«

Ich dachte an Lee Cheng bei Pacific Bell. Er brauchte nur 10 Minuten, um ihn quer über das ganze Land zu verfolgen. Und Tymnet hatte sein Netzwerk in weniger als einer Minute aufgedröselt.

Wir verglichen die beiden Hacker.

»Meiner macht nichts kaputt«, sagte ich. »Er sieht nur die Dateien durch und benutzt meine Netzwerkverbindungen.«

»Exakt das, was ich sehe. Ich habe mein Betriebssystem verändert, damit ich sehen kann, was er tut.«

Meine Monitorsysteme waren IBM-PC, keine modifizierte Software, aber das Prinzip war dasselbe. »Sehn Sie, daß er Passwortdateien und Systemdienstprogramme stiehlt?«

»Ja. Er benutzt das Pseudonym ›PFLOYD‹... Ich wette, er ist ein Pink Floyd Fan. Und er ist nur spät abends aktiv.«

Das war ein Unterschied. Ich beobachtete meinen Hacker oft mittags. So wie ich es sah, verfolgte Stanford andere Leute. Wenn überhaupt, dann schien der Berkeley-Hacker den Namen ›*Hunter*‹ zu bevorzugen, obwohl ich ihn an den verschiedenen Kontennamen erkannte, die er gestohlen hatte.

Drei Tage später schmetterten die Überschriften des SAN FRANCISCO EXAMINER vom 3. Oktober: *Computerdetektive jagen Hakker-Genie*. Der Reporter John Markoff hatte die Stanford-Geschichte ausgeschnüffelt. Nebenbei erwähnte die Zeitung, daß dieser Hacker auch in LBL-Computer eingedrungen sei. Das durfte doch nicht wahr sein!

Die Story schilderte, welche Fallen Dan gestellt hatte und daß es ihm nicht gelungen war, den Hacker Pfloyd von Stanford zu fangen. Aber der Reporter hatte das Pseudonym falsch verstanden – die Zeitung schrieb von einem fähigen Hacker, der den Namen ›Pink Floyd‹ benutzt.

Ich fluchte über wen auch immer, der die Sache hatte durchsikkern lassen, und stellte mich darauf ein, Schluß zu machen. Bruce Bauer von unserer Polizeistation rief an und fragte, ob ich heute schon die Zeitung gelesen hätte.

»Gewiß«, gab ich zu, »eine Katastrophe. Der Hacker wird nicht wieder auftauchen.«

»Seien Sie da nicht so sicher«, wandte Bruce ein. »Das könnte genau die Chance sein, nach der wir suchen.«

»Aber er wird nie wieder auftauchen, jetzt wo er weiß, daß wir wissen, daß ein Hacker in unserem System ist.«

»Vielleicht. Aber er wird sehen wollen, ob Sie ihn aus dem Computer aussperren. Und er vertraut wahrscheinlich darauf, daß er, wenn er die Leute von Stanford austricksen, sich auch an uns vorbeischleichen kann.«

»Ja, aber wir sind nicht einmal nah daran, ihn aufzuspüren.«

»Deswegen rufe ich eigentlich an, Cliff. Es wird ein paar Wochen dauern, bis wir die Abhörgenehmigung kriegen, aber ich hätte gerne, daß Sie bis dahin alles offenließen.«

Nachdem er aufgelegt hatte, wunderte ich mich über sein plötz-

liches Interesse. Konnte das die Zeitungsgeschichte gewesen sein? Oder hatte das FBI endlich Interesse gezeigt?
Am nächsten Tag, zweifellos dank Bruce Bauer, sagte mir Roy Kerth, ich solle weiter an der Verfolgung des Hackers arbeiten, obwohl er ausdrücklich darauf hinwies, daß meine regulären Aufgaben Vorrang hätten.
Mein Problem. Jedesmal, wenn der Hacker auftauchte, brauchte ich eine Stunde, um herauszufinden, was er tat und in welcher Beziehung sein digitales Treiben zu seinen anderen Sitzungen stand. Weitere Stunden, um Leute anzurufen und die schlechte Nachricht zu verbreiten. Dann trug ich in mein Tagebuch ein, was passiert war. Und wenn ich endlich damit fertig war, war der Tag ziemlich im Eimer. Unserem Besucher auf der Spur zu bleiben, wurde zur manchmal ziemlich nervenden Ganztagsarbeit.

Bruce Bauers Einschätzung war richtig. Der Hacker kam eine Woche, nachdem der Artikel erschienen war, wieder. Am Sonntag, dem 12. Oktober 1986, um 13.41 Uhr zerbrach ich mir gerade den Kopf über ein astronomisches Problem – etwas mit orthogonalen Polynomen – als mein Hacker-Alarm losging.
Ich rannte den Korridor runter und fand ihn in Sventeks altem Konto eingeloggt. 12 Minuten lang benutzte er meinen Computer, um sich beim Milnet anzumelden. Von hier aus ging er zur Armeebasis Anniston, wo er keine Probleme hatte, sich als *›Hunt‹* einzuloggen. Er prüfte nur seine Dateien und meldete sich dann ab.
Am Montag rief Chuck McNatt von Anniston an: »Ich hab die Abrechnungsprotokolle von diesem Wochenende weggeräumt und den Hacker wieder gefunden.«
»Ja, er war ein paar Minuten in unserm System. Nur so lange, um nachzusehen, ob jemand zuguckt.« Meine Ausdrucke erzählten die ganze Geschichte.
»Ich glaube, ich schließe besser meine Türen vor ihm zu«, sagte Chuck. »Hier steht zuviel auf dem Spiel, und wir scheinen ja beim Aufspüren nicht voranzukommen.«
»Können Sie nicht noch ein bißchen länger offenlassen?«

»Es dauert schon einen Monat, und ich habe Angst, er löscht meine Dateien.« Chuck kannte die Gefahren.
»Na gut. Aber stellen Sie sicher, daß Sie ihn eliminieren.«
»Ich weiß. Ich werde alle Passwörter wechseln und nach Löchern im Betriebssystem suchen.«
Dann eben nicht. Es hatte nicht jeder die Geduld, für diesen Hakker offen zu bleiben. Oder war es Blödheit?

Zehn Tage später tauchte der Hacker wieder auf. Ich kam in den Schaltraum, als er es gerade in Anniston probierte.

```
LBL> Telnet ANAD.ARPA
Connecting to 26.1.2.22
Welcome To Anniston Army Depot
login: Hunt
password: jaeger
Bad login. Try again.
login: Bin
password: jabber
Welcome to Anniston Army Depot.
Tiger Teams Beware!
Watch out for any unknown users
Challenge all strangers using this computer
```

Chuck hatte das Konto *Hunt* gesperrt, aber das Passwort auf dem Systemkonto, ›*Bin*‹, nicht geändert.
Die Begrüßungssequenz teilte dem Hacker mit, daß ihn jemand bemerkt hatte. Er prüfte rasch seine Gnu-Emacs-Dateien und stellte fest, daß sie gelöscht worden waren. Er sah sich im Anniston-System um und fand eine Datei, die am 3. Juli erstellt worden war. Eine Datei, die ihm Systemverwalterprivilegien erteilte. Sie war im allgemein zugänglichen Dateienverzeichnis ›*/usr/lib*‹ versteckt. Speicherplatz, in den jeder hineinschreiben konnte. Er nannte die Datei ›*.d*‹. Denselben Namen, den er benutzte, um seine Daten in unserem LBL-System zu verstecken.
Aber er ließ die Datei nicht laufen. Statt dessen loggte er sich aus dem Anniston-System aus und meldete sich vom LBL ab.

Chuck hatte diese besondere Datei nicht bemerkt. Am Telefon sagte er, er habe die Passwörter aller Benutzer ausgetauscht – aller zweihundert. Aber er hatte keines der Systempasswörter wie ›*Bin*‹ gewechselt, weil er annahm, er sei der einzige, der sie kenne. Er hatte gedacht, er hätte alle gefährlichen Dateien mit Stumpf und Stiel ausgerottet, aber er hatte ein paar übersehen.

Die ›*.d*‹-Datei in Anniston war ein nützliches Merkzeichen. Der Hacker hatte sein Ei am 3. Juli gelegt, sich jedoch drei Monate später genau erinnert, wohin er es gelegt hatte.

Er suchte oder kramte nicht nach der ›*.d*‹-Datei. Er ging schnurstracks dahin.

Nach drei Monaten weiß ich nicht mehr, wo ich eine Datei abgelegt habe. Wenigstens nicht ohne Notizbuch.

Dieser Hacker mußte Buch darüber führen, was er tat.

Ich warf einen Blick auf meine Aufzeichnungen. Irgendwo führte irgend jemand ein spiegelbildliches Tagebuch.

Ein Junge, der sich einen Wochenendjux macht, macht sich keine Notizen. Ein Spaßvogel auf dem College wartet nicht geduldig drei Monate, bevor er seinen Streich ausprobiert. Nein, wir beobachteten einen entschlossenen, methodischen Angriff von jemandem, der genau wußte, was er tat.

19. Kapitel

Zwar muß man langsam am Pförtnerhaus vorbeirollen, aber man kann doch gut 50 Stundenkilometer draufkriegen, wenn man den Hügel vom LBL hinunter in die Pedale tritt. Am Dienstagabend hatte ich es nicht eilig, trat aber trotzdem: Es ist so ein tolles Gefühl, den Fahrtwind zu spüren. Eine Meile hügelabwärts, dann eine Verabredung an der Berkeley Bowl.

Die ehemalige Bowlingbahn ist heute ein großer Obst- und Gemüsemarkt, Kiwis und Guaven kriegt man hier am billigsten. Das ganze Jahr lang riecht es nach Mangos – sogar bei den Fischständen. Neben einer Pyramide von Wassermelonen sah ich Martha Kürbisse beklopfen, sie war auf Jagd nach der Füllung für unseren Halloween-Pie.

»Boris, där gecheime Mikrrofilm ist värstäckt im Kürrbisfäld«, begrüßte sie mich.

Seit ich mit der CIA gesprochen hatte, war ich in Marthas Augen ein Spion.

Wir entschieden uns für ein Dutzend kleiner Kürbisse, in die wir mit unseren Freunden Gesichter schneiden wollten, und einen frischen großen für den Pie. Wir stopften sie in unsere Rucksäcke und radelten heim.

Drei Blocks weg vom Obstmarkt, an der Ecke von Kitteridge und Allston Street, ist eine Kreuzung. Mit einer Sprühdose hatte jemand auf ein Stopschild geschrieben: *Stoppt die CIA.* Auf ein anderes: *Stoppt die NSA.*

Martha grinste. Ich fühlte mich unbehaglich und tat so, als ob ich meinen Rucksack zurechtrückte. Ich brauchte nicht noch jemanden, der mich an die Politik von Berkeley erinnerte.

Zu Hause warf sie mir die Kürbisse zu, und ich verstaute sie in einer Kiste. »Was dir fehlt, ist eine Flagge«, sagte sie, als sie mir den letzten zuwarf, »eine Art Banner für die Hackerjagd.« Sie bückte sich in die Tiefen eines Schranks. »Ich hatte noch was von meinem Kostüm übrig, deshalb hab ich das hier zusammengestichelt.« Sie tauchte wieder auf und entrollte ein hemdgroßes Banner mit einer Schlange, die sich um einen Computer wand. Darunter stand: ZERTRITT MICH NICHT.

In den Wochen vor Halloween nähten wir beide wie wild an neuen Kostümen. Ich hatte mir ein Kardinalsgewand gemacht, komplett mit Mitra, Zepter und Kelch. Martha hielt natürlich ihr Kostüm versteckt – man kann nicht vorsichtig genug sein, wenn die Untermieterin dieselbe Nähmaschine benutzt.

Am nächsten Tag hißte ich meine Hackerflagge über den vier Monitoren, die die hereinkommenden Tymnet-Leitungen überwachten. Ich hatte einen billigen Wählautomaten gekauft und verband ihn mit einem teuren, aber veralteten Logikanalyzer. Diese beiden warteten geduldig darauf, daß der Hacker sein Passwort eingab und wählten dann schweigend mein Telefon an.

Natürlich fiel die Flagge herunter und verfing sich im Drucker, gerade als der Hacker auftauchte. Ich entwirrte rasch die Fetzen von Papier und Stoff, noch rechtzeitig, um zu sehen, daß der Hakker seine Passwörter wechselte.

Offensichtlich mochte der Hacker seine alten Passwörter nicht – *›hedges‹*, *›jaeger‹*, *›hunter‹* und *›benson‹*. Er ersetzte sie, eines nach dem andern, durch ein einziges, neues Passwort: *›lblhack‹*. Na, zumindest waren wir beide der gleichen Meinung darüber, was er tat. Er nahm dasselbe Passwort für vier verschiedene Konten. Wenn vier verschiedene Leute beteiligt wären, hätten sie alle ein eigenes Konto und Passwort gehabt. Aber hier wurden in einer Sitzung alle vier Konten geändert.

Ich mußte einer einzigen Person folgen. Jemandem, der so beharrlich war, daß er immer wieder zu meinem Computer zurückkehrte. So geduldig, daß er eine vergiftete Datei in der Armeebasis Anniston versteckte und sich ihr drei Monate später wieder zuwandte. Und die Eigenart hatte, immer militärische Ziele anzugreifen.

Er wählte seine Passwörter selbst; *›lblhack‹* war klar. Ich hatte im

Telefonbuch von Berkeley alle Jaegers und Bensons nachgeschlagen; vielleicht sollte ich das von Stanford probieren. Ich ging in die Bibliothek. Maggie Morley, unsere 45jährige Dokumentendompteuse, spielt Freistilscrabble. An ihrer Tür hängt eine Liste aller erlaubten Scrabblewörter mit drei Buchstaben. Um reinzukommen, muß man sie eines fragen.
»Klo«, sagte ich.
»Sie dürfen reinkommen.«
»Ich brauche ein Telefonbuch von Stanford«, sagte ich. »Ich suche alle in Silicon Valley, die Jaeger oder Benson heißen.«
»Sie brauchen die Telefonbücher von Palo Alto und San José. Tut mir leid, aber die haben wir beide nicht. Es dauert ungefähr eine Woche, wenn man sie bestellt.«
Eine Woche würde die Sache verlangsamen, zumindest bei meinem Tempo. »Jaeger. Dieses Wort brachte mir mal Glück«, lächelte Maggie. »Ist 16 Punkte wert, aber ich hab mal ein Spiel damit gewonnen, als das J auf einem Feld landete, das den Wert verdreifachte. Das waren dann fünfundsiebzig Punkte.«
»Ja, aber ich brauch es, weil's das Passwort des Hackers ist. Hey, ich wußte gar nicht, daß Namen beim Scrabble gelten.«
»Jaeger ist kein Name. Na, vielleicht ist's auch ein Name – Ellsworth Jaeger, der berühmte Ornithologe zum Beispiel–, aber es ist eine Vogelart. Hat seinen Namen von dem deutschen Wort ›Jäger‹, das im englischen ›hunter‹ heißt«, belehrte mich Maggie.
»Wie? Haben Sie Hunter gesagt?«
»Ja. Jaeger sind Raubvögel, die andere Vögel mit vollem Schnabel anfallen. Sie belästigen schwächere Vögel so lange, bis die ihre Beute fallen lassen.«
»Heiliger Bimbam, Maggie, Sie haben mein Problem gelöst. Ich brauch das Telefonbuch nicht mehr.«
»Und was kann ich sonst noch für Sie tun?«
»Vielleicht mir die Beziehung zwischen den Wörtern *hedges*, *jaeger*, *hunter* und *benson* erklären?«
»Nun, Jaeger und Hunter ist klar für jemanden, der deutsch kann. Und Raucher kennen ›Benson & Hedges‹.«
Meine Güte – mein Hacker raucht Benson & Hedges.
Maggie hatte die dreifache Punktzahl gewonnen.

20. Kapitel

Am Morgen vor Halloween war ich gut gerüstet. Ich hatte mein Kardinalskostüm fertig, sogar die Mitra. Die Party heute abend würde bestimmt ein Superheuler: Pasta mit einem Dutzend Irrer, danach Marthas phantastischer Kürbispie und ein Ausflug ins Castro-Viertel von San Francisco.

Aber zuerst mußte ich meine Chefs im Labor austricksen. Die Physiker rotteten sich gegen das Rechenzentrum zusammen und wollten unsere Gehälter nicht zahlen. Rechenzentren zu unterhalten, war nicht billig. Die Wissenschaftler meinten, sie könnten sich eigene, kleine Maschinen kaufen, um somit zu vermeiden, den Wasserkopf von Programmierpersonal bezahlen zu müssen.

Sandy Merola versuchte, sie vom Gegenteil zu überzeugen.

»Ihr könnt tausend Hühner vor euren Pflug spannen oder ein Pferd. Rechenzentren sind teuer, weil wir Ergebnisse liefern, keine Hardware.«

Um sie zu beschwichtigen, schickte Sandy mich einige Graphikprogramme schreiben. »Sie sind Wissenschaftler. Wenn Sie sie nicht glücklich machen können, dann hören Sie sich wenigstens ihre Probleme an«, predigte er.

Also verbrachte ich den Morgen in der letzten Reihe eines Physikseminars. Ein Professor leierte etwas über die Quarkfunktion des Protons herunter – daß jedes Proton drei Quarks hat und so weiter. Ich war nicht müde genug, um zu schlafen, also tat ich so, als schriebe ich mit, während ich über den Hacker nachdachte.

Als ich vom Seminar zurückkam, fragte Sandy, ob ich was erfahren hätte.

»Klar.« Ich warf einen Blick auf meine Notizen. »Die Verteilungsfunktion von Quarks ist über das Proton nicht quantifiziert. Glücklich?«

»Bleiben Sie ernst, Cliff. Was hat der Physiker zum Rechenzentrum gesagt?«

»Nicht viel. Sie wissen, daß sie uns brauchen, wollen aber nicht zahlen.«

»Wie die Air Force.« Sandy lächelte. »Ich habe mit einem Jim Christy vom Office of Special Investigations telefoniert.«

»Hey, ist das nicht der Typ von den Militärschnüfflern?«

»Bleiben Sie ernst. Er ist ein Detektiv, der für die Luftwaffe arbeitet, bitte.«

»Okay, er ist ein guter Amerikaner. Und was hat er gesagt?«

»Er sagt dasselbe wie unsere Physiker. Sie können uns nicht unterstützen, wollen aber nicht, daß wir aufhören.«

»Ist er bei der Telefongesellschaft in Virginia weitergekommen?«

»Nee. Er hat sich durchtelefoniert, und sie wollen sich ohne Abhörgenehmigung für Virginia nicht von der Stelle rühren. Er hat im Staatsgesetz von Virginia nachgesehen, der Hacker begeht dort kein Verbrechen.«

»In einen Computer einzudringen, ist kein Verbrechen?« Ich konnte es nicht glauben.

»In einen kalifornischen Computer einzudringen, ist in Virginia kein Verbrechen.«

»Ich nehme an, die Air Force kann keinen Druck auf das FBI ausüben, um eine Genehmigung zu bekommen.«

»Nein. Aber sie wollen, daß wir weiter überwachen, zumindest bis die Air Force entscheidet, daß es eine Sackgasse ist.«

»Haben sie Kohle ausgespuckt?« fragte ich. Ich wurde aus Mitteln von Physikern und Astronomen bezahlt. Die freuten sich bestimmt nicht darüber, zu sehen, wie ich ihr Geld für eine Gespensterjagd ausgab.

»Nichts, nur eine inoffizielle Bitte. Als ich um Unterstützung bat, kam mir Jim mit der Zuständigkeitsgeschichte. – Jetzt sind zwei Monate vergangen, seit wir angefangen haben, und niemand hat uns angehört. Bleiben wir noch eine Woche offen, und geben uns dann damit zufrieden.«

Gegen 17 Uhr war ich für die Halloween-Party fertig. Auf meinem Weg nach draußen prüfte ich die Disketten auf den Monitoranlagen. Plötzlich fing der Drucker an. Da war der Hacker wieder. Ich warf einen Blick auf meinen Chronometer. 17.43 Uhr und 11 Sekunden Pacific Time.

Nein. Nicht jetzt. Ich muß zu einer Party. Noch dazu eine Kostümparty. Kann er sich denn nicht eine andere Zeit aussuchen?

Der Hacker loggte sich in das alte Konto *Sventek* ein und überprüfte, wer auf unserem System war. Dave Cleveland war da, alias Sam Rubarb, das konnte der Hacker jedoch nicht wissen.

Er ging zu unseren Abrechnungsdateien und sammelte die Dateien des letzten Monats an einer Stelle. Dann durchsuchte er diese lange Datei nach dem Wort ›*Pink Floyd*‹.

Hmmmm. Interessant. Er suchte nicht nach dem Wort ›*Pfloyd*‹, dem Pseudonym des Hackers von Stanford. Er suchte vielmehr nach dem Pseudonym, über das in der Zeitung berichtet worden war.

Mein Hacker war nicht der Typ von Stanford. Wenn er's wäre, hätte er nicht nach ›*Pink Floyd*‹ suchen müssen – er hätte gewußt, wann er aktiv gewesen war.

Andererseits hatte meiner nicht mal Kontakt mit dem Hacker von Stanford. Wenn sich die beiden getroffen oder sogar geschrieben hätten, würde mein Hacker wissen, daß er nach ›*Pfloyd*‹, nicht nach ›*Pink Floyd*‹ suchen mußte.

Der Hacker mußte die Zeitung gelesen haben. Aber es war fast ein Monat vergangen, seit der Artikel veröffentlicht worden war. Dave Cleveland mußte recht haben: Der Hacker war nicht von der Westküste.

Um 18 Uhr gab es der Hacker auf, unsere Abrechnungsprotokolle durchzusehen. Statt dessen ging er über unseren Computer ins Milnet. Von dort stürzte er sich auf die Armeebasis Anniston in Alabama. Durch welches Loch will er diesmal reinschlüpfen? fragte ich mich.

Ich blickte auf den Schirm.

```
LBL› Telnet Anad. arpa
Welcome to Anniston Computer Center
Login: Hunter
Password: Jaeger
Incorrect login, try again.
Login: Bin
Password: Jabber
Incorrect login, try again.
Login: Bin
Password: Anadhack
Incorrect login, 3 tries and you're out.
```

Chuck McNatt hatte ihn endlich ausgesperrt. Er hatte alle Passwörter gewechselt und so seine Tür verrammelt. Er mochte immer noch Löcher im System haben, aber dieser Hacker konnte sie nicht mehr ausnutzen.

Der Hacker gab nicht auf. Er marschierte hinüber zur Projektgruppe ›Energiesparhäuser‹.

Einige Wissenschaftler im Lawrence-Berkeley-Labor machen sich Gedanken über die Konstruktion energiesparender Häuser. Die meisten anderen Physiker schauen auf sie herab – »bäh, angewandte Physik« –, Protonen und Quarks machen sie an, zehn Dollar bei der monatlichen Heizungsabrechnung zu sparen, absolut nicht.

Die Projektgruppe erforscht neue Glasarten, die Licht durchlassen, infrarote Strahlen aber blockieren. Sie entwickelt neue Isoliermaterialien, um Wärmelecks in Wänden zu vermeiden. Sie hatten gerade damit begonnen, Keller und Kamine auf ihre Energiebilanz hin zu untersuchen.

Der Hacker erfuhr dies, weil er einen Dump aller ihrer Dateien machte. Seite um Seite. Mit Wärmeemissionsdaten. Notizen über Absorption im Ultraviolett. Und eine Meldung mit dem Inhalt: ›*Nächste Woche könnt ihr rüber auf den Elxsi-Computer.*‹

Das mußte er sich nicht zweimal ansehen. Er unterbrach das Auflisten und erteilte meinem Unix-Computer den Befehl, ihn beim Elxsi anzumelden.

Von diesem Rechner hatte ich noch nie gehört. Aber mein Computer. Innerhalb von zehn Sekunden hatte der Hacker die Verbindung hergestellt, und das Elxsi-System verlangte Kontennamen und Passwort von ihm. Ich sah zu, wie er versuchte, hineinzukommen:

```
LBL› Telnet Elxsi
Elxsi at LBL
login: root
password: root
incorrect password, try again.
login: guest
password: guest
incorrect password, try again.
login: uucp
password: uucp
WELCOME TO THE ELXSI COMPUTER AT LBL.
```

Er war ins UUCP-Konto gekommen. Kein Schutz durch ein Passwort. Alles weit offen.

UUCP ist das Konto für Kopien von Unix zu Unix. Wenn ein Unix-Computer eine Datei von einem andern kopieren will, loggt er sich in das UUCP-Konto ein und bekommt seine Datei. Personen sollten eigentlich niemals in der Lage sein, sich bei diesem speziellen Konto anzumelden. Der Systemverwalter sollte es für Logins von Personen sperren.

Noch schlimmer, dieser Elxsi hatte sein UUCP-Konto mit Systemprivilegien versehen. Der Hacker brauchte nur eine Minute, um zu erkennen, daß er in ein privilegiertes Konto geraten war.

Er verlor keine Zeit. Er editierte die Passwortdatei und fügte ein neues Konto hinzu, eines mit Systemverwalterprivilegien. Nannte es ›*Mark*‹.

Immer sachte, dachte ich.

Aber er wußte nicht viel über diesen Computer. Er verbrachte eine Stunde mit einem Dump seiner Dateien und lernte etwas über die Konstruktion energiesparender Gebäude. Nichts über den Computer selbst.

Also schrieb er ein Programm, um die Leistung des Elxsi-Compu-

ter abzuschätzen. Ein kurzes C-Programm, das seine Geschwindigkeit maß und seine Wortlänge berichtete.
Er brauchte drei Anläufe, um sein Programm zum Funktionieren zu bringen, aber schließlich lief es. Er fand heraus, daß der Elxsi 32-bit-Wörter hatte und mit einer Geschwindigkeit von etwa 100 Millionen Instruktionen pro Sekunde (Mips) lief.
8-Bit- und 16-Bit-Computer sind Pippifaxmaschinen; die 32-Bit-Systeme sind die dicken Dinger. 32 Bit hieß eine große Maschine, 10 Mips hieß schnell. Er betrat einen Super-Minicomputer. Einen der schnellsten in Berkeley. Einen von denen, die am schlechtesten verwaltet waren.
Während ich ihm zusah, wie er durch den Elxsi spazierte, sprach ich mit Tymnet. Während der Hacker den neuen Computer zu verstehen versuchte, suchte Ron Vivier nach dem Zeiger, der dahin wies, wo der Hacker herkam.
»Nichts Neues. Er kommt wieder aus Oakland rein.«
Ron wußte, daß das eine Fangschaltung bedeutete.
»Hat keinen Sinn, die Telefongesellschaft anzurufen. Die sagen mir nur wieder, daß ich eine Genehmigung für Virginia brauche.«
Ich legte enttäuscht auf. Eine lange Verbindung wie diese war optimal, um ihn aufzuspüren. Ich konnte ihn doch nicht aus unserm System aussperren, wenn er in Computern war, von denen ich noch nicht mal gehört hatte. Als er sich schließlich um 19.30 Uhr abmeldete, hatte er einen recht genauen Plan der Großrechner unseres Labors. Er konnte vielleicht nicht in jeden rein, aber er wußte, wo sie waren.

19.30 Uhr. Verdammt, ich hatte die Party vergessen. Ich rannte hinunter zu meinem Rennrad und fuhr heim. Dieser Hacker zerstörte nicht meinen Computer, sondern mein Leben. Zu einer Halloween-Party zu spät zu kommen, war bei Martha ein Kapitalverbrechen.
Ich kam nicht nur zu spät, ich tauchte auch noch ohne Kostüm auf. Ich schlich mich schuldbewußt durch die Küchentür. Was für ein Anblick! Prinzessin Diana, geschmackvoll mit Schneiderkostüm, Hütchen und weißen Handschuhen herausgeputzt,

Unter anderen wurden folgende Einrichtungen über die hier vereinfacht dargestellten Verbindungsketten geknackt:

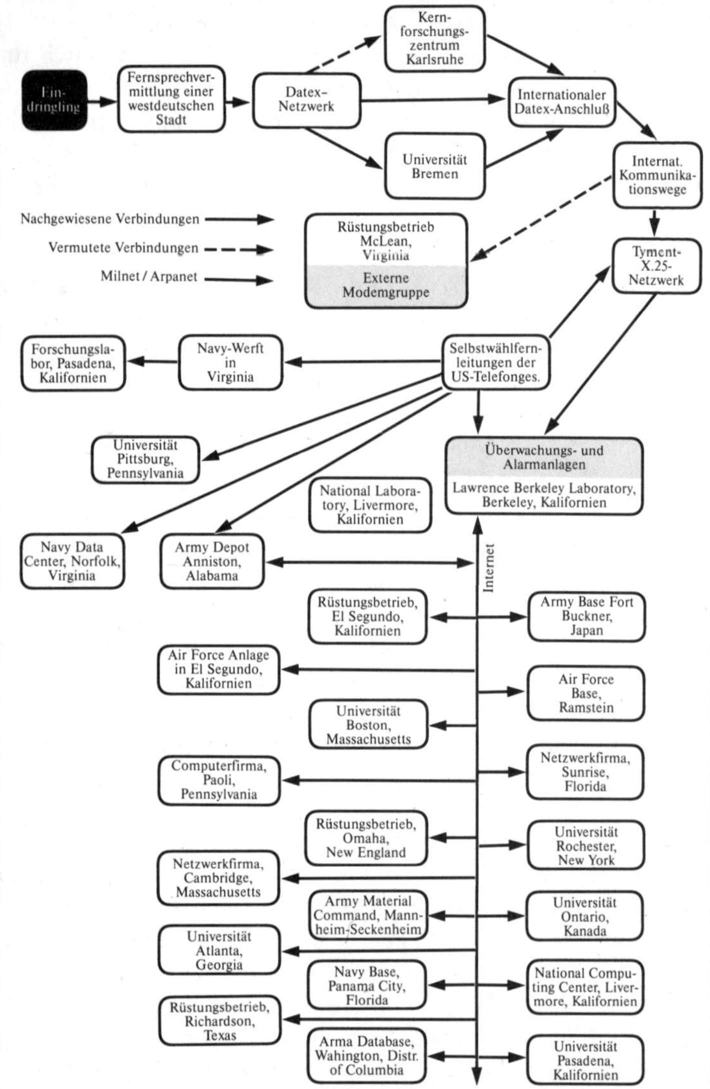

erschauerte, als sie eine Handvoll triefender Kerne aus einem Kürbis herausholte. Alice und der Verrückte Hutmacher servierten den Rest der Lasagne. Charlie Chaplin tauchte Äpfel in Karamel. In der Mitte dieses Strudels irrer Aktionen stand ein kleiner, aber wilder Samurai-Krieger in voller Kampfausrüstung und rief unverständliche Kommandos.

»Du kommst zu spät«, grollte der Samurai, als er mich sah, »und wo ist dein Kostüm?«

Ganz hinten im Schrank vergraben fand ich meine rote Samtrobe. Mit Marthas Nachthemd darunter, mit einem an den Schultern festgesteckten Laken und einer hohen, juwelenbesetzten Mitra aus Zeichenkarton und Münzen war ich plötzlich... Kardinal Cliff der Erste. Ich schritt umher und segnete die Gäste. Marthas Freundin Laurie, die gewöhnlich mit Bürstenfrisur, Jeans und Springerstiefeln daherkam, schlängelte sich in einem kurzen, schwarzen Cocktailkleid und einem langen Perlenhalsband an mich heran.

»Na los, eure Heiligkeit, dann geh'n wir mal und segnen die Castro.«

Wir quetschten uns in das Auto des Verrückten Hutmachers (Laurie fuhr auf ihrem Motorrad) und überquerten die Brücke nach Babylon. Halloween ist San Franciscos Lieblingsfeiertag. Fünf Blocks entlang der Castro Street werden abgesperrt und Tausende phantastisch kostümierte Nachtschwärmer drängen sich hinauf und hinunter, betrachten sich gegenseitig und die Transvestiten in paillettenbesetzten Gewändern, die auf den Feuerleitern sitzen.

Die Kostüme dieses Jahres waren unglaublich: Jemand hatte sich als Riesentüte voller Lebensmittel verkleidet, komplett mit gigantischen Nachbildungen von Gemüse und Dosen; es gab verschiedene Geschöpfe aus dem Weltraum und mehrere Konkurrenz-Samurais, gegen die Martha mit ihrem Plastikschwert focht. Millionen weißgesichtiger Draculas mischten sich unter Hexen, Känguruhs und Schmetterlinge. Drüben in der Nähe der Straßenbahnhaltestelle ergaben eine Ansammlung fadenscheiniger Geister und eine dreibeinige saure Gurke ein ergötzendes Ensemble.

Ich segnete nach rechts und nach links – Dämonen und Engel,

Gorillas und Leoparden. Mittelalterliche Ritter knieten vor mir nieder, und Nonnen (manche mit Schnauzern) eilten herbei, um mich zu grüßen. Ein Trio stämmiger, fröhlicher Kameraden in rosa Tutus und Ballettschuhen Größe 50 knicksten anmutig, als sie meinen Segen empfingen.

Trotz Massenentlassungen, Mietzahlungsrückständen, Drogen und Aids – irgendwie feierte San Francisco das Leben...

Am nächsten Montag erschien ich spät und in der Erwartung, eine Nachricht vom Verwalter des Elxsi-Computers vorzufinden. Pustekuchen. Ich telefonierte mich durch die Energiesparer und sprach mit dem für den Elxsi-Computer zuständigen Physiker.

»Haben Sie nichts Komisches auf Ihrem Elxsi bemerkt?«

»Nein, wir haben ihn erst einen Monat. Stimmt was nicht?«

»Wer hat Ihre Konten eingerichtet?«

»Ich. Ich hab mich einfach als Systemverwalter eingetragen und dann Benutzer hinzugefügt.«

»Führen Sie eine Abrechnung?«

»Nein. Ich wußte nicht, daß das geht.«

»Jemand ist über das UUCP-Konto in Ihren Computer eingebrochen. Er wurde Systemverwalter und hat ein neues Konto eingerichtet.«

»Da soll mich doch der Teufel holen. Was ist das UUCP-Konto?«

War hier das Problem? Dieser Typ ist Physiker und findet Computer langweilig. Er wußte nicht, wie er seine Maschine verwalten sollte. Wahrscheinlich war's ihm auch egal.

Er war nicht das Problem. Es war Elxsi. Sie verkauften ihre Computer mit inaktivierten Sicherungsmechanismen. Wenn man diese Maschine gekauft hat, muß man sie selbst sichern. Man wühlt sich einfach durch ein Dutzend Manuals, um den Abschnitt zu finden, in dem steht, wie man die Zugriffsbedingungen auf das UUCP-Konto modifiziert. Wenn man weiß, daß dieses Konto existiert.

Das gleiche passiert wohl überall. Der Hacker war nicht aufgrund besonderer Raffinesse erfolgreich. Er fummelte vielmehr an leicht erreichbaren Stellen herum und versuchte, durch unverschlos-

sene Türen reinzukommen. Hartnäckigkeit, nicht besonderes Können ließ ihn durch.
Nun, er würde nicht mehr in unsern Elxsi reinkommen. Da ich meinen Gegner kannte, konnte ich ihn leicht auf eine Weise aussperren, die ihn verwirren würde. Ich baute eine Falltür in unseren Elxsi: Wenn der Hacker die geklauten Konten in dieser Maschine anfassen würde, verständigte sie mich und meldete ihm, sie sei zu beschäftigt, um noch einen Benutzer anzunehmen. Der Elxsi sagte nicht *›Hau ab‹*; er schaltete vielmehr jedesmal in den Kriechgang, wenn der Hacker auftauchte. Der Hacker würde nicht merken, daß wir ihm auf den Fersen waren, und trotzdem war der Elxsi gegen ihn geschützt.
Wir traten aber immer noch auf der Stelle. Ohne Abhörgenehmigung führten unsere Fangschaltungen ins Leere. Zwar lasen wir jedes Wort, das er in unseren Computer tippte, aber wieviel entging uns? Er konnte ja ein Dutzend andere Computer benutzen, um ins Milnet zu kommen.
So viel war inzwischen sicher: Jetzt war ich wirklich wild drauf, diesen Hacker zu schnappen. Der einzige Weg, diesen Kerl auffliegen zu lassen, war, jede Minute des Tages Wache zu schieben. Allzeit bereit – ob Mittag oder Mitternacht.
Doch da lag der Hund begraben. Natürlich konnte ich unter meinem Schreibtisch schlafen und mich darauf verlassen, daß mich mein Terminal aufweckte. Aber auf Kosten der Balance unseres Haussegens: Martha war wirklich nicht erfreut darüber, daß ich im Büro kampierte. Könnte mich mein Computer doch nur rufen, wenn der Hacker erschien, dann hätte ich die übrige Zeit zu meiner Verfügung – wie ein Arzt auf Bereitschaft. Natürlich. Ein Taschenpiepser. Ich hatte eine ganze Batterie Personal-Computer, die auf den Hacker warteten. Ich mußte sie nur darauf programmieren, daß sie meinen Taschenpiepser wählten. Ich mußte mir einen Piepser mieten, aber das war mir die 20 Dollar im Monat wert.
Ich brauchte einen Abend, um die Programme zu schreiben – keine große Sache. Von jetzt an würde ich, wohin ich auch ging, innerhalb von Sekunden das Erscheinen des Hackers mitkriegen. Ich war zur Verlängerung meines Computers geworden.
Jetzt stand er gegen mich. Ganz real.

21. Kapitel

Die Lawrence-Berkeley-Laboratorien werden vom Energieministerium (Department of Energy, DOE) finanziert, dem Nachfolger der Atomenergiekommission. Vielleicht gehen Atombombenbau und Kernkraftwerke im Dunkel der Geschichte unter, oder vielleicht törnt die Atomspaltung nicht mehr so an, wie das mal war... Wie auch immer, im Ministerium sitzt nicht mehr dasselbe begeisterte Team, das vor zwanzig Jahren mit den Atomkraftwerken angefangen hat. Ich hatte läuten gehört, die Organisation sei im Lauf der Jahre versandet wie der Mississippi.

Das DOE ist vielleicht nicht die schnellste unserer vielen Regierungsbehörden, aber es zahlte unsere Rechnungen. Mehr als einen Monat hatten wir Stillschweigen über unser Problem bewahrt, weil wir fürchteten, der Hacker könnte herausfinden, daß wir ihn verfolgten. Nun, wo unsere Spur weit von Berkeley weg führte, schien es uns sicher, unsere Geldgeber von dem Hacker zu unterrichten.

Am 12. November rief ich im DOE an und versuchte herauszufinden, mit wem ich über einen Computereinbruch reden sollte. Ich brauchte ein halbes Dutzend Anläufe, bis ich merkte, daß niemand wirklich zuhören wollte. Schließlich erreichte ich den DOE-Abteilungsleiter für Computersicherheit bei nichtgeheimen Computern. Rick Carr hörte geduldig zu, als ich ihm von dem Hacker erzählte und unterbrach mich gelegentlich mit Fragen.

»Ist er noch aktiv in Ihrem Computer?«

»Ja, und wir nehmen ihn jedesmal, wenn er auftaucht, aufs Korn«, antwortete ich. Das schien ihn nicht besonders aufzuregen.

»Na, wenn Sie ihn gefangen haben, dann lassen Sie's uns bitte wissen.«

»Wollen Sie eine Kopie meines Tagebuchs?« fragte ich.
»Nein, halten Sie's unter der Decke, bis Sie fertig sind.«
Ich erklärte, daß wir Genehmigungen brauchten und daß sich das FBI nicht für die Sache interessierte. »Gibt es eine Chance, daß Sie das FBI dazu bringen können, ein Verfahren einzuleiten?« wollte ich wissen.
»Nein, ich wünschte, sie würden es tun, aber das FBI hört nicht auf uns«, sagte Rick. »Ich würde gerne helfen, aber dafür bin ich einfach nicht zuständig.«
Schon wieder Zuständigkeiten! Ich murmelte etwas von Danke und wollte schon auflegen, als Rick sagte: »Aber vielleicht rufen Sie das National Computer Security Center (NCSC) an.«
»Was ist das?« Hörte sich so an, als sollte ich davon wissen.
Rick erklärte: »Das NCSC ist ein Ableger der National Security Agency. Entwickeln Standards für Computersicherung.«
Aus seiner Betonung des Wortes ›sollen‹ schloß ich, daß sie das nicht taten. »Seit wann wendet sich die NSA an die Öffentlichkeit?« bohrte ich, noch immer der Meinung, die NSA sei der geheimste aller Geheimdienste.
»Die Sektion Computersicherheit ist der einzige Bereich der NSA, der nicht geheim ist«, sagte Rick. »Deswegen werden sie in der NSA als häßliche Entlein behandelt. Niemand von der geheimen Seite des Hauses will etwas mit ihnen zu tun haben.«
»Und weil sie ein Teil der NSA sind, traut ihnen die Öffentlichkeit auch nicht.« Ich verstand, worauf er hinauswollte.
»Stimmt. Sie stehen unter Beschuß von beiden Seiten. Aber Sie sollten ihnen von Ihrem Hacker erzählen, Cliff. Sie werden sicher interessiert sein und könnten vielleicht einfach an den richtigen Stellen in der Bürokratie rütteln.«
Nächster Anruf: National Computer Security Center.
Zeke Hanson war der zuständige Beamte. Seine Stimme klang fröhlich, und ihn schien die Vorstellung zu faszinieren, klammheimlich einen Hacker zu beobachten. Er wollte alle technischen Details unserer Überwachungs- und Alarmvorrichtungen wissen.
»Sie sind ein Abhör-Operator«, teilte mir Zeke mit.
»Was ist das?« Ich hatte noch nie davon gehört.

Er stotterte ein bißchen, als ob er seinen letzten Satz ungesagt machen wollte. Ich malte mir selber aus, was er meinte. Die NSA muß Tausende von Leuten haben, die rund um die Welt Fernschreiber überwachen – eben Abhör-Operator. Zeke fragte mich über meinen Computer aus. Ich erklärte: »Ein paar VAX-Computer, auf denen Unix läuft. Unmengen von Netzwerken.«
Die nächsten zwanzig Minuten lang erzählte ich ihm von den Löchern, die der Hacker ausnutzte. Gnu-Emacs, Passwörter, trojanische Pferde. Das traf seinen Nerv.
Aber als ich fragte, ob es einen Weg gebe, daß er eine Genehmigung organisieren könne, ließ er die Rolläden runter.
»Darüber muß ich mit meinen Kollegen sprechen.«
Nun, was hatte ich erwartet? Ich hatte mir ausgemalt, einen Elektronikspion anzurufen, zu erklären, warum ich eine Genehmigung brauchte, und er würde das FBI in den Hintern treten, damit es was tat. Genau. Wie würde ich reagieren, wenn jemand in meinem Observatorium anriefe und von einer Invasion von einem unbekannten Planeten berichtete? Dann konnte ich ja unser Problem auch genauer erklären. Ich holte tief Luft.
»Schauen Sie, wir sind kurz davor, aufzugeben. Wenn uns nicht jemand zur Seite springt, geben wir die Überwachung auf. Mir reicht's, als freiwilliger Abhör-Operator zu fungieren.«
Keine Reaktion. Dann, zögernd: »Cliff, ich würde ja gerne eingreifen, aber unser Statut verbietet es. Die NSA darf sich nicht in die Überwachung innerer Angelegenheiten einmischen, auch wenn sie darum gebeten wird. Da sind die mit den Gefängnissen zuständig.« Er nahm die Sache ernst. Ob er nun für das NCSC oder die NSA arbeitete, sie würden meinen Hacker nicht überwachen. Sie würden mich beraten, wie ich meine Computer schützen könnte und als Vermittlung zum FBI dienen, aber sie würden die Überwachung nicht übernehmen.
Und eine Abhörgenehmigung kriegen? Zeke würde sich darum kümmern, konnte aber nicht viel Hilfe anbieten: »Wenn Sie das FBI nicht interessieren können, bezweifle ich, daß es auf uns hört. Wir sind dazu da, Computer sicherer zu machen, nicht um Kriminelle zu fangen.«
Wieder ein Zuständigkeitsproblem.

Entmutigt legte ich auf. Fünf Minuten später lief ich den Korridor entlang und fragte mich, was ich tat, wenn ich mit der NSA verhandelte. Vielleicht hatte Martha recht. Ich sagte, ich sei auf einer schlüpfrigen, schiefen Bahn, die ins tiefe Wasser führe. Erst ruft man das FBI an, dann die CIA, jetzt die NSA.
Aber es waren nicht die Schnüffler, die mich beunruhigten. Es war ihre Untätigkeit. Sicher, sie hörten sich meine Schwierigkeiten an, aber keiner rührte auch nur einen Finger.
Frustrierend. Jede Behörde schien einen guten Grund zu haben, warum sie nichts tat. Angewidert schritt ich durch die Flure.
Die Flure in den Lawrence-Berkeley-Labors sehen aus wie der Alptraum eines Klempners. Es gibt keine abgehängte Decke, die die Rohre, Kabel und Leitungen verdecken würde. Ich sah hinauf und erkannte die Dampfleitungen und die orangefarbenen Ethernet-Kabel. Der Dampf läuft mit etwa 7,5 Kilogramm pro Quadratzentimeter, das Ethernet mit rund 10 Millionen Bits pro Sekunde. Meine Netzwerke waren für das Labor genauso wichtig wie Dampf, Wasser oder Elektrizität. Sagte ich ›meine‹ Netzwerke? Die Netzwerke gehören genauso wenig mir, wie die Dampfrohre den Klempern gehören. Aber irgend jemand mußte sich doch dafür verantwortlich fühlen und die Lecks flicken...
Mit mir geschah etwas Seltsames. Bestürzt setzte ich mich auf den Boden und starrte immer noch die Rohre an. Zum ersten Mal in meinem Leben hing etwas vollständig von mir ab. Meine Einstellung zur Arbeit war immer gewesen, wie meine Tage als Astronom abliefen – ich schrieb Anträge, führte Beobachtungen am Teleskop durch, veröffentlichte Artikel und stand in zynischer Distanz zu den Kämpfen und Triumphen der Welt um mich herum. Es war mir egal, ob meine Forschungen zu irgendwas führten.
Jetzt sagte mir niemand, was ich tun sollte; trotzdem hatte ich die Wahl zu treffen: Sollte ich die Sache still und leise fallenlassen? Oder sollte ich in diesem Ozean von Schwierigkeiten zu den Rudern greifen? Ich starrte auf die Rohre und Kabel und begriff, daß ich mich nicht länger als respektloser, ausgeflippter Knabe hinter den Kulissen rumtreiben konnte. Ich engagierte mich. Die Netzwerkgemeinschaft hing von mir ab und wußte es nicht.
Ich machte Ernst.

22. Kapitel

An diesem Abend studierte Martha die Strafprozeßordnung in der Boalt-Hall-Law-Bibliothek. Ich kam vorbei, um ihr ein paar Hörnchen mit Sahnequark zu bringen, das Superbenzin für Jurastudenten. Wir knutschten zwischen den Büchern und verärmelten gelegentlich einen Zombie, der für die Anwaltsprüfung büffelte. Ach ja, die Boalt-Bibliothek, wo das Gesetz nie schläft.

In einem Nebenraum zeigte sie mir den Lexis-Computer der juristischen Fakultät.

»Hey, willst du ein bißchen spielen, während ich lerne?« fragte sie.

Ohne auf eine Antwort zu warten, schaltete sie das Lexis-Terminal ein. Sie zeigte auf die Tafel, die Anleitungen gab, wie man sich in das Dokumentensuchsystem einloggte. Sie vertiefte sich wieder in die Bücher und ließ mich mit einem unbekannten Computer allein.

Die Anweisungen konnten nicht einfacher sein. Nur ein paar Knöpfe drücken, den Kontennamen und ein Passwort eintippen und anfangen, juristische Dokumente für alles, was interessant schien, zu suchen. Neben die Instruktionen waren fünf Kontennamen hingekritzelt, also nahm ich zwei und loggte mich ein. Niemand hatte daran gedacht, seine Passwörter zu schützen. Ich fragte mich, wie viele ehemalige Studenten immer noch in der Bibliothek schmarotzten.

Ich loggte mich also in den Jura-Computer ein und schlug unter dem Stichwort ›*Telefonüberwachung*‹ nach. Ich brauchte eine Weile, um den juristischen Jargon zu verstehen, aber schließlich stieß ich auf das Gesetz, das diese Angelegenheit regelte. Es stellte sich heraus, daß keine Genehmigung nötig war, um einen

Telefonanruf zu verfolgen, der am eigenen Telefon angekommen war, solange man die Fangschaltung wünschte.

Das war sinnvoll. Eine richterliche Anordnung sollte nicht nötig sein, wenn man herausfinden will, wer einen angerufen hat. (Tatsächlich verkaufen einige Telefongesellschaften schon Telefone, die die Nummer des anrufenden Telefons anzeigen, wenn das Telefon klingelt.)

Aber wenn wir rechtlich gar keine Genehmigung brauchten, warum bestanden die Telefongesellschaften dann darauf? Am Montagmorgen rief ich Lee Cheng an; mit einer Hand umklammerte ich eine Kopie des 18 USCA § 3121 und fragte: »Warum sollen wir uns eine Genehmigung beschaffen, wenn das Gesetz gar keine verlangt?«

»Zum einen, um uns vor Klagen zu schützen und zum anderen, um überflüssige Fangschaltungen auszufiltern«, sagte Lee.

»Gut, und wenn die Abfluggenehmigung nicht erforderlich ist, warum gibt dann die Telefongesellschaft in Virginia die Information nicht raus?«

»Keine Ahnung. Sie tun's aber nicht. Ich hab eine halbe Stunde auf sie eingeredet, aber sie geben keinen Fingerbreit nach.«

So ein Mist, dachte ich. Wenn sie die Nummer nicht mal einer anderen Telefongesellschaft geben, dann um so weniger meinem Labor. Schien so, als ob die Telefonüberwachung schließlich doch eine Sackgasse war.

Aletha Owens, unsere Rechtsanwältin, rief an. »Das FBI gibt uns nicht mal die Uhrzeit, geschweige denn eine Genehmigung.«

Dieselbe Geschichte bei unserer Ortspolizei. Sie hatten überall angerufen und nichts erreicht.

Sackgasse.

Beim Mittagessen in der Labor-Cafeteria schilderte ich zwei Astronomenkollegen, Jerry Nelson und Terry Mast, die Abenteuer der letzten Woche.

»Willst du damit sagen, daß sie den Telefonanruf verfolgt haben und dir die Nummer nicht geben?« fragte Jerry ungläubig.

»So ungefähr. Alles Scheiße, Deine Erna.«

Zwischen zwei Sandwichs zeigte ich ihnen mein Tagebuch. Vor ein paar Wochen, als die Telefontechnikerin die Leitung ver-

folgte, hatte ich alles, was sie sagte, in meinem Tagebuch mitgeschrieben. Jetzt fing Jerry an, den Jargon wie ein Handleser zu übersetzen.
»Hey, guck mal, Cliff – die Technikerin sagte ›703‹«, erregte sich Jerry. »Vorwahl 703 ist in Virgina. Und C und P ... ich wette, das ist Chesapeake und Potomac. Genau. Das ist die Telefongesellschaft von Nordvirginia.«
Terry Mast ist ein Experimentator; man muß das wissen, als er seinen Senf dazu gab: »Cliff, du hast die Nummern mitgeschrieben, die die Technikerin genannt hat. Warum nicht alle Permutationen dieser Zahlen mit der Vorwahl 703 anrufen und feststellen, ob da ein Computer ist?«
Jerry Nelson sah auf meine Notizen. »Genau, das müßte gehen. Die Technikerin sagte ›1060‹ und ›427‹ und ›448‹. Versuch, die 703 427 1060 anzurufen. Oder vielleicht 448 1060. Das sind nur ein paar Kombinationen.«
Es war einen Versuch wert. Aber ich würde mich etwas kräftiger verstellen.
Ich rief das hiesige Büro meiner Telefongesellschaft an und sagte: »Ich hab da einige Gespräche auf meiner Rechnung, an die ich mich nicht mehr erinnere. Könnten Sie mir freundlicherweise sagen, wen ich gewählt hatte?«
Die Telefonistin war total kooperativ. »Lesen Sie mir die Nummern vor, und ich prüfe das für Sie nach.«
Ich nannte ihr sechs mögliche Nummern, alle mit der Vorwahl 703. Zehn Minuten später rief sie zurück. »Es tut mir sehr leid, aber fünf der fraglichen Nummern existieren nicht oder sind abgemeldet. Ich weiß nicht, wieso Ihnen das in Rechnung gestellt wurde.«
Fünf der sechs Nummern waren falsch. Diese eine könnte es sein. Ich sagte: »Oh, das ist schon in Ordnung. Wer ist der Eigentümer der sechsten Nummer?«
»Das ist Mitre, Incorporated, ich buchstabiere: M-I-T-R-E, mit 703/448-1060. Möchten Sie, daß ich Ihnen eine Vergütung für die anderen fünf Gespräche ausstelle?«
»Ich hab's gerade sehr eilig. Ich kümmere mich später drum.«
Ziemlich nervös wählte ich die Telefonnummer, bereit, sofort

aufzulegen, wenn ich eine menschliche Stimme hörte. Ein Computermodem antwortete mit einem hohen Pfeifton.
Absolut toll!
Mitre. Ich wußte von einem Rüstungsbetrieb Mitre in Massachusetts. Aber nicht in Virginia. Ich hatte ihre Anzeigen in Elektronikzeitschriften gesehen – sie suchten immer nach Programmierern, die aber US-Bürger sein mußten. Ich grub in der Bibliothek nach und fand, daß Mitre tatsächlich eine Zweigstelle in Virginia hatte. McLean, Virginia.
Seltsam. Wo hatte ich schon mal von dieser Stadt gehört? Der Atlas der Bibliothek klärte mich auf.
Knapp zwei Meilen von McLean entfernt liegt das Hauptquartier der CIA.

23. Kapitel

Ich konnte es nicht glauben. Der Hackerangriff schien von Mitre in McLean, Virginia, zu kommen – ein paar Meilen vom CIA-Hauptquartier entfernt.

Zeit, den Chef zu rufen.

»Hey, Dennis, die Anrufe kommen von Mitre Corporation. Eine Elektronik- und Rüstungsfirma genau an der Straße zum CIA-Hauptquartier. Was, glauben Sie, wird Tejott dazu sagen?«

»Woher wissen Sie, daß es Mitre ist?«

»Während der Fangschaltung hab ich alle Nummern und Ziffern mitgeschrieben, die ich von der Technikerin hörte. Ich hab alle Kombinationen angerufen und kam bei einem Computermodem bei Mitre raus.«

»Also sind Sie nicht sicher.« Dennis sah das Loch in meinem Argument. »Wenn wir das rumerzählen, und wir irren uns, sitzen wir ganz schön in der Tinte.«

»Aber wie groß ist denn die Chance, daß man zufällig ein Telefon anwählt und ein Computer antwortet?«

»Ist mir völlig piepe. Bevor Sie keine Beweise haben, unternehmen Sie nichts. Rufen Sie Mitre nicht an. Und erzählen Sie's auch nicht Ihren Schnüfflerfreunden.«

Wieder zurück nach Los. Ich glaube, ich kenne die Telefonnummer des Hackers, aber wie soll ich das beweisen? fragte ich mich.

Ah! Das war die Lösung: Einfach warten, bis der Hacker wieder zurückruft. Dann nachprüfen, ob der Anschluß besetzt ist. Wenn er besetzt ist, dann hab ich wahrscheinlich die richtige Nummer.

Es gab noch einen Weg, die Nummer zu kriegen. Weniger ausgeklügelt, aber zuverlässiger.

Damals, als Doktorand, lernte ich, ohne finanzielle Mittel, ohne

Macht und sogar ohne Büroraum zu überleben. Doktoranden sind die Letzten in der akademischen Hierarchie, also müssen sie sich Freiräume zwischen den Platzhirschen zunutze machen. Wenn man als Letzter auf der Warteliste für Teleskopzeit steht, macht man seine Beobachtungen, indem man auf dem Berggipfel rumhängt und auf ein Scheibchen Zeit zwischen den anderen Beobachtern wartet. Wenn man im Labor irgendein elektronisches Dingsbums braucht, borgt man es sich abends, benutzt es die ganze Nacht und stellt's zurück, bevor es jemand merkt. Ich lernte nicht viel über planetarische Physik, aber Schmeicheleien wurden zu meiner zweiten Natur.

Ich konnte immer noch keine bundesweite Abhörgenehmigung organisieren. Alles, was ich hatte, waren die Standardwerkzeuge des Astronomen. Genau das war genug, um die Information zu kriegen, die ich brauchte.

Ich wählte die Geschäftsstellen der Telefongesellschaft in Chesapeake und Potomac und ließ mir die Sicherheitsabteilung geben, wurde ein paarmal weiterverbunden und erkannte dann die Stimme der Technikerin, die damals den Anruf letzte Woche verfolgt hatte.

Nach ein paar Minuten unverbindlichen Geplauders erwähnte sie, daß ihr elfjähriger Sohn von Astronomie total begeistert sei. Ich sah meine Chance. »Dann hätte er vielleicht gerne ein paar Sternkarten und Poster von Planeten?«

»Na klar! Besonders von diesem Dings mit dem Ring, Sie wissen schon, dem Saturn.«

Eine der wenigen Quellen, die bei mir reichlich fließen: Bilder von Planeten und Galaxien. Wir redeten ein wenig über ihren Sohn, und dann kam ich auf das zu sprechen, was ich im Sinne hatte.

»Übrigens, ich glaube, daß der Hacker von Mitre kommt, drüben in McLean. 448-1060. Stimmt das mit Ihrer Ermittlung überein?«

»Ich darf Ihnen die Information eigentlich nicht geben, aber wenn Sie die Nummer schon wissen...«

Aah! Die Doktorandenschule nützt.

Ich rollte ein Dutzend Poster zusammen, steckte sie in eine Versandröhre, und heute prangt an der Wand eines Kinderzimmers irgendwo in Virginia eine Sammlung Fotos von Planeten und Galaxien.

McLean, Virginia... ich wußte mehr über den Mars als über McLean. Ich rief meine Schwester Jeannie an, die damals irgendwo dort in der Nähe wohnte.

Jeannie hatte wirklich schon von Mitre gehört. Das war nicht bloß eine Rüstungsfirma, die sich geheime Aufträge für Aufklärungs- und Spionagesatelliten vom Pentagon schnappte. Sie hatten auch Verbindungen zur CIA und zur NSA. Unter Tausenden anderer Projekte testete Mitre Computersysteme für militärische und geheimdienstliche Nutzung auf Sicherheit. Wenn jemand einen sicheren Computer brauchte: Mitre macht's möglich.

Verrückt. Der Hacker kam aus einer Firma, die die Sicherheit von Computern bestätigt. Vielleicht machte einer der Tester nebenbei diese Mätzchen? Oder hatte Mitre schon wieder einen Geheimauftrag zur Erforschung der Sicherheit der militärischen Netzwerke?

Zeit, Mitre anzurufen.

Fünf Anrufe waren nötig, schließlich erreichte ich einen Mann namens Bill Chandler.

Ich brauchte fünfzehn Minuten, bis ich ihn davon überzeugt hatte, daß es wirklich ein Problem gab.

»Einfach unmöglich«, machte Chandler einen letzten Abwehrversuch. »Unser Laden ist sicher, da kann niemand einbrechen.«

Ich beschrieb ihm meine Verfolgung, überging aber die fehlenden Genehmigungen.

»Nun«, er wurde etwas nachdenklich. »Ich weiß nicht, ob jemand von unsern Computern aus hackt, aber wenn dem so ist, kommt er sicher nicht von draußen rein.«

Es dauerte nochmals zehn Minuten, bis er akzeptierte, daß es *sein* Problem war. Weitere fünf, um zu entscheiden, was zu tun sei.

Ich schlug eine einfache Lösung vor. Zumindest einfach für mich: »Wenn sich der Hacker das nächste Mal in Berkeley einklinkt, dann überprüfen Sie doch einfach die Telefonleitung von Mitre. Stellen Sie fest, wer dranhängt.«

Bill Chandler war einverstanden. Er würde ein paar Techniker

auftreiben und unauffällig die Telefonleitung 448-1060 von Mitre überwachen. Sobald ich ihn anriefe, würde er seinem internen Netzwerk nachspüren und den Schuldigen ertappen.
»Doch ich bezweifle, daß wir viel finden werden«, schränkte er ein. »Es ist absolut unmöglich, in unsere Anlage einzubrechen, und unsere Mitarbeiter sind alle sicherheitsüberprüft.«
Gut. Wenn er seinen Kopf weiter in den Sand stecken wollte, mir sollte es recht sein. Vielleicht dokterte einer der Mitarbeiter von Mitre nur so zum Spaß an den militärischen Netzwerken rum. Wenn's aber nun ein organisierter Angriff war?
Und wenn's einer war, wer steckte dann dahinter? Konnte irgendein Geheimdienst Mitre angeworben haben? Und wenn, mußte das jemand gewissermaßen gleich um die Ecke sein. Jemand, der nur ein paar Meilen entfernt war. Zeit, die CIA anzurufen.
Zehn Minuten später telefoniere ich mit Tejott. »Äh, ich weiß nicht recht, wie ich das fragen soll, und wahrscheinlich können Sie es mir sowieso nicht sagen, aber wie hoch ist die Chance, daß unser Hacker jemand von der CIA ist?«
Tejott wollte das nicht einmal entfernt in Betracht ziehen, als er antwortete: »Absolut Null. Wir ermitteln nicht in inneren Angelegenheiten. Punkt.«
»Also, ich kann es nicht mit Sicherheit sagen, aber es sieht so aus, als ob unsere Telefonspuren nach Virginia führen, und ich frage mich nur, ob ...« Ich beendete den Satz nicht, in der Hoffnung, daß Tejott nachfragen würde.
»Wohin in Virginia?« fragte Tejott.
»Nordvirginia. Ein Ort namens McLean.«
»Beweisen Sie es.«
»Wir haben eine Telefonspur, aber sie ist nicht offiziell herausgegeben worden. Wir haben keine Genehmigung, aber es gibt keinen Zweifel, daß es von McLean kommt.«
»Woher wissen Sie das?«
»Standardtechniken, die ich in meiner Doktorandenzeit gelernt habe«, sagte ich. Wenn ich ihm gesagt hätte wie, hätte er es nicht geglaubt. Schließlich weihte er mich auch nicht in seine Methoden ein.
»Was wissen Sie noch über diese Verbindung nach McLean?«

»So'n bißchen. Kennen Sie dort Rüstungsfirmen?«
Ausnahmsweise spielte ich Katz und Maus.
»Lassen Sie den Scheiß. Wer ist es?«
»Mitre.«
»Kommen Sie. Bleiben Sie ernst.«
»Würden Sie 1820 Dolly Madison Road glauben?«
»Wollen Sie mir etwa weismachen, daß jemand von Mitre Militärcomputer hackt?«
»Das beweist unsere Fangschaltung.«
»Dann soll mich doch ... Nein, das ist einfach nicht möglich.« Tejott verschlug es für eine Sekunde die Sprache. »Mitre ist sicher ... wissen Sie noch was über diesen Hacker?«
»Ich weiß, welche Zigarettenmarke er raucht.«
Tejott lachte am Telefon. »Ich hab das letzten Monat schon erraten.«
»Warum haben Sie's mir dann nicht gesagt?« maulte ich zurück. Tejott wollte meine Informationen, aber seine rückte er nicht raus. »Sehen Sie«, grub ich weiter, »ich muß eines wissen. Mitre liegt eine Meile von Ihnen entfernt. Sie arbeiten an geheimen Projekten. Sind Sie sicher, daß der Hacker nicht von der CIA ist?«
Tejott wurde plötzlich bürokratisch. »Ich kann nur sagen, daß niemand in unserer Behörde berechtigt ist, Vorgänge im Inland zu beobachten, mit oder ohne Computer.« Dann fügte er – fast vertraulich – hinzu: »Und der Teufel soll mich holen, wenn ich weiß, wer dieser Kerl ist, aber er wäre besser keiner von uns.«
»Können Sie das rausfinden?«
»Cliff, das ist ein Inlandsproblem. Ich würde gerne helfen, aber wir können uns nicht drum kümmern.«
Na gut, die CIA war interessiert, aber nicht sehr hilfreich.
Zeit, das FBI anzurufen.
Zum siebten Mal hob man in Oakland keine Augenbraue. Der Agent dort schien sich mehr dafür zu interessieren, wie ich den Anruf verfolgt hatte, als dafür, wohin er führte.
Und noch eine Behörde mußte ich anrufen. Die Defense Communications Agency. Sie schien mit dem Air Force Office of Special Investigations auf gutem Fuß zu stehen – vielleicht konnten die irgendein offizielles Interesse erregen.

Trotz zehntausend Computern am Milnet kümmerte sich nur eine Person um die Sicherheit. Vor einem Monat hatte Steve Rudd nach unseren Problemen gefragt. Er hatte nicht versprochen, etwas zu unternehmen, wollte nur Neuigkeiten hören. Vielleicht würde das Wort ›Mitre‹ ihn aufwecken.

Ich rief ihn an und erwähnte, daß wir die Sache nach McLean, Virginia, zurückverfolgt hätten.

»Ich hoffe, Sie machen Witze«, sagte Steve.

»Nein. Der Hack kommt aus einer Rüstungsfirma in McLean.«

»Welche?«

»Kann ich nicht sagen, bevor ich nicht mit meinem Chef gesprochen habe.« Ich fragte mich, ob er Katz und Maus spielen würde.

Trotz seiner Proteste blieb ich fest. Vielleicht konnte ich ihn durch Schweigen bei der Stange halten. Nach ein paar weiteren Minuten am Telefon gab er gereizt auf.

»Gut, reden Sie mit Ihrem Chef und sorgen Sie dafür, daß er es uns sagt. Vielleicht können wir helfen, wenn wir wissen, auf wen wir Druck ausüben sollen. Bevor Sie es nicht sagen, können wir aber nicht viel tun.«

Dann legte er auf.

Solange sie noch frisch in meinem Gedächtnis waren, schrieb ich die Tagesereignisse in mein Tagebuch. Das Telefon klingelte, und als ich abnahm, lief ein Band: »Diese Telefonleitung ist nicht gesichert. Besprechen Sie keine geheimen Informationen.« Es wurde ein paarmal wiederholt, dann legte ich auf. Ich wußte nichts Geheimes und wollte auch nichts wissen.

Drei Minuten später kam wieder dieselbe Nachricht über mein Telefon. Ich hörte aufmerksam zu und konnte feststellen, wo das Band geschnitten war. Ich kam gerade in den Rhythmus der mechanischen Stimme, als ein ärgerlicher Armeeoffizier ihn unterbrach.

»Hallo, ist dort Dr. Stoll?« Die Leute sprachen mich nur mit Titel an, wenn ich in Schwierigkeiten war. »Hier ist Jim Christy vom OSI.«

Ein Schnüffler der Air Force war an der Strippe. Die Defense Communications Agency mußte sie verständigt haben.

Der Mann hatte nur eine Frage. »Wo in Virginia haben Sie den Hacker aufgespürt?«

»Äh, das kann ich Ihnen nicht sagen. Die Leitung ist nicht gesichert.«

»Bleiben Sie ernst.«

Es gab überhaupt keinen Grund, ihm das zu sagen. Im schlimmsten Fall würde er gar nichts tun. Im besten könnte er Mitre zur Kooperation zwingen. Also erklärte ich Jim Christy die Spur, und er schien überrascht, aber zufrieden.

»Ich werde das FBI von Virginia anrufen«, sagte Jim. »Vielleicht passiert was an unserem Ende hier.«

»Dann wissen Sie was, das ich nicht weiß. Das Büro in Oakland rührt keinen Finger, wenn nicht eine Million Dollar auf dem Spiel steht.«

Jim erklärte mir, daß die FBI-Büros recht autonom sind. Was einen Agenten auf Touren bringt, betrachtet ein anderer als nicht der Rede wert. »Es ist wie eine Lotterie. Manchmal zieht man einen Hauptgewinn ...«

»... und manchmal eine Niete.« Ich wünschte ihm Glück, bat ihn, mich auf dem laufenden zu halten und wandte mich wieder meinem Tagebuch zu. Anscheinend stimmten die Gerüchte. Keine Polizeibehörde traute der andern. Der einzige Weg, das Problem zu lösen, war, es allen mitzuteilen, die vielleicht helfen konnten. Früher oder später würde dann irgend jemand irgendwas tun.

Keiner von uns hätte zu diesem Zeitpunkt auf etwas getippt, das der Wahrheit nahekam. Keiner von uns – nicht die CIA, nicht das FBI, nicht die NSA und ganz bestimmt nicht ich – wußte, wohin dieser verschlungene Pfad führen sollte.

24. Kapitel

Als ich am nächsten Morgen ins Labor kam, fand ich nicht mehr vor als ein paar trockene Notizen über Telefonanrufe. Mein Chef wollte, daß ich unseren Geldgeber, das Energieministerium, anrief: »Geben Sie denen eine Warnung!«

Und Dan Kolkowitz rief aus Stanford an: »Ich hätte Ihnen elektronische Post geschickt«, sagte er. »Aber ich habe Angst, daß jemand anders sie lesen könnte.«

Wir beide hatten erlebt, daß Hacker elektronische Post durchsuchen. Die einfachste Lösung war, zum Hörer zu greifen und miteinander zu sprechen. Zwischen Erdnußbuttersandwichbissen erzählte ich Dan von meiner Verfolgung bis zu Mitre, unterließ aber jede Erwähnung der CIA. Es war nicht nötig, Gerüchte in die Welt zu setzen, daß in Berkeley jemand mit dem Großen Bruder zusammenarbeitete.

Dan hörte sich das alles an. »Komisch. Ich habe Sie angerufen, um Ihnen zu sagen, daß wir unseren Hacker gerade nach Virginia verfolgt haben. McLean.«

Mir blieb die Zunge am Gaumen kleben – vielleicht war es nur die Erdnußbutter –, und es dauerte einen Moment, bis ich antworten konnte. »Aber Ihr Hacker ist nicht derselbe wie der, den ich verfolge.«

»Gewiß. Vielleicht benutzt eine Gruppe von Hackern dieselben Methoden, um verschiedene Computer anzugreifen. Jedenfalls weiß ich den Namen des Hackers, der in Stanford einbricht.«

»Wie haben Sie den rausgekriegt?«

»Ganz einfach. Wir haben dasselbe gemacht wie Sie: alles ausgedruckt, was der Hacker tippte. Und eines Nachts loggte er sich in unsern Unix-Computer in Stanford ein und versuchte, seine

Hausaufgaben zu machen. Es war ein einfaches Differentialproblem, eine Berechnung der Fläche unter einer Kurve durch Abzählen von Rechtecken. Aber der Hacker lud das ganze Problem in unseren Computer, seinen Namen inklusive und den seines Lehrers.«

»Ha! Und wer ist es?«

»Ich bin nicht sicher. Ich weiß, daß sein Name Knute Sears ist. Er ist in einem Mathekurs der Oberstufe, der von einem Mr. Maher geleitet wird. Aber ich hab keine Ahnung, wo er wohnt. Ich hab die Telefonbücher von Stanford durchgesehn und kann ihn nicht finden.« Dan und ich waren uns einig, daß dieser Hacker auf der High-School sein mußte. Die Berechnung der Fläche unter einer Kurve war Einführungsstoff.

»Wie soll man einen Schüler namens Sears finden?« fragte Dan.

»Haben Sie schon mal was von einem Verzeichnis aller Kinder in High-Schools gehört?«

»Nein, aber vielleicht gibt es ein Verzeichnis aller Mathematiklehrer an High-Schools.«

Wir verglichen unsere Protokolle und stellten wieder fest, daß wir zwei verschiedenen Leuten folgten. Vielleicht kannte Knute Sears den Hacker, der in mein System einbrach, aber sie waren sicher nicht ein und dieselbe Person.

Nachdem ich aufgelegt hatte, sprang ich auf mein Fahrrad und rollte hinunter zum Campus. Bestimmt hatte die Universitätsbibliothek ein Verzeichnis aller Lehrer der High-Schools. Kein Glück. Einen Menschen zu finden, ist nicht leicht, wenn man zwar den Namen kennt, nicht aber den Wohnort.

Als letzten Strohhalm konnte ich ja immer noch meine Schwester Jeannie in Virginia anrufen und sie bitten, die High-Schools in der Gegend um McLean anzurufen, um den mysteriösen Mathematiklehrer Mr. Maher ausfindig zu machen. Verglichen mit dem arroganten Auf-der-Stelle-Treten des FBI würde jede Hilfe an der Ostküste, egal wie geringfügig, auf eine siebenmeilenstiefelartige Beschleunigung der Sache hinauslaufen. Außerdem hatte Jeannie Erfahrungen mit dem Verteidigungsministerium – anscheinend kannten sich alle mit dem Militär aus, nur nicht ich. Und ich vertraute auf Jeannies Diskretion; auch wenn sie nicht mehr tat, als einfach die Ohren offenhalten, wäre das schon viel. Ich erreichte Jeannie in ihrem Büro und setzte gerade zu den nötigen Hintergrunderklärungen an, aber sobald ich die Wörter »Hakker« und »Milnet« fallenließ, sagte sie: »Okay, was willst du von mir?« Es stellte sich heraus, daß das Navy Research & Development Center, für das sie arbeitete, seine Mitarbeiter über die Risiken leckender Computer aufgeklärt hatte.

Jeannie knüpfte nur eine klitzekleine Bedingung an ihr Hilfsangebot. »Es wäre echt süß, wenn du jemand dazu kriegen könntest, mir einen netten, offiziellen Dankesbrief zu schreiben. Sagen wir vom OSI oder dem FBI oder sonst wem.«

Als ich das nächste Mal mit dem OSI sprach, gab ich Jeannies Wunsch weiter. Sie versicherten mir, das sei eine Kleinigkeit für sie. (»... Wir sind wirklich gut im Briefeschreiben.«)

Ich muß sagen, kaum. Trotz zahlreicher Versprechen: Weder von einem Major, Colonel noch General sollte meine Schwester jemals ihr offizielles Schulterklopfen bekommen. Am Ende erkannten wir, daß es für jemanden in einem Teil der Bundesbürokratie einfach nicht möglich ist, jemandem in einem anderen offiziell zu danken ... Wie auch immer, Jeannie beschloß damals, mit ihren Ermittlungen in ihrer Mittagspause anzufangen. Und sie rief prompt nach einer Stunde mit etwas Berichtenswertem zurück.

»Die Public High School, die Mitre am nächsten liegt, ist die McLean High-School, also hab ich damit angefangen«, sagte sie. »Ich bat darum, mit einem Mathematiklehrer namens Mr. Maher sprechen zu dürfen. Sie wiederholten den Namen, sagten ›einen Moment bitte‹ und verbanden mich mit jemandem. Dann legte ich auf.«

Konnte es sein, daß meine Schwester mit einem einzigen Anruf mehr erreicht hatte als das FBI? Oh, Mann, vielleicht sollte ich sie das neunte Mal belästigen, dachte ich grimmig und fragte Jeannie: »Wie wär's, wenn du dir morgen mal diese Schule ansiehst und vielleicht rausfinden könntest, ob die dort Computer haben – die meisten Schulen haben welche. Und schau auch, ob du Knute Sears in ihrem Jahrbuch findest. Sei aber vorsichtig. Er muß wohl extrem scheu sein. Bespitzle das Kerlchen nicht.«

»Alles klar.«

Während ich am nächsten Tag die grünen Hügel von Berkeley hoch- und runterradelte, schipperte meine Schwester auf der Ringautobahn von Washington D. C. herum und fühlte sich abwechselnd belustigt und idiotisch.
Es stellte sich nämlich heraus, daß es in McLean jede Menge Beamte, Politiker und höhere Militärchargen gibt. Jeannie berichtete, es sah aus wie die »Apotheose der reichen Vorstadt im Grünen«, obwohl ich nicht genau weiß, was eine Apotheose ist.
Und an eben diesem hellen Virginia-Herbsttag erschien die High-School von McLean wie eine Essenz aller Mythen, die sich um die amerikanische High-School ranken. Der Unterricht war gerade zu Ende. Chic gekleidete Kinder strömten aus dem Eingangstor. Auf dem Schülerparkplatz standen Mercedes, BMW und gelegentlich ein Volvo. Jeannies Stolz und Freude, ein abgerockter 81er Chevy Citation, zog sich im Bewußtsein seiner Demütigung an den äußersten Rand des Parkplatzes zurück.
Jeannie berichtete, daß sie wie ihr Auto Unbehagen verspürte, nicht zu reden von einem Anfall von Absurdität, wie sie hier um eine Vorstadtschule herumschnüffelte.
Meine Schwester hat bessere Gründe als mancher andere, die Anwesenheit in einer High-School zu verabscheuen. Als sie noch jünger und verletzlicher war, unterrichtete sie Englisch in der 11. Klasse. Jetzt ist sie allergisch gegen Teenager, besonders gegen Teenager, die nicht zu ihr passen. Die schlimmsten seien die wirklich reichen, sagt sie.
Als angeblich besorgte Mutter ging Jeannie nun ins Sekretariat und sah da eine halbe Stunde im Jahrbuch Listen der Schwimmmannschaft, der Lateinschüler, der Diskussionszirkel durch, ob da nicht der apokryphe Knute Sears erwähnt wurde.
Fehlanzeige.
Als sie das Quellenmaterial erschöpfend durchforstet und sich überzeugt hatte, daß es in McLean keinen Knute gab, wandte sie ihre Aufmerksamkeit den Postfächern der Lehrer zu. Tatsächlich trug eines das Schild MR. MAHER.
Unvermittelt erschien ein Angestellter und fragte, was sie sehen wollte. Geziert murmelte meine Schwester: »Ach, ich weiß nicht, mein Lieber ... oh, wissen Sie was? Da ist es ja, genau vor meiner

Nase.« Der Angestellte lächelte väterlich, als Jeannie nach einer Broschüre vom nächstliegenden Stapel auf der Theke griff – es stellte sich heraus, daß es eine Informationsbroschüre über die Abendschule war. Sie verdeckte ein süßliches Was-bin-ich-doch-für-ein-Dummchen-Lächeln halb mit einer Hand, winkte mit der andern zum Abschied und rauschte hinaus.

Als Jeannie ihre Operation Täuschen & Tarnen beendet hatte, rief sie mich am Nachmittag an. Stanfords mythischer Knute Sears sollte ein Mythos bleiben. Er war nie in der McLean High-School eingeschrieben gewesen. Und ihr Mr. Maher war kein Mathematiklehrer. Er unterrichtete Geschichte in Teilzeit.

Wieder eine Sackgasse. Noch heute kann ich kaum mit meiner Schwester reden, ohne daß mich akute Peinlichkeitsgefühle überfallen, sie auf diese ›Enten‹-Jagd geschickt zu haben.

Danach rief ich Dan in Stanford an. Er war nicht überrascht. »Da sind lange Ermittlungen nötig. Wir rechnen nicht mehr mit dem FBI. Der Secret Service hat eine Abteilung Computerkriminalität; die sind ganz scharf auf den Fall.«

Der Secret Service half Stanford? Waren das nicht die Leute, die Geldfälscher fingen und den Präsidenten schützten?

»Ja«, sagte Dan, »aber sie untersuchen auch Computerverbrechen. Das Finanzministerium versucht, Banken vor Computerbetrug zu schützen, und der Secret Service ist ein Zweig des Finanzministeriums.«

Dan hatte ein Weg um das widerspenstige FBI herum gefunden. »Sie verstehen nicht viel von Computern«, erklärte er, »aber sie haben Mumm. Wir liefern das Computerfachwissen, und die besorgen die Genehmigungen.«

Aber für mich kam das zu spät. Unserem hiesigen FBI-Büro war's immer noch egal, aber das FBI-Büro in Alexandria, Virginia, war aufmerksam geworden. Irgend jemand – Mitre, die Air Force oder die CIA – hatte ihnen auf die Zehen getreten, und Spezialagent Mike Gibbons rief an.

Nach ein paar Minuten war mir klar, daß ich endlich mit einem FBI-Agenten sprach, der was von Computern verstand. Er hatte Unix-Programme geschrieben, Modems benutzt und fürchtete sich nicht vor Datenbanken und Textverarbeitung. Sein neuestes

Hobby bestand darin, auf seinem Atari *Dungeons and Dragons* zu spielen. J. Edgar Hoover rotiert bestimmt in seinem Grab.
Was noch besser war, Mike hatte nichts dagegen, elektronisch zu kommunizieren; weil jedoch die Gefahr bestand, daß jemand unseren Datenverkehr abhörte, verwendeten wir einen Verschlüsselungscode, damit unsere Unterhaltungen privat blieben.
Aus seiner Stimme schloß ich, daß Mike nicht über dreißig war, aber er kannte die Computergesetzgebung in- und auswendig. »Es liegt zumindest eine Verletzung von US-Gesetz 1030 vor«, dozierte er. »Wahrscheinlich auch Einbruch und unerlaubtes Eindringen. Wenn wir ihn finden, kriegt er 5 Jahre oder 50 000 Dollar.«
Es gefiel mir sehr, daß Mike das »wenn« offensichtlich zeitlich meinte. Ich erklärte ihm meine Vereinbarung mit Mitre: »Wenn der Hacker das nächste Mal in Berkeley auftaucht, wird Bill Chandler das Netzwerk von Mitre von innen her durchsuchen. Dann finden wir ihn.«
Mike war da nicht so sicher, aber zumindest widersetzte er sich meinem Plan nicht. Das einzige Stück, das noch fehlte, war der Hacker: Er war seit Halloween nicht wieder aufgetaucht – ein Einschnitt von zwei Wochen. Jeden Morgen überprüfte ich die Überwachungseinrichtung. Tag und Nacht hatte ich meinen Piepser dabei und wartete, daß der Hacker in unsere unsichtbaren Netze ging. Er tat nicht einen Pieps.

Endlich, am 18. November 1986, kehrte mein Hacker zu seinem Konto ›*Sventek*‹ zurück. Er kam um 8.11 Uhr rein und blieb etwa eine halbe Stunde. Ich rief sofort Mitre in McLean an. Bill Chandler war nicht da, und ein muffiger Manager sagte mir, daß nur Bill Chandler berechtigt sei, das interne Netzwerk von Mitre zu verfolgen. Er redete von »strikten Richtlinien« und »garantiert sicheren Netzwerken«. Ich würgte ihn ab. Wenn der Hacker live in meinem System war, konnte ich keinen Zampano am Telefon brauchen. Wo waren die Techniker, die Leute, die wirklich wußten, wie das Netzwerk von Mitre funktionierte?
Wieder eine Chance, den Hacker zu fangen – vertan.
Am Nachmittag tauchte er wieder auf. Diesmal kam ich zu Bill Chandler durch, und er rannte hinüber zu seinen externen Mo-

dems. Tatsächlich hatte jemand durch ein Modem von Mitre nach draußen gewählt, und es sah nach einem Ferngespräch aus. Aber woher kam die Verbindung?

Bill erklärte: »Unser Netzwerk innerhalb von Mitre ist komplex, und es ist nicht leicht, es zu verfolgen. Bei uns sind die Computer nicht mit einzelnen Drähten verbunden. Vielmehr laufen viele Signale durch ein einziges Kabel, und man muß die Verbindungen verfolgen, indem man die Adresse jedes Datenpakets in unserem Ethernet dekodiert.«

Mit anderen Worten, Mitre konnte die Anrufe nicht zurückverfolgen. Verdammt.

Jemand rief von Mitre aus an, aber sie konnten nicht feststellen, woher der Hacker kam. Wir wußten immer noch nicht, ob es ein Mitarbeiter von Mitre war oder jemand von außerhalb.

Wütend sah ich den Ausdruck des Hackers durch. Nichts Neues. Er versuchte wieder mal, in die Armeebasis in Anniston zu schlüpfen, wurde aber abgewiesen. Den Rest der Zeit verbrachte er damit, meinen Computer in Berkeley nach Wörtern wie ›*nuclear bomb*‹ und ›*SDI*‹ zu durchsuchen.

Bill versprach, seine besten Techniker auf das Problem anzusetzen. Ein paar Tage später, als der Hacker wieder auftauchte, hörte ich dieselbe Story. Kein Zweifel, daß jemand aus Mitres Computersystem nach draußen wählte. Aber sie konnten die Spur nicht verfolgen. Sie waren baff. Wer steckte dahinter? Und wo versteckte er sich?

Am Samstag zerrte mich Martha zu einem Tagesausflug nach Calistoga, wo die Geysire und heißen Quellen Schmetterlinge, Zoologen und Genießer anziehen. Für letztere gibt es Schlammbäder, angeblich der Gipfel nordkalifornischer Dekadenz. Für zwanzig Dollar kann man sich in einem Brei aus Vulkanasche, Moor und Mineralwasser garen lassen.

»Ich werde dich schon von der Arbeit ablenken«, versprach Martha. »Dieser Hacker macht dich noch ganz verrückt – eine Pause wird dir guttun.« In einer überdimensionalen Schlammwanne baden zu gehen, klang nicht gerade nach Verjüngungsrezept, aber ich probier eben alles mal aus.

Ich wälzte mich also in meinem Privatsumpf hin und her, aber meine Gedanken schweiften immer wieder zu Mitre. Mein Hakker benutzte Mitres externe Telefonleitungen, um das Land zu überqueren. Vielleicht war Mitre ein zentraler Anlaufpunkt für Hacker, eine Art Schaltanlage, um ihre Anrufe zu plazieren. Das würde bedeuten, daß die Hacker keine Mitarbeiter von Mitre waren, sondern von außerhalb kamen.
Wie konnte das passieren? Mitre müßte drei Fehler machen. Sie mußten einen Weg für jedermann schaffen, sich frei in ihr lokales Netzwerk einzuklinken. Dann mußten sie einem Fremden gestatten, sich in ihren Computer einzuloggen. Schließlich mußten sie einen nichtüberwachten Ferngesprächsservice nach draußen zur Verfügung stellen. Die dritte Bedingung erfüllten sie: Die Modems, die an ihr internes Netzwerk angeschlossen waren, konnten im ganzen Land anrufen. Wir hatten unsere Schwierigkeiten in genau diese Leitungen verfolgt.
Aber wie konnte sich jemand bei Mitre einklinken? Sicher erlaubten sie nicht jedem, sich in ihr Netzwerk hineinzuwählen. Wie Bill Chandler gesagt hatte – ein sicherer Laden. Militärgeheimnisse und so was.
Wie konnte man aber noch bei Mitre reinkommen? Vielleicht über ein Netzwerk? Konnte ein Hacker durch Tymnet rein? Wenn Mitre Tymnet-Leistungen bezahlte und sie nicht mit Passwörtern sicherte, konnte man sie von überall her umsonst anrufen. Wenn man eingeklinkt war, ließ einen Mitres internes Netzwerk sich umsehen und nach draußen telefonieren. Dann konnte man überallhin wählen, und Mitre zahlte die Rechnung.
Es wäre leicht, meine Hypothese zu testen: Ich würde Hacker spielen. Ich würde nach Hause gehen und versuchen, Tymnet zu benutzen, um mich bei Mitre einzuklinken und zu versuchen, in einem Ort einzubrechen, wo ich nicht hinein sollte.
Der Modder roch nach Schwefel und Torf und fühlte sich an wie heiße Ursuppe. Ich genoß das Schlammbad und die anschließende Sauna, konnte es aber trotzdem kaum erwarten, heraus und wieder nach Hause zu kommen. Ich hatte einen Anhaltspunkt.
Oder zumindest ein Vorgefühl.

25. Kapitel

Tagebuch, Sonntag, 23. November 1986
10.30 Uhr. Tymnet-Zugangsnummer von Oakland 415/430-2900. Rief an von meinem Macintosh zu Hause. 1200 Baud, ohne Parität. Tymnet will einen Benutzernamen. Ich gab ›*MITRE*‹ ein. Reaktion: ›*Welcome to Mitre-Bedford*‹.
10.40 Uhr. Mitre hat ein internes Netzwerk, das ein Menu bereitstellt. 14 Alternativen, offenbar verschiedene Computer bei Mitre. Ich probiere einen nach dem andern aus.
10.52 Uhr. Eine Alternative, *MWCC*, führt zu einem anderen Menu. Dieses Menu hat 12 Alternativen. Eine davon ist *DIAL*.
Ich versuche es:

DIAL 415 486 2984	keine Reaktion
DIAL 1 415 486 2984	keine Reaktion
DIAL 9 1 415 486 2984	Beim LBL-Computer angemeldet

Schlußfolgerung:
Ein Außenstehender kann sich durch Tymnet bei Mitre anmelden. Kein Passwort nötig. Einmal in Mitre drin, kann man rauswählen, per Ortsnetz oder Fernleitungen.
MWCC bedeutet ›Mitre Washington Computing Center‹; Bedford bedeutet ›Bedford, Massachusetts‹. Ich kam bei Mitre in Bedford rein und hüpfte sechshundert Meilen weiter weg in McLean wieder raus.
11.03 Uhr. Melde mich vom Berkeley-Computer ab, bleibe aber bei Mitre. Bitte um Verbindung ins System AEROVAX. Fordert Benutzername. Gebe ›*guest*‹ ein. Es akzeptiert und loggt mich ein, ohne irgendein Passwort. Erkunde Aerovax-Computer.
Aerovax hat irgendwelche Programme zur Sicherung des Flug-

verkehrs auf Flughäfen. Programme zur Ermittlung von Anflugwinkeln für Maschinen mit hoher und niedriger Geschwindigkeit. Vermutlich aus Regierungsmitteln finanziert.
Aerovax über Mitres Netzwerk mit mehreren anderen Computern verbunden? Die sind doch durch Passwörter geschützt, und *›guest‹* ist kein gültiger Benutzername auf diesen anderen Mitre-Computern. (Ich bin nicht mal sicher, daß sie überhaupt bei Mitre sind.)
Moment – da stimmt was nicht. Die Software, die das Netzwerk steuert, kommt mir nicht normal vor – seine Begrüßungssequenz erscheint zu schnell, aber sie stellt die Verbindung zu langsam her. Ich frage mich, was in diesem Programm steht...
Aha! Es ist modifiziert worden. Jemand hat ein trojanisches Pferd in die Aerovax-Netzwerksoftware plaziert. Es kopiert Netzwerkpasswörter zum späteren Gebrauch in eine Geheimdatei.
Schlußfolgerung: Jemand hat an der Software von Mitre rumhantiert und erfolgreich Passwörter gestohlen.
11.35 Uhr. Melde mich vom Netzwerk ab und schreibe Tagebuch.

Wenn ich heute mein Tagebuch lese, erinnere ich mich, daß ich eine Stunde in Mitres internem Netzwerk rumgestöbert habe. Ich hatte sofort das Gefühl, etwas Aufregendes und Verbotenes zu tun. Jede Minute erwartete ich, daß mir jemand eine Nachricht auf meinen Computerbildschirm schicken würde: *›Wir haben dich erwischt. Komm mit erhobenen Händen raus!‹*
Zweifellos hatte Mitre ein klaffendes Loch in seinem Netzwerk gelassen. Jeder konnte ein Ortsgespräch führen, Tymnet anweisen, sich mit Mitre zu verbinden und einen Nachmittag lang mit Mitres Computern herumspielen. Die meisten ihrer Maschinen waren durch Passwörter geschützt, aber zumindest eine stand recht weit offen.
Ich erinnerte mich an Mitres pflichtgetreues Dementi: »Unser Laden hier ist sicher, und niemand kann ihn knacken.«
Genau.
Das Gastkonto auf ihrem Aerovax-Computer ließ jeden rein. Aber das trojanische Pferd war höchst gefährlich. Jemand hatte an ihrem Netzwerkprogramm rumgepfuscht, um Passwörter in eine besondere Umgebung zu kopieren. Jedesmal, wenn eine legitime

Mitarbeiterin den Aerovax-Computer benutzte, wurde ihr Passwort gestohlen. Damit hatte der Hacker die Schlüssel zu anderen Computern von Mitre. Wenn der Hacker einmal ihren Panzer durchbrochen hatte, konnte er überall hinspazieren.
Wie schwer war Mitres System verheert? Ich listete das Dateienverzeichnis auf und sah, daß das trojanische Pferd auf den 17. Juni datiert war. Seit sechs Monaten führte jemand still und leise ihre Computer an der Nase rum.
Ich konnte nicht beweisen, daß es derselbe Hacker war wie der, mit dem ich mich herumschlug. Aber die Schulaufgaben dieses Vormittags zeigten, daß jeder in Mitres System eindringen und meine Computer in Berkeley anwählen konnte. Also mußte der Hacker nicht notwendig bei Mitre sein. Er konnte überall sein.
Aller Wahrscheinlichkeit nach diente Mitre als Wegstation, als Trittstein auf dem Weg zum Einbruch in andere Computer.
Die Verbindung nach McLean wurde klar. Jemand wählte sich nach Mitre hinein, drehte sich um und wählte von da nach draußen. Auf diese Weise zahlte Mitre die Rechnungen für beide Strecken: die einlaufende Tymnet-Verbindung und das hinausgehende Ferngespräch. Noch toller: Mitre diente als Versteck: ein Loch in der Wand, das man nicht aufspüren konnte!
Mitre, der Hochsicherheitsrüstungsbetrieb. Man hatte mir gesagt, daß man ohne Bildausweis nicht mal in die Eingangshalle käme. Der Werkschutz ist bewaffnet, und auf den Mauern rollt sich Stacheldraht. Trotzdem braucht man nur einen Heimcomputer und ein Telefon, um durch ihre Datenbänke zu kriechen.
Am Montagmorgen rief ich Bill Chandler bei Mitre an und berichtete ihm die Neuigkeiten. Ich erwartete nicht, daß er mir glaubte, war also auch nicht enttäuscht, als er darauf bestand, seine Firma sei »stark gesichert und auf Sicherheitsprobleme sensibilisiert«.
»Wenn Sie so besorgt sind um Sicherheit, warum überwacht dann niemand Ihre Computer?« fragte ich.
»Tun wir doch. Wir führen detaillierte Protokolle über die Benutzung jedes Computers«, antwortete Bill. »Ist aber für die Abrechnung, nicht um Hacker zu entdecken.«
Was die wohl bei einem Abrechnungsfehler von 75 Cents tun würden?
»Schon mal von einem System namens Aerovax gehört?«

»Ja, was ist damit?« fragte Bill zurück.
»Nur so. Sind da geheime Daten drin?«
»Nicht daß ich wüßte. Ist ein System zur Flugsicherheitskontrolle. Warum?«
»Oh, nur so. Sie sollten es trotzdem überprüfen, Bill.«
Ich konnte doch nicht zugeben, daß ich gestern in diesem System rumgetanzt war und das trojanische Pferd entdeckt hatte. »Wissen Sie einen Weg, auf dem ein Hacker in Ihr System kommen könnte?«
»Das sollte eigentlich unmöglich sein.«
»Sie könnten Ihre Anschlüsse für den öffentlichen Wählverkehr überprüfen. Und wenn Sie schon dabei sind, versuchen Sie, die Computer von Mitre über Tymnet zu erreichen. Jeder kann sich in Ihr System einklinken von überallher.«
Diese letzte Neuigkeit weckte ihn auf; er begriff, daß es in seinem System ein ernstes Problem gab. Die Leute bei Mitre waren wirklich nicht unfähig. Nur halbfähig.
Bill wußte nicht, wie er reagieren sollte, aber er würde sein System nicht länger offenhalten. Ich konnte es ihm nicht verdenken. Seine Computer waren nackt.
Aber in erster Linie wollte er, daß ich den Mund hielt.
Ich würde ihn halten, in Ordnung, unter einer Bedingung. Monatelang hatten die Computer von Mitre im ganzen Land herumtelefoniert und teuere Fernleitungen von AT&T benutzt. Für diese Anrufe mußte es Rechnungen geben.
In Berkeley teilten wir uns zu fünft ein Haus. Jeden Monat veranstalteten wir ein Abendessen, wenn die Telefonrechnung gekommen war. Jeder bestritt mit gutgemimtem Pokerface, auch nur einen der Anrufe gemacht zu haben. Aber schließlich wurde irgendwie doch jedes Gespräch zugeordnet und die Rechnung bezahlt.
Wenn wir fünf uns durch eine Telefonrechnung feilschen konnten, dann konnte das Mitre auch. Ich fragte Bill Chandler: »Wer bezahlt die Telefonrechnung für Ihre Computer?«
»Ich weiß nicht genau«, erwiderte er. »Wahrscheinlich die zentrale Buchhaltung. Ich hab nie was mit denen zu tun.«
Deshalb hatte der Hacker so lange davonkommen können. Die

Leute, die die Telefonrechnungen bezahlten, sprachen nie mit denen, die die Computer verwalteten. Komisch. Oder war es typisch? Die Computermodems trieben die Rechnung für Ferngespräche in die Höhe. Die Telefongesellschaft schickt die Rechnung an Mitre, und irgendein Buchhalter unterschreibt einen Scheck. Niemand schließt den Kreis. Niemand fragt nach der Berechtigung dieser zahlreichen Anrufe nach Berkeley.

Bill wollte, daß ich über diese Probleme Stillschweigen bewahrte.

Na gut, aber das hatte seinen Preis. »Sagen Sie, Bill, könnten Sie mir Kopien von Ihren Computertelefonrechnungen schicken?«

»Wozu?«

»Es wäre doch lustig, zu sehen, wo dieser Hacker sonst noch reingekommen ist.«

Zwei Wochen später kam ein dicker Umschlag an, vollgestopft mit Ferngesprächrechnungen von Chesapeake und Potomac.

Daheim feilschten meine Hausgenossen und ich um eine Rechnung von zwanzig Dollar. Ich hatte noch nie Tausend-Dollar-Rechnungen gesehen. Jeden Monat hatte Mitre Hunderte von Ferngesprächen nach ganz Nordamerika bezahlt.

Aber das waren keine Leute, die in persönlichem Kontakt standen. Diese Rechnungen zeigten, daß die Computer von Mitre Hunderte anderer Computer anwählten. (Ich bewies mir das, indem ich ein paar anrief. Tatsächlich hörte ich in jedem Fall ein Modem mit einem Pfeifen antworten.)

Das hier war nützliche Information. Mitre war vielleicht nicht daran interessiert, sie zu analysieren, aber ich konnte mit Hilfe meines Tagebuchs vielleicht verstehen, wie weit der Hacker vorgedrungen war. Ich mußte nur irgendwie die Anrufe des Hackers von den normalen unterscheiden.

Viele Anrufe waren ganz offensichtlich vom Hacker. Auf der Liste standen viele Telefonate nach Anniston, Alabama. Und da waren die Anrufe bei Tymnet in Oakland – sie zu verfolgen, hatte mich eine Galaxie gekostet.

Aber einige Telefonate auf den Rechnungen mußten legitim gewesen sein. Schließlich müssen die Mitarbeiter von Mitre Computer anrufen, um Daten zu übertragen oder die neueste Software von der Westküste zu kopieren. Wie konnte ich also die Anrufe des Hackers herausfiltern?

Als zu Hause wieder unsere Telefonrechnung ankam, kochte Martha Abendessen, Claudia machte Salat an, und ich buk Kekse. Danach würden wir, vollgestopft mit Schokoladenkeksen, die Telefonrechnung aufteilen. Wenn meine Hausgenossen und ich um den Tisch saßen, hatte ich keine Probleme, mir vorzustellen, wer welche Ferngespräche auf unserer Rechnung geführt hatte. Wenn ich von 9.30 Uhr bis 9.35 Uhr nach Buffalo telefoniert hatte, war es wahrscheinlich, daß ich auch das Gespräch nach New York von 9.46 Uhr bis 9.52 Uhr geführt hatte.

Wenn ich mir die Telefonrechnungen von Mitre ansah, wußte ich, daß nur der Hacker die Armeebasis in Anniston, Alabama, angerufen haben konnte. Ziemlich wahrscheinlich, daß ein Anruf eine Minute danach auch von dem Hacker stammte. Dasselbe bei einem Anruf, der endete, genau bevor er Alabama wählte.

In der Physik ist das eine Korrelationsanalyse. Wen man heute eine Sonnenprotuberanz sieht und abends gibt es ein prächtiges Abendrot, dann ist es wahrscheinlich, daß beides korreliert ist. Man sucht nach Dingen, die zeitlich nahe beieinander geschehen und versucht, die Wahrscheinlichkeit zu bestimmen, daß sie irgendwie miteinander verbunden sind.

Die Korrelationsanalyse in der Physik ist einfach gesunder Menschenverstand.

Da lagen also Telefonrechnungen von sechs Monaten. Datum, Uhrzeit, Telefonnummern und Städte. Wahrscheinlich zusammen fünftausend. So viele, daß ich sie nicht von Hand analysieren konnte. Ideal, um sie auf einem Computer zu analysieren – zur Bestimmung von Korrelationen ist jede Menge Software geschrieben worden. Ich mußte nur die Daten in meinen Macintosh eingeben und ein paar Programme laufen lassen.

Haben Sie schon mal fünftausend Telefonnummern getippt? Es ist genauso langweilig, wie es sich anhört. Und ich mußte es zweimal machen, um sicherzugehen, daß ich keinen Fehler machte.

Kostete mich zwei Tage.

Zwei Tage, um die Daten einzugeben, und eine Stunde, um sie zu analysieren. Ich befahl meinem Programm anzunehmen, daß der Hacker alle Anrufe bei der Armeebasis Anniston getätigt hatte. Finde alle Anrufe, die diesen Anrufen unmittelbar vorangingen oder folgten. Es dauerte eine Minute, und es zeigte mir, daß der Hacker Tymnet von Oakland viele Male angerufen hatte.

Ah, das Programm verhielt sich vernünftig!

Ich verbrachte den Nachmittag damit, mit dem Programm herumzuwerkeln, verfeinerte seine statistischen Techniken und beobachtete die Wirkung verschiedener Algorithmen auf das Ergebnis. Es bestimmte die Wahrscheinlichkeit für jeden Anruf, ob er von dem Hacker war oder nicht. Toll – genau das, was wir brauchten, um unsere Streiterei zu Hause zu beenden.

Erst am Abend erkannte ich, was das Programm mir mitteilte: Dieser Hacker war nicht nur in meinen Computer eingebrochen. Er war in mehr als sechs und wahrscheinlich in einem Dutzend drin gewesen.

Von Mitre aus stellte der Hacker Fernverbindungen nach Norfolk, Oak Ridge, Omaha, San Diego, Pasadena, Livermore und Atlanta her.

Mindestens genauso interessant: Er hatte Hunderte von einminütigen Telefonanrufen ins ganze Land getätigt. Luftwaffenbasen, Marinestützpunkte, Flugzeughersteller und Rüstungsbetriebe. Was kann man bei einem einminütigen Anruf bei einem Armeetestgelände erfahren?

Seit sechs Monaten brach der Hacker in Computer von Luftwaffenbasen im ganzen Land ein. Niemand wußte es.

Irgendwo war er, einsam, schweigend, anonym, hartnäckig und offensichtlich erfolgreich – aber warum? Hinter was war er her? Was hatte er schon erfahren?

Und was machte er mit dieser Information?

26. Kapitel

Die Telefonrechnungen von Mitre wiesen tausend Anrufe im ganzen Land auf, die meisten davon dauerten eine Minute oder zwei. Aber keine menschliche Stimme sprach über diese Leitung – ein Computer wählte einen anderen an.

Die Stimme meines Chefs jedoch war in besonderer Weise menschlich. Gegen Ende November kam Roy Kerth in mein Büro und fand mich schlafend unter meinem Schreibtisch.

»Was haben Sie im letzten Monat eigentlich gemacht?«

Ich konnte kaum sagen: »Oh, Telefonrechnungen von einem Rüstungsbetrieb an der Ostküste analysiert.« Wenn ich ihn an meinen Fall erinnerte, würde ihm ganz schnell die Drei-Wochen-Beschränkung einfallen. Rasch dachte ich an das neue Graphikterminal unserer Abteilung – ein schmuckes, neues Spielzeug, das dreidimensionale Bilder von mechanischen Geräten darstellt. Ich hatte mal eine Stunde daran herumgedoktert, gerade lang genug, um zu merken, wie schwierig es zu benutzen war – war aber ein blendender Grund, um mir den Chef vom Leib zu halten, und ich sagte zu ihm: »Oh, ich helfe ein paar Astronomen, ihr Teleskop mit unserem neuen Displayterminal zu konstruieren.«

Das war nicht ganz gelogen, weil wir schon darüber gesprochen hatten. Insgesamt fünf Minuten.

Mein Schuß ging nach hinten los. Roy lächelte hinterhältig und sagte: »Okay. Nächste Woche zeigen Sie uns ein paar hübsche Bilder.«

Da ich niemals vor Mittag auftauchte, schaffte ich es, die Hälfte aller Besprechungen der Abteilung zu schwänzen. Wenn ich nächste Woche nicht irgendwas vorweisen konnte, würde man mir zweifellos die Flügel stutzen.

Es galt, die Hackerjagd erst mal auf die lange Bank zu schieben – gerade jetzt, als die Spur heiß wurde.

Eine Woche, um zu lernen, wie man das Biest programmiert, um rauszufinden, was die Astronomen brauchten und um irgendwas auf den Bildschirm zu kriegen. Ich wußte null über computergestützte Konstruktion. Und die Programmiersprache stammte aus dem 21. Jahrhundert: Sie war angeblich ›eine objektorientierte Sprache mit graphischem Einschlag‹.

Was immer das bedeutete.

Also marschierte ich hinüber zum Konstruktionsteam des Teleskops, wo sich Jerry Nelson und Terry Mast darüber stritten, um wieviel sich ihr Teleskop aufgrund der Schwerkraft durchbiegen würde. Wenn es senkrecht auf die Sterne über ihnen gerichtet war, würde die Schwerkraft das Teleskoprohr nicht biegen. Wenn es aber auf den Horizont zeigte, würde sich das Rohr leicht durchbiegen. Genügend, um die empfindliche optische Einstellung durcheinanderzubringen. Sie wollten wissen, um wieviel. Und ich konnte ihnen den Effekt auf dem Computer zeigen.

Das klang ganz lustig – zumindest lustiger, als herauszufinden, was ›graphischer Einschlag‹ bedeutete. Wir redeten eine Weile, und Jerry erwähnte, daß Professor Erik Antonsson ein Programm geschrieben habe, um das Teleskop auf einem Graphikterminal darzustellen. Genau das, was ich programmieren sollte.

»Ihr meint, jemand hat das Programm schon geschrieben, mit dem ihr euer Problem lösen und ein Bild auf dem Bildschirm darstellen könnt?« fragte ich.

»Genau«, erklärte der Astronom. »Aber es ist drunten in Pasadena bei Caltech. Nützt uns nichts 500 Meilen weg. Wir brauchen die Ergebnisse jetzt.«

Ich mußte einfach das Caltech-Programm nach Berkeley holen und es an meinen Computer anpassen. Nicht nötig, auszuprobieren, wie man das Biest programmierte.

Ich rief Professor Antonsson bei Caltech an. Er würde sich freuen, wenn wir sein Programm benutzten, hörte ich ihn auf meine höfliche Frage antworten, aber wie sollte er es uns schicken? Mit der Post würde es eine Woche dauern. Es elektronisch zu schicken, wäre wirklich schneller.

Ah – wenn man ein Programm braucht, kein Band schicken. Einfach über das Netzwerk transportieren. In zwanzig Minuten sikkerte das Programm durch die Drähte und ließ sich in meinem Computer nieder.

Also, Professor Antonsson hatte sich mit diesem Programm ein tolles Stück Arbeit geleistet. Um 21 Uhr hatte ich sein Programm für mein System und die neuen Teleskopdaten eingerichtet.

Erstaunlicherweise funktionierte das verdammte Ding, wenn auch nicht gleich beim ersten Mal. Um 2 Uhr nachts hatte ich es soweit, daß es ein mehrfarbiges Bild des Keck-Teleskops zeichnete, komplett mit Stützen, Peilung und Spiegeln. Ich konnte sehen, wo das Rohr sich durchbog, wo sich die Spannungen bildeten und welche Abschnitte verstärkt werden mußten. Wieder ein Erfolg der Technologie.

Eine Nacht echte Arbeit; ich war vom Haken los und der Hacker wieder dran – glaubte ich.

Aber nicht ein Pieps von ihm. Meine Alarmanlage war bereit, die Monitore waren aktiv, er aber war seit zwei Wochen unsichtbar. Auf dem Heimweg fragte ich mich, ob er wohl auch ein dringendes Problem hatte, das ihn von meinem Computer fernhielt. Oder hatte er einen neuen Weg ins Milnet gefunden und umging gänzlich meine Fallen?

Wie üblich schlief ich am nächsten Morgen lange. (Nicht nötig zu arbeiten, wenn das Erntedankwochenende vor der Tür steht.) Um 11.30 Uhr radelte ich den Hügel hinauf und stürzte mich in die Arbeit, bereit, meine Nullarbeit-Computerdarstellung vorzuzeigen. Erst als ich in meinem Büro war, fragte ich mich wieder, warum der Hacker nicht auftauchte.

Zeit, Mitre anzurufen, um zu hören, was man dort gemacht hatte.

Bill Chandlers Stimme krächzte wegen der schlechten Fernverbindung. Ja, vor einer Woche hatte er die externen Modems unterbrochen. Der Hacker konnte nicht mehr durch Mitres lokales Netzwerk Bockspringen machen.

Alles war aus. Wir wußten nicht, woher er kam, und wir würden es nie erfahren. Weil Mitre das Loch zugekorkt hatte, mußte der Hacker einen anderen Weg in mein System finden.

Aber das war nicht wahrscheinlich. Wenn mir jemand die Tür vor der Nase zugeschlagen hätte, würde ich Verdacht schöpfen, daß sie dabei waren, mich zu erwischen. Und ich wußte, daß dieser Hacker sehr sensibel war. Er würde ganz sicher verschwinden.

Also hatte ich alle meine Fallen umsonst gelegt. Der Hacker war weg, und ich würde nie erfahren, wer er war. Drei Monate Sucherei, und am Ende nur ein verschwommenes Fragezeichen.

Nicht, daß ich mich zu beklagen hatte. Ohne einen Hacker, der meine Zeit beanspruchte, wartete auch so jede Menge Arbeit, die sich lohnte. Zum Beispiel ein Teleskop konstruieren. Oder einen Computer verwalten. Und wissenschaftliche Software entwikkeln. Mein Gott – dann machte ich eben was Nützliches.

Aber die Aufregung würde mir fehlen. Den Korridor runterrennen und zu einem Drucker hetzen. Sich vor einen Computerbildschirm drängen und versuchen, Verbindungen durch meinen Computer irgendwohin ins Land hinaus zu verfolgen.

Und ich würde die Befriedigung vermissen, die ich empfand, wenn ich Werkzeuge konstruierte, mit denen ich ihm folgen konnte. Jetzt sprangen meine Programme fast sofort an. Sekunden nachdem der Hacker meinen Computer berührt hatte, gab mein Taschenpiepser Laut. Er meldete mir nicht nur einfach, daß der Hacker da war. Ich hatte ihn darauf programmiert, im Morsecode zu piepsen und mir den Zielcomputer des Hackers, seinen Kontennamen (gewöhnlich ›*Sventek*‹) sowie die Leitung mitzuteilen, über die er hereingekommen war. Zusätzliche Alarmeinrichtungen und Monitore machten das System pannensicher.

Irgendwo da draußen wäre ein Datenpirat fast festgenagelt worden. Wenn ich ihn nur einmal mehr hätte verfolgen können.

Nur noch einmal...

Der Hacker war weg, aber ich hatte ein paar lose Enden. Die Telefonrechnungen von Mitre für Ferngespräche zeigten ein Dutzend Anrufe bei einer Nummer in Norfolk, Virginia. Als ich dort anrief (Standardtechnik der Doktorandenschule: Immer auf die Nerven gehen), erfuhr ich schließlich, daß der Hacker das Navy Regional Automated Data Center angewählt hatte.

Es hielt mich ja keiner davon ab, also rief ich das Navy Data Center an und sprach mit dem Systemverwalter, Ray Lynch. Ray schien ein energischer, kompetenter Typ zu sein, der seine Arbeit sehr ernst nahm. Er betrieb ein elektronisches Mailbox-System – Taubenschläge für elektronische Post.

Ray berichtete, daß am 23. Juli 1986 von 15.44 Uhr bis 18.26 Uhr jemand in seine VAX eingebrochen war und das Konto benutzte, das den Ingenieuren des Wartungsservices gehörte. Als der Hakker im System drin war, hatte er ein neues Konto namens *›Hunter‹* eingerichtet.

Da war der Name schon wieder. Derselbe Typ, kein Zweifel.

Normalerweise wäre diese Episode Rays Aufmerksamkeit entgangen. Da dreihundert Marine-Offiziere seine Rechner benutzten, wäre ihm nie jemand aufgefallen, der unberechtigt ein neues Konto einrichtete. Aber am nächsten Tag erhielt er einen Anruf vom Jet Propulsion Laboratory in Pasadena, Kalifornien. Die Leute, die interplanetarische Raumfahrt treiben. Ein aufmerksamer JPL-Operator hatte einen neuen Systemverwalter auf dem Computer entdeckt, der das Mailbox-System steuerte. Dieser neue Benutzer war über das Milnet aus Virginia reingekommen.

Das JPL rief Ray Lynch an und fragte ihn, warum seine Außendienstleute an ihrem Computer rumgefummelt hätten. Ray fragte nicht lange. Er schloß seinen Computer und änderte alle Passwörter. Am nächsten Tag registrierte er alle seine Benutzer neu.

Also war mein Hacker ins JPL und in einen Marine-Computer eingebrochen. Schon Monate, bevor ich ihn in Berkeley entdeckte, hatte er sich im Milnet herumgetrieben.

Diese Ziele waren mir neu. Waren sie ein Hinweis darauf, wo der Hacker war? Wenn man in Kalifornien wohnt, gibt es keinen Grund, über Virginia einen Computer in Pasadena zu erreichen. Und warum sollte jemand in Virginia durch Mitre ein anderes Telefon in Virginia anwählen?

Nehmen wir an, dieser Hacker hatte Mitre benutzt, um alle seine Anrufe zu tätigen, außer den lokalen. Das bedeutete, daß in keinem Staat, der auf den Telefonrechnungen von Mitre erschien, der Wohnort des Hackers sein konnte. Virginia, Kalifornien, Alabama, Texas, Nebraska und ein Dutzend andere schieden also aus. Das führte zu nichts und schien auch kaum überzeugend.

Ich rief einige der anderen Orte an, die auf den Telefonrechnungen von Mitre aufgeführt waren. Der Hacker war auf ein College in Atlanta, Georgia, gestoßen. Der dortige Systemverwalter hatte ihn nicht entdeckt, wäre aber auch nicht wahrscheinlich gewesen, denn, wie der Mann aus Atlanta sagte: »Wir haben ein ziemlich offenes System. Eine Menge Studenten kennen das Systempasswort. Das Ganze beruht auf gegenseitigem Vertrauen.«
Die eine Möglichkeit, Computer zu betreiben. Alle Türen offenlassen. Wie damals einer von meinen Physik-Profs: Jeder konnte in sein Büro spazieren. Schadete doch nichts. Er machte seine Notizen in Chinesisch.
Aus der Unterhaltung mit Ray erfuhr ich einen neuen Kniff des Hackers. Bis jetzt hatte ich ihn nur Unix-Systeme ausnutzen sehen. Aber Rays System war eine VAX, die mit dem VMS-Betriebssystem lief. Der Hacker kannte vielleicht die Berkeley-Variante von Unix nicht, aber ganz sicher wußte er, wie man in VAX-VMS-Systeme einbricht.

Seit 1978 stellte die Firma Digital Equipment die VAX her, ihren ersten 32-Bit-Rechner. Sie kamen mit der Herstellung gar nicht nach: 1985 waren über 50 000 verkauft worden, zu 200 000 Dollar jede. Die meisten liefen mit dem vielseitigen, benutzerfreundlichen VMS-Betriebssystem, obwohl einige widerborstige Ekel das VMS-System wegwarfen und die Stärke von Unix vorzogen.
Sowohl Unix als auch VMS teilen die Ressourcen des Rechners auf und stellen jedem Benutzer gesonderten Speicherplatz zur Verfügung. Für das System ist Speicherplatz reserviert, und allgemeiner Speicherplatz steht für jeden bereit.
Wenn man die Maschine auspackt und zum ersten Mal einschaltet, muß man irgendwie Platz für die Benutzer schaffen. Wenn die Maschine nämlich schon mit Passwörtern geschützt ankäme, könnte man sich nicht zum ersten Mal einloggen.
Digital Equipment löste dieses Problem, indem die Firma jede VMS-VAX mit drei Konten lud, jedes mit seinem eigenen Passwort. Es gibt das Konto ›*SYSTEM*‹ mit dem Passwort ›*MANAGER*‹. Ein Konto namens ›*FIELD*‹, *Passwort* ›*SERVICE*‹. Und ein Konto ›*USER*‹ mit dem Passwort ›*USER*‹.

Die Gebrauchsanleitung weist an, das System zu starten, neue Konten für die Benutzer zu schaffen und diese Passwörter dann zu ändern. Einen Rechner hochzufahren, ist ein bißchen kitzlig und, na, einige Systemverwalter haben diese Passwörter nie geändert. Das Ergebnis? Man kann sich immer noch als ›*SYSTEM*‹ mit dem Passwort ›*MANAGER*‹ einloggen.

Das Systemkonto hat alle Privilegien. Von ihm aus kann man jede Datei lesen, jedes Programm laufen lassen und alle Daten ändern. Es ungeschützt zu lassen, scheint völlig irrwitzig.

Der Hacker wußte entweder von diesen Hintertürpasswörtern, oder er kannte einen sehr verborgenen Fehler im VMS-Betriebssystem.

Jedenfalls gab's wenig Zweifel, daß er sich mit beiden Betriebssystemen hervorragend auskannte: Unix und VMS.

Manche High-School-Boys sind beeindruckende Computercracks. Aber es ist selten, daß ein Schüler fähig *und* vielseitig ist – auf mehreren Computern erfahren. Das dauert seine Zeit. Jahre gewöhnlich. Ja, die meisten Unix-System-Leute konnten das Gnu-Emacs-Loch ausnutzen, wenn sie dessen Schwäche einmal erkannt hatten. Und die meisten VMS-Systemverwalter kannten die weniger geheimen Standardpasswörter. Aber für jedes Betriebssystem brauchte man ein paar Jahre, bis man bewandert darin war, und diese Fähigkeiten waren kaum übertragbar.

Mein Hacker hatte einige Jahre Unix-Erfahrung und einige Jahre im VMS. Wahrscheinlich war er Systemverwalter oder -administrator gewesen.

Kein High-School-Boy.

Aber auch kein erfahrener Crack. Er kannte das Berkeley-Unix nicht.

Ich verfolgte jemanden in den Zwanzigern, der Benson & Hedges rauchte. Und in Militärcomputer einbrach und nach geheimer Information suchte.

Aber verfolgte ich ihn überhaupt noch? Nein, eigentlich nicht. Er würde nicht mehr auftauchen.

Tejott rief am Nachmittag an: »Ich möchte nur gern wissen, was es Neues von unserm Hacker gibt.«

»Wirklich nichts«, antwortete ich. »Ich glaube, ich weiß, wie alt

er ist, aber sonst nicht viel.« Ich begann, die Sache mit dem Navy Data Center und den Hintertürpasswörtern zu erklären, aber dann unterbrach mich der CIA-Agent
»Haben Sie Ausdrucke von diesen Sitzungen?«
»Äh, nein. Meine unmittelbaren Beweise sind die Telefonrechnungen von Mitre. Wenn das nicht überzeugend ist, gibt es andere Hinweise. Er hat ein Konto mit dem Namen Hunter eingerichtet. Genau wie in Anniston.«
»Haben Sie das in Ihr Tagebuch geschrieben?«
»Klar. Ich schreibe alles auf.«
»Könnten Sie mir eine Kopie schicken?«
»Also, es ist irgendwie privat...« Tejott würde mir auch keine Kopien *seiner* Berichte schicken.
»Kommen Sie, bleiben Sie ernst. Wenn wir der ›F‹-Einheit jemals Feuer unterm Hintern machen wollen, muß ich wissen, was passiert.«
Die ›F‹-Einheit?
Ich kramte in meinem Gedächtnis. Fourier-Transformation? Fossilien? Fingerfarben?
»Was ist die ›F‹-Einheit?« fragte ich irgendwie gedemütigt.
»Sie wissen schon, die Einheit in Washington«, erwiderte Tejott mit einem Hauch von Ärger. »J. Edgars Jungs.«
Warum sagst du nicht einfach ›das FBI‹? dachte ich und höhnte: »Oh, ich verstehe, Sie wollen mein Tagebuch, um die ›F‹-Einheit davon zu überzeugen, daß sie was tun muß.«
»Genau. Schicken Sie mir's einfach.«
»Und Ihre Adresse?«
»Adressieren Sie's einfach an Tejott, Postleitzahl 20505. Das kommt an.«
Na, das nannte ich Prestige. Kein Nachname, keine Straße, keine Stadt, kein Staat. Ich fragte mich, ob er jemals Reklame im Briefkasten hatte.
Da ich die CIA vom Hals hatte, konnte ich genauso gut zu wirklicher Arbeit übergehen. Ich spielte ein Weilchen mit Professor Antonssons Graphikprogramm herum und stellte fest, daß es erstaunlich leicht zu verstehen war. Dieses ganze hochgestochene Geschwafel über objektorientiertes Programmieren bedeutete ein-

fach, daß man keine Programme schrieb, indem man Variablen und Datenstrukturen benutzte: Statt dessen sagte man dem Computer etwas über Dinge. Um einen Roboter zu beschreiben, beschrieb man dessen Füße, Beine, Gelenke, Rumpf und Kopf ganz genau. Nicht nötig, von X und Y zu reden. Und ›graphischer Einschlag‹ bedeutete nur, daß, wenn der Roboter sein Bein bewegte, sich die Füße und Zehen automatisch mitbewegten. Man mußte kein besonderes Programm schreiben, um jedes Objekt zu bewegen.

Nett. Nach ein oder zwei Tagen Herumspielen mit dem Caltech-Programm schimmerte dessen Einfachheit und Eleganz durch. Was wie eine haarige Programmierherausforderung ausgesehen hatte, erwies sich als ganz leicht. Also motzte ich die Darstellung auf und fügte Farben und Beschriftung dazu.

Der Chef wollte, daß ich durch Reifen hüpfte. Ich würde ihm einen Zirkus mit drei Manegen liefern.

27. Kapitel

Thanksgiving würde ein Superknaller werden. Per Fahrrad und mit Rucksack hatte Martha bestimmt zwanzig Kilo Eßbares heimgeschleppt. Sie machte nur ein paar sarkastische Bemerkungen über siebenschläferähnliche Wohnungsgenossen und hieß mich aufräumen und das Haus putzen.

»Räum das Gemüse weg, Liebster«, sagte sie. »Ich geh zum Supermarkt.«

War's wirklich möglich, daß sie noch mehr Lebensmittel brauchte? Sie sah mein Erstaunen und erklärte, daß das alles nur Grünzeug sei, und daß sie noch die Gans, Mehl, Butter, Sahne und Eier brauche.

Ein Superknaller, bestimmt.

Ich räumte das Grünzeug weg und kletterte wieder ins Bett. Von dem Geruch von Plätzchen und der Gans, der durchs Haus zog, wachte ich auf. Wir erwarteten Marthas Freunde von der juristischen Fakultät, die nicht nach Hause konnten (oder Marthas Küche der von Muttern vorzogen), ein paar Jura-Professoren, einige hungrige Krieger aus ihrem Aikido-Dojo und ihre ausgeflippte Freundin Laurie. Mein Gewissen schlug, als ich Martha so rumwuseln sah, und ich brachte mich und unseren 250-PS-Hoover auf Touren. Als ich so vor mich hin saugte, kam unsere Untermieterin Claudia von einer Geigenprobe zurück.

»Oh, gib her«, rief sie aus. »Das mach ich gern.« Man stelle sich vor – eine Untermieterin, die Hausarbeit liebt. Ihr einziger Fehler war, daß sie auch gern spät nachts Mozart spielte.

Erntedank verging idyllisch, mit Freunden, die uns ins Haus schneiten, in der Küche halfen, redeten oder herumlungerten.

Es war ein einziges großes Fressen; es begann mit frischen Austern vom Kai in San Francisco, ging dann allmählich zu Marthas Suppe von wilden Champignons über, dann gab's die Gans. Danach lagen wir herum wie gestrandete Wale, bis wir die Energie zu einem kurzen Spaziergang aufbrachten. Bei Kuchen – ofenfrisch – und Kräutertee drehte sich das Gespräch um juristische Fragen; Marthas Freundin Vicky verbreitete sich über Umweltgesetzgebung, während ein paar Professoren sich über »Sympathisanten« stritten.

Schließlich waren wir zu voll und zufrieden für geistreiche Konversation, lagen vor dem Feuer und rösteten Kastanien. Vicky und Claudia spielten vierhändig Klavier; Laurie sang eine Ballade, und ich dachte über Planeten und Galaxien nach. Sorgen über Computernetzwerke und Spione schienen unwirklich in dieser Welt voller Freunde, Essen und Musik.

Thanksgiving zu Hause in Berkeley.

Wieder im Labor vergaß ich den Hacker. Er war seit fast einem Monat weg. Warum? Ich wußte es nicht.

Die Astronomen spielten mit ihrem neuen Graphikdisplay herum und studierten Möglichkeiten, um ihr Teleskop zu verstärken. Inzwischen hatte ich herausgefunden, wie man die Darstellung lebendiger machte, so daß sie interessante Partien vergrößern und auf dem Bildschirm drehen konnten. Objektorientiertes Programmieren – zufällig hatte ich ein neues Schwafelwort gelernt. Den Astronomen war's egal, aber ich mußte einen Vortrag vor Computerleuten halten.

Am Mittwoch war ich drauf und dran, alle andern Systemleute vor Staunen platt zu machen. Ich rief mir den ganzen Jargon ins Gedächtnis und richtete das Displayprogramm ein, damit es nicht in letzter Minute abstürzte.

Um 15 Uhr erschien ein Dutzend Computerprofis. Das Displaysystem arbeitete makellos, und die Caltech-Software wurde ohne Mucks geladen. Computerleute sind an langweilige Vorträge über Datenbanken und strukturiertes Programmieren gewöhnt, deshalb überwältigte diese dreidimensionale Farbgraphik sie alle.

Ich war fünfundzwanzig Minuten bei der Show und beantwortete gerade eine Frage zur Programmiersprache (»Sie ist objektorien-

tiert, was immer das heißt...«), als mein Taschenpiepser loslegte.
Dreimaliges Piepsen. Morsezeichen für den Buchstaben S.
S wie Sventek. Der Hacker hatte sich auf dem Konto *Sventek* bei unserem System angemeldet.
Verdammt. Ein Monat Funkstille, und der Kerl taucht ausgerechnet jetzt auf.
Gut. *The show must go on.* Ich konnte schlecht zugeben, daß ich den Hacker immer noch jagte – meine Dreiwochenfrist war schon lange um. Aber ich mußte hinüber zum Wachposten und beobachten, was er tat.
Natürlich. Ich hörte auf, hübsche Bilder zu zeigen und begann, ein entlegenes Gebiet der galaktischen Astronomie zu erläutern. Es dauerte fünf Minuten, und die Leute fingen an, unruhig hin und her zu rutschen und zu gähnen. Mein Chef schaute auf die Uhr und beendete die Besprechung.
Noch eine Anwendungsmöglichkeit höherer Astronomie.
Ich drückte mich im Korridor vor der Bande und schlüpfte in den Schaltraum. Der Hacker war auf keinem meiner Monitore aktiv.
Aber er hatte Fußabdrücke zurückgelassen. Der Drucker zeigte, daß er zwei Minuten dagewesen war. Lange genug, um unser System zu überprüfen. Er prüfte, ob der Systemverwalter da war, suchte dann nach dem Gnu-Emacs-Loch – es war immer noch nicht gestopft worden. Und er listete seine vier gestohlenen Konten auf – keine Veränderung dort. Dann, puh, weg.
Keine Möglichkeit, ihn nach vollbrachter Tat zu verfolgen. Aber der Monitor, der ihn erwischt hatte, hing an der Tymnet-Leitung. Also kam er über dieselbe Leitung rein. Lief sein Pfad von Mitre über AT&T und Pacific Bell zu Tymnet?
Zeit, Mitre anzurufen.
Bill Chandler antwortete: »Nein, er kann unsere Modems nicht benutzt haben. Sie sind alle abgeklemmt.«
Wirklich? Leicht nachzuprüfen. Ich rief Mitre über Tymnet. Ich konnte das Netzwerk von Mitre immer noch erreichen, aber Bill hatte in der Tat alle Modems abgehängt. Ein Hacker konnte an seinen Computern herumfummeln, aber er kam nicht raus.
Mein Hacker war von woanders gekommen.

Sollte ich mich freuen oder verzweifeln? Der Unsichtbare war wieder da. Als Super-User mit allen Privilegien. Aber vielleicht würde ich ihn diesmal festnageln. Wenn er immer wieder auf seine Hühnerstange zurückkehrte, ich würde ihn bestimmt aufspüren.

Ich unterdrückte meine Rachegefühle. Forschung war die Antwort. Die Frage war nicht »Wer tut's?«. Es würde mich nicht befriedigen, wenn plötzlich eine Postkarte hereinflatterte, auf der stand: ›*Joe Blatz bricht in deinen Computer ein.*‹ Nein, das Problem war, die Werkzeuge zu konstruieren, um herauszufinden, wer da war. Was, wenn ich die ganze Verbindung verfolgte, und es entpuppte sich als Ablenkungsmanöver? Zumindest würde ich das Phänomen verstehen.

Nicht jede Forschungsarbeit bringt genau die Ergebnisse, die man erwartet.

Meine Werkzeuge waren scharf. Die Alarmanlagen wurden sofort ausgelöst, wenn er seine gestohlenen Kontennamen eingab. Wenn sie versagten, würde ihn ein Sicherungsprogramm, das hinter meinem Unix-8-Computer versteckt war, innerhalb einer Minute entdecken. Wenn dieser verdammte Netzflaneur die Fallstricke berührte, meldete es mir mein Piepser sofort.

Der Hacker konnte sich verstecken, aber er konnte die Gesetze der Physik nicht verletzen. Jede Verbindung mußte irgendwo beginnen. Jedesmal wenn er auftauchte, stellte er sich bloß. Ich mußte nur wachsam sein.

Der Fuchs war zurück.

Und ein Jagdhund erwartete ihn.

28. Kapitel

Einen Monat lang war er verschwunden und zeigte sich jetzt wieder in meinem System. Martha war darüber nicht glücklich; sie begann in meinem Taschenpiepser einen mechanischen Rivalen zu sehen.

»Wie lang dauert das noch, bis du von dieser elektronischen Leine loskommst?«

»Nur noch ein paar Wochen, Martha. An Neujahr ist's vorbei, ganz sicher.«

Sogar nach drei Monaten Jagd dachte ich immer noch, ich sei kurz vorm Abschluß. Ich war sicher, daß ich ihn fangen würde: Da sich der Hacker nicht mehr hinter Mitre verstecken konnte, würde uns die nächste Verfolgung einen Schritt näher an ihn ranbringen. Er wußte es nicht, aber es wurde langsam eng um ihn. Ein paar Wochen noch, und der Sack war zu.

Am Freitag, dem 5. Dezember 1986, tauchte der Hacker um 13.21 Uhr wieder auf. Er fuhr das Periskop aus, suchte nach unserem Systemverwalter und listete dann unsere Passwortdatei auf.

Das war das zweite Mal, daß er sich meine Passwortdatei schnappte. Aber wozu? Es gab keinen Schlüssel, um diese chiffrierten Passwörter zu knacken: Sie sind einfach Gulasch, wenn sie nicht dechiffriert sind. Und unsere Chiffriersoftware ist eine Einwegfalltür: Ihr mathematisches Durchrühren ist präzise, wiederholbar und irreversibel.

Wußte er etwas, das ich nicht wußte? Hatte dieser Hacker eine magische Dechiffrierformel? Unwahrscheinlich. Wenn man die Kurbel eines Fleischwolfs rückwärtsdreht, kommen am andern Ende auch keine Schweine raus.

Vor vier Monaten hätte ich begriffen, was er tat, aber jetzt hatte ich alle Hände voll zu tun, ihm auf der Spur zu bleiben.
Nach neun Minuten verschwand er wieder. Genug Zeit für mich, die Verbindung zu Tymnet zu verfolgen. Aber ihr Netzwerkhexer Ron Vivier machte eine ausgedehnte Mittagspause. So konnte Tymnet die Verfolgung nicht weiterführen.
Und wieder eine Chance vertan.
Ron rief mich eine Stunde später zurück. »Wir hatten eine Party im Büro«, sagte er. »Ich dachte, Sie hätten es aufgegeben, diesen Kerl zu verfolgen.«
Ich erklärte den monatelangen Einschnitt. »Wir haben ihn bis nach Mitre hinein verfolgt, und sie haben das Loch zugestopft, das er benutzte. Das hielt ihn einen Monat lang auf, aber jetzt ist er zurück.«
»Warum stopfen Sie das Loch bei Ihnen nicht auch?«
»Wär wohl das beste«, sagte ich, »aber wir haben drei Monate in dieses ›Projekt‹ gesteckt. Wir können nicht weit von der Lösung entfernt sein.«
Ron war bei jeder Verfolgung mittendrin gewesen. Er hatte viel Zeit investiert, alles freiwillig. Wir bezahlten Tymnet nicht dafür, Hacker zu verfolgen. »Hey, Cliff, wie kommt's eigentlich, daß Sie mich nie nachts anrufen?« fragte er.
Ron hatte mir seine Privatnummer gegeben, aber ich rief ihn nur im Büro an. »Ich glaube, der Hacker taucht nachts gar nicht auf«, antwortete ich. »Fragt sich nur warum.« Ron hatte mich zum Nachdenken gebracht. Mein Tagebuch hielt jedes Mal fest, zu dem der Hacker aufgetaucht war. Wann war er im Durchschnitt aktiv? Ich erinnerte mich an ihn um 6 Uhr und um 19 Uhr. Aber niemals um Mitternacht. Entspricht nicht ein mitternächtlicher Streifzug dem Image eines Hackers?

Am 6. Dezember hatte sich der Hacker zum 135. Mal bei uns angemeldet. Oft genug für eine statistische Analyse seiner Arbeitsgewohnheiten. In ein paar Stunden gab ich alle Daten und Uhrzeiten in ein Programm. Dann einfach ein Durchschnitt.
Na, nicht genau ein einfaches Mittel. Was ist der Durchschnitt von 6 Uhr und 18 Uhr? Mittag oder Mitternacht? Aber das ist Brot und Butter der Statistikleute. Dave Cleveland zeigte mir das rich-

tige Programm, und ich verbrachte den Rest des Tages mit allen Arten von Durchschnitten.
Im Durchschnitt tauchte der Hacker am Mittag, Pazifische Zeit, auf. Wegen der Sommerzeit konnte ich das bis auf 12.30 Uhr oder sogar 13 Uhr ausdehnen, aber er war absolut kein Abendmensch. Obwohl er manchmal morgens auftauchte, und gelegentlich abends (ich war immer noch sauer auf ihn, weil er mir Halloween verdorben hatte!), arbeitete er im allgemeinen am frühen Nachmittag. Durchschnittlich blieb er zwanzig Minuten angemeldet. Jede Menge 2- oder 3-Minuten-Verbindungen und ein paar Zwei-Stunden-Läufe.
Und was hieß das? Angenommen, er wohnt in Kalifornien. Dann hackt er tagsüber. Wenn er an der Ostküste ist, ist er uns drei Stunden voraus, arbeitet also um 15 oder 16 Uhr nachmittags.
Das macht keinen Sinn. Er würde nachts arbeiten, um Telefongebühren für Ferngespräche zu sparen. Um Netzwerkverstopfungen zu vermeiden. Und um einer Entdeckung zu entgehen. Trotzdem bricht er ganz frech am Tage ein. Warum?
Dreistigkeit? Vielleicht. Nachdem er sich vergewissert hatte, daß kein Systemoperator anwesend war, streifte er ohne Zögern durchs Innere meines Computers. Er war arrogant und hatte keine Hemmungen, die Post von anderen zu lesen und ihre Daten zu kopieren. Das konnte aber auch begründen, warum er ausgerechnet mittags auftauchte.
Vielleicht meinte er, er würde weniger auffallen, wenn Dutzende andere den Computer benutzten. Obwohl viele Programme nachts liefen, waren die meisten davon Batch-Jobs, die tagsüber angeliefert und bis abends zurückgestellt wurden. Um Mitternacht waren nur ein paar Nachteulen eingeloggt. Was auch immer sein Grund war, diese besondere Gewohnheit machte mir das Leben etwas einfacher. Weniger Störungen, wenn Martha und ich schliefen. Kaum nötig, die Polizei nachts anzurufen. Und eine größere Chance, daß ich in der Nähe war, wenn er auftauchte.
Als wir gerade auf dem Küchentisch Zwiebeln hackten, erzählte ich Martha von meinen Ergebnissen. »Ich verfolge einen Hacker, der die Dunkelheit meidet.«
Es beeindruckte sie nicht. »Das macht doch keinen Sinn. Wenn

der Kerl ein Amateur ist, würde er doch außerhalb der Öffnungszeiten einbrechen.«

»Du meinst also, er ist ein Profi und hält sich an die regulären Bürozeiten?« Ich sah vor meinem geistigen Auge jemanden, der morgens eine Karte in den Schlitz der Stechuhr schiebt, dann acht Stunden lang in Computer einbricht und dann wieder sticht, wenn er heimgeht.

»Nein«, sagte Martha. »Sogar professionelle Einbrecher halten sich an ungewöhnliche Uhrzeiten. Was ich wissen will, ist, ob sich seine Zeiten an Wochenenden ändern.«

Das konnte ich nicht beantworten. Ich mußte ins Labor zurück, alle Wochenendzeiten herauslesen und deren Durchschnitt gesondert berechnen.

»Aber nehmen wir mal an, daß der Hacker wirklich nur um die Mittagszeit rum auftaucht«, fuhr Martha fort. »Dann kann's da, wo er wohnt, Nacht sein.«

Wenn es in Kalifornien Mittag ist, wo ist dann Abend?

Sogar Astronomen lassen sich von Zeitänderungen verwirren, aber ich weiß, daß es später wird, wenn man sich nach Osten bewegt. Wir sind Greenwich um 8 Stunden hinterher, also ist Mittagessenszeit in Berkeley Schlafenszeit in Europa. Kommt der Hakker aus Europa?

Unwahrscheinlich, aber bemerkenswert.

Vor einem oder zwei Monaten hatte ich die Entfernung zu dem Hacker bestimmt, indem ich die Echoverzögerung maß, als der Hacker Kermit laufen ließ. Was ich herausfand, machte nicht viel Sinn: Der Hacker schien sieben- oder achttausend Meilen weit weg zu sein. Jetzt machte es Sinn. Bis London sind es 8000 Meilen. Die Welt ist klein. Aber wie kommt man von Europa aus in unsere Netzwerke? Quer über den Atlantik zu telefonieren, kostet ein Vermögen. Und warum dann durch Mitre gehen?

Ich mußte mir immer wieder klarmachen, daß dies nur schwache Hinweise waren. Nichts Schlüssiges. Aber es war schwer, an diesem Abend einzuschlafen. Morgen mußte ich hinauf zum Labor und mein Tagebuch mit einer neuen Hypothese im Hinterkopf lesen: Der Hacker könnte aus dem Ausland kommen.

29. Kapitel

Samstag morgen wachte ich verknäult in Marthas Armen auf. Wir alberten eine Weile herum, dann ging ich in die Küche und machte einen Riesenstapel meiner quasistellaren Waffeln – zuckersüße Wunderdinger, für die in der ganzen Andromeda-Galaxis Werbung gemacht wird.

Trotz der frühen Stunde konnte ich nicht widerstehen, hinüber zum Labor zu eilen. Ich radelte durch Seitenstraßen und hielt nach Straßenhändlern Ausschau. Genau auf meinem Weg verkaufte jemand seinen Haushalt, alles aus den 60ern und gut erhalten. Rockposter, Glockenjeans, sogar eine Nehru-Jacke. Ich nahm mir einen Geheimcodering von Captain Midnight für zwei Dollar. Es war sogar noch ein Gutschein für Ovomaltine dran.

Im Labor begann ich, die Login-Zeiten des Hackers zu analysieren und löste seine Wochenendsitzungen heraus. Es dauerte eine Weile, aber es gelang mir, zu zeigen, daß er an Wochentagen von etwa 12 Uhr bis 15 Uhr auftauchte; an Wochenenden frühestens um 6 Uhr morgens.

Angenommen, dieser Aal wohnte in Europa. Am Wochenende konnte er zu jeder Stunde einbrechen, mußte sich aber unter der Woche auf den Abend beschränken. Die Login-Zeiten stimmten damit überein, aber Übereinstimmung ist noch kein Beweis. Ein Dutzend andere Theorien konnten den Daten genügen.

Eine Datenquelle hatte ich nicht berücksichtigt. Das Usenet ist ein nationales Netzwerk von Tausenden Computern, die über Telefon gekoppelt sind. Es ist ein Schwarzes Brett für ein weites Gebiet; eine Art geheime Netzwerkzeitung.

Jeder kann Notizen dran heften; jede Stunde erscheinen Dutzende neuer Nachrichten, eingeteilt nach Kategorien wie Unix-

Fehler, Macintosh-Programme und Science-fiction-Diskussionen. Niemand ist dafür verantwortlich: Jeder Unix-Computer kann sich beim Usenet anmelden und dem Rest Nachrichten übermitteln.

Anarchie in Aktion.

Einen Großteil der Nachrichten geben Systemverwalter aus, also findet man Notizen wie: ›*Wir haben einen Foobar-Computer Modell 37 und versuchen, ein Yoyodyne-Band dranzuhängen. Kann uns jemand helfen?*‹ Oft antwortet jemand und löst das Problem in Minuten. Zu andern Zeiten erschallt die Stimme des einsamen Rufers in der elektronischen Wüste.

Ich konnte schlecht einen Zettel anbringen mit der Bitte: ›*Hacker brechen in meinen Computer ein. Hat jemand eine Ahnung, wo die herkommen?*‹

Weil die meisten Systemleute dieses Schwarze Brett lesen, würde es der Hacker gleich mitkriegen.

Aber ich konnte nach Informationen suchen. Ich startete ein Suchprogramm mit dem Stichwort ›*Hack*‹. Dabei würden alle Nachrichten mit diesem Stichwort herausspringen.

Hoppla. Schlechte Stichwortwahl. Das Wort ›*Hacker*‹ ist zweideutig. Computerleute benutzen es als Kompliment für einen kreativen Programmierer; die Öffentlichkeit benutzt es für einen Kerl, der in Computer einbricht. Meine Suche erbrachte jede Menge im ersten Sinn und nicht viel im letzteren.

Trotzdem waren einige nützliche Nachrichten dabei. Ein Typ aus Toronto berichtete, daß sein Computer von einer Gruppe aus der Bundesrepublik Deutschland angegriffen worden war. Sie nannten sich Chaos Computer Club und waren vermutlich Techno-Vandalen. Eine andere Nachricht berichtete von Hackern in Finnland, die versuchten, Geld von einer Firma zu erpressen, indem sie deren Computer als Geiseln hielten. Eine dritte erwähnte, ein Hacker in London betreibe eine Art Werkstatt zur illegalen Verwendung von Kreditkarten und verkaufe die nötige Information über die Telefonleitungen.

Keine dieser Meldungen schien zu beschreiben, was mein Hacker tat. Auch war es kein Trost, zu erkennen, daß andere sich mit ähnlichem rumschlugen.

Ich lief hinaus aufs Dach des Gebäudes und sah über die Bay. Unter mir Berkeley und Oakland. Jenseits des Wassers San Francisco und die Golden Gate Bridge. Soweit ich wußte, erlaubte sich irgend jemand drei Blocks weiter einen ausgefuchsten, praktischen Witz mit mir. Ich spielte mit meinem Geheimcodering herum, als mein Piepser losging. Dreimal. Wieder *Sventek*, und auf meiner Unix-Maschine.

Ich rannte das Treppenhaus runter und in den Schaltraum. Der Hacker loggte sich gerade ein. Rasch rief ich Ron Vivier bei Tymnet an. Keine Antwort. Natürlich, du Dödel, dachte ich. Samstag! Ein weiterer Anruf bei ihm zu Hause. Eine Frau nahm ab.

»Ich muß sofort mit Ron sprechen. Er muß sofort eine Netzwerkknotenverfolgung starten.« Ich war außer Atem und schnappte nach Luft. Fünf Stockwerke Treppen.

Sie war bestürzt. »Er ist im Hof und wäscht den Wagen. Ich hol ihn.« Ein paar Jahrhunderte später tauchte Ron auf. Kinder schrien im Hintergrund.

»Jetzt zeigen Sie mal, was Sie können, Ron«, japste ich. »Verfolgen Sie sofort meinen Anschluß 14.«

»Gut. Es dauert 'ne Minute. Zum Glück hab ich hier zwei Telefonleitungen.«

Ich hatte nicht bedacht, daß er zu Hause selbstverständlich kein Schaltbrett vor den Fingerspitzen hatte. Er mußte sich in seinen Computer einwählen.

Weitere Äonen vergingen, bis Ron zurück ans Telefon kam. »Hey, Cliff, sind Sie sicher, daß es derselbe Typ ist?«

Ich hatte ihn dabei beobachtet, wie er in unserem Computer nach dem Wort ›*SDI*‹ suchte und antwortete: »Ja, er ist es.«

»Er kommt durch ein Tor rein, von dem ich noch nie was gehört habe. Da ich fest verbunden bin mit seiner Netzwerkadresse, macht es nichts, wenn er auflegt. Aber der Kerl kommt aus einer seltsamen Ecke.«

»Und woher?«

»Weiß nicht. Es ist Tymnet-Knoten 3513, ein ganz komischer. Ich muß erst in unserem Verzeichnis nachschlagen.« Im Hintergrund klickte Rons Tastatur. »Hier ist er. Dieser Knoten ist verbunden mit ITT-Knoten DNIC 3106. Er kommt aus dem ITT-IRC.«

»Was bedeutet das?«
Ich verstand nur Bahnhof.
»Oh, tut mir leid«, sagte Ron. »Ich denke immer, ich rede mit einem andern Tymnet-Menschen. Cliff, Ihr Hacker kommt von außerhalb des Tymnet-Systems. Er kommt ins Tymnet über eine Kommunikationsleitung, die von der International Telephone and Telegraph Company betrieben wird.«
»Na und?«
»Tymnet transportiert Daten zwischen Ländern mit Hilfe der IRCs, der International Record Carriers. Früher waren wir aufgrund internationaler Abmachungen dazu gezwungen, heute suchen wir uns den billigsten Anbieter raus. Die IRC sind die Vermittler, die Länder miteinander verbinden.«
»Das heißt, der Hacker kommt aus dem Ausland?«
»Ohne Zweifel. ITT nimmt den Westar ...«
Ron sprach schnell und verwendete viele Akronyme.
»Wie? Was bedeutet das?« unterbrach ich.
»Sie wissen doch«, sagte Ron, »Westar 3.«
Ich wußte zwar nicht, aber lernte durch Zuhören. Er fuhr fort: »Der Kommunikationssatelit über dem Atlantik. Er vermittelt zehn- oder zwanzigtausend Telefongespräche auf einmal.«
»Also kommt mein Hacker aus Europa?«
»Ganz sicher.«
»Woher?«
»Das weiß ich nicht, und ich kann's wahrscheinlich auch nicht rausfinden. Aber bleiben Sie dran, und ich schau mal nach.«
Weiteres Tastaturklicken. Ron kam wieder ans Telefon. »Also ITT bezeichnet die Leitung als DSEA 744031. Das ist ihre Leitungsnummer. Sie kann sowohl nach Spanien, Frankreich, Deutschland oder auch nach England führen.«
»Und was ist es?«
»Tut mir leid, das weiß ich nicht. Sie müssen ITT anrufen. In drei Tagen schicken sie uns Abrechnungsdaten, und dann kann ich's feststellen. Mehr krieg ich in der Zwischenzeit auch nicht raus.«
Der Satellit Westar 3 beobachtet aus fünfundzwanzigtausend Meilen Höhe über Brasilien zugleich Europa und Amerika. Er

überträgt Mikrowellensignale zwischen den Kontinenten, jedes Signal auf seinem eigenen Kanal. ITT, der multinationale Gigant, hat ein paar tausend Kanäle von Westar gemietet.

Ron ging wieder seinen Wagen waschen, und ich ging hinüber zu dem Überwachungsdrucker. Zwanzig Minuten waren vergangen, und mein Hacker hatte keinen Moment vertan. Alles, was er getippt hatte, war auf meinem Drucker festgehalten und auf meinem Computerbildschirm dargestellt. Wenn er anfing, unser System zu zerstören, mußte ich nur hinter den Tisch greifen und einfach den Stecker rausziehen.

Aber mein Laborcomputer interessierte ihn nicht. Er vergewisserte sich zuerst, daß ihn niemand beobachtete, indem er nachschaute, wer sich alles eingeloggt hatte, und listete deren Jobs auf.

Wie gut, daß meine Überwachungsanlage verborgen war.

Dann ging er direkt zu unseren Netzwerkverbindungen und loggte sich in das Network Information Center ein. Diesmal suchte er nach Stichwörtern wie CIA, ICBM, ICBMCOM, NORAD und WSMR. Nachdem er ein paar Computernamen aufgegriffen hatte, versuchte er methodisch, sich in jeden mit Standardkontennamen wie *›guest‹* und *›visitor‹* einzuloggen. Aber er kam nicht weit. Fünf Systeme wiesen ihn wegen falscher Passwörter ab. Wie einen Monat zuvor mühte er sich eine Zeitlang ab, in die Raketenbasis White Sands hineinzukommen. Immer wieder versuchte er, sich in ihre Computer einzuloggen. Er hatte keine Probleme, Namen von Leuten zu finden, die dort arbeiteten – er durchsuchte einfach das Netzwerkverzeichnis. Aber er konnte ihre Passwörter nicht raten.

Das Milnet verbindet Tausende von Computern. Trotzdem wollte er ausgerechnet in White Sands hinein. War's mein Bier?

Warum interessierte sich dieser Typ nur für Militärkram? Es gibt eine ganze Welt von Rechnern, trotzdem peilt er Armeebasen an.

Da geht was Ernstes vor, dachte ich.

Und es sollte lange dauern, bis ich herausfand, was.

Nach einer halben Stunde gab er in White Sands auf und versuchte, wieder in unseren Elxsi-Computer einzusteigen. An Halloween war er reingekommen und hatte ein neues Konto eingerichtet.

Zusammen mit dem Physiker, der den Elxsi verwaltete, hatte ich dort eine Falle aufgestellt. Der Computer sah so aus, als sei er immer noch weit offen, aber als der Hacker ihn anfaßte, wurde er langsamer. Je mehr der Hacker versuchte, ihn zu benutzen, desto langsamer lief er.
Unser elektronischer Bremsklotz arbeitete wie eine Eins.
Der Hacker versuchte, sich in den Elxsi einzuloggen, und die Maschine lief langsamer und langsamer. Nicht grade lahm; er konnte sehen, daß er vorankam, aber mit einer entsetzlichen Geschwindigkeit. Elxsi Inc. hätte sich geschämt – ihrer ist der fixeste von allen Minicomputern.
Der Typ brauchte zehn Minuten, bis er das Handtuch warf. Aber er kam gleich wieder auf unsere Unix-Maschinen zurück und raus ins Milnet. Diesmal versuchte er eine Stunde lang, in 42 Militärcomputer einzubrechen, im wahrsten Sinn des Wortes rund um die Welt. Mit einem einzigen Befehl, ›*telnet*‹, meldete er sich bei einem militärischen System an und probierte eine Minute lang Standardkontennamen und Passwörter. Wenn er sich den Weg nicht mit vier Versuchen erraten konnte, ging er zum nächsten Computer über.
Er konnte raten. Wenn die Unix-Aufforderung ›*login*‹ erschien, probierte er Standardkonten wie ›*guest*‹, ›*root*‹, ›*who*‹ und ›*visitor*‹. Das VAX-VMS-Betriebssystem fordert mit ›*username*‹ auf; bei diesen Rechnern probierte er die Standards ›*system*‹, ›*field*‹, ›*service*‹ und ›*user*‹. Er hatte das schon mal gemacht, und ich bin sicher, daß Hacker das wieder tun.
Wenn das Milnet eine Landstraße war, die Tausende von Computern verband, dann war er ein Einbrecher, der geduldig jedes Haus besuchte. Er drückte die Klinke der Vordertür, ob sie vielleicht unverschlossen war, und lief dann ums Haus herum, um es an der Hintertür zu probieren. Vielleicht versuchte er auch, ein oder zwei Fenster aufzuhebeln.
Meistens fand er Türen und Fenster verschlossen. Nachdem er eine Minute dagegengedrückt hatte, ging er zum nächsten Haus. Nicht sehr raffiniert; er brach keine Schlösser auf und grub sich auch nicht unter Mauern durch. Er nutzte einfach nur Leute aus, die ihre Türen oder Fenster offengelassen hatten.

Er probierte einen militärischen Computer nach dem andern aus. Army Ballistics Research Laboratory. US Naval Academy. Naval Research Laboratory. Air Force Information Services Group. Orte mit bizarren Akronymen, wie WWMCCS oder Cincusnaveur. (Cincus? Oder war es Circus? Ich hab's nie rausgefunden.)
Heute hatte er kein Glück. Keiner seiner Versuche haute hin.
42 Aufschläge, 42mal aus.
Klar, daß er lange Zeit dranbleiben würde. Ich langte in meine Tasche nach einem Milky Way – was sonst für einen Astronomen – und machte es mir bequem, um den Hacker auf meinem grünen Monitor zu beobachten. Ich konnte mir das andere Ende dieser langen Verbindung vorstellen. Da saß der Hacker an seinem Monitor und schaute auf dieselben grünen Zeichen. Vielleicht kaute er auch an einem Milky Way.
Oder er rauchte eine Benson & Hedges.

Es war Samstag, aber dennoch wollte ich versuchen, das Air Force Office of Special Investigations anzuklingeln. Sie hatten mir gesagt, ich solle anrufen, wenn was Neues hochkochte, und der Kessel war gerade am Singen. Ich wählte, aber keine Antwort. Sie konnten ja sowieso nicht viel tun, sprach ich mir Trost zu, aber dennoch mußte ich wissen, was am anderen Ende des Satellitenkanals von ITT war.
Nur zwei Menschen wußten, wo ich war – Ron Vivier und Martha. Und Ron wusch sein Auto. Als daher das Telefon klingelte, meldete ich mich mit »Hallo, Süße!«
Schweigen, dann: »Oh, ich habe wahrscheinlich die falsche Nummer. Ich suche Cliff Stoll.« Eine Männerstimme mit stark britischem Akzent. Hatten mich Spione der Königin von England gefunden? Oder war der Hacker in London?
Es klärte sich auf. Ron Vivier hatte die internationale Abteilung von Tymnet angerufen, wo die Experten für die transatlantische Kommunikation die Sache übernahmen. Und einer von Tymnets internationalen Spezialisten, Steve White, begann mit der Verfolgung.
Steve arbeitet in Vienna, Virginia, und sorgt dafür, daß die Kunden von Tymnet weltweit kommunizieren können. Er war in Dor-

set in England aufgewachsen und lernte anfangs per Post programmieren: Er schrieb in der Schule ein Programm, schickte es an ein Computerzentrum und erhielt eine Woche später einen Ausdruck. Steve behauptet, daß man so gezwungen wird, gleich beim ersten Mal gute Programme zu schreiben, weil ein Fehler sieben Tage kostet. Steve hatte an der Universität London Zoologie studiert und fand sie wie die Astronomie: faszinierend, aber sie verarmte. Also zog er in die Staaten und fing an, auf seinem anderen Spezialgebiet zu arbeiten: digitale Kommunikation. Steve beseitigt Störungen in internationalen Kommunikationssystemen.

Es gibt ein Dutzend Wege, Computer miteinander zu verbinden – Telefone, Glasfaserkabel, Satellitenverbindungen, Mikrowellenverbindungen. In meinem Labor war's mir egal, wie sich meine Daten bewegten, solange ein Wissenschaftler in Podunk meinen Computer in Berkeley erreichen konnte. Es war Steves Arbeit, dafür zu sorgen, daß die Daten, die an einem Ende von Tymnet eingefüllt worden waren, bei mir am andern Ende raussprudelten.

Jede Kommunikationsfirma hat jemanden wie Steve White. Oder zumindest die erfolgreichen. Für ihn ist das Netzwerk ein Gazegewebe von Verbindungen, unsichtbaren Fäden, die alle paar Sekunden erscheinen und verschwinden. Jeder seiner 3000 Knoten mußte sofort mit jedem anderen kommunizieren können.

Man könnte ein Netzwerk aufbauen, indem man einen Draht an jedem Computer befestigt und diese dann in einer großen Vermittlung verbindet. Mit den tausend Terminals in unserem Labor machten wir's genauso; zig Millionen Drähte im Schaltraum. Lokale Telefongesellschaften arbeiten ähnlich: Sie führen alle Telefonkabel eines Bezirks in einem einzigen Gebäude zusammen, wo mechanische Relais die Verbindungen herstellen.

Bei tausenden Computern, die über das ganze Land verstreut waren, war für Tymnet eine zentrale Vermittlung unmöglich. Mechanische Relais kamen nicht in Frage: zu langsam und unzuverlässig. Statt dessen schafft Tymnet virtuelle Leitungen zwischen den Computern. Quer über das Land riefen die Vermittlungscomputer von Tymnet Knoten an und kommunizierten über gemietete Kabel mit anderen.

Wenn Ihr Computer meinem eine Botschaft schickt, behandelt sie

Tymnet wie eine Postsendung: Tymnet schiebt sie in einen Umschlag und schickt ihn an einen seiner Knoten. Dort stempeln die Computer von Tymnet den Umschlag mit der Versandadresse und Ihrer Zieladresse. Wie in einem Postamt, das mit Lichtgeschwindigkeit arbeitet, ergreift spezielle Software jeden Umschlag und schiebt sie einen Knoten weiter in Richtung Empfänger. Wenn der Umschlag schließlich meinen Computer erreicht, entfernt Tymnet die Adresse, öffnet den Umschlag und liefert die Daten aus. Es gibt nicht eine Riesenvermittlung, die Ihren Computer an meinen hängt. Statt dessen weiß jeder Netzwerkknoten, wohin er jedes Datenpaket schieben muß – ein Zentralcomputer sagt ihm den kürzesten Weg.* Wenn das ganze Land überquert wird, können ein Dutzend Knoten einen Umschlag befördern.

Wenn Ihr Computer schweigt, zieht sich das Netzwerk zurück und bearbeitet andere Umschläge, aber jeder Knoten merkt sich, wohin er Ihre Pakete schicken muß. Jeder Knoten hat tausend Taubenschläge und sortiert ständig Umschläge.

Es gibt keinen Draht, den man verfolgen könnte, es gibt vielmehr eine Kette von Adressen zwischen Ihrem und meinem Computer. Ron und Steve, die Tymnet-Leute, konnten die Verbindungen des Hackers verfolgen, indem sie diesen Faden entwirrten. Der Verlauf des Fadens begann bei einer ITT-Bodenstation.

Und jenseits davon, wer wußte das schon?

* Auch das Internet hat keine zentrale Vermittlung, sondern statt dessen viele lokale Vermittlungen übers ganze Land verteilt. Die Vermittlungen auf niedrigster Ebene (eigentlich die Computer) werden verknüpft und bilden lokale Netzwerke. Diese wiederum werden zu regionalen Netzwerken zusammengestellt, die mit landesweiten Rückgraten verbunden sind. Und das Internet verbindet Netzwerke – wie das Arpanet, das Milnet und seine hundert anderen Netzwerke.

Während Tymnet (und seine vielen Vettern) virtuelle Leitungen von einem Punkt zu einem andern schafft, ist das Internet hierarchisch gegliedert. Eine Internet-Meldung bewegt sich von Landstraßen über Bundesstraßen zu Autobahnen und dann wieder über Staatsstraßen hinunter zu einer bestimmten Adresse.

Die ›Umschläge‹ für Meldungen über Tymnet können einfach sein – wenn die virtuelle Leitung einmal besteht, weiß jeder Knoten, wohin er die Meldung schieben muß. Internet-Meldungen jedoch haben Umschläge mit vollständiger Bestimmungs- und Absenderadresse, so daß jedes Netzwerk selbst entscheiden kann, wie es die Meldung einen Schritt näher zu der Zieladresse schickt. Diese komplexeren Umschläge lassen die Internet-Pakete auch dann durch, wenn das System verstopft ist.

Was ist besser?

Fragen Sie nicht mich.

30. Kapitel

Also, nach monatelanger Verfolgung: Der Hacker kommt aus Europa. Er war immer noch in meinem Computer und versuchte, sich in die Navy Research Labors hineinzuzwängen, als Steve White anrief.
»Die Tymnet-Verbindung beginnt bei ITT.«
»Weiß ich, das hat mir Ron Vivier schon gesagt. Aber er meint, daß sie aus einem von vier Ländern kommen kann.«
»Ron kann nicht weitermachen«, sagte Steve und tippte etwas in sein Terminal. »Ich mach die Verfolgung selber.«
»Sie können ITT-Leitungen verfolgen?«
»Klar. Die Anbieter von internationalen Kommunikationswegen geben Tymnet die Genehmigung, ihre Verbindungen zu verfolgen, wenn's Probleme gibt. Ich logge mich gerade in die ITT-Vermittlung ein und schau nach, wer anruft.«
Bei Steve hörte sich das ganz einfach an. Ich behielt den Hacker auf meinem Bildschirm im Auge und hoffte, daß er nicht auflegen würde, solange Steve die Spur verfolgte.
Steve kam in die Leitung zurück. In seiner melodiösen, fast theaterreifen, britischen Sprechweise sagte er: »Ihr Hacker hat die Rufadresse DNIC Strich 2624 Strich 542104214.«
Ich hatte mich schon daran gewöhnt, den Jargon nicht zu verstehen, aber aus Prinzip schrieb ich alles pflichtgemäß in mein Tagebuch.
»Sehen Sie, soweit es Tymnet betrifft, kommt der Hacker von dem ITT-Satelliten. Aber aus dem Inneren der ITT-Computer kann ich hinter die Satellitenverbindung sehen und die Verbindung ganz zurückverfolgen.«
Steve hatte den Röntgenblick. Satelliten hielten ihn nicht auf.

»Diese DNIC-Nummer ist der *data network identifier code*, der Datennetzwerkkennungscode. Einfach eine Art Telefonnummer – die Vorwahl gibt an, von wo der Anruf herkommt.«
»Und woher kommt der Hacker nun?«
»Deutschland.«
»Ost oder West?«
»Bundesrepublik. Das bundesdeutsche Datex-P-Netz.«
»Was ist das?« Steve lebte in einer Welt der Netzwerke.
»Datex-P ist das deutsche Gegenstück zu Tymnet. Es ist ihr nationales Netzwerk zur Verknüpfung von Computern«, erklärte er. »Wir werden die Deutsche Bundespost anrufen müssen, um mehr rauszukriegen.«
Ich vergaß den Hacker in meinem Computer und hörte Steve zu.
»Sie sehen, die DNIC identifiziert vollständig den Computer, der den Anruf tätigt. Die ersten vier Ziffern sagen mir, daß er aus dem deutschen Datex-P-Netz kommt. Die Bundespost kann diese Nummer in ihrem Katalog nachschlagen und uns genau sagen, wo der Computer steht.«
»Wer ist die Bundespost?« fragte ich.
»Der nationale deutsche Postdienst. Das Kommunikationsmonopol der Regierung.«
»Warum betreibt das Postamt Netzwerke?« fragte ich mich laut. Bei uns befördert die Post Briefe, keine Daten.
»In vielen Ländern gehört dem Postamt der Telefondienst«, antwortete Steve. »Eine historische Folge staatlicher Regelung. Die deutsche Post ist wahrscheinlich die zentralisierteste von allen. Man kriegt keinen Anrufbeantworter ohne amtliche Zulassung.«
»Also kommt der Hacker aus einem Regierungscomputer?«
»Nein, es ist wahrscheinlich ein Privatcomputer. Aber die Kommunikationsleitung wird von der Bundespost betrieben. Und das ist unser nächster Schritt. Wir werden die Bundespost morgen früh anrufen.«
Es gefiel mir, daß er ›wir‹ statt ›Sie‹ sagte.
Steve und ich redeten eine geschlagene Stunde miteinander. Seine Beschreibungen des Netzwerks anzuhören, war weit inter-

essanter, als dem Hacker zuzusehen, wie er meinen Computer nach Stichwörtern wie ›*SDI*‹ durchsuchte. Steve war kein Techniker, sondern ein Handwerker. Nein, ein Künstler, der einen unsichtbaren Gobelin aus elektronischen Fäden zu weben verstand.

Steve verstand das Netzwerk als einen lebendigen, wachsenden Organismus, der Schwierigkeiten spürt und auf seine Umwelt reagiert. Für ihn lag die Eleganz des Netzwerks in seiner Einfachheit. »Jeder Knoten gibt einfach nur die Daten an den nächsten weiter«, führte er aus, »und jedesmal, wenn Ihr Besucher eine Taste drückt, hüpft ein Zeichen von Datex-P über Tymnet in Ihr System. Und zwischen den Anschlägen verschwendet unser Netzwerk keine Zeit mit ihm.«

Tausende von Gesprächen wurden durch dieses System gefädelt und Millionen Datenbits, und doch ging nicht ein Dialog verloren und nicht ein Byte Daten tropfte heraus. Das Netzwerk führte getreulich Buch über die Verbindungen, und man konnte nicht durch seine Maschen schlüpfen. Trotzdem war Steve pessimistisch, die Spur erfolgreich und vollständig zurückverfolgen zu können.

»Wir wissen, wo er ins System einsteigt«, dachte er laut nach, »aber dann gibt's mehrere Möglichkeiten. Der Hacker kann an einem Computer in Deutschland sitzen, einfach über das Datex-P-Netz eingeklinkt. Wenn das der Fall ist, dann haben wir ihn kalt erwischt. Wir kennen seine Adresse, die Adresse weist auf seinen Computer, und der Computer weist auf ihn.«

»Kommt mir unwahrscheinlich vor«, sagte ich und dachte an meine Verfolgung bis zu Mitre.

»Ist es auch. Viel wahrscheinlicher kommt der Hacker durch ein Modem in das deutsche Datex-P-Netz.«

Genau wie bei Tymnet konnte jeder bei Datex dessen Systeme wählen und sich bei Computern am Netzwerk anmelden. Optimal für Geschäftsleute. Und Wissenschaftler. Und Hacker.

»Das eigentliche Problem liegt in den deutschen Gesetzen«, sagte Steve. »Ich glaube nicht, daß Hacken bei den Deutschen als Verbrechen gilt.«

»Sie machen natürlich Witze.«

»Nein«, sagte Steve, »eine Menge Länder haben völlig veraltete Gesetze. In Kanada zum Beispiel wurde ein Hacker, der in Computer einbrach, wegen Diebstahls von Elektrizität verurteilt, nicht wegen Einbruchs. Er war nur angeklagt worden, weil die Verbindung ein Mikrowatt Strom vom Computer verbraucht hatte.«

»Aber in einen Computer einzubrechen, ist in den USA ein Verbrechen.«

»Genau, aber glauben Sie, der Hacker würde deswegen ausgeliefert?« fragte Steve. »Denken Sie mal an die Unterstützung, die Sie vom FBI erhalten haben. Bleiben Sie ernst, Cliff.«

Steves Pessimismus war ansteckend. Aber seine Spur beflügelte meinen Kampfgeist: Egal, auch wenn wir den Hacker nicht fassen konnten – unsere Schlinge zog sich um ihn zusammen.

Denn er wußte nichts von unserer Verfolgung, meldete sich schließlich um 17.22 Uhr ab, nachdem er zwei Stunden lang Türknöpfe gedreht und Dateien durchsucht hatte. Mein Drucker fing alles auf, aber die eigentliche Neuigkeit war Steves Werk.

Bundesrepublik Deutschland. Ich rannte hinüber in die Bibliothek und grub einen Atlas aus. Dort ist man uns um 9 Stunden voraus. Der Hacker tauchte mittags oder um 13 Uhr auf; für ihn war das 21 oder 22 Uhr.

Wahrscheinlich nutzt er billige Tarife aus.

Als ich über dem Atlas hockte, fiel mir die Bibliothekarin ein, die das Passwort des Hackers erkannt hatte: »Jaeger – das ist ein deutsches Wort und bedeutet Jäger.«

Die Antwort war direkt vor meiner Nase, aber ich war blind gewesen.

Das erklärte auch die Antwortzeiten des Bestätigungsechos, als der Hacker die Dateien mit Kermit übertragen hatte. Ich hatte 7500 Meilen bis zu dem Hacker ausgerechnet, obwohl ich mich auf diese Zahl nie verlassen hatte. Ich hätte es sollen. Deutschland war 8200 Meilen von Berkeley weg.

Nicht bloß blind. Auch noch taub.

Ich hatte Fakten gesammelt. Nicht interpretiert.

Wie ich da so allein in der Bibliothek saß, war es mir plötzlich fürchterlich peinlich, meine Schwester auf ›Enten‹-Jagd geschickt zu haben und sie in Virginia nach einem High-School-Boy suchen zu lassen. Und dann die Berkeley-Detektive, die mit Revolvern auf dem Campus rumrannten ...

Ich hatte alles versaut. Seit Monaten durchstreifte ich Nordamerika auf der Suche nach dem Hacker. Dave Cleveland sagte mir immer wieder: »Der Hacker ist nicht von der Westküste.«

Nein, um 8200 Meilen nicht.

Manche Einzelheiten waren noch unklar, aber ich verstand, wie er operierte. Irgendwo in Europa schaltete sich der Hacker in das deutsche Datex-P-Netz ein. Er verlangte Tymnet, und die Bundespost stellte über die internationalen Kommunikationswege die Verbindung her. Wenn er die Staaten erreicht hatte, meldete er sich bei meinem Labor an und hackte sich seinen Weg durch das Milnet.

Mitre mußte seine Zwischenstation gewesen sein. Ich konnte sehen, wie er die Verbindung herstellte. Er ging in das deutsche Datex-P-System, verlangte Tymnet und loggte sich dann bei Mitre ein. Von dort aus konnte er deren Computer ganz nach Belieben erkunden. Wenn er's leid war, die Berichte dieses Rüstungsbetriebs zu lesen, konnte er aus Mitre herauswählen und sich irgendwohin in Nordamerika verbinden lassen. Und Mitre zahlte die Rechnung.

Aber wer bezahlte seine transatlantischen Verbindungen? Laut Steve kosteten seine Sitzungen 50 oder 100 Dollar pro Stunde. Als ich zum Computerraum zurücklief, begriff ich, daß ich einem gut betuchten Hacker folgte. Oder einem cleveren Dieb.

Jetzt verstand ich, warum Mitre tausend einminütige Telefonanrufe bezahlt hatte. Der Hacker klinkte sich bei Mitre ein und wies ihr System an, einen anderen Computer anzurufen. Wenn dieser antwortete, versuchte er, sich mit Standardnamen und -passwort einzuloggen. Gewöhnlich mißlang es ihm, und er ging zu einer anderen Telefonnummer über. Er hatte Computer geprüft, und Mitre hatte bezahlt.

Aber er hatte eine Spur hinterlassen. Auf den Telefonrechnungen von Mitre.

Der Weg führte zurück nach Deutschland, aber er mußte nicht da enden. Es war auch vorstellbar, daß jemand in Berkeley Berlin gerufen, sich ins Datex-P-Netz eingeklinkt, sich durch Tymnet angemeldet hatte und wieder in Berkeley gelandet war. Vielleicht lag der Anfang des Weges in der Mongolei.

Oder in Moskau.

Ich wußte es nicht. Ab heute war meine Arbeitshypothese Deutschland.

Und er suchte nach *militärischen* Geheimnissen.

Folgte ich vielleicht einem Spion? Einem echten Spion, der für die ANDERN arbeitete – aber wer waren die andern?... Lieber Gott, ich wußte nicht mal, für wen Spione arbeiten.

Vor drei Monaten hatte ich ein bißchen Mäusedreck in meinen Abrechnungsdateien gefunden. Leise beobachteten wir diese Maus, sahen sie durch unseren Computer und durch ein Loch hinaus in die militärischen Netzwerke und Computer schlüpfen.

Zumindest wußte ich nun, was sie suchte und woher sie kam.

31. Kapitel

Ich verbrachte den Samstagabend damit, mein Tagebuch weiterzuführen. Jetzt konnte ich die losen Enden miteinander verknüpfen. Die Suche nach Anniston würde keinen Hacker in Alabama aufstöbern.

Sie verfehlten ihn um 5000 Meilen.

Der Hacker von Stanford war ganz sicher ein anderer Kerl... mein Hacker hätte Hausaufgaben in Deutsch, nicht in Englisch. Und es hatte nicht viel Zweck, in Berkeley herumzutelefonieren und jemanden namens Hedges zu suchen.

Wahrscheinlich der falsche Name.

Ganz sicher der falsche Kontinent.

Unser Ausdruckstapel war einen halben Meter hoch. Ich hatte jede Liste sorgfältig geordnet und datiert, aber niemals alle Listen auf einen Satz durchgekämmt. Das meiste davon waren öde Dateienauflistungen und Passwortrateversuche, immer eines nach dem andern.

Ist es leicht, in Computer einzubrechen?

Elementar, mein lieber Watson!

Elementar und ermüdend stumpfsinnig.

Ich kam erst um 2 Uhr morgens nach Hause. Martha hatte gewartet und an einer Patchwork-Decke genäht.

»Na, noch rumgeflirtet?«

»Ja«, antwortete ich. »Den lieben langen Tag.«

»Also ist der Hacker doch aus Europa.«

Sie hatte es erraten.

»Er kann überall in der Welt wohnen«, sagte ich, »aber ich tippe auf Deutschland.«

Ich wollte am Sonntagmorgen richtig ausschlafen, engumschlungen mit Martha. Aber, verdammt noch mal, um 10.44 Uhr meldete sich mein Piepser, ein grelles durchdringendes Quietschen, gefolgt von einem Morsesignal. Der Hacker war wieder da. In meinem Unix-5-Computer.

Ich rannte ins Eßzimmer und rief Steve White zu Hause an. Während sein Apparat klingelte, warf ich meinen Macintosh an. Nach dem fünften Ton antwortete Steve.

»Der Hacker ist wieder aktiv, Steve«, sagte ich ihm.

»Okay, Cliff. Ich starte die Verfolgung und rufe Sie dann sofort zurück.«

Ich legte auf und griff sofort nach meinem Macintosh. Das Biest verhielt sich wie ein ferngelenktes Terminal, dank eines Modems und einem Softwareprogramm namens Red Ryder. Red wählte automatisch meinen Laborcomputer an, loggte sich in die VAX ein und zeigte mir, was los war.

Da war mein Hacker und bummelte durch das Milnet.

Wenn ich so eingeloggt war, erschien ich als normaler Benutzer, also konnte mich der Hacker entdecken, wenn er hinsah. Ich meldete mich also rasch ab. 10 Sekunden genügten, um zu sehen, was mein Besucher vor hatte.

Steve rief nach ein paar Minuten zurück. Die Leitung lief nicht über ITT; heute kam sie von RCA.

»RCA benutzt den Westar-Satelliten nicht», sagte Steve. »Sie nehmen den Comsat-Satelliten.« Gestern nahm er Westar, heute Comsat. Ein Hacker, an den nicht heranzukommen war – von Tag zu Tag wechselte er die Kommunikationssatelliten.

Aber da sah ich Fakten falsch, und Steve korrigierte mich.

»Ihr Hacker hat gar keine andere Wahl«, erklärte Steve. »Um reduntanten Service zu ermöglichen, benutzen wir verschiedene internationale Strecken.«

Bei jedem Anruf nimmt der Datenverkehr von Tymnet eine andere Route über den Atlantik. Der Kunde merkt das nie, der Verkehr wird jedoch über vier oder fünf Satelliten und Kabel verteilt.

»Ach, wie der zwischenstaatliche Schwerverkehr vor der Liberalisierung.«

»Bringen Sie mich bloß nicht in Fahrt«, sagte Steve ärgerlich.

»Sie glauben nicht, was es für Gesetze zur internationalen Kommunikation gibt.«
»Und woher kommt der Hacker heute?«
»Deutschland. Dieselbe Adresse. Derselbe Ort.«
Es gab nicht mehr viel zu tun. Ich konnte den Hacker nicht von zu Hause aus überwachen, und Steve hatte die Spur zurückverfolgt. Ich saß fröstelnd am Macintosh. Wohin gehe ich als nächstes?
Ins Labor. Und zwar schnell. Ich kritzelte eine Nachricht für Martha *(Das Spiel geht weiter.)*, fuhr in ein Paar Jeans und sprang auf mein Fahrrad.
Ich war nicht schnell genug. Der Hacker war verschwunden, fünf Minuten bevor ich angekommen war. Ich hätte im Bett bleiben sollen.
Nun, ich blätterte die Liste von Sonntagmorgen durch – Sonntagabend für ihn – und sah ihn wieder bei seinen alten Tricks. Versuchte, in einen Militärcomputer nach dem anderen reinzukommen, indem er offensichtliche Passwörter riet. Öde. Etwa so interessant wie Kombinationen von Zahlenschlössern raten.
Wenn er schon morgens aufgetaucht war, konnte ich auch hier warten und sehen, ob er zurückkäme. Nach meiner Statistik mußte er innerhalb einer Stunde oder zwei zurück sein.

Tatsächlich kam er um 13.16 Uhr zurück. Mein Piepser meldete sich, und ich rannte in den Schaltraum. Da war er, eingeloggt in das gestohlene Sventek-Konto.
Wie gewöhnlich sah er sich nach anderen auf dem Computer um. Wäre ich von zu Hause aus eingeklinkt gewesen, hätte er mich bemerkt. Aber von meiner hohen Ebene im Schaltraum aus war ich nicht zu entdecken. Er konnte meinen elektronischen Schleier nicht lüften.
In der Gewißheit, daß keiner ihn beobachtete, strebte er schnurstracks durch unseren Milnet-Anschluß hinaus. Mit ein paar Befehlen durchsuchte er das Milnet-Datenverzeichnis nach Anlagen mit dem Akronym ›COC‹. Wie? So ein Wort hatte ich noch nie gesehen. Hatte er sich verschrieben?
Ich hätte mich nicht zu wundern brauchen. Der Netzwerkinformationscomputer kramte ein bißchen und brachte dann ein hal-

bes Dutzend militärische Command Operations Centers zum Vorschein. Er suchte nach weiteren Stichwörtern: ›*Cheyenne*‹, ›*icbm*‹, ›*combat*‹, ›*khll*‹, ›*Pentagon*‹ und ›*Colorado*‹.

Wie ich da so saß und ihn dabei beobachtete, wie er das Milnet-Verzeichnis durchstöberte, kam es mir vor, als beobachtete ich jemanden, der die »Gelben Seiten« durchblätterte. Welche Nummern würde er wählen?

Alle. Jedes Stichwort ergab ein paar Computeradressen, und nachdem er ungefähr dreißig gefunden hatte, beendete er seine Verbindung mit dem Milnet-Verzeichnis. Dann versuchte er wieder einmal methodisch in jede Anlage einzubrechen. Das Air Force Data Services Center in Arlington, Virginia. Das Army Ballistics Research Laboratory. Ein Trainingszentrum der Air Force in Colorado Springs. Das Navy Pacific Monitoring Center auf Hawaii. Und dreißig andere.

Aber wieder hatte er kein Glück. Zufällig hatte er sich Orte herausgepickt, die keine eindeutigen Passwörter hatten. Sicher war's für ihn ein frustrierender Abend.

Schließlich versuchte er, in seinen alten Schlupfwinkel, die Armeebasis Anniston, einzubrechen. Fünfmal.

Kein Glück.

Also ließ er das Milnet sein und fing wieder an, in meinem Unix-Computer rumzusauen. Ich sah, wie der Kuckuck sein Ei legte: Wieder einmal manipulierte er die Dateien in meinem System, um sich zum privilegierten Benutzer zu machen. Wieder sein alter Trick: benutzt die Gnu-Emacs-*movemail*-Datei, um die Atrun-Datei des Systems durch sein vergiftetes Programm zu ersetzen. Fünf Minuten später, puh! Er war Systemverwalter.

Jetzt mußte ich ihn sorgfältig beobachten. Mit seinen unerlaubten Privilegien konnte er mein System zerstören, entweder versehentlich oder absichtlich. Und nur ein Befehl war dazu nötig, wie ›*rm* *‹ – ›lösche alle Dateien‹.

Für diesmal jedoch konnte er sich beherrschen. Er druckte nur die Telefonnummern verschiedener Computer aus und loggte sich aus. Oho! Er nahm sich eine Liste von Telefonnummern, bei denen sich unser Computer häufig anmeldet.

Aber Mitre hatte seine Telefonleitungen nach draußen gekappt.

Er mußte das spätestens jetzt entdeckt haben. Trotzdem sammelte er immer noch Telefonnummern. Also mußte er einen anderen Weg haben, über den er telefonieren konnte. Mitre war nicht sein einziger Trittstein zum Telefonsystem.
Nach 15 Minuten kam er in mein System zurück. Wo er auch hingegangen sein mochte, bei keinem seiner Anrufe war etwas herausgesprungen. Falsche Passwörter, ich wette.
Sobald er zurück war, startete er Kermit. Er wollte eine Datei zurück in seinen Computer kopieren. Wieder meine Passwortdatei? Nein, meine Netzwerk-Software. Er versuchte, den Quellcode für zwei Programme zu exportieren: ›*telnet*‹ und ›*rlogin*‹.
Immer wenn einer meiner Wissenschaftler sich in das Milnet einklinkt, benutzt er entweder ›*telnet*‹ oder ›*rlogin*‹. Mit beiden Programmen kann sich jemand, der weit entfernt ist, in einen fremden Computer einloggen. Beide übertragen Befehle von einem Benutzer in einen fremden Computer. Beide sind ideal, um darin ein trojanisches Pferd zu plazieren.
Indem er einige Codezeilen in unserem ›*telnet*‹-Programm änderte, konnte er einen Passwortgreifer daraus machen. Wenn sich meine Wissenschaftler bei einem entfernten System anmeldeten, würde sein heimtückisches Programm ihre Passwörter in einer Geheimdatei ablegen. Oh, sie würden sich erfolgreich einloggen. Wenn aber der Hacker das nächste Mal in meinen Computer in Berkeley kam, gäbe es eine Liste mit Passwörtern, die aufs Abholen wartete.
Ich sah zu, wie Kermit das Programm Zeile für Zeile zu dem Hakker rüberschaufelte. Nicht nötig, die Übertragung zu messen – ich wußte jetzt, daß die langen Verzögerungen an den Satelliten und dem weiten Sprung nach Deutschland lagen.
Wie ich so zusah, wurde ich ärgerlich. Nein, stinksauer. Er stahl meine Software. Sensitive Software noch dazu. Wenn er sie haben wollte, sollte er sie gefälligst jemandem anderen klauen.
Aber ich konnte Kermit nicht einfach abschießen. Würde er gleich merken. Jetzt, wo ich begann, ihn einzukreisen, würde ich ganz bestimmt nicht den Zeigefinger krümmen.
Ich mußte schnell handeln. Wie sollte ich einen Dieb stoppen, ohne daß er es merkte, daß ich ihm zusah?

Ich griff nach meinem Schlüsselbund und langte hinüber zu den Drähten, über die die Verbindung des Hackers lief. Ich ließ die Schlüssel über den Stecker rasseln und unterbrach seine Leitung für einen Moment. Das gab gerade genug Krach, um den Computer zu irritieren, aber nicht soviel, daß die Verbindung zusammenbrach. Für ihn sah das aus, als ob ein paar Zeichen verstümmelt worden wären. Falsch geschriebene Wörter und unverständlicher Text. Das Computeräquivalent von statischem Rauschen beim Radio.

Er würde es auf Netzwerkinterferenzen schieben. Er würde es vielleicht wieder versuchen, aber schließlich aufgeben. Wenn die Verbindungen mies sind, haben Ferngespräche keinen Zweck.

Es funktionierte wie Zauberei. Ich schüttelte meine Schlüssel, er sah Rauschen, und sein Computer bat um erneutes Überspielen der letzten Zeile. Ich war vorsichtig genug, ein bißchen Datenmaterial durchzulassen. Aber so langsam, daß die gesamte Datei die ganze Nacht brauchen würde.

Der Hacker meldete sich ab und versuchte es wieder. Nichts da. Durch meinen Nebel hindurch schaffte er es nicht und gab sich damit zufrieden, nur Information zu stehlen. Er durchsuchte Dave Clevelands Dateien nach neuer elektronischer Post und achtete besonders auf Adressen, bei denen sich Dave regelmäßig anmeldete. Damit hatte er eine Schlagader getroffen.

Er fand einen gangbaren Weg in einen Computer auf dem Campus: das Opal-System der Universität. Dave konnte sich dort von weiter weg einloggen, ohne ein Passwort vorzuzeigen. Als privilegierter Benutzer tat der Hacker so, als sei er Dave und klinkte sich rasch in den Universitätscomputer ein. Er hatte kein großes Interesse daran, das Campussystem zu erkunden und verschwand nach einer kurzen Suche nach Passwörtern.

Na, das war wieder seltsam. Der Opal-Computer von Berkeley ist die Heimat wirklicher Computerforschung. Man muß nicht weit gehen, um einige der besten Kommunikationsprogramme, akademische Software und Spiele zu finden. Offensichtlich waren dem Hacker die Sachen piepegal, für die sich Studenten interessieren mochten. Aber zeig ihm was Militärisches, und er flippt aus.

Es war 17.51 Uhr, als der Hacker aufgab. Ich kann nicht behaupten, daß seine totale Frustration mir Befriedigung verschaffte. Er reagierte nur so, wie ich's erwartete. Meine Arbeit führte langsam zu einer Lösung.

Steve White verfolgte die Verbindungen den ganzen Tag lang. Genau wie am Morgen kamen sie alle aus Deutschland.

»Gibt's eine Möglichkeit, daß es jemand aus einem anderen europäischen Land ist?« fragte ich, wußte aber die Antwort im voraus.

»Der Hacker könnte von überall her sein«, antwortete Steve. »Meine Verfolgung weist nur eine Verbindung von Berkeley nach Deutschland nach.«

»'ne Ahnung, wo in Deutschland?«

Steve war so neugierig wie ich.

»Das kann man ohne Telefonbuch nicht feststellen«, teilte er mit. »Jedes Netzwerk benutzt die Adresse auf seine eigene Weise. Die Bundespost wird's uns morgen mitteilen.«

»Also rufen Sie sie morgen früh an?« wollte ich wissen und fragte mich, ob er deutsch sprach.

»Nein, es ist einfacher, elektronische Post zu schicken«, sagte Steve. »Ich hab schon eine Nachricht wegen des Zwischenfalls gestern geschickt; der von heute wird ihn bestätigen und noch ein paar Details hinzufügen. Machen Sie sich keine Sorgen, sie werden sich drauf stürzen.«

Steve konnte diesen Sonntagnachmittag nicht dabeibleiben – er bereitete mit seiner Freundin Lynn ein Essen vor. Was mich an Martha erinnerte.

Ich hatte nicht zu Hause angerufen.

Martha war nicht sehr erfreut. Sie ließ mir durch Claudia ausrichten, daß sie erst spät nach Hause käme.

Wenn nicht der Hacker gewesen wäre, hätten wir zusammen eine Wanderung in den Redwoods gemacht.

Schade.

32. Kapitel

Am Abend war zu Hause dicke Luft. Martha redete nicht viel. Weil ich den ganzen Tag damit verbracht hatte, den Hacker zu beobachten, hatte ich einen schönen Sonntagnachmittag kaputtgemacht. Die Fortschritte bei der Hacker-Jagd hatten mir schwere Verluste an der Heimatfront eingebracht.

Wem sollte ich von der neuesten Entdeckung erzählen? Ganz bestimmt meinem Chef. Wir hatten gewettet, woher der Hacker kam, und ich hatte verloren.

Ich schuldete ihm eine Schachtel Kekse.

Dem FBI? Na, die hatten nicht viel Interesse gezeigt, aber das ging nun wirklich über den Bereich meiner Ortspolizisten hinaus. Ich könnte ihnen noch mal eine Chance geben, uns zu ignorieren.

Air Force Office of Special Investigations? Sie hatten darum gebeten, auf dem laufenden gehalten zu werden. Da der Hacker Militärcomputer angriff, sollte ich jemandem vom Verteidigungsestablishment verständigen, egal wie zuwider mir das politisch war.

Wenn's schon schwierig war, mit dem Militär zu sprechen, dann kostete es mich das letzte an Selbstüberwindung, mit der CIA zu reden. Vor einem Monat hatte ich akzeptiert, daß sie es wissen mußten, wenn jemand versuchte, in ihre Computer einzubrechen. Ich hatte meine Pflicht getan. Sollte ich ihnen jetzt erzählen, daß es ein Ausländer war?

Aber sie schienen mir auch wieder dafür die richtigen Leute zu sein. Ich konnte die Knoten und Netzwerke verstehen, aber Spionage ... darüber lernt man schließlich nichts in der Doktorandenzeit. Ich war in etwas hineingestolpert, worüber in den Lehrbüchern absolut nichts stand.

Sicher würden mir meine Freunde von Berkeleys flott flatterndem linken Flügel erzählen, ich ließe mich vom Staat benutzen. Aber ich fühlte mich eigentlich nicht als Werkzeug der herrschenden Klasse, es sei denn, imperialistische Marionettenbluthunde frühstückten trockenes Müsli. Ich haderte mit mir, als ich durch den Verkehr nach Hause radelte, aber mein Bauch sagte mir, was ich tun sollte: Die CIA sollte es wissen, und ich sollte es ihnen sagen.

Es war ein andauernder Kampf gewesen, die Bürokratie in Schwung zu bringen. Vielleicht würde ich irgend jemanden aufmerksam machen, wenn ich meine Fahne vor allen Drei-Buchstaben-Behörden schwenkte.

Zuerst rief ich das FBI an. Das Büro in Oakland war nicht interessiert, aber vielleicht konnte ich Mike Gibbons in Alexandria, Virginia, auf die Palme bringen. Aber Mike war in Urlaub, also hinterließ ich ihm eine Nachricht und dachte mir, er würde es in ein paar Wochen erfahren.

»Sagen Sie ihm einfach, daß Cliff angerufen habe. Und daß mein Freund eine Adresse in Deutschland hat.«

Meinen zweiten Anlauf nahm ich beim OSI der Air Force. Die Luftwaffenschnüffler. Zwei Leute kamen in die Leitung. Eine Frauenstimme und die Stimme eines brummigen Mannes.

Ann Funk war Spezialagentin für Verbrechen in der Familie. In ernstem Ton erklärte sie: »Mißhandlung von Ehefrauen, Kindesmißbrauch. Die Air Force hat dieselben häßlichen Probleme wie der Rest der Welt.« Nichts mit High-Tech, aber sogar am Telefon flößte ihre Gegenwart Respekt und Sympathie ein. Jetzt arbeitete sie in der Gruppe Computerkriminalität des OSI.

Vor einem Monat hatte ich mit Jim Christy gesprochen. Nun war seine erste Frage dieselbe, die ich Steve gestellt hatte: »Ost- oder Westdeutschland?«

»West«, antwortete ich. »In den nächsten Tagen werden wir mehr wissen.«

»Wo ist er reingekommen?« fragte Ann.

»Nirgends, zumindest soweit ich's gesehen habe. Nicht, daß er's nicht versucht hätte.« Ich ratterte einige Orte runter, in die er reinzuschlüpfen versucht hatte.

»Wir müssen Sie zurückrufen«, sagte Jim. »Wir haben ein Büro in Europa, das vielleicht an dem Fall arbeiten könnte.«
Ich hatte der Air Force ein »Achtung!« zugerufen. Wollen mal sehen, was sie taten.
Zeit, die CIA anzurufen.
Tejotts Büro antwortete – er war nicht da. Puh! Weg vom Haken. Ich fühlte mich wie ein Schüler, der ein Referat vor der Klasse halten muß, und dann wird der Lehrer krank.
Aber weil ich mich einmal entschlossen hatte, die Schnüffler zu verständigen, rief ich Tejotts Mitschnüffler Greg Fennel an. Greg war am Apparat.
»Aber ich habe in drei Minuten eine Besprechung. Fassen Sie sich kurz.«
Ein arbeitsreicher Tag bei der CIA, dachte ich und sagte: »Wir haben den Hacker in Deutschland lokalisiert. Auf Wiederhören!«
»Wie? Warten Sie! Wie haben Sie das gemacht? Sind Sie sicher, daß es derselbe Kerl ist?«
»Sie haben doch eine Besprechung. Wir können morgen drüber reden.«
»Vergessen Sie die Besprechung. Erzählen Sie mir, was passiert ist. Beschönigen Sie nichts, interpretieren Sie nichts.«
Ganz einfach, wenn man ein Tagebuch führt. Ich las ihm die Zusammenfassung des Wochenendes vor. Eine Stunde später stellte Greg immer noch Fragen und hatte seine Besprechung vergessen. Es traf ihn ins Mark.
»Faszinierend.« Der Schnüffler dachte laut. »Da bricht jemand aus Westdeutschland in unsere Netzwerke ein. Oder zumindest kommt er durch ein bundesdeutsches Tor.«
Er verstand, daß wir ein Glied der Kette identifiziert hatten. Der Hacker konnte immer noch überall sein.
»Gibt's eine Chance, daß Sie was unternehmen?« fragte ich.
»Das muß jemand anders entscheiden. Ich werde es nach oben weitergeben, aber ich weiß wirklich nicht, was passieren wird.«
Was hatte ich erwartet? Die CIA konnte nicht viel zur Lösung des Problems tun – sie waren Informationssammler. Ich hoffte, sie würden die ganze Schweinerei übernehmen, aber das schien un-

wahrscheinlich. Der Hacker war nicht in ihren Maschinen, er war in unseren.

Das Lawrence-Berkeley-Labor war's leid, Zeit auf den Fall zu verschwenden. Ich hatte meine Hackerarbeit versteckt, aber jeder konnte sehen, daß ich nicht das System pflegte. Die Systemsoftware kam langsam herunter, während ich Programme zur Analyse dessen schrieb, was der Hacker tat.

Da ich mich vor meinem cholerischen Chef fürchtete, polierte ich meine Quantenmechanik etwas auf, bevor ich mit Roy Kerth sprach. Wenn wir uns ein Weilchen über Physik unterhielten, würde er meine Arbeit an dem Hackerproblem vielleicht übersehen. Schließlich schien ihm meine Graphiksoftware gefallen zu haben, auch wenn ich sie für vergleichsweise trivial hielt.

Aber keine Fachsimpelei konnte Roys Zorn ablenken. Er war wütend, daß ich soviel Zeit darauf verwendete, diesen Hacker zu verfolgen. Ich leistete nichts für die Abteilung – nichts, was er vorzeigen, nichts, was er messen konnte.

Wenigstens stoppte er mich nicht. Ich verbrachte etliche Stunden damit, Schwarze Bretter im Usenet-Netzwerk nach Neuigkeiten über Hacker durchzulesen, fand schließlich eine Notiz aus Toronto und rief den Autor an – ich traute der elektronischen Post nicht. Bob Orr, der Verwalter des Physikcomputers der Universität Toronto, erzählte mir eine traurige Geschichte.

»Wir sind an Unmengen von Netzwerken angeschlossen, und es ist harte Arbeit, Institutionen zu finden, die das bezahlen. Irgendwelche Hacker aus Deutschland sind in unser System eingedrungen, haben Programme verändert und unser Betriebssystem gestört.«

»Und wie sind sie reingekommen?« fragte ich und ahnte die Antwort schon voraus.

»Wir arbeiten mit dem Europäischen Kernforschungszentrum CERN zusammen. Leute des Hamburger Chaos Computer Clubs sind mitten durch seine Computer marschiert. Sie haben dort wahrscheinlich Passwörter zu unserem System gestohlen und sich dann direkt bei uns eingeklinkt.«

»Haben sie Schäden verursacht?« fragte ich.

»Schäden! Haben Sie nicht zugehört?« explodierte Bob. »Unsere Netzwerke sind empfindliche Dinger – die Leute klinken sich bei uns ein in der Hoffnung auf wechselseitige Unterstützung. Wenn jemand in einen Computer einbricht, zerstört er dieses Vertrauen. Abgesehen davon, daß diese Hacker mich furchtbar viel Zeit kosten und uns zwingen, unsere Netzwerkverbindungen zu inaktivieren, unterminieren sie auch noch die Offenheit, die wir unbedingt brauchen, um wissenschaftlich zusammenarbeiten zu können.«

»Aber haben sie Ihre Dateien gelöscht«, fragte ich. »Haben sie Programme geändert?«

»Na, sie haben mein System so geändert, daß es ihnen ein Passwort für die Hintertür gegeben hat. Aber wenn Sie nach Schlagzeilen suchen wie ›Hacker löscht ganzes System‹, die finden Sie hier nicht. Diese Einbrüche sind weit hinterlistiger. Diese Programmierer sind meines Erachtens technisch ausgefuchst, aber moralisch ziemlich abgewrackt, ohne jeden Respekt vor anderer Leute Arbeit – oder Privatsphäre. Sie zerstören nicht ein oder zwei Programme. Sie versuchen, die Zusammenarbeit kaputtzumachen, die unsere Netzwerke aufbaut.«

Mann! Das war ein Systemverwalter, der seine Arbeit ernst nahm. Ich hatte bisher nicht viel über Hacker aus der Bundesrepublik Deutschland erfahren, aber endlich mit jemandem gesprochen, der sie mit denselben Verwünschungen wie ich bedachte. Bob hatte erkannt, daß sich der Schaden nicht in geraubten Dollars bemaß, sondern vielmehr in verlorenem Vertrauen. Er sah das nicht als Spaß und Spiel, sondern als ernsten Angriff auf eine offene Gesellschaft.

Früher hätte ich mit Bob gestritten und gesagt, daß das nur Kindsköpfe seien, die herumspielten. Früher hätte ich gelächelt und jeden bewundert, der so viele Computer hacken konnte.

Jetzt nicht mehr.

Nebenbei erwähnte Bob, daß Mitglieder des Chaos Clubs im November 1985 auch in den Computer der US-Hochenergie-Forschungsanlage Fermilab in Chicago gekommen waren.

»Haben sie spioniert?« fragte ich Bob.

»Seien Sie ernst. Dort gibt es keine geheime Arbeit. Sie machen einfach Wissenschaft.«

Ich wunderte mich. Waren die Chaos Computer Club-Leute Vandalen oder Spione?
»Können Sie die Typen identifizieren, die einbrechen?« fragte ich weiter.
»Ein Kerl benutzt das Pseudonym *›Hagbard‹*. Ein anderer *›Pengo‹*. Ich kenne ihre wirklichen Namen nicht.«
»Haben Sie Ihr System gesichert, seit Sie sie entdeckt haben?«
»Etwas. Wir versuchen, Wissenschaft zu machen, also wollen wir der Welt unsere Türen nicht verschließen. Aber diese Piraten machen es einem schwer, ein offenes, ungeschütztes Rechenzentrum zu betreiben. Ich wollte, sie hätten sich jemand anderes ausgesucht, das Militär zum Beispiel. Oder die NASA.«
Wenn er wüßte, dachte ich und fragte: »Ich nehme an, die Polizei ist keine große Hilfe?«
»Nicht sehr. Sie hören uns an, aber sie tun nicht viel.«
Ich verabschiedete mich und rief in Stanford an, fragte den dortigen Systemverwalter Dan Kolkowitz, ob er schon mal was aus Deutschland gehört habe.
»Weil wir gerade davon reden«, polterte er, »jemand ist vor ein paar Monaten bei uns eingebrochen. Ich habe überwacht, was er tat und habe ein Protokoll von ihm. Sieht ziemlich deutsch aus.«
Dann las er mir das Protokoll am Telefon vor. Ein Hacker mit dem Decknamen *›Hagbard‹* schickte eine Passwortdatei an Hacker namens ›Zombie‹ und ›Pengo‹.
Wieder Hagbard und Pengo. Ich schrieb sie ins Tagebuch.
Es schien immer noch, als ob Bob Orr recht hätte. Diese beiden Hacker waren gewiefte Datenvagabunden, die Verwirrung stiften wollten. Sie griffen Universitäten und wissenschaftliche Institute an – leichte Beute. Sie schienen nicht an militärischen Zielen interessiert zu sein und nicht zu wissen, wie man durch das Milnet steuerte.
Ich erkannte noch einen Unterschied zwischen meinem Hacker und den Chaos-Typen. Mein Hacker schien auf Unix zu Hause zu sein. Nicht auf der Berkeley-Version, aber doch auf Unix. Diese Computerfreaks, die Bob und Dan beschrieben, schienen nur die VMS-Betriebssysteme von DEC zu attackieren.

Von jetzt an würde ich nach Nachrichten über den Chaos Computer Club Ausschau halten, aber ich konnte ja nicht annehmen, daß sich fast alle deutschen Hacker miteinander verbündet hatten.

Eins an der Sache war gut. Nach und nach knüpfte ich Kontakte zu anderen Leuten, die wegen derselben Probleme, von denen auch ich besessen war, Schlafstörungen hatten und Maloxan schluckten.

Trostreich, zu erfahren, daß ich nicht ganz allein war.

Zeit, meine Gedanken von dem Hacker zu lösen und zur Astronomie zurückzukehren.

Aber Pech – Mike Gibbons vom FBI rief an.

»Ich dachte, Sie seien in Urlaub«, sagte ich.

»Bin ich. Bei meinen Verwandten in Denver.«

»Wie haben Sie dann meine Nachricht erhalten?«

Ich fragte mich, ob wohl die CIA angerufen hatte.

»Oh, das ist einfach«, sagte Mike. »Wir haben einen zweistündigen Bereitschaftsdienst. Das Büro kann mich Tag und Nacht erreichen. Macht meine Ehe manchmal etwas ungemütlich.«

Ich verstand nur zu gut. Mein Piepser war manchmal auch ein Mühlstein am Hals. »Haben Sie von der deutschen Verbindung gehört?«

»Wie wär's, wenn Sie mir mal erzählen, was übers Wochenende passiert ist?«

Wieder las ich ihm aus meinem Tagebuch vor. Ich kam zu der Passage mit den DNIC-Nummern, als Mike mich unterbrach.

»Können Sie Ihr Tagebuch per Expreß herschicken?«

»Klar. Ich drucke ein Exemplar aus und schick es Ihnen.«

Ein Kinderspiel, wenn man seine Notizen in einem Computer macht.

»Ich eruiere mal, ob wir ein Verfahren eröffnen können. Ich kann's nicht versprechen, aber das sieht recht interessant aus.«

Ich hatte mittlerweile gelernt, daß niemals jemand versprach, etwas zu tun, druckte ein Exemplar meines Tagebuchs aus und schickte es per Expreß.

Als ich zurückkam, klingelte das Telefon.

Tejott.

»Ich hab die Neuigkeit gehört«, sagte mein CIA-Kontaktmann. »Sind Sie sicher, daß Ihr Freund drüben überm Teich wohnt?«
»Ja, wenn Sie den Atlantik meinen.« Tejotts Abkürzungen mochten einen Lauscher vielleicht verwirren, aber mir zogen sie immer den Teppich unter den Füßen weg. »Höchstwahrscheinlich ist er aus Deutschland, und ich wäre überrascht, wenn er aus den Staaten käme.«
»Kennen Sie seinen exakten Standort?«
»Alles was ich weiß, ist die elektronische Adresse eines Computers. Eine DNIC-Nummer, was immer das heißt.«
»Wer dekodiert das für Sie?«
»Ich erwarte, daß die Deutsche Bundespost uns sagen wird, wer am anderen Ende ist. Vielleicht morgen.«
»Haben Sie die, äh, nördliche Einheit angerufen?«
»Nördliche Einheit? Wer ist das? Meinen Sie die ›F‹-Einheit?«
»Nein, die Einheit im Norden. Sie wissen schon, Mr. Meades Wohnort.«
Meade. Fort Meade. Der mußte die National Security Agency meinen. »Nein, aber ich habe die ›F‹-Einheit angerufen.«
»Gut. Tun die was oder bleiben sie auf ihren Hintern hocken?«
»Ich weiß es nicht. Sie eröffnen vielleicht ein Verfahren, aber sie wollten es nicht versprechen.«
»Tun die nie. Ich werde Kontakt mit ihnen aufnehmen und sehen, ob wir der Sache nicht auf die Sprünge helfen können. In der Zwischenzeit sollten Sie die nördliche Einheit anrufen und fragen, ob sie diese Adresse dekodieren können.«
Natürlich. Die NSA mußte Listen aller Telefonnummern und elektronischen Adressen auf der Welt haben.
Ich wählte das National Computer Security Center.
Zeke Hanson nahm ab.
»Hallo, Zeke, erinnern Sie sich noch, daß Sie gesagt haben, die NSA könne mir nicht helfen, wenn der Hacker aus Amerika kommt?«
»Ja, und weiter?«
»Nun, er ist aus Europa.«
»Sie meinen, daß Sie einen Ausländer im Milnet verfolgt haben?«

»Sie haben richtig gehört.«
»Ich ruf Sie gleich zurück.«
Mittlerweile hatte ich mich an dieses Zurückrufen gewöhnt. Entweder haben die Schnüffler sichere Telefonleitungen, oder sie nehmen an, daß ich aus einer Telefonzelle anrufe.
Zum fünften Mal berichtete ich also, wie ich mein Wochenende verbracht hatte. Zeke hörte gespannt zu und machte sich offenbar Notizen.
»Glauben Sie, der Hacker handelt auf Anweisung?«
»Kann ich nicht sagen. Aber ich habe den Verdacht, er bewahrt seine Ausdrucke auf.«
»Könnten Sie mir eine Liste aller Stichwörter schicken, nach denen er gesucht hat?«
»Würd ich gerne machen, aber heute hab ich viel zu tun. Vor allem versuch ich die elektronische Adresse zu finden, die zu der deutschen DNIC-Nummer gehört. Ich würde mich freuen, Informationen auszutauschen.«
»Sie meinen, Sie schicken mir Kopien des Datenverkehrs als Gegenleistung, wenn ich diese Adresse ermittle?«
»Klar. Scheint mir ein fairer Handel«, sagte ich. Denn wenn ich einfach nur so nach der Adresse fragen würde, er würde mich abblitzen lassen.
Es funktionierte nicht. Zeke blieb hart.
»Geht absolut nicht. Ich kann nicht mal bestätigen, daß wir solche Informationen haben.«
Lahmgelegt.
Ich mußte diese Adresse irgendwie anders dekodieren.
Und frustriert. Den ganzen Tag lang fragten mich Geheimdienste nach Details aus, aber niemals erzählte jemand *mir* was.
Nach der Hektik dieses Tages war ich erschöpft, aber zuversichtlich. Diese Spur nach Deutschland hatte mehrere Türen geöffnet. Die Schnüffler konnten das nicht länger als geringfügiges Privatproblem vom Tisch wischen.
Es konnte zwar immer noch geringfügig sein, war aber bestimmt keine Inlandsangelegenheit mehr.

33. Kapitel

Ich hatte in ein Wespennest gestochen.

Die nächsten paar Tage kam ich nicht vom Telefon weg. Die Schnüffler riefen mich immer wieder zurück und fragten nach technischen Details – wie meldet man sich von Europa aus bei Militärcomputern an? Konnte ich beweisen, daß der Hacker aus Deutschland kam? Wo hatte er Passwörter erwischt? Wie wurde er zum privilegierten Benutzer?

Das Air Force OSI machte sich Sorgen darüber, wie das Milnet verteidigt werden könnte. War der Hacker in diese Anlage oder in jenes Netzwerk reingekommen? Welchen Computertyp griff er an? Konnten wir ihm Zügel anlegen, wenn wir ihn aus den Lawrence-Berkeley-Labors rauswarfen?

Schließlich rief Steve White an. Er hatte eine interessante Mitteilung vom deutschen Datennetzkoordniator erhalten, knapp und bündig.

»Die Adresse gehört zu einem Computer in Bremen. Wir ermitteln.«

Unser Kreis schloß sich immer mehr.

Und wieder war ich unterwegs zur Bibliothek und blätterte im Atlas. Bremen ist eine Hafenstadt in Norddeutschland, berühmt wegen seiner mittelalterlichen Gemälde und seines Rathauses. Für einen Moment flogen meine Gedanken über den Atlantik... das sind Orte aus Geschichtsbüchern.

Steves Anruf folgte dem Anruf von Mike Muuss vom Ballistic Research Laboratory. Die Army betrieb in Aberdeen, Maryland, ein Forschungs- und Entwicklungslabor. Es ist eines der letzten Regierungslabors, das keine Auftragsforschung für private Auftraggeber durchführt. Mike ist ihr Computerboss.

Mike Muuss – er genießt in der ganzen Unix-Gemeinde einen Ruf als Netzwerkpionier und schnurrbärtiger Schöpfer eleganter Programme, die unbeholfene ersetzen. Mike ist der Meinung, daß gute Programme nicht geschrieben oder konstruiert werden: Sie wachsen. Er ist ein Läufer – 1,80 Meter groß – und unglaublich energiegeladen, ernsthaft und besessen. Mike hatte sich die Sporen an uralten Versionen von Unix, die noch aus den 70ern stammten, verdient. Wenn Mike spricht, hören andere Cracks zu.

»Wir haben am Sonntag Joe Sventek dabei beobachtet, wie er unser System sondiert hat«, sagte Mike Muuss. »Ich dachte, er sei in England.«

Kennen sich alle Cracks untereinander? Ist es Telepathie?

»Ist er auch«, entgegnete ich. »Sie haben einen Hacker entdeckt, der sich als Joe tarnt.«

»Also, dann halten Sie ihn vom Netzwerk weg. Schmeißen Sie ihn raus.«

Das hatte ich schon durchdacht und wandte ein: »Wenn ich ihn aus meinem Computer aussperre, würde ihn das wahrscheinlich nicht aufhalten.«

»Oh, er ist also in vielen Computern, hm?« Mike verstand.

Wir plauderten ungefähr eine Stunde, und ich versuchte, mir meine Unkenntnis nicht anmerken zu lassen. Mike nahm an, daß ich den Eniac kannte, den ersten Großrechner der Welt.

»Ja, das war genau hier im Ballistics Research Labor. Damals, 1948. Zehn Jahre, bevor ich geboren wurde«, schwärmte er.

Eniac mochte ihr erster Weltklassecomputer gewesen sein, aber wohl kaum ihr letzter. Jetzt betreibt die Armee zwei Cray-Supercomputer – die schnellsten der Welt. Ohne sonderliche Bescheidenheit sagte Mike: »Wenn Sie die Army im Jahr 2010 sehen wollen, dann schauen Sie heute in meine Computer. Da steht alles.«

Genau, was der Hacker wollte.

Bald nach diesem Gespräch rief Chris McDonald von White Sands an. Auch er hatte gehört, daß jemand gegen seine Türen hämmerte und wollte wissen, was wir dagegen zu tun gedachten.

»Nichts«, erwiderte ich. »Nichts, bis der Kerl verhaftet ist.« Ein

Bluff, wenn man die Möglichkeiten in Betracht zog, auch nur zu entdecken, wo der Hacker wohnte.
Er hatte versucht, sich in achtzig Computer hineinzuzwängen. Zwei Systemverwalter hatten ihn entdeckt.
Nehmen wir an, Sie gehen eine Häuserfront entlang und versuchen, mit Gewalt Türen zu öffnen. Wie lange mag es dauern, bis jemand die Polizei ruft? Beim fünften Haus? Beim zehnten?
Nun, mit des Hackers Hilfe wußte ich die Antwort. In den Computernetzwerken kann man an vierzig Türen hämmern, bevor es jemand merkt. Bei dieser Art Bewachung sind unsere Computer wehrlose Beute. Fast niemand hält Ausschau nach Eindringlingen, die einzubrechen versuchen.
Mein eigenes Labor war so blind wie alle anderen auch. Der Hakker war eingebrochen, zum privilegierten Benutzer geworden und hatte die volle Leistung meines Computers zur Verfügung, bevor wir ihn entdeckten.
Sogar dann noch waren wir zufällig über ihn gestolpert.

Es schien unwahrscheinlich, daß Computerleute Hacker in ihren Systemen entdecken konnten. Na, vielleicht konnten sie's, aber niemand war auf der Hut. Also lohnte es sich, weiter die Telefonrechnungen von Mitre durchzukämmen. Der Hacker hatte aber ganz klar TRW, Inc. in Redondo Beach angerufen; er war stundenlang in ihren Computer eingeklinkt.
TRW ist ein Rüstungsbetrieb, der für die Air Force und die NASA arbeitet. Militärische Aufklärungssatelliten und so...
Es zeigte sich, daß Howard Siegal von der Abteilung Signalverarbeitung bei TRW völlig ahnungslos gewesen war, bis ich anrief.
»Wir können doch gar keinen Hacker hier haben. Wir betreiben eine sichere Anlage.«
Sie war *per definitionem* sicher. Das hatte ich schon öfter gehört und fragte: »Nur um meine Neugier zu befriedigen, würden Sie Ihr Abrechnungsprotokoll der letzten paar Monate mal überprüfen?«
Er war einverstanden, obwohl ich nicht erwartete, wieder von ihm zu hören. Aber am nächsten Morgen rief er mich mit schlechten Nachrichten zurück.

»Sie haben recht«, sagte Howard. »Es war jemand in unserem System, aber ich kann nicht drüber reden. Wir sperren alle Zugriffsmöglichkeiten auf unseren Computer.« Er wollte weder beschreiben, welche Beweise seine Meinung geändert hatten, noch wollte er sagen, ob der Hacker privilegierter Benutzer geworden war.
Ich erwähnte TRW bei meinen Freunden am Keck Observatorium. Terry Mast hob die Augenbrauen: »Verdammt, das ist der Rüstungsbetrieb, der den KH-11 gebaut hat.«
Moment mal! KH-11 war mir schon mal untergekommen. Der Hacker hatte dieses Stichwort am Samstag gesucht. »Sag mal, Terry, was ist der KH-11?«
»Ein geheimer Spionagesatellit. KH steht für ›*Key Hole*‹, also ›Schlüsselloch‹. Er ist der elfte einer Baureihe. Ist jetzt veraltet.«
»Ersetzt durch den KH-12, nehm ich an.«
»Ja, genau. Massive Überschreitungen des Kostenvoranschlags, das Übliche. Alle beide sind extrem geheime Projekte.«
Terry glaubte, daß Geheimhaltung die Kosten jedes Projekts automatisch multipliziere.
Nach einer Weile rief Steve White von Tymnet an. Die Deutsche Bundespost hatte ermittelt, daß der Hacker von der Universität Bremen kam. Die Adresse wies auf eine VAX hin, nicht auf eine Telefonleitung, aber die Universität wußte nichts von einem Hakker. Offensichtlich bezweifelten sie, daß in ihrem Computer ein Hacker war. Das überraschte mich nicht: Hatte ich alles schon gehört. Geben wir ihnen einen oder zwei Tage, dachte ich.
Eine VAX an einer Universität. Etwa ein Student? Ich fragte mich, ob es falsch war, was mir mein Bauch sagte: War es möglich, daß ich nur einen armen Zweitsemesterspaßvogel jagte?
Als ich mit der CIA und der NSA gesprochen hatte, war ich so vorsichtig gewesen, auf diese Möglichkeit hinzuweisen. Es war schlimm genug, meine Zeit mit dieser Suche zu verschwenden. Ich wollte nicht, daß sich die Schnüffler zur Schlacht rüsteten und dann nur einen David mit einer Wasserpistole vorfanden.
Aber die Schnüffler stellten mir spekulative Fragen. Zeke von der NSA: »Können Sie die Computererfahrung dieser Person charakterisieren?« (Nun, das war leicht. Einfach auflisten, was er tut und wie fähig er scheint.) Dann: »Wie alt ist er?«, »Wird er be-

zahlt, oder ist das sein Hobby?« (Da konnte ich nur raten: Der Hacker hatte Alter, Gewicht und Beruf nie eingetippt.)
Alle meine Anrufer wollten etwas über ihn wissen, auch wenn sie nicht das geringste Interesse daran hatten, den Fall zu lösen. Mein Tagebuch hielt die Informationen fest, aber es umfaßte schon mehr als 50 Seiten.
Um diesen Telefongesprächen zu entgehen, schrieb ich eine Notiz, die zusammenfaßte, was ich über ihn wußte. Wenn ich die Beobachtungen über ihn zusammenstellte, konnte ich vielleicht ein Profil dieses Hackers erstellen.
Manche ihrer Fragen konnte ich direkt beantworten: Der Hacker zielte auf das Militär und auf Rüstungsbetriebe. Er riet und stahl Passwörter. Er arbeitete gewöhnlich nachts, Mitteleuropäische Zeit.
Andere Antworten ergaben sich aus indirekten Beobachtungen: Er schien in den Zwanzigern zu sein – seine Erfahrung in Unix und VMS zeigte mir das. Wahrscheinlich Student. Und nur ein Kettenraucher würde Benson & Hedges als Passwörter wählen.
Ich verfolgte bestimmt nur einen oder zwei. Ich schloß das daraus, daß er vier geklaute Konten auf meinem System hatte und trotzdem dasselbe Passwort für alle gewählt hatte. Hätten sich mehr als ein paar Leute an diesem Schwachsinn beteiligt, hätten sie sich eigene Passwörter gesucht.
Als ich dieses Profil verfaßte, erhielt ich den Eindruck von jemandem, der methodisch und fleißig war. Er war seit mehr als sechs Monaten aktiv, und manche Aufzeichnungen von Mitre wiesen auf fast ein Jahr. Ihm machte es nichts aus, auch Sonntag nacht zwei Stunden damit zu verbringen, langsam Passwörter für Militärcomputer zu raten. Eine öde und ermüdende Arbeit.
Die NSA hörte nicht auf, meine Schlußfolgerungen zu hinterfragen. Zeke: »Wenn er so methodisch ist, woher wissen Sie dann, daß Sie nicht irgendeinem Computerprogramm folgen?«
Das zog mir doch glatt den Teppich unter den Füßen weg. Zeke hatte mich bis zu einem Punkt getrieben, an den ich noch nie gedacht hatte.
Konnte ich denn wirklich beweisen, daß ich einer realen Person folgte?

Ich hatte einmal angenommen, daß Computerhacker brillante Köpfe waren, die kreativ neuartige Wege suchten, um neue Programme zu konstruieren. Dieser Typ war geduldig und schuftete schwer, probierte wiederholt dieselben Tricks. Das gleiche Verhalten, das man von einem Computerprogramm erwarten würde.

Angenommen, jemand hätte einen Computer so programmiert, daß er methodisch versuchte, sich in hundert andere Computer einzuloggen. Alles, was man dazu bräuchte, ist ein Heimcomputer mit einem Modem. Die Programmierung wäre recht einfach. Das Programm könnte Passwörter (wie ›*visitor*‹ und ›*guest*‹) genausogut raten wie ein Mensch. Und es könnte die ganze Nacht laufen, ohne daß jemand dabei ist.

Einen Augenblick lang Panik. Konnte ich beweisen, daß ich keiner solchen Maschine folgte?

Klar. Mein Hacker machte Fehler. Gelegentliche Tippfehler.

Ich sagte zu Zeke: »Hinter der Tastatur sitzt wirklich ein Mensch, einer, der kein perfekter Tipper ist.«

»Sind Sie sicher, daß der Hacker im selben Land ist wie der Computer?«

Zeke war auf der Höhe des Problems. In Ordnung. Seine Fragen ließen mich weiterdenken. Ich beobachtete jemanden, und mein Bauch sagte mir, er sei in Deutschland. Aber es gab keinen Grund, weshalb er nicht in Australien sitzen konnte und in einen Computer in Deutschland eingeklinkt war.

Mein Piepser unterbrach meine Antwort. Der Hacker war zurück.

»Ich muß laufen, Zeke!«

Wieder den Korridor runter, in den Schaltraum. Da war er! Er loggte sich gerade ein. Ich rief Tymnet an, aber als Steve White antwortete, hatte sich der Hacker schon wieder ausgeloggt. Gesamtdauer der Verbindung: 30 Sekunden.

Verdammt. Die ganze Woche war der Hacker jedesmal eine Minute oder zwei angemeldet. Jedesmal löste er meinen Piepser und einen Adrenalinstoß aus. Aber solche kurzen Verbindungen konnte ich nicht verfolgen. Zehn Minuten, sicher. Fünf Minuten, vielleicht. Aber nicht eine Minute.

Zum Glück störten Steve meine Notrufe nicht, und er erklärte mir

jedesmal einen neuen Kniff im Vermittlungssystem von Tymnet. Heute jedoch erwähnte Steve, daß sich die Deutsche Bundespost mit der Universität Bremen in Verbindung gesetzt habe.
Nach gründlicher Suche hatten die Systemleute an der Universität Bremen einen privilegierten Benutzer entdeckt.
»Ein Experte hatte ein Konto für sich angelegt und hatte *›root‹*-Privilegien. Er war zuletzt aktiv am 6. Dezember '87 und löschte alle Spuren in der Abrechnung«, erläuterte Steve.
Hörte sich vertraut an. Ich notierte es. Tatsächlich, je öfter ich es las, desto mehr sagte es mir. Ich konnte schließen, daß Bremen eher Unix als VMS benutzte: Bei Unix-Computern sagen die Leute *›root‹*-Zugangsberechtigung; auf VMS heißt es ›System‹-Privilegien. Dasselbe Konzept, unterschiedlicher Jargon.
In der Zwischenzeit hatte die Deutsche Bundespost das Konto ermittelt, das der Hacker benutzte, um sich quer über den Atlantik anzumelden. Sie stellten eine Falle auf: Wenn das nächste Mal jemand dieses Konto benutzte, würden sie den Anruf verfolgen.
Der Mann von der Bundespost vermutete, daß das Konto gestohlen sei und statt den Kontenbesitzer zu fragen, ob er den Hacker autorisiert hatte, Amerika anzurufen, würde die Bundespost heimlich beobachten, was passierte.
Die Deutschen saßen nicht herum. Die Universität wollte das verdächtige Konto überwachen, und die Bundespost beobachtete die Netzwerkaktivität. Immer mehr Mauselöcher wurden beäugt.
In der nächsten Stunde erhielt Steve eine weitere Nachricht aus Deutschland: Die Universität Bremen würde ihre Computer die nächsten drei Wochen runterfahren. Wegen Weihnachtsferien.
Vielleicht eine gute Nachricht. Wenn der Hacker während der Pause nicht auftauchte, war er wahrscheinlich aus Bremen. Wenn er aber trotz der Pause weitermachte, mußte er einen andern Weg nehmen ... einen, der vielleicht direkt zu ihm führte.
Der Hacker war nicht mehr als ein paar Minuten von Berkeley entfernt.
Und uns trennten von ihm nur noch ein paar Wochen.

34. Kapitel

Dezember ist unter anderem die Zeit des Grußkartendruckens, und so versammelten wir uns – meine Hausgenossen und ich – zu unserer alljährlichen Farbenkleckserei. Martha zeichnete das Motiv, und Claudia und ich schnitten die Matrizen zu. Wir dachten, daß wir es vermeiden würden, unsere fanatischen Freunde zu beleidigen, wenn wir die Karte astronomisch hielten: Fröhliche Wintersonnenwende!

»Wir machen unsere Karten so, wie du den Hacker jagst«, sagte Martha.

»Wie?«

»*Do it yourself*«, bemerkte sie. »Nicht so wie's Profis machen würden, aber's macht trotzdem Spaß.«

Ich fragte mich, wie ein echter Profi diesen Hacker verfolgen würde. Aber wer waren denn da die Profis? Gab es jemand, dessen Aufgabe es war, Leute zu verfolgen, die in Computer einbrachen? Ich hatte noch keine getroffen. Ich hatte alle Behörden angerufen, die mir einfielen, und doch hatte niemand die Sache übernommen. Niemand hatte mir auch nur einen Rat gegeben.

Alle, FBI, CIA, OSI und NSA, alle waren sie gleichermaßen fasziniert. Ein Ausländer holte Daten aus US-Datenbanken raus. Der Fall war belegt – nicht nur durch mein Tagebuch, sondern auch durch zahlreiche Ausdrucke, Fangschaltungen und Netzwerkadressen. Meine Überwachungsstation lief rund um die Uhr – die Chancen, den Bösewicht zu fangen, schienen gut zu stehen.

Aber nicht ein Funken Unterstützung. Mein Gehalt wurde von Forschungsgeldern für Physik und Astronomie abgezweigt, und die Laborverwaltung erwartete Systempflege von mir, nicht Spionageabwehr. Aus 8000 Meilen Entfernung steckte ein Hacker seine Nase in unsere Netzwerke. 3000 Meilen weiter östlich analysierten Geheimagenten meine neuesten Berichte. Aber zwei Stockwerke über mir besprachen meine Chefs, daß sie versuchen wollten, das Ganze abzublasen.

»Cliff, wir haben das Ende der Jagd beschlossen«, sagte Roy Kerth. »Ich weiß, Sie sind nahe dran, den Hacker zu finden, aber wir können es nicht länger finanzieren.«

»Noch zwei Wochen. Bis Neujahr?«

»Nein. Schließen Sie die Sache morgen ab. Nehmen Sie morgen nachmittag alle Passwörter zurück.«

Mit andern Worten: Schlag die Tür zu! dachte ich grimmig. Verdammt! Drei, fast vier Monate Arbeit einfach den Bach runter. Und gerade dann, wenn die Spur vielversprechend aussieht.

Frustrierend. Der Hacker konnte sich verstecken, aber er konnte mich nicht loswerden. Meine Verwaltung schon. Gerade als wir den Schweinehund aufs Korn nahmen.

Und deprimierend. Der Hacker würde keine Schwierigkeiten haben, zu seinen Schlupfwinkeln zurückzukehren. Er würde weiter die Netzwerke durchstreifen und überall einbrechen, wo er konnte. Allen war's egal.

Nur mir nicht.

Ich begann zu planen, wie ich das Passwort jedes Benutzers ändern wollte. Geht ganz leicht – einfach die Passwortdatei neu aufbauen. Aber wie teilt man 1200 Wissenschaftlern Passwörter mit? Bringt man sie in einem Raum zusammen? Ruft man alle einzeln an? Schickt man ihnen eine Notiz mit der Post?

Ich war immer noch total erschüttert, als Mike Gibbons vom FBI anrief: »Ich wollte nur fragen, wohin die Spur geführt hat.«

»Nach Bremen«, sagte ich. »Die dortige Universität.«

»Also ein Student, was?«

»Nicht notwendigerweise. Aber wir werden es nie herausfinden.«

»Warum nicht?«

»Das LBL schließt seine Türen. Morgen.«

»Aber das könnt ihr nicht«, sagte der FBI-Agent. »Wir eröffnen ein Verfahren.«

»Mein Chef denkt, daß er's kann.«

»Dann sagen Sie ihm, daß wir gerade Kontakt mit Europa aufnehmen. Egal was ihr tut, aber hört jetzt nicht auf.«
»Sie reden mit dem Falschen, Mike.«
»Okay. Welche Telefonnummer hat Ihr Chef?«
Ich hatte keine Lust, von Roy Kerth eins aufs Dach zu kriegen, wenn ich ihn noch mal um eine Verlängerung bat. Wenn das FBI wirklich wollte, daß wir offenblieben, sollten die sich mit ihm rumschlagen.
Mich jedenfalls unterstützte niemand. Alles, was diese tollen Drei-Buchstaben-Behörden je von sich gaben, war »Her damit«. Jede Behörde wollte Kopien von Protokollen und Ausdrucken. Jedesmal, wenn wir eine Verbindung zurückverfolgt hatten, wollten vier oder fünf Leute wissen, wohin sie führte.
So war das Leben, wenn man sich mit einer Bürokratie einließ: Alle wollten wissen, was wir entdeckt hatten, aber niemand wollte Verantwortung übernehmen. Niemand wollte freiwillig Kontaktstelle spielen, das Zentrum zur Informationssammlung und -verteilung. Ich hatte als Mittelpunkt der Untersuchung angefangen, und es sah so aus, als ob ich's bleiben sollte.
Andererseits, da niemand mir Vorschriften machte, konnte ich was riskieren – etwa einen Hacker nicht aussperren, der meinen Computer in ein paar Sekunden leerfegen konnte. Ich konnte Ein-Mann-Orchester spielen, wie damals als Doktorand: Wenn's die Sache wert ist, dann mach's für dich, nicht um irgendeinem Geldgeber zu gefallen.
Wenn ich mir nur Roy Kerth und Kompanie vom Hals halten könnte!
Das FBI tat es für mich. Mike Gibbons sprach mit Roy Kerth. Ich weiß nicht, was sie geredet haben, aber eine halbe Stunde später sagte mir Roy, ich solle die nächsten zwei Wochen offenlassen.
»Jetzt nehmen sie uns endlich ernst«, sagte Roy.
»Ernst genug, um unsere Unkosten zu bezahlen?«
»Bleiben Sie ernst, Cliff!«
Am Abgrund gerettet. Wir würden alles offenlassen, wenn auch nur dank einer informellen Absprache. Ich hatte noch zwei Wochen, um den Hacker zu fangen.

Vielleicht brauchte ich nicht viel mehr. Am Freitag, dem 19. Dezember 1986, um 13.38 Uhr tauchte er wieder auf, blieb zwei Stunden da und fischte im Milnet rum.
Ein angenehmer Freitagnachmittag: Passwörterraten zum Strategic Air Command, dem European Milnet Gateway, dem West Point Geography Department und zu einer Kollektion von siebzig anderen Militärcomputern.
Ich war in wenigen Sekunden an den Monitoren und rief Steve White bei Tymnet an. Er wollte gerade nach Hause, als ich anrief.
»Der Hacker ist in unserem Computer. Tymnet-Anschluß Nummer 14.«
»Okay«, sagte Steve. Das übliche Tastaturrattern im Hintergrund. Zwanzig Sekunden vergingen, dann rief er: »Ich hab's!«
Steve hatte eine Verbindung von Kalifornien nach Deutschland in weniger als einer Minute verfolgt.
»Wie machen Sie das?«
Steve lachte. »Jetzt, wo ich weiß, daß Sie eine Fangschaltung brauchen, habe ich mein Verfolgungsprogramm automatisiert. Ich muß ihm nur sagen ›Abflug‹.«
»Und woher kommt die Verbindung?«
»Sie haben einen Anruf von Adresse 2624 DNIC 4511 Strich 049136.«
»Was bedeutet das?«
»Wir werden die Deutsche Bundespost fragen müssen, aber ich kann Ihnen etwas über die Adresse sagen. Die ersten Ziffern, 2624, bedeuten Deutschland.«
»Das wissen wir schon.«
»Die nächste Ziffernfolge, 4511, beginnt mit einer Vier. Es bedeutet, daß der Hacker über einen öffentlichen Telefonanschluß reinkommt.«
»Versteh ich nicht. Wo ist der Unterschied zum letzten Mal, als Sie den Hacker verfolgt haben?«
»Das letzte Mal haben wir ihn zu einem Computer an der Universität Bremen zurückverfolgt. Damals waren die Ziffern 5421. Die fünf bedeutet, daß ein Computer am anderen Ende ist.«
Oh, die Adresse war codiert wie amerikanische Münztelefone,

deren Nummern offenbar immer eine Neun an vierter Stelle haben. »Also kommt die Verbindung nicht vom Computer der Universität Bremen?« fragte ich.
»Genau. Aber wir wissen noch mehr. Wir wissen, daß der Hacker von einem Telefonanschluß kommt. Er meldet sich von einem Ortstelefon an.«
»Wissen Sie seine Telefonnummer?«
»Nein, aber die Bundespost kann feststellen, welche Telefonnummer er hat.«
Steves Neuigkeiten brachten uns einen Schritt näher an ihn ran. Der Hacker konnte sich nicht hinter der Universität Bremen verstecken.
»Wann werden wir also den Standort seiner elektronischen Adresse finden?«
»Bald. Ich hab Wolfgang gebeten, sie nachzuschlagen.«
»Wer ist das?«
»Wolfgang Hoffmann. Der Datexnetzkoordinator in Deutschland.«
»Sie telefonieren mit ihm?«
»Natürlich nicht«, sagte Steve. »Wir schicken uns elektronische Post.«
Hätt ich mir denken können. Ich fragte weiter: »Und er hat die Adresse von heute noch nicht dekodiert, was?«
»Genau. Bis die Bundespost die Adresse dekodiert hat, können wir nicht viel tun ... bleiben Sie dran, da gibt's was ... eine Nachricht aus Deutschland.« Steve hatte offenbar eine direkte Leitung nach Deutschland und tauschte Nachrichten mit Ländern, wie ich vielleicht eine Notiz in Umlauf geben würde.
Steve übersetzte die Notiz. »Wolfgang sagt, der Hacker käme von einem Telefonanschluß. Er hat sich über eine Telefonleitung eingewählt.«
»Das wußten wir schon.«
»Ja, aber er kommt nicht aus Bremen. Heute ruft er von Hannover aus an.«
»Also, wo ist er denn nun? In Bremen oder Hannover?«

»Wolfgang weiß es nicht. Er könnte auch in Paris sein und ein Ferngespräch führen.«
Wieder ein Blitzbesuch in der Bibliothek. Der Atlas zeigte, daß Hannover etwa 200 Meilen südlich von Bremen liegt. Sah nach Großstadt aus, ungefähr eine halbe Million Leute. Lieber Gott – der Stoff, aus dem Reiseberichte sind...
Wählte ein Bremer Student Hannover? Unwahrscheinlich. Auch wenn die Universität in Ferien war, konnte er einfach den Datex-Anschluß von Bremen wählen. Ein Student in Bremen würde kein Ferngespräch nach Hannover führen.
Ah, aber wenn die Universität Ferien macht, fahren Studenten nach Hause.
Verfolgte ich einen Zweitsemester, der in den Ferien zu Hause war?
War das aber wirklich ein Student? Die Aufmerksamkeitsspanne von Studenten reicht üblicherweise nicht über sechs Monate. Sie würden nach Spielen und akademischer Software suchen, nicht nach militärischen Stichwörtern. Und würde ein Student nicht eine Art Unterschrift oder einen Witz zurücklassen? Uns quasi die Zunge rausstrecken?
Wenn das kein Student war, warum kam er dann von zwei Orten in Deutschland? Vielleicht kannte er einen Weg, um sich auf der Fernleitung nach Hannover hineinzuwählen – vielleicht ein ungeschützter Computer oder mit einer gestohlenen Telefonkreditkarte.
Gestern Bremen. Heute Hannover. Wo versteckt er sich morgen?
Der einzige Weg, das rauszufinden, war, ihn weiter zu beobachten. Heimlich.
Ich hatte vier Monate gewartet. Und konnte es auch noch etwas länger.

35. Kapitel

»Sie brauchen eine deutsche Abhörgenehmigung.«
Steve White von Tymnet rief zurück. Er hatte gerade elektronische Post von Wolfgang Hoffmann bei der Deutschen Bundespost bekommen. Wolfgang war scharf darauf, dem Hacker nachzusetzen, brauchte aber eine gesetzliche Genehmigung, die Leitungen zu verfolgen.
»Wie kriegt man in der Bundesrepublik Deutschland eine Genehmigung?« fragte ich Steve.
»Ich weiß nicht, aber die Bundespost sagt, sie werden das morgen mit dem Gericht in Hannover besprechen.«
Eine gute Nachricht. Irgendwo in Deutschland brachte Wolfgang Hoffmann die Räder zum Rollen. Mit etwas Glück bekamen sie eine richterliche Genehmigung, verfolgten ein paarmal die Leitung und verhafteten den Kerl.
Steve White war weniger optimistisch.
»Wenn der Hacker auftaucht, müssen die Deutschen das Datex-P-Netz verfolgen, die Telefonnummer finden, die der Hacker ruft, und dann diese Telefonleitung verfolgen.«
»Oje«, sagte ich und dachte an meine Hetzjagden in Berkeley und Virginia. Wenn Wolfgang Hoffmann und sein Team nicht geduldig, kompetent und clever waren, würde ihnen der Hacker entwischen.
Zu vieles konnte schiefgehen. Der Hacker konnte aus einem anderen Land kommen. Er konnte eine Telefonleitung von einer anderen Stadt benutzen, versteckt hinter einem weitverzweigten Telefonsystem. Das Gericht konnte die Abhörgenehmigung verweigern. Oder der Hacker roch den Braten und merkte, daß ihm jemand auf der Spur war.

Wolfgang schickte noch eine Nachricht: ›*Bis die Genehmigung erteilt wird, registrieren wir den Namen der Datex-P-Benutzerkennung.*‹
Steve erklärte: »Wenn Sie Tymnet oder Datex benutzen, bezahlt jemand dafür. Wenn Sie das Netzwerk benutzen, müssen Sie Ihre Kontonummer und Ihr Passwort eingeben. Die Deutschen werden feststellen, wer für die Verbindungen des Hackers bezahlt. Wenn wir ihnen melden, daß der Hacker da ist, verfolgen sie nicht nur ihr Datex-P-Netz, sondern ermitteln auch den Kontennamen, der für die Verbindung bezahlt.«
Ich verstand. Wenn der Hacker eine fremde Kontennummer und ein fremdes Passwort gestohlen hatte, konnte er wegen Diebstahls angeklagt werden, und eine Abhörgenehmigung wäre leicht zu erhalten. Andererseits, wenn er seine Verbindungen selbst bezahlte, wäre es leicht, seinen Namen zu ermitteln, und eine richterliche Genehmigung wäre unnötig. Vielleicht mußten sie nicht mal seine Telefonleitung überwachen.
Kein Zweifel, dieser Wolfgang war auf Zack. Er suchte nach Abkürzungen, um Fangschaltungen zu umgehen. Zur selben Zeit bastelte er an einer Anklage gegen den Hacker.

Am Samstag, dem 20. Dezember 1986, rief mich Steve zu Hause an. Und Martha funkelte mich an, weil ich den Brunch kalt werden ließ. Steve hatte gerade wieder eine Nachricht aus Deutschland bekommen. Die Bundespost hatte den Staatsanwalt von Bremen, Herrn von Vock, kontaktiert. (Das ist vielleicht ein nobler Titel, dachte ich.)

Die Nachricht aus Deutschland lautete: ›*Der BRD-Staatsanwalt muß mit hochgestellten Personen der US-Strafjustiz Kontakt aufnehmen, um die richtigen Genehmigungen ausstellen zu können. Die Bundespost kann nichts unternehmen, solange sie nicht von einer hochrangigen US-Kriminalbehörde offiziell benachrichtigt wird.*‹
Was ist eine hochrangige US-Kriminalbehörde? Die Mafia? Was immer sie meinten, ich kümmerte mich besser selber drum, daß die Leute was taten.
Ich rief meinen Chef Roy Kerth an, der mürrisch bemerkte, daß

die Deutschen sechs Monate gebraucht hätten, um dieses Problem zu entdecken.
»Wenn sie nur halbwegs kompetent wären, säße der Hacker schon hinter Schloß und Riegel.«
Um diesen Aal zu fangen, mußten wir alle am selben Netz ziehen. Das hitzige Temperament meines Chefs beflügelte nicht gerade die Harmonie von Besprechungen, wie sollte es da die internationale Zusammenarbeit befördern? Vielleicht wäre ich besser dran, dachte ich, wenn ich mich an unseren hauseigenen Rechtsbeistand wandte.
Aletha Owens wußte, was zu tun war.
»Ich werde Deutschland anrufen und direkt mit ihnen verhandeln. Sie brauchen wahrscheinlich jemanden vom FBI, aber ich werde die Sache ins Rollen bringen.«
»Schprecken Zi Teutsch?«
»Seit 20 Jahren nicht mehr«, sagte Aletha. »Aber ich werde die alten Berlitz-Kassetten rauszerren.«
Am Sonntagmorgen rief Aletha wieder an. »Hey, main Teutsch is garnischt so schlächt. Ain paar Probläme mit der Futur, aber nicht schlächt. Nicht schlächt.«
»Schon gut, aber was haben Sie erfahren?«
»Nun, ich hab alles mögliche über transitive Verben erfahren und...«
»Und was ist mit dem Hacker?«
»Ach der... Äh, ja...« Aletha parodierte den akademischen Ton. »Der deutsche Staatsanwalt ist ein äußerst zuvorkommender Herr, der es als seine vornehmste Aufgabe betrachtet, sowohl die Freiheit als auch das Eigentum zu schützen. Er braucht demnach ein offizielles Gesuch, um ein Ermittlungsverfahren einleiten zu können.«
»Und wer sind die Offiziellen?«
»Das FBI. Wir müssen das FBI bitten, sein deutsches Gegenstück zu kontaktieren. Oder vielleicht sollte ich ›Sie‹ sagen, weil ich nächste Woche nicht da bin.«
Auf meinen Schultern lag also die Bürde, das FBI so weit zu kriegen, daß sie die Deutschen baten, ein Verfahren einzuleiten. Toll – schon wieder eine Gelegenheit für sie zu sagen: »Geh aus der

Leitung, Kleiner.« Ich hinterließ eine Nachricht für Mike Gibbons im FBI-Büro Alexandria, Virginia.
Erstaunlicherweise rief Mike zehn Minuten später aus Colorado an: »Hallo, Cliff. Ich hoffe, es ist was Wichtiges.«
»Tut mir leid, wenn ich Sie störe, aber der deutsche Staatsanwalt muß mit jemandem vom FBI reden. Wir haben unser Sorgenkind bis Hannover verfolgt.«
»Na, da kann ich heute abend auch nichts mehr machen«, sagte Mike. »Und ich habe keinerlei Unterlagen hier.«
Theoretisch mußte der Repräsentant des FBI in Deutschland Kontakt mit seinem dortigen Gegenstück aufnehmen, und dann würde die Sache von da aus weiterlaufen. Mike sagte, daß dieser Mensch, der US Legal Attaché, in Bonn wohne und die Justizangelegenheiten zwischen beiden Staaten regele. In gewissem Sinn sei das der Repräsentant des FBI in Deutschland.
Schon so viel sei verraten: Im Verlauf der nächsten paar Monate würde ich noch oft von dem US Legal Attaché hören. Ich erfuhr seinen Namen nie, obwohl sich jede Menge Flüche gegen ihn richten sollten.
Am nächsten Tag wühlte sich Mike durch die Strafgesetze. »Die Sache wird vom Computerbetrugsgesetz abgedeckt. Ganz klarer Fall.«
»Aber der Kerl hat doch nie einen Fuß in die Staaten gesetzt«, bemerkte ich. »Wie können Sie jemanden aus einem anderen Land kriegen?«
»Er wird wahrscheinlich nicht ausgeliefert, wenn Sie das meinen. Wir können aber eine Anklage erzwingen und ihn in ein deutsches Gefängnis bringen, insbesondere wenn das deutsche Gesetz unserem ähnlich ist.«
»Wie hoch ist die Wahrscheinlichkeit, daß das FBI die ganze Sache fallenläßt?«
»Gleich Null, wenn ich's verhindern kann«, sagte Mike. »Wir müssen mit den Anwälten im Justizministerium zusammenarbeiten, aber ich seh da kein Problem.«
Ich glaubte ihm immer noch nicht. Für mich lag der Fall klar, aber er war zu komplex, um ihn einem Strafjuristen auseinanderzusetzen.

»Kann ich was tun, was Ihnen weiterhelfen könnte?« fragte ich Mike.
»Stellen Sie sich vor, das gibt's in der Tat. Könnten Sie eine Zusammenfassung über den Hacker schreiben? Sie wissen schon, ein Profil, und uns beschreiben, nach wem wir suchen. Dinge wie: Wann er aktiv ist. Worin er Experte ist. Persönliche Eigenheiten. Spekulieren Sie nicht, aber versuchen Sie, unseren Mann zu charakterisieren.«
Ein nützliches Projekt, um mich einige Tage lang davon abzuhalten, Mike noch mehr auf die Nerven zu gehen. Ich kämmte mein Tagebuch durch und stellte ein Profil meines Hackers zusammen.

Diese Arbeit hätte mich eigentlich für einige Tage aus der Schußlinie bringen sollen. Aber der Ärger kam von einer anderen Front.
Jemand von der NSA hatte beim Energieministerium über mein Tun und Treiben geplaudert. Nun waren die stinksauer, weil sie nicht früher – und direkt – darüber unterrichtet worden waren.
Roy Kerth hielt mich im Korridor an. »Das DOE will uns eine Rüge erteilen, weil wir's nicht gleich von diesem Vorfall in Kenntnis gesetzt haben.«
»Aber das haben wir doch«, wandte ich ein. »Vor mehr als zwei Monaten.«
»Beweisen Sie es.«
»Klar. Es steht in meinem Tagebuch.«
Roy wollte es sehen, also gingen wir hinüber zu meinem Macintosh und riefen das Tagebuch auf. Tatsächlich zeigte der 12. November 1986, daß ich das DOE informiert hatte. Ich hatte eine Zusammenfassung des Gesprächs aufgeschrieben und sogar die Telefonnummer hinzugefügt. Das DOE durfte sich nicht beschweren – wir konnten beweisen, daß wir es informiert hatten.
Gerettet. Meinem Tagebuch sei Dank.
Genau wie mit dem Teleskop beobachtet: Wenn man's nicht dokumentiert, kann man's auch genausogut sein lassen. Natürlich braucht man leistungsfähige Teleskope und Computer. Aber ohne Protokoll ist jede Beobachtung fast belanglos.
Der Hacker machte Ferien und tauchte erst am 29. Dezember wie-

der auf. Zwei Minuten. Diesmal hatte Steve die Spur fast zu Ende verfolgt. Weit genug, bis nach Deutschland, und nahe dran. Aber knapp vorbei ist auch daneben.

Einminütige Verbindungen wie diese frustrierten mich. Es machte mir nichts aus, zu meinen Abhörmonitoren zu sprinten, aber ich hatte immer Schuldgefühle, Tymnet wegen der Verfolgung anzurufen. Sie waren uns gegenüber nicht dazu verpflichtet – wir waren für sie nur ein Kleinkunde. Und Steve White stellte freiwillig seine Freizeit zur Verfügung, um uns zu helfen.

Am 30. Dezember, etwa um 5 Uhr morgens, quiekte mein Piepser, und ich rief automatisch Steve White zu Hause an. Er war nicht sehr erfreut, mich zu hören.

»Der Hacker ist dran.«

»Ach, ich war gerade mitten in einem Traum. Sind Sie sicher, daß er's ist?« Sein britischer Akzent verbarg seinen Ärger nicht.

»Ich bin nicht sicher, aber ich finde es in einer Minute raus.«

»Okay, ich starte eine Verfolgung.« Steve ließ sich eine Menge von mir gefallen.

Von zu Hause aus wählte ich meinen Unix-Computer an. Verdammt. Kein Hacker. Die Elektriker hatten meinen Alarm ausgelöst, als sie einen benachbarten Computer ausschalteten. Ich fühlte mich wie ein begossener Pudel und rief Steve White zurück.

»Sagen Sie, Cliff«, seine Stimme klang immer noch schläfrig, »ich finde niemanden in Ihrem Computer eingeklinkt.«

»Äh, ja. Falscher Alarm. Tut mir leid.«

»Kein Problem. Vielleicht klappt's das nächste Mal.«

Mann, war das ein guter Kerl. Wenn mich jemand, den ich noch nie gesehen habe, aus dem Bett holen würde, um ein Phantom in einem Computer zu jagen ...

Zum Glück hatte mich nur Steve ›Haltet den Dieb!‹ schreien hören. Wie wäre es wohl um meine Glaubwürdigkeit bestellt gewesen, wenn ich Deutschland oder das FBI verständigt hätte?

Von jetzt an würde ich jeden Alarm doppelt überprüfen.

36. Kapitel

An Silvester saßen wir mit Freunden am Feuer, schlürften Punsch und hörten der Ballerei zu, die die Idioten in der Nachbarschaft veranstalteten.

»Hey«, sagte Martha, »wir sollten uns ranhalten, wenn wir bis zwölf Uhr noch was mitkriegen wollen.« San Francisco gab für die ganze Stadt eine Silvesterparty, um den Bürgerstolz zu fördern und den Leuten eine Alternative zu Besäufnissen und Prügeleien zu bieten. Es gab Musik, Tanz, Theater und Varieté an mehreren Orten in der ganzen Stadt, zwischen denen die Cable Cars pendelten.

Wir quetschten uns zu siebt in den alten Volvo unserer Untermieterin und fuhren, eingekeilt in einer zielstrebigen Blechlawine, im Schneckentempo nach San Francisco. Statt zu hupen, bliesen die Leute Luftschlangen aus den Autofenstern. Schließlich gelangten wir in die hell erleuchtete Stadt, ließen das Auto irgendwo stehen und eilten zu einer Flamencovorführung.

Wir bahnten uns einen Weg zum Mission District – das lateinamerikanische Viertel der Stadt – und kamen zu einer brechend vollen katholischen Kirche, in der die Leute schon ungeduldig warteten. Ein Gesicht – ziemlich belämmert – tauchte vor dem Vorhang auf und erklärte: »Die Beleuchtung funktioniert leider nicht, deshalb verschieben wir die Vorstellung.«

Mitten in dem Protest- und Buhgeschrei stand Martha auf und schob mich nach vorne. Ich hatte immer noch eine Elektrikerlizenz, und sie hatte schon bei vielen Amateurtheatern Technikerin gespielt. Wir schlüpften hinter die Kulissen. Die Flamencotänzerinnen in ihren glitzernden Kostümen rauchten und schritten wie Tiger im Käfig auf der dunklen Bühne hin und her, trommelten mit den Füßen und warfen uns zweifelnde Blicke zu. Martha machte sich daran, den Kabelwust zu entwirren, während ich im Schaltkasten die ausgefallene Sicherung suchte. Rasch die Sicherungen wieder eingeschaltet, und wie durch ein Wunder flammten die Bühnenlichter auf.

Die Tänzerinnen stampften und schrien Beifall, und als Martha das letzte Kabel sauber aufgerollt und die Schalttafel in Ordnung gebracht hatte, zog uns der Conférencier auf die Bühne und dankte uns. Nachdem wir dem Licht der Öffentlichkeit entkommen waren, genossen wir Faro und Flamenco – die mißmutigen und nervösen Geschöpfe, die wir auf der dunklen Bühne gesehen hatten, hatten sich plötzlich in elegante, wirbelnde Tänzerinnen verwandelt.

Wir schlüpften nach draußen und erwischten einen Bus, der von einer alten Dame gefahren wurde, die in Erscheinung und Sprechweise auch als Miss Ellie von ›Dallas‹ hätte durchgehen können. Sie manövrierte den Bus mutig durch die überfüllten Straßen, und wir fanden uns am Women's Building in der 18. Straße wieder. Dort tanzten ›Wallflower Order‹ und erzählten Geschichten über Feminismus und sozialen Protest.

Ein Tanz handelte von Wu-Shu, einem Affen aus der chinesischen Sagenwelt, der die habgierigen Kriegsherren besiegte und dem Volk das Land zurückgab. Ich saß auf dem Balkon und dachte an politisch korrekte Affen – hatten mich die Kriegsherren in der Hand? Oder war ich wirklich ein schlauer Affe auf der Seite des Volkes? Ich wußte es nicht, also vergaß ich meinen Hakker und genoß den Tanz.

Wir beschlossen das Ganze mit wildem Getanze zu den Klängen einer Rhythm & Blues-Band mit der Leadsängerin Maxine Howard – eine sensationelle Sängerin und die schärfste Frau der Weltgeschichte. Sie pickte sich Leute aus dem Publikum heraus und tanzte mit ihnen auf der Bühne, und bald hievten wir eine protestierende Martha zu ihr hoch. Nach ein paar Minuten hatten sie und ihre Leidensgenossen ihre Bühnenangst überwunden und gruppierten sich zu einer ganz gut synchronisierten Chorus line, die kleine Handbewegungen wie einst die Supremes machte. Ich war noch nie so sehr fürs Tanzen gewesen, aber um

zwei Uhr oder so hüpfte und drehte ich mich immer noch mit Martha und hob sie hoch in die Luft...
Endlich hatten wir genug Kultur und Vergnügen getankt und gingen im Haus eines Freundes im Mission District zu Bett. Ich dachte, ich hätte mich gerade erst hingelegt (in Wirklichkeit war's 9 Uhr morgens), als mich mein Piepser weckte.
Was? Du arbeitest am Neujahrstag? Gönn mir doch mal 'ne Pause, dachte ich. Dieser Hacker! Ich hatte keine Lust, Steve White am Neujahrsmorgen anzurufen, und bezweifelte, ob die Deutsche Bundespost an einem Feiertag viel tun konnte. Und überhaupt war ich zehn Meilen von meinem Labor weg.
Eingesperrt fühlte ich mich, während der Hacker frei herumlaufen konnte. Wenn er mir eine Nase drehen wollte, hatte er den Weg gefunden. Einfach auftauchen, wenn ich nichts tun konnte.
Außer mir Sorgen zu machen, konnte ich wirklich nichts tun, also versuchte ich zu schlafen. Mit Marthas Armen um mich kam die Ruhe leicht. »Komm her, mein Schatz«, schnurrte sie. »Gib dem Hacker Urlaub.«
Ich sank auf die Decken. Hacker oder nicht, wir würden Neujahr feiern und verschliefen den ganzen Morgen. Um die Mittagszeit fuhren wir wieder nach Hause. Claudia begrüßte uns mit einer Violinsonate... Sie hatte Silvester auf irgendeiner Millionärsparty gespielt.
Martha fragte sie nach dem Job. »Du hättest die Canapées sehen sollen!« antwortete Claudia. »Wir mußten *Stunden* rumsitzen und sie anstarren, bis sie schließlich sahen, wie armselig wir dasaßen und uns ein paar brachten. Es gab einen ganzen geräucherten Lachs und Kaviar und in Schokolade getauchte Erdbeeren und...«
Martha unterbrach sie: »Ich meinte, welche Musik ihr gespielt habt.«
»Ach, wir haben diese Mozartsonate gespielt, die allen gefällt und die ›Dideldumdideldadada‹ geht. Dann wollten sie widerliche Sachen hören wie *My Wild Irish Rose*. Ich dachte, mir wird schlecht, aber schließlich waren es 125 Dollar für zwei Stunden, und es lag auf dem Weg zu meiner Mutter, und ich konnte den

Hund dalassen und in Santa Rosa droben ein bißchen einkaufen...«
Martha warf ein Wort von wegen Frühstück ein. Wir waren alle in der Küche und machten Waffelteig und Obstsalat, als mein Piepser losging.
Verdammt. Schon wieder der Hacker. Martha fluchte, aber ich hörte sie kaum: Ich flitzte hinüber zu meinem Macintosh und wählte das Labor.
Da war der Hacker tatsächlich, eingeloggt als Sventek. Es sah so aus, als benutze er das Milnet, aber ich konnte nicht sicher sein, bevor ich nicht ins Labor ging. In der Zwischenzeit rief ich vorsichtshalber Steve White von Tymnet an.
Keine Zeit – der Hacker verschwand nach einer Minute wieder. Er spielte mir den ersten Streich im neuen Jahr.
Es blieb mir nichts anderes übrig, als die Scherben aufzusammeln. Ich schlang die Waffeln hinunter und radelte hinüber ins Labor. Dort fand sich die Neujahrsfeier meines Hackers auf den Druckern. Ich kritzelte Notizen auf die Ausdrucke, neben seine:

4.2 BSD UNIX (lbl-ux4)	
login: sventek	Der Hacker loggt sich als Sventek ein und
Password: Iblhack	nennt sein gegenwärtiges Passwort
Last login: Mon Dec 29 13:31:43 on ttyi7	
4.2 BSD UNIX # 20: Fri Aug 22 20:08:16 PDT 1986	
z	
% telnet	Er geht über das Milnet raus und in die
telnet› open optimis	Optimis-Datenbank der Army

****** OPTIMIS ******

For user assistance, call 695–5772, (AV) 225

Username: ANONYMOUS	Er loggt sich dort anonym ein und
Password: GUEST	benutzt ein geeignetes Passwort

Welcome to the Army OPTIMIS database
If you use these databases and they achieve a savings in
time spent on a project or money saved to the gouvernment or both,

please send a mail message outlining the details to
Maj Gene LeClair, Chief, OPTIMIS

WELCOME TO
OPTIMIS
THE DATA BASE WAS LAST UPDATED
ON 861024 AT 102724
AND CONTAINS 3316 DOCUMENTS

This data base is an extract of AR 25–400–2, Modern Army Record-keeping System (MARKS) to help you identify information for filing.

Please enter a word or 'EXIT'.	Sucht nach SDI-Stoff
/sdi	
The word „sdi“ was not found.	Ist aber keiner da
Please enter a word or 'EXIT'.	
/stealth	Irgendein Wort über den Stealth-Bomber?
The word „stealth“ was not found.	Pech
Please enter a word or 'EXIT'.	
/sac	Strategic Air Command?
The word „sac“ was not found.	Nee

Mannomann! der Hacker war in eine Datenbank der Army eingebrochen und suchte nach Geheimprojekten der Air Force. Sogar ein Astronom wüßte was besseres. Er hatte jedoch schnell Erfolg:

Please enter a word or 'EXIT'.
/nuclear
Thank you.
I have found 29 document(s) containing the phrase 'nuclear'.

ITEM #	MARKS #	TITLE
1	20–1 f	IG Inspections (Headquarters, Department of the Army)
2	50 a	Nuclear, chemical, and biological national security affairs

3	50b	Nuclear, chemical and biological warfare arms controls
4	50d	Nuclear and chemical strategy formulations
5	50e	Nuclear and chemical politico-military affairs
6	50f	Nuclear and chemical requirements
7	50g	Nuclear and chemical capabilities
8	50h	Theater nuclear force structure developments
9	50i	Nuclear and chemical warfare budget formulations
10	50j	Nuclear and chemical progress and statistical reports
11	50k	Army nuclear, chemical, and biological defense program
12	50m	Nuclear and chemical cost analyses
13	50n	Nuclear, chemical warfare, and biological defense scientific and technical information
14	50p	Nuclear command and control communications
15	50q	Chemical and nuclear demilitarizations
16	50r	Chemical and nuclear plans
17	50-5a	Nuclear accident/incident controls
18	50-5b	Nuclear manpower allocations
19	50-5c	Nuclear surety files
20	50-5d	Nuclear site restorations
21	50-5-1a	Nuclear site upgrading files
22	50-115a	Nuclear safety files
23	55-355 FRT d	Domestic shipment controls
24	200-1c	Hazardous material management files
25	385-11k	Radiation incident cases
26	385-11m	Radioactive material licensing
27	385-40c	Radiation incident cases
28	700-65a	International nuclear logistics files
29	1125-2-300a	Plant data

Vor allem die Position 8! Also, auf solche Sachen würde ich nie kommen. Ich dachte immer, ein Theater sei etwas, wo man sich

Schauspiele ansieht, kein Ort, wo man Kernwaffen entwickelt. Dieser Hacker trieb wahrhaftig keine Spielchen.
Und er gab sich mit den Titeln dieser Dokumente nicht zufrieden – er machte einen Dump von allen neunundzwanzig über den Drucker. Seite um Seite füllte sich mit hochtrabendem Militärgewäsch wie:

```
TITLE: Nuclear, chemical, and biological national security affairs
DESCRIPTION: Documents relating to domestic, foreign, and military
police for the
application of atomic energy, utilization of nuclear and chemical wea-
pons, and
biological defense relating to national security and national level crises
management. Included are studies, actions, and directives of an rela-
ted to the
President, National Security Council, Assistant to the President for
National Security Affairs, and interdepartmental groups and commit-
tees addressing national security affairs regarding nuclear and chemi-
cal warfare and biological
defense.
```

Da blockierte mein Drucker. Der alte DEC-Drucker hatte zehn Jahre lang treu seine Pflicht erfüllt und brauchte jetzt eine Generalüberholung mit dem Vorschlaghammer. Verdammt. Gerade als der Hacker die Pläne der Army für den Einsatz von Atombomben auf mitteleuropäische ›*Theater*‹ auflistete, gab's nur einen ›Tintenklecks‹.
Ich wußte nicht viel über Theater in Mitteleuropa, deshalb rief ich Greg Fennel bei der CIA an. Erstaunlicherweise ging er am Neujahrstag an sein Telefon.
»Hallo, Greg – wieso sind Sie denn am Neujahrstag da?«
»Sie wissen ja, die Welt schläft niemals.«
»Hey, was wissen Sie über Schauspielhäuser in Mitteleuropa?« fragte ich und stellte mich blöde.
»Oh, nur ein bißchen. Was gibt's?«
»Nicht viel. Der Hacker ist gerade in irgendeinen Armeecomputer im Pentagon eingebrochen.«

»Was hat das mit Theater zu tun?«

»Weiß ich nicht«, sagte ich, »aber er schien sich besonders für ›*nuclear force structure developments in central European theaters*‹ zu interessieren.«

»Sie Dummkopf! ›*Theater*‹ bedeutet im Englischen auch *[Kriegs-] Schauplatz, Szenario*. Das sind Planspiele der Army für einen Atomkrieg in Mitteleuropa. Himmel. Wie hat er denn die gekriegt?«

»Seine üblichen Methoden. Hat das Passwort zur Optimis-Datenbank der Army im Pentagon geraten. Die sieht aus wie eine Bibliographie von Armeedokumenten.«

»Was hat er noch erwischt?«

»Kann ich nicht sagen. Mein Drucker hat blockiert. Aber er suchte nach Stichwörtern wie ›*SDI*‹, ›*Stealth*‹ und ›*SAC*‹.«

»Das ist der Stoff für Comics.« Ich war nicht sicher, ob Greg Witze machte oder es ernst meinte. Wahrscheinlich ging es ihm mit mir genauso.

Weil wir gerade dabei sind, woher sollten die Schnüffler eigentlich wissen, daß ich sie nicht auf den Arm nahm? Nach allem, was sie wußten, konnte ich schließlich auch alles erfunden haben. Greg hatte keinen Grund, mir zu trauen – ich war nicht sicherheitsüberprüft, hatte keinen Ausweis, nicht mal einen Trenchcoat. Wenn sie mich nicht hinter meinem Rücken ausschnüffelten, blieb meine Glaubwürdigkeit ungeprüft.

Ich hatte nur einen Schutz gegen diesen Treibsand von Mißtrauen. Die Tatsachen. Aber selbst wenn sie mir glaubten, würden sie wahrscheinlich nichts unternehmen.

Greg erklärte: »Wir können nicht einfach Tejott nach Übersee schicken, damit er jemandem die Tür eintritt, verstehen Sie.«

»Aber könnten Sie nicht, äh, ein bißchen rumschnuppern und feststellen, wer dafür verantwortlich ist?« Ich stellte mir schon wieder Schnüffler in Trenchcoats vor.

Greg lachte.

»So läuft das nicht. Vertrauen Sie mir – wir arbeiten dran. Und diese Neuigkeit wird Öl aufs Feuer gießen.«

Soviel zur CIA. Ich konnte einfach nicht sagen, ob sie interessiert waren oder nicht.

Am 2. Januar 1987 rief ich das FBI-Büro Alexandria an und versuchte, eine Nachricht für Mike Gibbons zu hinterlassen. Der diensthabende Agent, der den Anruf entgegengenommen hatte, sagte trocken: »Agent Gibbons bearbeitet diesen Fall nicht mehr. Wir schlagen vor, Sie wenden sich an das Büro in Oakland.«
Super. Dem einzigen FBI-Agenten, der den Unterschied zwischen einem Netzwerk und einem Nichtswisser kennt, wird der Fall entzogen. Keine Erklärung.
Und gerade dann, wenn wir das FBI brauchen. Wolfgang wartete noch immer auf eine Genehmigung des US Legal Attachés in Bonn. Eine Woche Warten, und sie war immer noch nicht durch. Zeit, an eine andere Tür zu klopfen.
Zweifellos würde die National Security Agency von Lecks in einem Pentagon-Computer wissen wollen. Zeke Hanson in Fort Meade war am Apparat.
»Ging die Armeeinformation direkt nach Europa?« fragte Zeke.
»Ja, obwohl ich nicht weiß, wohin genau«, sagte ich. »Sieht nach Deutschland aus.«
»Wissen Sie, welcher Anbieter von internationalen Kommunikationswegen benutzt wurde?«
»Tut mir leid, weiß ich nicht. Aber ich kann's aus meinen Aufzeichnungen fischen, wenn's nötig ist.«
Warum wollte die NSA wissen, wer den Datenverkehr übermittelt hatte? fragte ich mich. Natürlich. Man munkelte, die NSA zeichne jedes transatlantische Ferngespräch auf Band auf. Vielleicht hatten sie diese Sitzung aufgezeichnet.
Aber eigentlich unmöglich. Wieviel Information überquert jeden Tag den Atlantik? Sagen wir, es gibt 10 Satelliten und ein halbes Dutzend transatlantische Kabel. Mit jedem werden 10 000 Telefonanrufe vermittelt. Also bräuchte die NSA mehrere tausend Tonbandgeräte, die rund um die Uhr laufen. Und das nur, um den Telefonverkehr abzuhören – es gibt schließlich auch noch Computermeldungen und Fernsehen. Es war einfach nahezu unmöglich, meine besondere Sitzung herauszufischen, auch mit Hilfe eines Supercomputers. Aber es gab einen einfachen Weg, es herauszufinden. Mal sehen, ob die NSA die fehlenden Daten beschaffen konnte.

Ich wandte meine Aufmerksamkeit wieder dem Telefonhörer zu. »Die Sitzungen an Neujahr waren von einer Druckerblockade unterbrochen«, erzählte ich Zeke, »deshalb fehlt mir eine Stunde von der Arbeit des Hackers. Denken Sie, Sie könnten das wiederfinden?«

Zeke war übervorsichtig. »Wozu soll das wichtig sein?«

»Nun, das kann ich nicht unbedingt sagen, weil ich es ja nicht gesehen habe. Die Sitzung begann um 8.47 Uhr am Neujahrstag. Schauen Sie doch mal, ob jemand in Fort Meade den Rest des Datenverkehrs von dieser Sitzung finden kann.«

»Im besten Fall unwahrscheinlich.«

Die NSA hörte immer bereitwillig zu; ließ aber die Rolläden runter, wenn ich Fragen stellte. Aber wenn sie ihre Hausaufgaben machten, mußten sie mich anrufen, um ihre Ergebnisse mit meinen zu vergleichen. Ich wartete darauf, daß jemand unseren Ausdruck sehen wollte.

Es wollte keiner.

Das brachte mich darauf, daß ich vor zwei Wochen Zeke Hanson gebeten hatte, eine elektronische Adresse zu entschlüsseln. Als ich das erste Mal eine Leitung bis Europa verfolgte, hatte ich die Adresse an Zeke weitergegeben. Ich fragte mich, was er damit gemacht hatte.

»Haben Sie schon herausgefunden, woher diese DNIC-Adresse kommt?« wollte ich wissen.

»Tut mir leid, Cliff, diese Information steht nicht zur Verfügung.« Zeke hörte sich an wie eine Wahrsagemaschine vom Jahrmarkt, die antwortet: »Frage unklar, versuchen Sie es später wieder.«

Zum Glück hatte Tymnet die Adresse schon ermittelt... nur hatte es Steve White ein paar Stunden gekostet.

Vielleicht hat die NSA jede Menge Elektronikcracks und Computergenies, die die Kommunikation der Welt abhören. Ich bezweifle das. Ich hatte sie hier vor zwei recht einfache Probleme gestellt – eine Adresse finden und Datenverkehr wiedergeben. Vielleicht hatten sie das mit Erfolg gemacht, aber mir teilten sie keinen Pieps davon mit. Ich habe den Verdacht, sie taten gar nichts und versteckten sich nur hinter dem Schleier der Geheimhaltung.

Jetzt mußte noch eine Gruppe informiert werden. Das Air Force OSI. Die Schnüffler der Air Force konnten wegen des Hackers nicht viel unternehmen, aber sie konnten wenigstens feststellen, wessen Computer weit offen standen.

Jim Christys brummige Stimme kam knisternd über die Telefonleitungen: »Also das Optimis-System der Army, ja? Ich werd 'n paar Anrufe machen und einigen was auf die Köpfe geben.«

Ich hoffte, er machte Witze.

Das Jahr 1987 begann also mit einem Fehlschlag. Dem Hacker standen unsere Computer immer noch frei zur Verfügung. Der einzige kompetente FBI-Agent war von dem Fall abgezogen worden. Die Schnüffler wollten keinen Ton sagen, und die NSA schien wenig begeistert.

Wenn wir nicht bald Fortschritte machten, würde auch ich aufgeben.

37. Kapitel

Um die Mittagszeit am Sonntag, dem 4. Januar 1987, nähten Martha und ich schon wieder an einer Patchwork-Decke, als mein Piepser losging. Ich sprang zum Computer, prüfte nach, ob der Hacker da war, und rief dann Steve White an. Innerhalb einer Minute hatte er die Verfolgung gestartet.

Ich wartete nicht, während Steve den Anruf verfolgte. Der Hacker war in meinem Computer, also radelte ich hinauf zum Labor und beobachtete ihn von da. Wieder ein 20-Minuten-Rennen den Hügel hoch. Aber der Hacker ließ sich Zeit: Er tippte immer noch, als ich den Schaltraum erreichte.

Unter dem Drucker hatte sich ein drei Zentimeter dicker Ausdruck angehäuft. Der Hacker war auch heute nicht faul gewesen. Die erste Zeile zeigte, wie er sich mit Sventeks Namen maskierte. Nachdem er geprüft hatte, daß keiner unserer Systemverwalter in der Nähe war, ging er zurück zur Optimis-Datenbank des Pentagon. Doch heute lief's nicht: Der Armeecomputer erwiderte: ›*Sie sind nicht berechtigt, sich heute einzuloggen.*‹

Alle Wetter! Jim Christy mußte die richtigen Köpfe erwischt haben.

Ich ging den Ausdruck durch und konnte sehen, wie der Hacker wieder im Milnet fischen ging. Nacheinander probierte er fünfzehn Computer aus, zum Beispiel in den Luftwaffenbasen Eglin, Kirtland und Bolling. Kein Glück. Er meldete sich bei jedem Computer an, drückte ein- oder zweimal die Klinke und ging dann weiter zum nächsten System. Bis er es beim Air Force Systems Command/Space Division, versuchte.

Er drückte zuerst ihre Türklinke, indem er es über ihr Konto ›*system*‹ versuchte, mit dem Passwort ›*manager*‹. Kein Glück.

Dann ›*guest*‹, Passwort ›*guest*‹. Kein Effekt.
Dann ›*field*‹, Passwort ›*service*‹:

```
Username: FIELD
Password: SERVICE

WELCOME TO THE AIR FORCE SYSTEM COMMAND - SPACE DIVISION
VAX/VMS 4.4

IMPORTANT NOTICE
Computer System problems should be directed to the Information
Systems
Customer Service Section located in building 130, room 2359.
Phone 643-2177/AV 833-2177.

Last interactive login on Thursday, 11-DEC-1986 19:11
Last non-interactive login on Tuesday, 2-DEC-1986 17:30
WARNING - Your password has expired; update immediately with SET
PASSWORD!

$ show process/privilege
4-JAN-1987 13:16:37.56    NTY1:               User: FIELD
Process privileges:
BYPASS        may bypass all system protections
CMKRNL        may change mode to kernel
ACNT          may suppress accounting messages
WORLD         may affect other processes
OPER          operator privilege
VOLPRO        may override volume protection
GRPPRV        group access via system protection
READALL       may read anything as the owner
WRITEALL      may write anything as the owner
SECURITY      may perform security functions
```

Sesam öffne dich: Die Tür war weit aufgeschwungen. Er loggte sich als Wartungsservice ein. Nicht einfach als gewöhnlicher Benutzer.

Ein völlig privilegiertes Konto.
Der Hacker konnte sein Glück kaum glauben. Nach Dutzenden Versuchen hatte er den großen Coup gelandet. Systemoperator! Sein erster Befehl war, ihm zu zeigen, welche Privilegien er eingeheimst hatte. Der Luftwaffencomputer antwortete automatisch: Systemprivileg und einen Schwung anderer Rechte, unter anderem die Fähigkeit, jede Datei auf dem System zu lesen, zu schreiben oder zu löschen.
Er war sogar berechtigt, auf dem Luftwaffencomputer Sicherheitsprotokolle laufen zu lassen.
Ich konnte mir ihn vorstellen, wie er in Deutschland vor seinem Terminal saß und ungläubig auf den Bildschirm starrte. Er hatte nicht nur die volle Leistung des Computers des Space Command zur Verfügung; er beherrschte ihn.
Irgendwo in Südkalifornien, in El Segundo, brach ein Hacker von der anderen Seite des Erdballs in einen großen VAX-Computer ein. Seine nächsten Schritte waren nicht überraschend: Nachdem er seine Privilegien gesehen hatte, inaktivierte er die Protokollierung seiner Jobs. Auf diese Weise hinterließ er keine Spuren; zumindest glaubte er das. Woher sollte er auch wissen, daß ich von Berkeley aus zusah?
Überzeugt, daß er unentdeckt blieb, testete er die benachbarten Computer. In einem Augenblick hatte er vier am Netzwerk der Air Force entdeckt und einen Weg, um sich bei weiteren anzumelden. Von seiner hohen Ebene herab blieb ihm keiner verborgen; wenn ihre Passwörter nicht zu raten waren, konnte er sie mit trojanischen Pferden stehlen.
Das war kein kleiner Schreibtischcomputer, in den er eingebrochen war. Er fand Tausende von Dateien in dem System und Hunderte von Benutzern. Hunderte von Benutzern? Genau. Der Hakker listete sie alle auf.
Aber er stolperte über seine Habgier. Er befahl dem Luftwaffencomputer, die Namen aller seiner Dateien aufzulisten; der druckte munter und fleißig Namen wie ›*Laserdesignplans*‹ und ›*Shuttlelaunchmanifest*‹ herunter. Aber der Hacker wußte nicht, wie man den Wasserhahn zudreht. Zwei Stunden lang stürzte ein Wasserfall von Information auf sein Terminal.

Um 14.30 Uhr legte er schließlich auf und dachte, er könnte sich einfach wieder zurück in den Luftwaffencomputer einloggen. Aber er konnte nicht wieder zurück. Der Luftwaffencomputer informierte ihn:

```
Your password has expired. Please contact the system manager.
```

Ich überflog den Ausdruck und erkannte, wo er Mist gebaut hatte. Der Computer hatte das Passwort *›fieldservice‹* außer Kraft gesetzt; der Hacker hatte eine Warnung erhalten, als er das erste Mal eingebrochen war. Wahrscheinlich setzte das System Passwörter nach ein paar Monaten automatisch außer Kraft.

Um in der Maschine zu bleiben, hätte er sofort sein Passwort ändern sollen. Statt dessen ignorierte er die Aufforderung. Jetzt ließ ihn das System nicht mehr zurück.

Über Tausende von Meilen hinweg konnte ich seine Frustration spüren. Seine verzweifelten Versuche, in diesen Computer zurückzukommen, wurden von seinem eigenen blöden Fehler vereitelt.

Er war über die Schlüssel zu einem Rolls-Royce gestolpert und hatte sie im Wagen eingeschlossen.

Der Fehler des Hackers löste ein Problem: Was sollte ich dem Air Force Systems Command/Space Division erzählen? Weil Sonntag war, konnte ich heute niemanden anrufen. Und weil der Hacker sich selber ausgeschlossen hatte, war er für den Luftwaffencomputer keine Gefahr mehr. Ich würde das Problem einfach den Schnüfflern von der Air Force berichten; sollten die sich damit rumschlagen.

Während der Hacker durch den Computer der Air Force spaziert war, hatte Steve White die Leitungen von Tymnet verfolgt.

»Er kommt über RCA«, sagte Steve. »TAT-6.«

»Wie? Was heißt das auf Englisch?«

»Ach, eigentlich nichts. RCA ist einer der Anbieter internationaler Kommunikationswege, und heute kommt der Hacker über das transatlantische Kabel Nummer 6.« Steve bewegte sich in der weltweiten Kommunikation wie ein Taxifahrer im Stadtverkehr.

»Warum ist er nicht auf einer Satellitenverbindung?«
»Wahrscheinlich, weil heute Sonntag ist, da sind die Kabelkanäle nicht so überfüllt.«
»Wollen Sie damit sagen, daß die Leute lieber Kabel- als Satellitenverbindungen wählen?«
»Genau. Wenn man über einen Satelliten verbunden wird, gibt's jedesmal eine Viertelsekunde Verzögerung. Die unterseeischen Kabel verlangsamen ihre Nachrichten nicht so sehr.«
»Wen kümmert denn das?«
»Leute am Telefon, meistens«, sagte Steve. »Diese Verzögerungen verursachen hektische Gespräche. Wissen Sie, wo beide versuchen, gleichzeitig zu sprechen und sich dann beide gleichzeitig den Vortritt lassen wollen.«
»Wenn also die Telefongesellschaften versuchen, die Strecke über die Kabel herzustellen, wer will dann Satelliten?«
»Fernsehsender, meistens. Fernsehsignale kann man nicht in unterseeische Kabel quetschen, also schnappen sie sich die Satelliten. Aber die Lichtleitertechnik wird das alles ändern.«
Ich hatte schon von Lichtleitertechnik gehört. Übertragung von Kommunikationssignalen durch Fasern aus Glas statt aus Kupfer. Aber wer betreibt Glasfaserkabel unter dem Ozean?
»Alle wollen es«, erklärte Steve. »Es steht nur eine begrenzte Anzahl von Satellitenkanälen zur Verfügung – über Ecuador kann man eben nur soundsoviele Satelliten stehen haben. Und die Satellitenkanäle sind nicht privat – jeder kann sie abhören. Satelliten mögen fürs Fernsehen gut sein, aber für Daten sind Kabel der einzig richtige Weg.«
Meine Gespräche mit Steve White begannen immer mit einer Verfolgung des Hackers, schweiften aber unweigerlich zu anderen Themen ab. Ein kurzer Schwatz mit Steve wurde in der Regel zu einem Tutorium über Kommunikationstheorie.
Als ich merkte, daß der Hacker immer noch eingeklinkt war, bat ich Steve um die Einzelheiten der Verfolgung.
»Ach ja. Ich habe es mit Wolfgang Hoffmann von der Bundespost überprüft. Ihr Besucher kommt heute aus Karlsruhe. Universität Karlsruhe.«
»Wo ist denn das?«

»Ich weiß nicht, aber ich glaube, im Ruhrgebiet. Liegt das nicht am Rhein?«
Der Hacker nagte immer noch an dem Luftwaffencomputer herum, aber als er weg war, joggte ich rüber zur Bibliothek. Ja, da ist Karlsruhe. Etwas mehr als 300 Meilen weiter südlich von Bremen. Am Rhein, aber nicht im Ruhrgebiet.
Über den Grund des Atlantischen Ozeans läuft das Kabel TAT-6 und verbindet Europa und Amerika miteinander. Das westliche Ende der Verbindung kam durch Tymnet, dann durch die Lawrence-Berkeley-Labors, über das Milnet und endete beim Air Force Systems Command/Space Division.
Irgendwo in diesem Karlsruhe kitzelte der Hacker das östliche Ende der Verbindung und wußte nicht, daß wir ihn aufs Korn nahmen.
Drei verschiedene Orte in Deutschland. Mein Hacker kam herum. Oder vielleicht blieb er auch an einer Stelle und spielte ›Bäumchen wechsel dich‹ mit dem Telefonnetz. Vielleicht war er wirklich Student, besuchte verschiedene Universitäten und gab vor seinen Freunden an. War ich sicher, daß es nur einen Hacker gab – oder beobachtete ich mehrere Leute?
Die Lösung hing davon ab, einmal die Verbindung bis zu Ende zu verfolgen. Nicht nur bis in ein Land oder eine Stadt, sondern den ganzen Weg zurück bis zu seiner Person. Aber wie sollte ich aus 8000 Meilen Entfernung eine Fangschaltung kriegen?
Die Abhörgenehmigung!
Hatte das FBI das Gesuch nach Deutschland auf den Weg gebracht? Hatten sie überhaupt Ermittlungen aufgenommen? Das letzte, was ich hörte, war, daß Spezialagent Mike Gibbons den Fall abgegeben hatte. Zeit, das FBI anzurufen.
»Ich höre, Sie sind von dem Computerfall abgezogen worden«, sagte ich zu Mike. »Kann ich da irgendwas machen?«
»Kein Grund zur Sorge«, sagte Mike. »Überlassen Sie das nur mir. Verhalten Sie sich ruhig, und wir werden Fortschritte machen.«
»Ist nun ein Verfahren eröffnet oder nicht?«
»Fragen Sie mich nicht, weil ich's nicht sagen kann. Haben Sie nur Geduld, wir werden schon was erreichen.«

Mike wich jeder Frage aus. Vielleicht konnte ich ihm ein paar Informationen entlocken, wenn ich ihm von dem Luftwaffencomputer erzählte.
»Übrigens, der Hacker ist gestern in einen Computer der Air Force eingebrochen.«
»Wo?«
»Oh, irgendwo in Südkalifornien.« Ich sagte nicht, daß es die Hausnummer 2400 East El Segundo Boulevard, gegenüber vom Flughafen von Los Angeles war. Er sagte mir nicht, was passierte, und so machte ich auf blöd.
»Wer betreibt ihn?«
»Irgendwer bei der Luftwaffe. Klingt irgendwie nach Perry Rhodan. Ich weiß nicht genau.«
»Sie sollten das Air Force OSI anrufen. Die wissen, was da zu tun ist.«
»Wird das FBI nicht ermitteln?«
»Ich hab's Ihnen doch schon gesagt. Wir ermitteln. Wir machen Fortschritte. Es ist nur nichts für Ihre Ohren.«
So viel dazu, aus dem FBI Informationen rauszuholen.

Die Schnüffler der Air Force waren ein bißchen gesprächiger. Jim Christy kommentierte: »Systems Command? Der Mistkerl.«
»Genau. Der Kerl wurde dort Systemverwalter.«
»Systemverwalter beim System Command? Na, das ist ja lustig. Hat er was Geheimes erwischt?«
»Nicht, daß ich wüßte. Er hat wirklich nicht so viel gekriegt, bloß die Namen von ein paar Tausend Dateien.«
»Verdammt. Wir haben's ihnen gesagt. Zweimal.«
Ich war nicht sicher, ob ich das hören sollte.
»Falls das was ändert«, schob ich nach, »er wird nicht in Ihr System zurückkommen. Er hat sich selber ausgesperrt.«
Ich erzählte ihm von dem außer Kraft gesetzten Passwort.
»Das ist schön fürs Systems Command«, sagte Jim, »aber wie viele andere Computer sind genauso weit offen? Wenn die Space Division solchen Mist baut, sogar nachdem wir sie gewarnt haben, wie sollen wir dann jemals durchdringen?«
»Sie haben sie gewarnt?« fragte ich.

Der Weg des Hackers in US-Militärcomputer

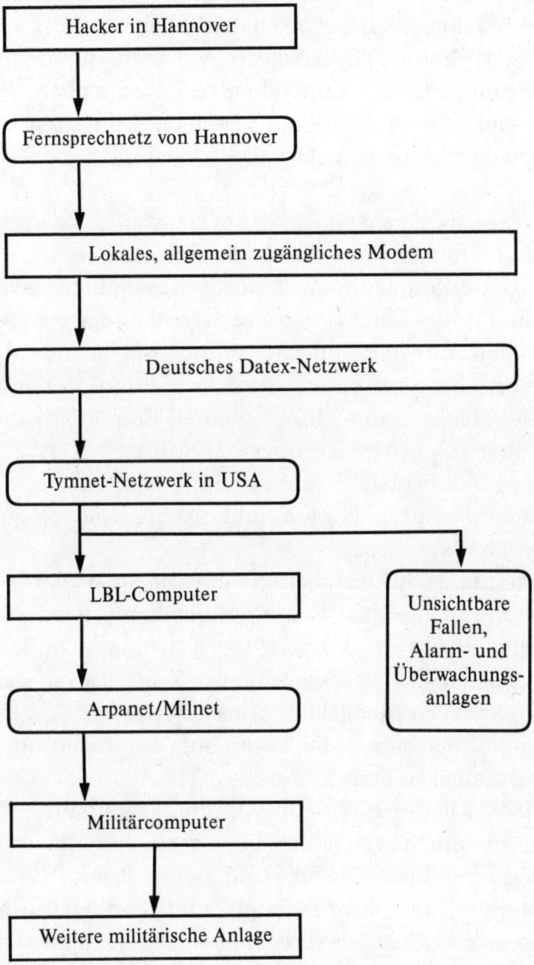

»Verdammt deutlich sogar. Seit sechs Monaten sagen wir den Systemoperatoren, sie sollen alle Passwörter ändern. Glauben Sie, wir haben Ihnen nicht zugehört, Cliff?«
Heiliger Bimbam! Sie hatten meine Botschaft wirklich vernommen und verbreiteten die Kunde. Zum ersten Mal deutete jemand wenigstens an, daß ich etwas bewirkt hatte.
So, das Air Force OSI in Washington hatte die Nachricht an seinen Agenten in der Luftwaffenbasis Vandenberg geschickt. Er wiederum sollte bei der Space Division Kopfnüsse verteilen. Sie würden dafür sorgen, daß das Loch verstopft bliebe.

Zwei Tage später saßen Dave Cleveland und ich vor seinem Terminal und flickten an abgestürzter Software herum. Mein Piepser ging los, und ohne ein Wort zu sagen, schaltete Dave das Terminal um auf den Unix-Computer. *Sventek* loggte sich gerade ein. Wir sahen auf den Bildschirm und nickten uns dann zu. Ich joggte hinüber zum Schaltraum, um die Aktion live zu beobachten. Der Hacker gab sich mit meinen Computern nicht ab, sondern ging schnurstracks über das Milnet zur Air Force Space Division. Ich beobachtete ihn, wie er sich wieder als Wartungsdienst einzuloggen begann und dachte, daß er gleich wieder rausgeschmissen würde.
Aber nein! Das System begrüßte ihn wieder. Jemand von der Luftwaffenbasis hatte das Wartungsdienstkonto wieder mit demselben alten Passwort aktiviert. Der Wartungstechniker mußte gemerkt haben, daß das Konto außer Kraft gesetzt war, und hatte den Systemverwalter gebeten, das Passwort zurückzusetzen.
Zu dumm! Sie hatten die Türen aufgeschlossen und den Zündschlüssel stecken lassen.
Der Hacker verlor nicht eine Minute. Er ging direkt zu der Software, die die Zugangsberechtigungen verteilte und fügte ein neues Konto hinzu. Nein, kein neues Konto. Er suchte nach einem alten, unbenutzten Konto und modifizierte es. Ein Luftwaffenoffizier, Colonel Abrens, hatte ein Konto, war aber ein Jahr lang nicht an diesem Computer gewesen.
Der Hacker modifizierte Colonel Abrens' Konto leicht und gab ihm Systemprivilegien und ein neues Passwort: ›*afhack*‹.

›afhack‹ – welche Arroganz! Er streckt der Air Force der Vereinigten Staaten die Zunge raus.

Von jetzt an brauchte er das Wartungsdienstkonto nicht mehr. Getarnt als Offizier der Air Force hatte er unbeschränkte Zugangsberechtigung zum Computer der Space Division und brachte schweres Gerät in Stellung. Das Air Force OSI hatte schon Dienstschluß. Was sollte ich tun? Wenn ich den Hacker angemeldet ließe, würde die Air Force sensitive Information verlieren. Aber wenn ich ihn abhängte, würde er sich nur eine andere Strecke suchen und die Überwachungsanlagen meines Labors umgehen.

Wir mußten ihn beim Space Command abschneiden.

Aber zuerst wollte ich ihn verfolgen lassen. Ein Anruf bei Steve White brachte den Stein ins Rollen. Innerhalb fünf Minuten hatte Steve die Verbindung nach Hannover zurückverfolgt und rief die Bundespost an.

Ein paar Minuten Schweigen.

»Cliff, sieht die Verbindung so aus, als ob sie lange dauern wird?«

»Das kann ich nicht sicher sagen, aber ich glaub schon.«

»Okay.« Steve war an einem anderen Telefon; ich konnte gelegentlich einen Ausruf hören.

Nach einer Minute kam Steve in meine Leitung zurück. »Wolfgang überwacht den Anruf in Hannover. Ein Ortsgespräch. Sie versuchen, den ganzen Weg zurückzuverfolgen.«

Das waren Neuigkeiten! Ein Ortsgespräch in Hannover bedeutete, daß der Hacker irgendwo in Hannover saß.

Wenn nicht ein Computer in Hannover seine schmutzige Arbeit tat.

Steve gab mir Wolfgangs Anweisungen durch: »Was Sie auch tun, klinken Sie den Hacker nicht aus. Halten Sie ihn in der Leitung, wenn Sie können!«

Aber er klaute der Luftwaffenbasis Dateien. Es war, als ob man einen Einbrecher das eigene Haus ausräumen ließ und zusah. Sollte ich ihn rausschmeißen oder die Verfolgung weiterlaufen lassen? Ich konnte mich nicht entscheiden.

Ich mußte eine Behörde verständigen. Wir wär's mit Mike Gibbons vom FBI?

Er war nicht da.
Hey – das National Computer Security Center wäre vielleicht genau das Richtige. Zeke Hanson wird bestimmt wissen, was jetzt zu tun ist.
Kein Glück. Auch Zeke war nicht da, und die Stimme am anderen Ende der Leitung erklärte: »Ich würde Ihnen gerne helfen, aber wir konstruieren sichere Computer. Wir kümmern uns nicht um die anwendungsbezogenen Aspekte.«
Das hatte ich schon gehört, danke.
Na, dann gab's niemanden mehr außer der Air Force. Ich hängte mich an das Milnet Network Information Center und sah ihr Telefonbuch durch. Natürlich hatten sie ihre Telefonnummer geändert. Sogar die Vorwahl stimmte nicht mehr. Als ich endlich den richtigen Menschen erreichte, war der Hacker schon kreuz und quer durch ihren Computer marschiert.
»Hallo, ich möchte den Systemverwalter der VAX des Space Command sprechen.«
»Hier Sergeant Thomas. Ich bin der Verwalter.«
»Äh, ich weiß nicht recht, wie ich Ihnen das erklären soll, aber in Ihrem Computer ist ein Hacker.«
Ich dachte: Er wird mir nicht glauben und wissen wollen, wer ich bin.
»Wie? Wer sind Sie?« Sogar am Telefon konnte ich spüren, wie er mich erstaunt ansah.
»Ich bin Astronom am Lawrence-Berkeley-Labor.«
Erster Fehler, dachte ich, kein Mensch glaubt dir das.
»Woher wissen Sie, daß da ein Hacker ist?«
»Ich beobachte ihn, wie er über das Milnet in Ihren Computer einbricht.«
»Erwarten Sie, daß ich Ihnen das glaube?«
»Schauen Sie sich doch Ihr System an. Listen Sie Ihre Benutzer auf.«
»Okay.« Im Hintergrund höre ich Tippen.
»Da ist nichts Ungewöhnliches. Siebenundfünfzig Leute sind eingeloggt, und das System verhält sich normal.«
»Fällt Ihnen jemand Neues auf?« fragte ich.
»Schauen wir mal . . . nein, alles ist normal.«

Sollte ich's ihm sagen oder um den heißen Brei herumreden?
»Kennen Sie jemanden namens Abrens?«
»Ja. Colonel Abrens. Er ist gerade eingeloggt.«
»Sind Sie sicher, daß er berechtigt ist?«
»Teufel auch, na klar. Er ist Colonel. Mit dem Lametta macht man keine Schweinerei.«
Es ging nicht weiter, wenn ich nur Leitfragen stellte, also konnte ich's ihm genauso gut sagen. »Also, ein Hacker hat Abrens' Konto gestohlen. Er ist jetzt gerade eingeloggt und macht einen Dump von Ihren Dateien.«
»Woher wissen Sie das?«
»Ich hab ihn beobachtet. Ich hab einen Ausdruck«, sagte ich. »Er kam über das Wartungsdienstkonto rein und hat dann Abrens' Passwort geändert. Jetzt hat er Systemprivilegien.«
»Unmöglich. Erst gestern hab ich das Passwort zum Wartungsdienstkonto zurückgesetzt. Es war außer Kraft.«
»Ja, ich weiß. Sie haben als Passwort ›*service*‹ gesetzt. Das ist es auch schon letztes Jahr gewesen. Hacker wissen das.«
»Da soll mich doch der Teufel holen. Bleiben Sie dran.«
Ich hörte über Telefon, wie Sergeant Thomas jemanden heranrief. Ein paar Minuten später war er wieder in der Leitung.
»Was sollen wir jetzt Ihrer Meinung nach tun?« fragte er. »Ich kann meinen Computer sofort zumachen.«
»Nein, warten Sie noch etwas«, sagte ich. »Wir verfolgen gerade die Leitung und umzingeln den Hacker.« Es war keine Lüge: Steve White hatte mir soeben Wolfgang Hoffmanns Bitte übermittelt, den Hacker so lange wie möglich in der Leitung zu halten. Ich wollte nicht, daß Sergeant Thomas die Leitung kappte, bevor die Spur vollständig war.
»Okay, aber wir rufen unseren vorgesetzten Offizier. Er wird das endgültig entscheiden.«
Ich konnte es ihnen nicht verdenken. Ein völlig Fremder ruft aus Berkeley an und erzählt ihnen, daß jemand in ihr System einbricht.

Während dieser Telefongespräche hatte ich beobachten können, wie der Drucker jeden Befehl des Hackers aufs Papier haute.

Heute listete er nicht alle Datennamen auf. Er machte das Gegenteil: er listete einzelne Dateien auf. Er kannte die Namen der Dateien schon, die er haben wollte; er brauchte nicht herumzukramen und sie zu suchen.

Ah. Ein wichtiger Hinweis. Vor drei Tagen hatte der Hacker die Namen von tausend Dateien aufgelistet. Heute ging er schnurstracks zu den Dateien, die ihn interessierten. Er mußte seine ganze Sitzung ausgedruckt haben. Sonst hätte er die Dateiennamen vergessen.

Also druckt der Hacker alles aus, was er bekommt. Ich wußte schon, daß er fein säuberlich Notizbuch führte – sonst hätte er einige Samen vergessen, die er vor Monaten ausgesät hatte. Ich erinnerte mich an das Treffen mit der CIA: Tejott hatte gefragt, ob der Hacker seine Sitzungen aufzeichnete. Jetzt wußte ich es.

Am anderen Ende der Verbindung, irgendwo in Deutschland, saß ein entschlossener und methodischer Spion. Jeder Ausdruck, der über meine Überwachungsanlage ging, wurde in seinem Lager dupliziert.

Welche Dateien listete er auf? Er übersprang alle Programme und ignorierte die Richtlinien für die Systemverwaltung. Statt dessen suchte er nach Einsatzplänen. Dokumente, die das Transportgut der Air Force für das Space Shuttle beschrieben. Testergebnisse von Satellitendetektorsystemen. SDI-Forschungsvorhaben. Eine Beschreibung eines Kamerasystems, das von einem Astronauten zu bedienen ist.

Keine dieser Informationen trug den Vermerk ›*geheim*‹. Sie waren nicht geheim oder streng geheim, nicht mal vertraulich. Zumindest trug keine der Dateien diese Vermerke.

Heute darf kein Militärcomputer am Milnet geheime Information enthalten. Es gibt ein zweites, völlig unabhängiges Computernetzwerk, das geheime Daten bearbeitet. Also hatte die Systems Command/Space Division in einem gewissen Sinn nichts zu verlieren: Ihr Computer ist nicht geheim.

Aber das Problem liegt tiefer. Für sich genommen, enthalten öffentlich zugängliche Dokumente keine geheimen Informationen. Sammelt man aber viele Dokumente, können sie Geheimnisse verraten. Die Bestellung einer Lieferung Titan durch einen Flugzeughersteller ist bestimmt kein Geheimnis. Auch nicht die Tatsache, daß dort ein neuer Bomber gebaut wird. Aber nimmt man beides zusammen, hat man einen starken Indikator dafür, daß der neue Bomber von Boeing aus Titan besteht und also mit Überschallgeschwindigkeit fliegen muß (weil gewöhnliches Aluminium hohe Temperaturen nicht aushält).

Wenn man früher Information aus verschiedenen Quellen zusammenfassen wollte, verbrachte man Wochen in einer Bibliothek. Heutzutage kann man mit Computern und Netzwerken in Minuten Daten zusammenstellen – sehen Sie sich nur an, wie ich die Ferngesprächsrechnungen von Mitre behandelte, um herauszufinden, wo der Hacker überall zu Gast war. Durch die Analyse öffentlicher Daten durch Computer können Leute Geheimnisse aufdecken, ohne je eine geheime Datenbank zu sehen.

1985 formulierte der damalige Nationale Sicherheitsbeauftragte John M. Poindexter seine Sorgen, die ihm dieses Problem machte. Er versuchte, eine neue Klassifikation für Information zu schaffen, ›sensitiv, aber nicht geheim‹. Solche Information sollte unterhalb der üblichen Ebenen von ›*streng geheim*‹, ›*geheim*‹ und ›*vertraulich*‹ liegen; der Zugang dazu sollte jedoch gewissen Ausländern verweigert werden. Er versuchte ungeschickterweise, diese Klassifikation auf wissenschaftliche Forschung anzuwenden – natürlich wehrten sich die Universitäten, und die Idee war gestorben. Als ich jetzt vor meiner Überwachungsanlage stand und den Hacker durch das System des Space Command streifen sah, erkannte ich ihre Bedeutung. SDI-Projekte der Air Force mochten nicht ›*streng geheim*‹ sein, ›*sensitiv*‹ waren sie mit Sicherheit.

Was? Ich stimmte mit Vizeadmiral Poindexter überein? Dem Kerl, der Waffen in den Iran geschickt hatte? Wo gab's denn das, daß ich mit dem Chef von ›Nationalheld‹ Ollie North einer Meinung war? Was da über meinen Bildschirm tanzte, waren dennoch genau das, was er beschrieb: sensitive, aber nicht geheime Daten.

Tymnet kam in die Leitung zurück. »Es tut mir leid, Cliff, aber die Verfolgung in Deutschland ist lahmgelegt.«

»Können die den Anruf nicht verfolgen?« fragte ich, unsicher darüber, wen ich mit ›die‹ eigentlich meinte.

»Die Leitung des Hackers kommt wirklich aus Hannover«, erwi-

derte Steve. »Aber die Telefonleitungen von Hannover werden durch mechanische Relais vermittelt – laute, komplizierte, kleine Dinger – und da müssen Menschen die Verbindung verfolgen. Man kann dem Anruf nicht mit einem Computer nachgehen.«
Ich begann zu verstehen. »Sie meinen, daß jemand im Vermittlungsamt sein muß, um den Anruf zu verfolgen?«
»So ist es. Und weil es in Hannover schon nach 22 Uhr ist, ist niemand mehr da.«
»Wie lange würde es dauern, jemanden in die Vermittlung zu holen?«
»Ungefähr drei Stunden.«
Um die Leitung zu verfolgen, mußte ein Fernmeldetechniker der Bundespost in die Vermittlung kommen und den Relais und Drähten nachgehen. Soweit ich wußte, war es möglich, daß er sogar auf einen Telefonmast hinaufsteigen mußte.
In der Zwischenzeit schlitterte der Hacker durch den Luftwaffencomputer. Sergeant Thomas war immer noch dran – wahrscheinlich hatte er ein ganzes Sortiment Luftwaffenlametta angerufen. Ich stöpselte mein Telefon in die Leitung zur Air Force und machte Meldung: »Also, wir können die Sache heute nicht weiterverfolgen.«
»Verstanden. Wir werden den Hacker gleich abtrennen.«
»Warten Sie eine Sekunde«, sagte ich. »Machen Sie's so, daß er nicht sieht, daß Sie ihn rausschmeißen. Suchen Sie lieber einen Weg, bei dem er nicht merkt, daß Sie ihn entdeckt haben.«
»Gewiß. Wir haben uns schon was ausgedacht«, erwiderte Sergeant Thomas. »Wir werden eine Meldung an alle im System schicken, daß unser Computer eine Fehlfunktion hat und gewartet werden muß.« Perfekt. Der Hacker wird glauben, das System wird wegen Reparaturen runtergefahren.
Ich wartete eine Minute, und mitten in einer Seite mit SDI-Projekten unterbrach folgende Meldung den Bildschirm des Hackers:

```
System going down for maintenance, Back up in 2 hours.
```

Er sah es gleich. Der Hacker loggte sich sofort aus und verschwand ins Nichts.

38. Kapitel

Nachdem er in eine andere Militärbasis eingebrochen war, dachte der Hacker nicht daran aufzugeben. Er kehrte in unser Labor zurück und versuchte immer wieder, in das Air Force Systems Command zurückzukommen. Aber keiner seiner Zaubertricks funktionierte. Er konnte nicht in ihre Computer zurück.

War wirklich clever gewesen, wie sie den Hacker ausgesperrt hatten. Sie klebten nicht einfach einen Zettel mit der Aufschrift ›*Hacker müssen draußen bleiben*‹ dran. Statt dessen präparierten sie das gestohlene Konto des Hackers so, daß es fast funktionierte. Wenn sich der Hacker in sein gestohlenes Konto ›*Abrens*‹ einloggte, akzeptierte ihn der Luftwaffencomputer, blaffte aber dann eine Fehlermeldung zurück – als ob der Hacker sein Konto falsch eingerichtet hätte.

Ich fragte mich, ob der Hacker merkte, daß ich ihn an der Leine hatte. Jedesmal wenn's ihm gelang, in einen Computer einzubrechen, wurde er entdeckt und rausgeschmissen.

Aus seiner Sicht entdeckten ihn alle.

Außer uns.

In Wirklichkeit entdeckte ihn fast niemand.

Außer uns.

Er konnte nicht wissen, daß er in der Falle saß. Meine Alarmanlagen, Monitore und elektronischen Stolperdrähte waren unsichtbar für ihn. Die Verfolgungen von Tymnet – durch Satelliten und unter dem Ozean – waren völlig geräuschlos. Und jetzt war die Deutsche Bundespost auf seiner Fährte.

Wolfgangs letzte Nachricht besagte, er richte es so ein, daß in der Vermittlungsstelle von Hannover jede Nacht bis zwölf Uhr ein Techniker sei. Das war teuer, also mußte er das mit uns absprechen. Noch wichtiger, die Deutschen hatten immer noch nichts vom FBI gehört.

Zeit, Mike Gibbons anzurufen.

»Die Deutschen haben vom FBI immer noch nichts erhalten«, sagte ich. »Haben Sie 'ne Ahnung, warum nicht?«

»Wir haben hier, äh, interne Probleme«, erwiderte Mike. »Wird Sie nicht interessieren.«

Interessierte mich schon, aber es hatte keinen Zweck, danach zu fragen. Mike würde keinen Ton sagen.

»Was soll ich denn dann der Bundespost erzählen?« fragte ich. »Sie werden langsam kribbelig, weil sie so was wie eine offizielle Strafanzeige brauchen.«

»Sagen Sie ihnen, daß der US Legal-Attaché in Bonn das alles bearbeitet. Der Papierkram kommt schon noch.«

»Das haben Sie mir schon vor zwei Wochen gesagt.«

»Und das sage ich jetzt wieder.«

Setzen, Sechs. Ich gab die Nachricht an Steve bei Tymnet, der sie an Wolfgang weiterbeförderte. Die Bürokraten standen vielleicht nicht in Kontakt miteinander, wohl aber die Techniker.

Unsere Beschwerden beim FBI sollten eigentlich dort durchs Büro laufen, dem amerikanischen Justizattaché in Bonn geschickt werden und dann an das Bundeskriminalamt weitergegeben werden. Wahrscheinlich vermittelt das BKA dasselbe Image von Wahrheit und Gerechtigkeit in Deutschland wie das FBI in Amerika.

Aber irgendwer verstopfte den Kommunikationsfluß unterhalb von Mike Gibbons. Nahezu alles, was ich tun konnte, war, Mike auf die Nerven zu gehen und in Tuchfühlung mit Tymnet und der Bundespost zu bleiben. Früher oder später würde das FBI an das BKA herantreten, und die Genehmigungen würden auftauchen.

In der Zwischenzeit brauchten meine Astronomenkumpel Hilfe, und so verbrachte ich den Tag mit dem Versuch, die Optik des Teleskops für das Keck Observatorium zu verstehen. Jerry Nelson brauchte mein Programm, um die Leistung des Teleskops vorhersagen zu können. Ich war kein Schrittchen vorangekommen, seit ich angefangen hatte, den Hacker zu jagen.

Die anderen Systemprogrammierer saßen mir auch im Nacken.

Für den mürrischen Wayne Graves sollte ich eigentlich einen Plattentreiber schreiben.

»Schieb den Hacker ab. Schreib endlich mal Code«, hatte er genörgelt. Und Dave Cleveland erinnerte mich sanft daran, daß er zehn neue Workstations an unser laborinternes Netzwerk hängen mußte.

Ich erzählte beiden, daß der Hacker ›JSB‹ weg sein würde. Die Behauptung von Software-Entwicklern allüberall: *Jetzt sehr bald.*

Auf meinem Weg zur Astronomiegruppe schlüpfte ich einen Moment in den Schaltraum – gerade so lang, daß ich meine Überwachungsanlage überprüfen konnte. Sie zeigte, daß jemand am Bevatron-Computer arbeitete und die Passwortdatei manipulierte.

Einfach verrückt! Das Bevatron ist einer unserer Teilchenbeschleuniger, und die zuständigen Programmierer arbeiteten alle an unserem Labor. Nur ein Systemverwalter konnte die Passwortdatei manipulieren. Ich blieb stehen und sah zu. Jemand richtete mehrere neue Konten ein.

Es gab einen Weg, um festzustellen, ob das mit rechten Dingen zuging. Die Bevatron-Leute anrufen. Chuck McParland nahm ab.

»Nein, ich bin der Systemverwalter. Sonst ist niemand berechtigt.«

»Äh, oh. Dann haben Sie ein Problem. Jemand spielt den lieben Gott in Ihrem Computer.«

Chuck tippte ein paar Befehle ein und kam ans Telefon zurück.

»Der Mistkerl.«

Chucks Bevatron-Teilchenbeschleuniger schoß mit Hilfe von hausgroßen Magneten Atomfragmente auf dünne Targets. In den sechziger Jahren waren seine Munition Protonen. Jetzt brachte er schwere Ionen aus einem Vorbeschleuniger fast auf Lichtgeschwindigkeit.

Wenn die Physiker diese atomaren Partikel in die dünnen Folien geknallt haben, sichten sie die Trümmer und suchen nach Fragmenten, die vielleicht die Grundbausteine des Universums sind.

Die Physiker warteten Monate auf Strahlzeiten; noch wichtiger: Auch Krebsopfer warteten.

Das Bevatron kann Heliumionen bis fast auf Lichtgeschwindigkeit beschleunigen; dabei werden sie auf eine Energie von etwa 160 Millionen Elektronenvolt gebracht. Bei dieser Geschwindigkeit legen sie ein paar Zentimeter zurück und geben dann die meiste Energie an einer einzigen Stelle ab.

Wenn man einen Krebstumor in den richtigen Abstand zu diesem Beschleuniger bringt, wird die meiste Energie der Teilchen in diesem Tumor abgegeben und zerstört ihn, ohne den übrigen Körper des Menschen zu beeinträchtigen. Anders als Röntgenstrahlen, die alles, was auf ihrem Weg liegt, einer Strahlung aussetzen, geben die Teilchen des Bevatron den Großteil ihrer Energie an einer Stelle ab. Das funktioniert besonders gut bei Gehirntumoren, die häufig inoperabel sind.

Chucks Bevatron-Computer berechnen diesen ›richtigen Abstand‹ und steuern auch den Beschleuniger, damit die richtige Energie angewandt wird.

Wenn einer dieser beiden Faktoren falsch bestimmt wird, tötet man die falschen Zellen.

Alle paar Sekunden wird ein Pulk Ionen aus dem Teilchenstrahl herausgelenkt. Indem Chucks Computer im richtigen Moment Magnete einschalten, lenken sie diese Ionen entweder zu einem physikalischen Experiment oder zu einem Krebspatienten. Ein Fehler im Programm ist für beide eine üble Sache ...

Der Hacker fummelte nicht nur an einem Computer herum. Er spielte mit jemandes Hirnstamm.

Wußte er das? Ich bezweifelte es. Wie sollte er? Für ihn war der Bevatron-Computer nur ein weiteres Spielzeug – ein System, das man ausbeuten konnte. Seine Programme hatten keinen Aufkleber ›*Gefahr – medizinischer Computer. Nicht herumdoktern.*‹

Er suchte nicht harmlos nach Information. Er hatte einen Weg gefunden, Systemverwalter zu werden, und drehte am Betriebssystem selbst herum.

Unsere Betriebssysteme sind empfindliche ›Geschöpfe‹. Sie steuern das Verhalten des Computers, das Zusammenspiel seiner Programme. Systemverwalter stimmen ihre Betriebssysteme so fein ab, daß sie jedes bißchen Leistung aus dem Computer herausquetschen. Ist das Programm zu langsam, weil es mit anderen Tasks konkurriert? Das bringt man in Ordnung, indem man den Sche-

duler des Betriebssystems ändert. Oder vielleicht gibt es nicht genug Platz für zwölf Programme auf einmal? Dann ändert man die Art und Weise, wie das Betriebssystem Speicherplatz belegt. Baut man Mist, läuft der Computer nicht.
Diesem Hacker war's egal, ob er ein fremdes Betriebssystem kaputtmachte. Er wollte nur ein Sicherheitsloch bohren, damit er wieder reinkommen konnte, wann immer er wollte. Wußte er, daß er jemanden töten konnte?
Chuck verrammelte sein System, indem er alle Passwörter änderte. Und schon wieder war eine Tür vor der Nase des Hackers zugeschlagen.
Aber eine Sorge war immer noch offenkundig: Ich jagte jemanden rund um die Welt und konnte doch nicht verhindern, daß er in jeden Computer einbrach, in den er wollte. Meine einzige Verteidigung war, ihn zu beobachten und Leute zu warnen, die angegriffen wurden.
Klar, ich konnte ihn immer noch aus meinem Computer rausschmeißen und mir dann die Hände in Unschuld waschen. Meine früheren Befürchtungen schienen unberechtigt: Ich wußte jetzt, welche Sicherheitslöcher er ausnutzte, und es sah nicht so aus, als ob er Zeitbomben oder Viren in meinen Computer gelegt hätte.
Ihn aus meiner Maschine werfen, hieße nur, die Fenster zuzumauern, durch die ich ihn beobachtete. Er würde weiter andere Computer angreifen und verschiedene Netzwerke benutzen. Ich hatte keine Wahl, als diesen Mistkerl so lange herumwandern zu lassen, bis ich ihn fangen konnte.
Aber erklären Sie das mal dem FBI.

Am Donnerstag, dem 8. Januar 1986, kam der FBI-Agent vor Ort, Fred Wyniken, vorbei.
»Ich bin hier nur als Vertreter des Büros in Alexandria, Virginia«, sagte Fred.
»Ich verstehe nicht«, sagte ich. »Warum wird der Fall nicht von dem Büro in Oakland bearbeitet?«
»Die einzelnen FBI-Büros sind recht unabhängig voneinander«, erwiderte Fred. »Was ein Büro für wichtig hält, kann ein anderes

ignorieren.« Ich konnte mir denken, in welche Kategorie mein Fall seiner Meinung nach gehörte.

Fred erklärte, daß er nicht wußte, wie wahrscheinlich eine Anklage sei, da er den Fall nicht bearbeitete, und stellte fest: »Aber ich würde sagen, die Chancen sind recht schwach. Sie können keine finanziellen Verluste nachweisen. Keine erklärtermaßen geheimen Daten. Und Ihr Hacker sitzt nicht in den Staaten.«

»Ist das der Grund, weshalb mein zuständiges Büro den Fall nicht bearbeitet?«

»Bedenken Sie, Cliff, daß das FBI nur an Fällen arbeitet, bei denen das Justizministerium Anklage erheben wird. Da keine geheime Information gefährdet worden ist, gibt's keinen Grund, sich der Hebel zu bedienen, die nötig sind, um diesen Fall zu lösen.«

»Aber wenn Sie nichts unternehmen, wird dieser Hacker unsere Computer so lange bearbeiten, bis sie im Prinzip sein Eigentum sind.«

»Sehen Sie mal, Cliff. Jeden Monat kriegen wir 'n halbes Dutzend Anrufe, wo jemand sagt: ›Hilfe! Jemand bricht in meinen Computer ein.‹ Fünfundneunzig Prozent davon haben keine Aufzeichnungen, keine Buchungskontrollen und keine Abrechnungsdaten.«

»Moment mal. Ich habe Aufzeichnungen und Buchungsprotokolle. Zum Teufel, ich habe jeden Anschlag, den dieser Kerl getippt hat.«

»Dazu sage ich gleich was. In einigen Fällen, und Ihrer ist einer davon, gibt's eine gute Dokumentation. Aber das reicht nicht. Der Schaden muß hoch genug sein, um unseren Einsatz zu rechtfertigen. Wieviel haben Sie verloren? Fünfundsiebzig Cents?«

Jetzt geht das schon wieder los, dachte ich wütend. Gewiß, unsere Rechenkosten waren Kleingeld. Aber ich spürte eine größere Sache dahinter, vielleicht eine von nationaler Bedeutung. Mein FBI-Agent sah nur einen Abrechnungsfehler von sechs Bit. Kein Wunder, daß ich bei ihm kein Interesse weckte – von Unterstützung ganz zu schweigen.

Wie lange noch, bis es jemand merkte? Vielleicht, wenn ein geheimer Militärcomputer betroffen war? Oder ein medizinisches

High-Tech-Experiment geschädigt wurde? Und wenn ein Patient in einem Krankenhaus verletzt würde?
Ich gab ihm also die Ausdrucke der letzten paar Wochen (nachdem ich zuerst jeden auf der Rückseite unterschrieb – hatte was mit ›Beweisvorschriften‹ zu tun) und eine Diskette mit den Telefonprotokollen von Mitre. Er würde alles an Mike Gibbons im Büro Alexandria schicken. Vielleicht fände sie Mike nützlich, um das FBI dazu zu bringen, mit dem BKA zu sprechen.
Sehr entmutigend. Die deutschen Fernmeldetechniker hatten ihre Genehmigungen immer noch nicht, das FBI reagierte nicht, und mein Chef schickte mir eine barsche Notiz, in der er anfragte, wann ich endlich die Software für einen neuen Drucker schreiben wolle.

Martha war auch nicht glücklich. Der Hacker brach nicht nur in Computer ein. Durch meinen Piepser war er auch bei uns zu Hause.
»Tun denn das FBI oder die CIA nichts?« fragte sie etwas gereizt, »jetzt, wo's augenscheinlich Ausländer und Spione sind? Ich meine, sie sind doch schließlich Agenten – Wahrheit, Gerechtigkeit und *American Way!*«
»Es ist dasselbe alte Zuständigkeitsproblem«, antwortete ich. »Die CIA sagt, daß das FBI den Fall bearbeiten sollte. Und das FBI will ihn nicht anfassen.«
»Tut wenigstens das Airforce-Büro was? Oder sonstwer?«
»Dieselbe Geschichte. Das Problem geht von Deutschland aus, und jemand muß die Deutschen dazu bringen, es zu lösen. Das Air Force Office of Special Investigations kann nur an die Tür des FBI trommeln.«
»Warum dann nicht die Schotten dichtmachen?« schlug Martha vor. »Mauere deine Computer zu und laß den Hacker durch ihre spazieren. Niemand hat dich zum offiziellen Wächter über die Computer Amerikas ernannt.«
»Weil ich wissen will, was da vorgeht. Wer dahintersteckt. Wonach gesucht wird« ›Forschung‹, die Worte von Luiz Alvarez klangen mir noch nach Monaten im Ohr.
»Dann denk über eine Lösung deines Problems ohne das FBI

nach. Wenn sie die deutschen Stellen nicht dazu bringen wollen, einen Anruf zu verfolgen, dann denk dir was anderes aus.«

»Was denn? Ich kann die Deutsche Bundespost nicht anrufen und sagen: ›Verfolgen Sie diesen Anruf!‹«

»Warum nicht?«

»Erstens weiß ich nicht, wen ich anrufen muß. Und sie würden mir auch nicht glauben, wenn ich's täte.«

»Dann finde einen anderen Weg, um den Hacker einzukreisen.«

»Ja, ist gut. Ich frag ihn einfach nach seiner Adresse.«

»Bleib ernst. Es könnte funktionieren.«

39. Kapitel

Das FBI wirft das Handtuch.

So lautete die Nachricht, die Ann Funk vom Air Force Office of Special Investigations für mich hinterlassen hatte. Am Tag zuvor hatte ich sie angerufen, und sie sagte, ihre Gruppe warte darauf, daß das FBI aktiv würde. Jetzt diese Begrüßung. Ich versuchte, Ann zurückzurufen, aber sie hatte die Luftwaffenbasis Bolling schon verlassen. Blieb nicht mehr übrig, als das FBI anzuklingeln.

Die barsche Stimme im FBI-Büro von Alexandria gab sich sehr kurz angebunden. »Agent Gibbons ist gerade unabkömmlich, aber ich hab eine Nachricht für Sie«, sagte der Typ in amtlichem Ton. »Ihr Fall ist abgeschlossen, und Sie sollen die Sache sein lassen.«

»Wie? Wer sagt das?«

»Tut mir leid, aber das wär's. Agent Gibbons ist nächste Woche wieder zurück.«

»Hat Mike noch was gesagt?« fragte ich und fragte mich, ob er es mir nach Dutzenden von Gesprächen nicht zumindest selber sagen würde.

»Ich hab Ihnen doch schon gesagt, das wär's.«

Toll. Da nervt man das FBI fünf Monate lang. Verfolgt eine Verbindung rund um die Welt. Beweist, daß der Hacker in Militärcomputer einbricht. Und genau dann, wenn man die Hilfe des FBI am meisten braucht ... Pustekuchen.

Ann Funk rief eine Stunde später an.

»Ich habe gerade gehört, daß das FBI entschieden hat, die Sachlage reiche zur Fortsetzung der Ermittlungen nicht aus.«

»Ändern die Einbrüche in das Air Force Space Command daran was?« fragte ich.

»Es ist das Systems Command/Space Division, Cliff. Merken Sie sich das, sonst bringen Sie uns durcheinander.«
Aber Space Command klang doch viel besser. Wer will denn ein System kommandieren? dachte ich noch und fragte: »Und warum kümmert sich das FBI nicht darum?«
Ann seufzte.
»Dem FBI zufolge gibt's keine Anzeichen realer Spionage.«
»Hat Mike Gibbons das gesagt?«
»Glaub ich nicht«, antwortete sie. »Ich hab den Tip von einem diensthabenden Offizier, der sagte, Mike sei von dem Fall abgezogen worden und könne nicht darüber sprechen.«
»Und wer hat das dann entschieden?« bohrte ich weiter. Mike war der einzige FBI-Agent, der was von Computern verstand, mit dem ich gesprochen hatte.
»Wahrscheinlich das mittlere Management des FBI«, sagte Ann. »Sie fangen lieber Kidnapper als Computerhacker.«
»Und was meinen Sie, Ann? Sollen wir die Schotten dichtmachen oder versuchen, den Aal zu fangen?«
»Das FBI sagt, man soll die Zugangsanschlüsse des Hackers sperren.«
»Das hab ich nicht gefragt.«
»... und alle Passwörter ändern ...«
»Ich weiß, was das FBI sagt. Was sagt die Air Force?«
»Äh, das weiß ich nicht. Wir werden später darüber sprechen und Sie zurückrufen.«
»Gut, wenn uns nicht jemand bittet weiterzumachen, dann machen wir eben die Schotten dicht, und der Hacker kann in euren Computern rumtoben, wie er will. Wir jagen diesen Kerl jetzt schon fünf Monate, und keine einzige Regierungsbehörde hat auch nur den kleinen Finger krumm gemacht.«
Ich legte ärgerlich auf.
Ein paar Minuten später rief FBI-Agent Fred Wynekin an und ließ keinen Zweifel an der Entscheidung seiner Behörde. Höchst amtlich informierte er mich darüber, daß das FBI der Meinung sei, es gäbe keine Möglichkeit, die Auslieferung dieses Hackers zu beantragen, weil jener kein geheimes Material gehackt hatte.
»Cliff«, warb er plötzlich um Verständnis, »wenn Sie nachweisen

können, daß geheimes Material betroffen ist, oder daß er bedeutenden Schaden an Systemen angerichtet hat, dann wird das FBI einschreiten. Nicht eher!«

»Wie definieren Sie denn Schaden? Wenn jemand meine Schreibtischschubladen durchwühlt und die Pläne für einen neuen integrierten Schaltkreis kopiert, ist das ein Schaden? An wen wende ich mich da?«

Fred wollte nicht antworten. »Wenn Sie drauf bestehen, den Fall weiterzuverfolgen, kann das FBI gemäß der Domestic Police Cooperation Act Amtshilfe leisten. Ihr Labor sollte sich mit dem Staatsanwalt von Berkeley in Verbindung setzen und ein Verfahren eröffnen. Wenn Ihr Distriktsstaatsanwalt die Auslieferung des Hackers beantragt, wird das FBI dabei helfen, den entsprechenden Papierkram zu bearbeiten.«

»Wie bitte?« fragte ich aufgebracht. »Nach fünf Monaten schubsen Sie mich wieder zum hiesigen Staatsanwalt zurück?« Ich konnte kaum glauben, was ich hörte.

»Wenn Sie beschließen, diesen Weg einzuschlagen, Cliff, wird das FBI als Kanal zwischen Ihrer Ortspolizei und den deutschen Behörden dienen. Die Polizei des LBL wäre das Zentrum der Ermittlungen, und es würde in Berkeley Anklage erhoben.«

»Fred, das meinen Sie doch nicht ernst. Dieser Kerl ist in dreißig Computer im ganzen Land eingebrochen, und Sie erzählen mir, daß das ein auf Berkeley beschränktes Problem ist?«

»Ich meine das sehr ernst«, fuhr Fred fort. »Das FBI hat beschlossen, den Fall nicht an sich zu ziehen. Wenn Sie weitermachen wollen, dann lassen Sie die Sache besser von Ihrer zuständigen Polizeibehörde bearbeiten.«

Keine Stunde später rief Steve White von Tymnet an. Er hatte gerade folgende elektronische Nachricht von der Deutschen Bundespost bekommen.

›*Es ist äußerst dringend, daß die US-Behörden den deutschen Staatsanwalt kontaktieren, sonst wird die Bundespost nicht länger kooperieren. Wir können nicht länger ohne offizielle Bestätigung der Strafverfolgung tätig sein. Wir werden ohne die entsprechenden Genehmigungen keine Telefonleitungen mehr verfolgen. Sorgen Sie dafür, daß das FBI das BKA kontaktiert.*‹

Oh, verflucht! Da baut man monatelang eine Kooperation zwischen den Behörden auf, und dann kneift das FBI. Gerade dann, wenn wir's dringendst brauchen.

Nun, mir blieb keine Wahl. Wir konnten tun, was man uns gesagt hatte, dichtmachen und fünf Monate Verfolgung für die Katz gewesen sein lassen, oder wir konnten offen bleiben und uns eine Rüge vom FBI einhandeln.
Wenn wir zumachten, hätte der Hacker volle Freiheit, in unsern Netzwerken herumzusausen, ohne daß ihn jemand beobachtete. Ein offenes System würde uns auch nicht zu dem Hacker führen, weil die Bundespost keine Fangschaltung legen würde, ohne daß das FBI das Startzeichen gab. So oder so, der Hacker hatte gewonnen.
Zeit, zum Chef zu gehen.
Roy Kerth glaubte die Neuigkeit sofort. »Ich hab dem FBI noch nie so recht getraut. Wir haben den Fall praktisch für sie gelöst, und trotzdem wollen sie nicht ermitteln.«
»Und was sollen wir jetzt tun?«
»Wir arbeiten nicht für das FBI. Die können uns nicht sagen, was wir tun sollen. Wir bleiben offen, bis das Energieministerium uns anweist, zuzumachen.«
»Soll ich das DOE anrufen?«
»Überlassen Sie das mir, Cliff. Wir haben da eine Riesenarbeit reingesteckt, und sie werden das zu hören kriegen.« Roy grummelte etwas vor sich hin – es klang nicht wie Lobpreisungen des FBI –, stand dann auf und sagte entschlossen: »Wir lassen auf, jawohl.«
Aber den Hacker in Berkeley zu überwachen war eine Sache, ihn in Deutschland zu verfolgen, eine andere. Wir brauchten das FBI, auch wenn die uns nicht brauchten.
Und was war mit der CIA?
Ich griff zum Hörer.
»Hallo, hier ist Cliff. Unsere Freunde von der, äh, ›F‹-Einheit haben das Interesse verloren.«
»Mit wem haben Sie gesprochen?« fragte Tejott.
»Mit den örtlichen Repräsentanten der Einheit und einem Beam-

ten von ihrem Ostküstenbüro.« Ich lernte die Schnüfflersprache.

»Okay. Ich werde das überprüfen. Unternehmen Sie nichts, bis Sie von mir hören.«

Zwei Stunden später rief Tejott wieder an. »Die Parole ist: ›Laden dichtmachen.‹ Ihr Kontaktmann Mike ist raus aus dem Fall. Seine Einheit ist weg und jagt Taschendiebe.«

»Und was sollen wir jetzt tun?«

»Abwarten und Tee trinken«, sagte der Schnüffler. »Wir können uns nicht engagieren – die FCI gehört zu Mikes Einheit. Aber vielleicht übt jemand Druck auf Mikes Einheit aus. Wie gesagt, warten Sie ab.«

FCI? Freie Code-Inspektoren? Förderverein Christlicher Igelzüchter? Ich konnte mir nichts darunter vorstellen.

»Äh, Tejott, was bedeutet FCI?«

»Pssst. Keine Fragen. Es drehen sich Räder an Orten, von denen Sie nichts wissen.«

Ich rief Maggie Morley an – unsere Scrabble-Fee und allwissende Bibliothekarin. Sie brauchte drei Minuten, um das Akronym herauszufinden.

»FCI bedeutet Foreign Counter Intelligence«, sagte sie. »Haben Sie vor kurzem mit Spionen Eis gegessen?«

Also betreibt die CIA keine Spionageabwehr. Das FBI hat den Fall abgehakt. Und die Deutsche Bundespost will eine offizielle Note von den USA.

Oh, Mann!

Vielleicht konnte hierbei eine andere Behörde helfen? Zeke Hanson von der National Security Agency, zum Beispiel, hatte regen Anteil genommen und alle Schritte verfolgt, die wir gemacht hatten, er wußte, wie sehr wir die Unterstützung des FBI brauchten. Ich griff zum Hörer, wählte und hatte ihn sofort an der Strippe.

»Ich würde Ihnen wirklich gerne helfen, Cliff, aber wir können nicht. Die NSA hört zu, aber sie redet nicht.«

»Aber ist denn genau dafür das National Computer Security Center nicht zuständig? Lösung von Sicherheitsproblemen?«

»Sie wissen die Antwort. Nein und abermals nein. Wir versuchen, Computer sicherer zu machen, nicht Hacker zu fangen.«

»Können Sie das FBI nicht anrufen und ihnen wenigstens einen Schubs geben?«

»Ich werde ein Wort sagen, aber halten Sie deswegen nicht gleich die Luft an.«

Sprach's und legte auf.

Ich hätte es wissen müssen: Das Computer Security Center der NSA versuchte bestenfalls Standards festzulegen und die Sicherheit von Computern zu erhöhen. Man hatte dort kein Interesse dran, als Clearingstelle für Probleme wie das meinige zu fungieren. Und sie konnten ganz bestimmt keine Abhörgenehmigung kriegen. Die NSA hatte keine Verbindungen zum FBI.

Nach ein paar Tagen rief Tejott wieder an.

»Wir haben einen großen Coup gelandet«, sagte der CIA-Agent. »Mikes Einheit ist wieder auf der Fährte. Sagen Sie's mir, wenn sie Ihnen wieder Ärger macht.«

»Wie haben Sie denn das geschafft?«

»Oh, mit ein paar Freunden geplaudert. Nicht der Rede wert.«

Und weg war er wieder.

Was mag dieser Typ wohl für Freunde haben? Und daß das FBI in zwei Tagen eine Kehrtwendung macht... mit wem hat er denn geredet? überlegte ich. Mitten in meine Gedanken schrillte das Telefon, und Mike Gibbons vom FBI war am Apparat. Er erklärte mir die deutsche Rechtslage: Einen Computer hacken war dort keine große Sache. Solange man den Computer nicht zerstörte, war der Einbruch in ein System nicht viel schlimmer als Falschparken. Für mich machte das keinen Sinn. Wenn das deutsche Gesetz so milde war, warum nahm dann die Deutsche Bundespost den Fall so ernst?

Mike begriff meine Bedenken und war zumindest damit einverstanden, meinen Fall weiter zu bearbeiten. »Sie sollten jedoch wissen, Cliff, daß letztes Jahr ein deutscher Hacker in einem Computer in Colorado gefaßt wurde, aber nicht angeklagt werden konnte.«

Würde der Justizattaché des FBI nun endlich mal seinen Hintern hochkriegen? stellte ich mir im stillen die Frage und gab sie dann an Mike weiter.

»Ich arbeite daran«, sagte er. »Sagen Sie Ihren Freunden bei der Bundespost, daß sie bald von uns hören.«

An diesem Abend hatten wir wieder eine Chance, den Kerl zu fangen. Während Martha und ich im Supermarkt an der Schlange standen, meldete sich mein Piepser. Ich ließ meinen NATIONAL ENQUIRER fallen (›*Marsmenschen besuchen Erde!*‹), düste zum Münztelefon und wählte Steve White.

»Unser Freund ist in der Leitung«, teilte ich ihm mit.

»Okay. Ich rufe Deutschland.«

Ein schnelles Gespräch und eine schnelle Fangschaltung. Der Hacker war nur fünf Minuten dran, trotzdem verfolgte ihn Steve bis zu DNIC 2624-4511-049136. Eine öffentliche Selbstwählfernsprechleitung in Hannover.

Danach schilderte mir Steve ausführlich die Details. Wolfgang Hoffmann, der um drei Uhr nachts geweckt worden war, begann, die Leitung von Frankfurt aus zu verfolgen. Aber der für die Vermittlung Hannover abgestellte Fernmeldetechniker war schon nach Hause gegangen. Nahe dran. Aber noch kein Schampus.

Wolfgang hatte eine Frage an uns. Die Universität Bremen war bereit, bei der Hackerjagd zu kooperieren. Aber wer bezahlt? Der Hacker vergeudete das Geld der Universität – mehrere hundert Dollar am Tag. Wären wir bereit, für den Hacker zu zahlen?

Unmöglich. Sogar das Laborbudget für Büroklammern war total überzogen – da würde niemand mehr was springen lassen. Ich gab die Nachricht zurück, daß ich mich erkundigen wollte.

Steve betonte, daß jemand für den Hacker würde zahlen müssen, sonst würde die Bundespost einfach den Zugang des Hackers abschneiden. Jetzt, wo sie wußten, daß er am Datex-Netzwerk schmarotzte, wollten die Deutschen die Löcher stopfen.

Und es kamen weitere Neuigkeiten aus Deutschland. Vor ein paar Nächten hatte sich der Hacker für zwei Minuten in Berkeley angemeldet. Lang genug, um ihn bis zur Universität Bremen zu verfolgen. Bremen wiederum verfolgte ihn nach Hannover zurück. Es schien so, als ob der Hacker nicht nur in unser Labor in Berkeley einbrach, sondern auch in europäische Netzwerke schlüpfte.

Ich fragte: »Wenn die Deutschen doch die Chance hatten, warum haben sie ihn dann von Hannover aus nicht ermittelt?«
Steve erklärte die Probleme mit dem Telefonsystem in Hannover: »Die amerikanischen Telefonnetze sind computergesteuert, deshalb sind Fangschaltungen recht einfach. Aber in Hannover brauchen sie jemanden, der den Anruf in der Vermittlung selbst verfolgt.«
»Also können wir den Hacker kaum aufspüren, wenn er nicht tagsüber oder abends anruft?«
»Viel schlimmer. Die Suche mittels einer Fangschaltung dauert eine Stunde oder zwei.«
»Eine Stunde oder zwei?« fragte ich zurück. »Bleiben zur Abwechslung Sie mal ernst. Warum brauchen Sie zehn Sekunden, um die Tymnet-Leitungen von Kalifornien über einen Satelliten bis nach Europa hinein zu verfolgen? Warum können die es nicht genauso machen?«
»Würden sie, wenn sie's könnten. Die Vermittlung des Hackers ist einfach nicht computerisiert. Deshalb braucht der Techniker eine Weile, um den Anruf zu verfolgen.«
Danach legten wir beide auf.

Seit kurzem war der Hacker immer nur für fünf Minuten angemeldet. Lang genug, um mich aufzuwecken, aber kaum lang genug für eine Verfolgungsjagd über zwei Stunden. Wie könnte ich ihn ein paar Stunden lang dran halten?
Die Bundespost konnte nicht ewig Techniker in Bereitschaft halten. Eigentlich konnten sie es sich kaum leisten, sie länger als ein paar Tage bereitzustellen. Wir hatten eine Woche, um die Verfolgung abzuschließen. Am nächsten Samstagabend würden die Fernmeldetechniker aufgeben.
Ich konnte den Hacker nicht dazu bringen, zu einer passenden Zeit aufzutauchen. Und ich konnte nicht kontrollieren, wie lange er sich im Netz rumtrieb.
Er kam und ging, wie's ihm gefiel.

40. Kapitel

»Wach endlich auf, du Schlafmütze«, sagte Martha an einem Samstagmorgen gegen 9 Uhr. »Heute bereiten wir den Boden für unsere Tomatenpflanzen vor.«

»Wir haben doch erst Januar«, protestierte ich. »Alles ruht noch. Die Bären halten Winterschlaf. Die Igel und die Eichhörnchen. Auch *ich*.« Dann zog ich mir die Decke über den Kopf.

»Komm jetzt raus«, sagte Martha, zerrte mir meinen Wärmeschutz weg und packte mich mit einem eisernen Griff am Handgelenk.

Auf den ersten Blick sah es so aus, als hätte ich recht. Der Garten lag tot und erdigbraun da. »Schau mal«, sagte Martha und kniete sich neben einen Rosenbusch. Sie berührte die schwellenden rosa Knospen. Sie wies auf den Zwetschgenbaum, und als ich näher hinschaute, sah ich einen Schleier winziger, grüner Blättchen an den kahlen Zweigen. Diese armen kalifornischen Pflanzen – ohne einen Winter zum Ausruhen und Verschlafen.

Martha gab mir einen Spaten, und wir begannen den jährlichen Kreislauf; wir gruben die Erde um, gaben Dünger dazu und setzten kleine Tomatenpflänzchen in die Furchen. Jedes Jahr pflanzten wir sorgfältig verschiedene Sorten, die zu verschiedenen Zeiten reiften, und pflanzten sie auch noch zeitlich versetzt, damit wir den ganzen Sommer lang immer Tomaten hätten. Und jedes Jahr war jede einzelne Tomate am 15. August reif.

Ein langsames, schweres Arbeiten, weil die Erde lehmig und naß von den Winterregen war. Aber schließlich hatten wir das Stück umgegraben und machten schmutzig und verschwitzt eine Pause, um zu duschen und ausgiebig zu frühstücken.

Unter der Dusche fühlte ich mich wie neu geboren. Martha seifte mir den Rücken ein, während mich das heiße Waser wohlig wärmte. Vielleicht wäre ein Leben auf dem Lande doch nicht so übel. Martha war gerade dabei, mir die Haare zu waschen, als das widerliche Quäken meines Piepsers, der in einem Haufen Kleider vergraben lag, unseren Frieden zerstörte. Martha murrte und begann zu protestieren: »Untersteh dich ...«

Zu spät. Ich entsprang Martha und der Dusche, schaltete meinen Macintosh ein und rief den Laborcomputer. Sventek.

Eine Sekunde später hatte ich Steve White – zu Hause. »Er ist da, Steve.«

»Okay. Ich verfolge ihn und rufe Frankfurt.«

Einen Moment später war er wieder an der Leitung. »Er ist weg. Hat sich schon wieder abgemeldet. Zwecklos, jetzt Deutschland zu rufen.«

Verdammt. Da stand ich nun, ich armer Tor, und war frustriert wie nie zuvor. Splitternackt, naß und fröstelnd stand ich in unserem Eßzimmer in einer Pfütze, und Shampoo tropfte auf die Tastatur meines Computers.

Claudia hatte Beethoven geübt, setzte ihre Geige ab und starrte völlig entgeistert auf ihren Mitbewohner, der da unbedeckt und aufgeregt ins Wohnzimmer gerannt war. Dann lachte sie und spielte ein paar Takte eines Varietéstücks. Ich versuchte, mich mit Powackeln zu revanchieren, war aber innerlich noch so mit dem Hacker beschäftigt, daß es mir nicht recht glückte.

Wie ein begossener Pudel schlich ich ins Bad zurück. Martha starrte mich erst finster, dann mitleidig an und zog mich wieder in den Dunst der Dusche und unters heiße Wasser.

»Tut mir leid, mein Schatz«, entschuldigte ich mich. »Du weißt, das ist unsere einzige Chance, ihn festzunageln, und er war nicht lange genug da, um ihn orten zu können.«

»Na, großartig«, sagte Martha. »Lange genug, um dich aus der Dusche zu zerren, aber nicht lange genug, um rauszufinden, wo er ist. Vielleicht weiß er, daß du ihn beobachtest und versucht, dich absichtlich zu frustrieren. Irgendwie weiß er telepathisch, wann du unter der Dusche bist. Oder im Bett.«

»Tut mir leid, Schätzchen«, leistete ich zum zweiten Mal Abbitte. So langsam tat ich mir auch leid.

»Liebling«, Martha fuhr mir mit dem Zeigefinger über die Nase, »wir müssen was dagegen unternehmen. Wir können uns doch von diesem Kerl nicht länger auf der Nase oder sonstwo rumtanzen lassen. Und all diese Schnüffler in Anzügen, mit denen du immerzu redest – haben sie jemals geholfen? Nein. Wir müssen die Sache selbst in die Hand nehmen.«

Martha hatte recht: Ich hatte mit FBI, CIA, NSA, OSI und DOE Stunden am Telefon verbracht. Obwohl auch noch andere, wie das BKA, unsere Probleme kannten, schien niemand wirklich ernsthaft die Initiative zu ergreifen.

»Aber was können wir ohne staatliche Unterstützung denn schon tun?« fragte ich. »Wir brauchen die Genehmigungen und das alles. Wir brauchen die offizielle Erlaubnis, die Telefonleitungen zu verfolgen.«

»Jaaa, aber wir brauchen von niemandem eine Erlaubnis, wenn du irgendein Zeug in deinen eigenen Computer stopfst.«

»Na und?«

Martha griente mich unter dem dampfenden Wasser verschlagen an.

»Boris? Lieplink, ich chabe einen Plann ...«

Martha klebte mir Kinn- und Schnurrbart aus Seifenschaum ins Gesicht.

»Ja, Natascha?«

»Ist Zeit fürr Gechaimplann 35B.«

»Grossartik, Natascha! Das wird wundärbarr funktionierän! Äh, Lieblink ... was ist Gechaimplann 35B?«

»Opäration Duschkopf.«

»Ja?«

»Nu, där Schpion von Hannover sucht Gechaiminformation, ja?« sagte Martha. »Wirr ihm gäben einfach, was är will – gecheime militärische Schpiongechaimnisse. Kanz viele. Unmängen.«

»Sag mirr, Natascha, Liepstä, diesä Gechaimnisse, wo wirr sollän härrnähmen Gechaimnisse? Wir nicht wissän militärische Gechaimnisse.«

»Wirr machän wälche.«

Mensch! Martha hatte das Ei des Kolumbus zur Lösung unseres Problems gefunden. Dem Kerl geben, was er suchte. Ein paar Dateien mit potemkinscher Information erstellen und mit fingierten Geheimdokumenten garnieren. Sie in meinem Computer rumliegen lassen. Der Hacker stolpert über sie und verbringt ein paar Stunden beim Kopieren, bis er sie ganz verschlungen hat.

Elegant.

Wieviel von dem Zeug? Als ich Marthas Haare spülte, machte ich einen Überschlag: Wir brauchten ihn zwei Stunden lang dran. Er ist über eine 1200-Baud-Leitung eingeklinkt, was bedeutet, daß er etwa 120 Zeichen in der Sekunde lesen kann. In zwei Stunden konnte er etwa 150 000 Wörter kopieren.

»Oh, Natascha«, nahm ich den Faden wieder auf, »meine scharmantä Schpionageabwährabwährschpionin, gibt äs nurr ein Probläm. Wo wirr findän 500 Saitän falsche Dokumäntä?«

»Einfach, Lieplink. Die Gechaimnisse wir erfindän. Nähmen wirr ächte Dattän, die rumliegän.«

Als das Warmwasser verbraucht war, kletterten wir aus der Dusche.

Martha grinste, als sie ihren Plan weiter erklärte. »Wir können soviel Information nicht über Nacht erfinden. Aber wir können sie nach und nach basteln, so daß wir immer einen Vorsprung vor ihm haben. Und wir können gewöhnliches bürokratisches Zeug nehmen, es ein bißchen verändern und den Sachen Titel geben, die sich nach Geheimsachen anhören. Echte Geheimdokumente strotzen wahrscheinlich vor langweiligem Bürokratengedrechsel...«

»... also nehmen wir einfach ein Bündel von diesen unverständlichen Richtlinien des Energieministeriums, die immer meinen Schreibtisch zupflastern, und verändern sie, bis sie wie Staatsgeheimnisse aussehen.«

Martha fuhr fort: »Wir müssen sorgfältig sein, damit es unverdächtig und echt bürokratisch aussieht. Wenn wir ein Dokument überschreiben mit *›Paß auf, hier ist hübsches, streng geheimes, absolut ultrageheimes Zeug‹*, dann schöpft der Hacker Verdacht. Man muß das auf kleiner Flamme kochen. Verboten genug, um ihn zu interessieren, aber keine offensichtliche Falle.«

Ich bewegte ihre Idee im Herzen und überlegte, wie man sie realisieren könnte.

»Genau, Martha, wir erfinden eine Sekretärin, die für Leute arbeitet, die dieses Geheimprojekt machen. Und wir lassen den Hacker über ihre Textdateien stolpern. Jede Menge Rohfassungen, Wiederholungen und Umlaufnotizen.«
Im Wohnzimmer begrüßte uns Claudia, wo sie gerade den Teich aufwischte, den ich hackerjagend hinterlassen hatte. Sie hörte sich unseren Plan an und schlug noch einen Extrakniff vor: »Ihr könntet in eurem Computer einen Formbrief erstellen, mit dem der Hacker weitere Informationen anfordern kann. Wenn der Hacker drauf reinfällt, gibt er vielleicht seinen Absender an.«
»Genau«, sagte Martha, »ein Brief, der noch mehr Information verspricht. Riesig!«
Wenig später saßen wir drei mit verschlagenem Grinsen um den Küchentisch, aßen unsere Omelettes und schmiedeten an unserm Plan. Claudia beschrieb, wie der Formbrief abzufassen sei. »Ich finde, er sollte so ähnlich lauten wie die Überraschung in einer Cornflakespackung: ›Schreiben Sie uns, und wir schicken Ihnen einen Geheimcodering.‹«
»Meinst du wirklich?« fragte ich. »Der ist doch bestimmt nicht so bescheuert und schickt uns seine Adresse.« Als ich die Mienen meiner Mitverschwörerinnen sah, fügte ich schnell hinzu, daß dieser Vorschlag einen Versuch wert sei. Die Hauptsache aber wäre, ihm etwas vorzusetzen, an dem er stundenlang zu kauen hatte. Dann fiel mir ein anderes Problem ein.
»Wissen wir genug über Militärkram, um ›sensible‹ Dokumente zu machen?« fragte ich.
»Sie müssen ja keinen Sinn ergeben«, grinste Martha diabolisch. »Echte Militärdokumente machen ja auch keinen Sinn. Sie sind voll mit Fachchinesisch und Bürokratengedöns. Du weißt schon, etwa so: ›Das Verfahren zur Durchführung des Durchführungsverfahrens mit höchster Priorität wird untenstehend in Abschnitt zwo, Unterparagraph drei der Verfahrensdurchführungsbestimmungen beschrieben.‹ Na, Boris?«

Also gut. Martha und ich radelten hinauf ins Labor und loggten uns in den LBL-Computer ein. Dort wühlten wir uns durch einen Berg echter Regierungsdokumente und -direktiven, die von weit geschwollenerem Bürokratengelaber strotzten, als wir je hätten erfinden können, und veränderten sie leicht, so daß sie ›geheim‹ wirkten.

Unsere Dokumente sollten ein neues Krieg-der-Sterne-Projekt beschreiben. Ein Außenstehender, der sie las, würde glauben, das Lawrence-Berkeley-Labor hätte gerade einen dicken Regierungsauftrag ergattert, um ein neues Computernetzwerk aufzubauen. Das SDI-Netzwerk.

Dieses fiktive Netzwerk verband offenbar sehr viele geheime Computer und erstreckte sich auf Militärbasen rund um die Welt. Wenn man unsere Dateien las, fand man Sergeants und Colonels, Wissenschaftler und Ingenieure. Hier und da ließen wir Andeutungen über Besprechungen und Geheimberichte fallen.

Und wir erfanden Barbara Sherwin, die süße, ein bißchen wichtigtuerische Sekretärin, die versuchte, mit ihrem neuen Textverarbeitungssystem zurechtzukommen und mit dem endlosen Dokumentenstrom Schritt zu halten, der von unserem frisch erfundenen ›Strategic Defense Initiative Network Office‹ produziert wurde. Wir benannten unsere fiktive Sekretärin nach einer Astronomin, Barbara Schaeffer, und benutzten deren echte Adresse für elektronische Post. Ich erwähnte der echten Barbara gegenüber, sie solle auf seltsame Post achten, die an Babs Sherwin adressiert sei.

Unsere falschen Eingaben enthielten Budgetforderungen (50 Millionen Dollar für Kommunikationskosten), Kauforders und technische Beschreibungen dieses Netzwerks. Die meisten schrieben wir aus Dateien ab, die im Computer herumlagen und änderten nur die Adressen sowie hier und da ein paar Wörter.

Um einen Postverteiler herzustellen, nahm ich mir einfach eine Kopie der Namens- und Adressenliste für die Rundbriefe des Labors. Ich tauschte einfach jeden ›Mr.‹ gegen einen ›Sergeant‹, jede ›Mrs.‹ gegen einen ›Major‹, jeden ›Dr.‹ gegen einen ›Colonel‹ und jeden ›Professor‹ gegen einen ›General‹ aus. Und die Adressen? Einfach ab und zu ›Air Base‹ oder ›Pentagon‹ dazumischen. Nach einer halben Stunde sah mein Pseudopostverteiler wie ein waschechter, militärischer Who's Who aus.

Einige Dokumente fabrizierten wir jedoch ganz in Eigenbau: Korrespondenz zwischen Managern und kleinlichen Bürokraten. Ein Informationspaket, das die technischen Fähigkeiten dieses Netzwerks darstellte. Und ein Rundschreiben des Inhalts, daß der Empfänger mehr Information über das SDI-Netzwerk bekommen könne, wenn er an das Projektbüro schriebe.

»Nennen wir das Konto ›*Strategic Information Network Group*‹«, sagte ich. »Dann haben wir auch ein tolles Akronym: STING.«

»Nein. Er könnte es durchschauen. Mach's bürokratisch«, sagte Martha. »Nimm SDINET. Das fällt ihm bestimmt nicht auf.«

Wir ordneten alle Dateien einem Konto namens SDINET zu und sorgten dafür, daß ich als einziger das Passwort kannte. Dann machte ich diese Dateien für jeden total unzugänglich, nur nicht für den Autor – mich.

In Großcomputern kann man eine Datei ungeschützt lassen, das heißt, lesbar für jeden, der sich in das System einloggt. Es ist etwa wie einen Aktenschrank unverschlossen lassen – jeder, der will, kann den Inhalt lesen. Man könnte zum Beispiel eine Datei ungeschützt lassen, die die Ergebnisse des Volleyballturniers des Büros enthält.

Mit einem einzigen Befehl kann man eine Datei nur für bestimmte Leute lesbar machen, zum Beispiel für seine Mitarbeiter. Die neuesten Berichte über die Verkaufszahlen oder irgendwelche Produktionspläne müssen einigen wenigen Leuten bekannt sein, aber man will nicht, daß jeder sie durchliest.

Oder eine Computerdatei ist ganz und gar privat. Niemand, nur man selbst, kann sie lesen. Es ist wie Schreibtischschubladen abschließen. Niemand kann da mehr reinlangen. Nur man selbst – und der Systemverwalter. Er kann die Schutzmechanismen der Datei umgehen und jede Datei lesen.

Indem wir unsere SDI-Dateien nur für den Autor lesbar machten, stellte ich sicher, daß niemand anderes sie fand. Da ich Autor und Systemverwalter zugleich war, konnte niemand sonst sie sehen.

Außer vielleicht ein Hacker, der sich als Systemverwalter tarnte. Denn unser Hacker konnte immer noch einbrechen und Systemverwalter werden. Er brauchte nur ein paar Minuten sein Kuckucksei ausbrüten zu lassen und war dann in der Lage, alle Dateien in meinem System zu lesen. Unsere fiktiven SDI-Dateien inklusive.

Wenn er diese Dateien anfaßte, würde ich das erfahren. Meine Überwachungsanlage erfaßte jeden Zug von ihm. Aber um ganz sicherzugehen, versah ich diese SDI-Netzwerkdateien mit einem Alarm. Wenn sie jemand anschaute – oder auch nur den Computer veranlaßte, das zu versuchen –, würde ich es merken. Sofort.

Meine Falle war mit einem Köder versehen. Wenn der Hacker anbiß, brauchte er zwei Stunden, um ihn zu schlucken. Lange genug, damit man ihn in Deutschland aufspüren konnte.

Jetzt war der Hacker dran.

41. Kapitel

Schon wieder hatte ich Mist gebaut. Die Operation Duschkopf konnte anlaufen, gewiß. Sie konnte sogar funktionieren. Aber ein wichtiges Detail hatte ich vergessen.

Ich hatte niemanden um Erlaubnis gefragt.

Normalerweise war das kein Problem, weil sich sowieso keiner drum scherte, was ich tat. Aber als ich hinauf ins Labor radelte, fiel mir ein, daß alle Organisationen, mit denen ich Kontakt gehabt hatte, wahrscheinlich über diese falschen SDI-Dateien informiert sein wollten. Jede würde natürlich ihren eigenen Senf dazugeben, aber wenn ich weitermachte, ohne sie zu verständigen, würden sie alle stinksauer werden.

Und wenn ich sie wirklich um Erlaubnis fragte? Nur nicht daran denken. Am meisten Kopfzerbrechen machte mir mein Chef. Wenn Roy nur hinter mir stünde, könnten mir die Drei-Buchstaben-Behörden nichts anhaben.

Am 7. Januar 1987 ging ich schnurstracks in sein Büro. Wir redeten eine Weile über relativistische Elektrodynamik – was in erster Linie hieß, daß ich dem alten Professor an der Tafel zusah. Man kann über brummige Professoren sagen, was man will, man lernt nie besser, als jemandem zuzuhören, der wirklich was geleistet hat.

Ich wechselte das Thema.

»Hören Sie mal, Chef, ich versuche gerade, mir diesen Hacker endgültig vom Hals zu schaffen.«

»Setzt Sie die CIA schon wieder unter Druck?«

»Nein«, gab ich zur Antwort und hoffte, Roy meinte seine Frage nicht allzu ernst, »aber die Deutschen wollen die Leitung nur noch eine Woche lang verfolgen. Nach dem nächsten Wochenende könnten wir auch damit fertig sein.«

»Gut. Dauert sowieso schon zu lange.«

»Also, ich hab mir gedacht, ich lege irreführende Daten in unserem Computer ab, als Köder für den Hacker.«

»Klingt gut. Wird aber natürlich nicht funktionieren.«

»Warum nicht?«

»Weil der Hacker eine Meise hat. Aber machen Sie nur. Ist eine nützliche Übung.«

Donnerwetter! Daß mein Chef die Sache billigte, nahm mich vor dem Rest der Welt in Schutz. Trotzdem sollte ich die Drei-Buchstaben-Leute doch lieber über unsere Pläne unterrichten. Und so schrieb ich einen kurzen Vorschlag im Stil eines wissenschaftlichen Artikels:

Vorschlag zur Bestimmung der Adresse des Hackers

Problem:

Ein hartnäckiger Hacker ist in die Computer des LBL eingedrungen. Da er aus Europa kommt, dauert es eine Stunde, die Telefonleitungen zurückzuverfolgen. Wir würden gerne seinen genauen Standort erfahren.

Beobachtungen:

1. Er ist hartnäckig.
2. Er arbeitet ganz dreist in unseren Computern und weiß nicht, daß wir ihn beobachten.
3. Er sucht nach Wendungen wie ›sdi‹, ›stealth‹ und ›nuclear‹.
4. Er ist ein kompetenter Programmierer und bricht souverän in Netzwerke ein.

Lösungsvorschlag:

Fiktive Information zur Verfügung stellen, damit er länger als eine Stunde eingeklinkt bleibt. In dieser Zeit die Telefonverfolgung komplettieren.

Mein Artikel ging immer weiter über Geschichte, Methodologie und Details der Durchführung; Fußnoten über die Wahrscheinlichkeit, ihn wirklich zu fangen, waren beigefügt. So langweilig, wie ich es nur fertigbrachte.

Ich schickte ihn an die übliche Latte der Drei-Buchstaben-Behör-

den: FBI, CIA, NSA und DOE. Ich fügte eine Notiz hinzu, daß wir den Plan nächste Woche ausführen würden, wenn niemand etwas einzuwenden hätte.
Ein paar Tage später rief ich alle Behörden an. Mike Gibbons vom FBI verstand, was ich vorhatte, wollte aber seine Behörde in keiner Weise in die Pflicht genommen sehen und fragte nur: »Was hat denn die CIA dazu gesagt?«
Tejott von der CIA hatte meinen Vorschlag ebenfalls gelesen, wollte sich aber genauso wenig festlegen.
»Was haben denn die Leute von der ›F‹-Einheit gesagt?«
»Mike sagte, ich solle Sie anrufen.«
»Na, ist das nicht großartig? Haben Sie die nördliche Einheit angerufen?« Nördliche Einheit? Was liegt nördlich der CIA?
»Äh, Tejott, wer ist die nördliche Einheit?«
»Sie wissen schon, das große Fort M.«
Ach so – Fort Meade in Maryland, schnallte ich. Die NSA. Hatte ich total vergessen. Zeke Hanson vom National Computer Security Center der NSA hatte meinen Vorschlag gelesen. Er schien ihm zu gefallen, aber er wollte nichts damit zu tun haben.
»Ich kann Ihnen auf keinen Fall grünes Licht geben«, sagte Zeke. »Persönlich würde ich zwar gern erfahren, was passiert. Aber wenn Sie Probleme kriegen, haben wir nichts damit zu tun.«
»Ich will niemandem die Verantwortung aufhalsen, ich möchte nur wissen, ob das eine schlechte Idee ist«, sagte ich und gebe zu, daß es seltsam klingt, aber genau das versuchte ich. Bevor man ein Experiment startet, fragt man Leute, die das schon mal gemacht haben, nach ihrer Meinung.
»Für mich hört sich das gut an«, sagte Zeke. »Aber Sie sollten sich mit dem FBI kurzschließen.« Damit war der Kreis geschlossen. Jeder zeigte mit dem Finger auf den Nächsten.
Dann rief ich das Energieministerium an, das Air Force OSI und einen Typen von der Defense Intelligence Agency. Natürlich wollte niemand die Verantwortung übernehmen, aber es blokkierte auch niemand die Idee. Das war's, was ich brauchte.
Am Mittwoch war's zu spät, um noch irgend etwas zu verhindern. Ich war von Marthas Idee felsenfest überzeugt und hätte wetten können, daß sie funktionierte.

Tatsächlich tauchte der Hacker am Mittwochnachmittag auf. Dianne Johnson, die Außenbeamte des Energieministeriums, hatte mich zum Mittagessen im Café Pastorale in Berkeley eingeladen. Wir speisten zusammen mit Dave Stevens, dem Mathematikercrack des Rechenzentrums, leckere Fettucine und sprachen über unsere Fortschritte und Pläne.
Um 12.53 Uhr pazifische Sommerzeit. Wir waren beim Cappuccino, da quäkte mein Piepser. Laut Morsecode war der Hacker als Sventek in unserem Unix-4-Computer. Ich sagte kein Wort – rannte zum Telefonhäuschen und rief Steve White bei Tymnet an (2,25 Dollar in 25-Cent-Stücken!), der die Verfolgung anlaufen ließ. Der Hacker war nur drei Minuten dran – gerade lange genug, um nachzusehen, wer in meinen Computer eingeloggt war. Ich war wieder am Tisch, bevor der Kaffee kalt wurde.
Dennoch verdarb's mir den Rest des Mittags. Warum war der Kerl nur drei Minuten da geblieben? Hatte er eine Falle gespürt? Ich konnte es mir kaum vorstellen, bevor ich nicht den Ausdruck oben im Labor gesehen hatte.
Die Monitore zeigten, wie er sich als Sventek einloggte, die Namen aller, die gerade eingeloggt waren, auflistete und dann verschwand. Verdammt. Er hatte sich nicht lange genug umgesehen, um unsere fingierten Dateien zu entdecken.
Oh, vielleicht war unser Köder zu gut versteckt. Der deutsche Fernmeldetechniker würde nur noch ein paar Tage dranbleiben, also mußte ich ihn deutlicher auslegen.
Von jetzt an blieb ich in meinen Computer eingeloggt. Ich würde die süße Barbara Sherwin spielen, die auf dem SDINET-Konto beim Computer angemeldet war. Wenn der Hacker das nächste Mal sein Periskop ausfuhr, würde er SDINET bei dem Versuch, irgendeine Datei zu editieren, abstürzen sehen. Wenn das seine Aufmerksamkeit nicht erregte, was denn dann?
Natürlich tauchte er am nächsten Tag, Donnerstag, nicht auf. Uns wurde die Zeit knapp. Am nächsten Morgen – wieder nichts. Ich wollte es schon aufgeben, als um 17.14 Uhr, Freitag, den 16. Januar, mein Piepser losging.
Da ist der Hacker.
Und da bin ich.

Ich arbeitete auf dem Konto SDINET und spielte mit einem Textverarbeitungsprogramm herum. Sein erster Befehl ›who‹ listete zehn Leute auf. Ich war der Siebte auf seiner Liste:

```
Astro
Carter
Fermi
Meyers
Microprobe
Oppy5
Sdinet
Sventek
Turnchek
Tompkins
```

Da ist der Köder. Na komm, beiß schon an!

`lbl› grep sdinet/etc/Passwd` he' s searching for user »sdinet« in our password file
`sdinet:sx4sd34xs2:user sdinet, files in/u4/sdinet, owner sdi network project`
Er sucht in unserer Passwortdatei nach dem Benutzer ›sdinet‹.

Ha! Er hat den Haken geschluckt! Er ist auf der Jagd nach Information über den Benutzer SDINET!
Ich wußte, was er als nächstes tun würde – im SDINET-Dateienverzeichnis nachsehen.

`lbl› cd/u4/sdinet` Er geht zum sdinet-Dateienverzeichnis und versucht, die Dateinamen aufzulisten. Aber er kann
`lbl› ls` sie nicht sehen!
`file protection violation -- you are not the owner.`

Natürlich kann er die SDINET-Daten nicht lesen – ich habe alle aus diesen Dateien ausgesperrt. Aber er weiß, wie er meine Schlösser aufbrechen kann. Nur mit der Gnu-Emacs-Software ein kleines Ei legen. Privilegierter Benutzer werden.

Keine meiner Dateien sind dem Systemverwalter verborgen. Und mein Benutzer weiß genau, wo er sich diese Privilegien schnappen kann. Es dauert nur ein paar Minuten. Würde er in die Trickkiste greifen?
Er legt gleich los. Er prüft, ob das Gnu-Emacs-*movemail*-Programm geändert worden ist. Jetzt baut er sich sein eigenes falsches Atrun-Programm. Wie in alten Tagen. In ein paar Minuten wird er Systemverwalter sein.
Nur diesmal habe ich Steve White am Telefon.
»Steve, rufen Sie Deutschland. Der Hacker ist dran, und es wird eine lange Sitzung werden.«
»Ist gebongt, Cliff. Rufe Sie in zehn Minuten zurück.«
Jetzt sind die Deutschen am Zug. Können sie die Kaffeebohne aus dem Kuchen picken? Mal auf den Chronometer gucken: Es ist 17.15 Uhr in Berkeley, also ist es in Deutschland, äh, 0.15 Uhr. Oder ist es 1.15 Uhr? Egal, jedenfalls sicher keine normale Geschäftszeit. Ich hoffe bloß, daß die Techniker in Hannover heute lange dableiben.
Während dessen trödelt der Hacker keine Sekunde. In fünf Minuten hatte er ein besonderes Programm installiert, um sich zum privilegierten Benutzer zu machen. Er gab dem Gnu-Emacs-Programm die Sporen und schob seine spezielle Datei in die Systemumgebung. Unix wird jetzt jeden Augenblick dieses Programm entdecken und... schwupps! ist es passiert. Er ist privilegierter Benutzer.
Der Hacker stürzte sich sofort auf die verbotenen SDINET-Dateien. (Ich klebe förmlich an meinem Monitor und denke: »Na los, Mann, warte nur, bis du erst siehst, was da auf dich wartet.«)
Tatsächlich listet er die Dateiennamen auf:

```
lbl›
Connections
Form-Letter
Funding
Mailing-Labels
Pentagon-Request
Purchase-Orders
```

Memo-to-Gordon
Rhodes-Letter
SDI-computers
SDI-networks
SDI-Network-Proposal
User-List
World-Wide-Net
Visitor-information

Viele dieser Dateien sind nicht nur einzelne Notizen. Manche sind Dateienverzeichnisse – ganze Schränke voll mit anderen Dateien.
Welche wird er sich zuerst ansehen? Ganz einfach. Alle.
Die nächsten 45 Minuten macht er einen Dump aller Dateien und liest den ganzen Müll, den Martha und ich gebastelt haben. Langweiliges, ödes Gestein mit gelegentlich einem Goldkörnchen technischer Information. Zum Beispiel:

Dear Major Rhodes:
Thank you for your comments concerning access to SDInet. As you know, a Network User Identifier (NUI) is required for access to both the Classified and Unclassified SDINET. Although these NUI's are distributed from different locations, it is important that users who use both sections of the network retain the same NUI.
For this reason, your command center should contact the network controllers directly. At our laboratory in Berkeley, we can easily modify your NUI, but we would prefer that you issue the appropriate request to the network controllers.
Sincerely yours,
Barbara Sherwin

Ah ... in diesem Brief ist ein Tip, daß man das SDINET vom Lawrence-Berkeley-Labor aus erreichen kann. Ich wette, er würde eine Stunde oder zwei nach dem Tor suchen, um dieses sagenhafte SDINET zu erreichen.
Glaubt er, was ich ihm vorgesetzt habe? Es gibt einen bequemen Weg, das herauszufinden: einfach beobachten, was er tut – ein

Ungläubiger würde nicht auf die Suche nach dem Heiligen Gral gehen.
Die Dateien machten ihn zu einem Gläubigen. Er unterbrach die Auflistung, um eine Verbindung in unser SDI-Netzwerk zu suchen. Auf meinem Monitor sah ich, wie er geduldig alle unsere Verbindungen zur Außenwelt überprüfte. Da er unser System nicht durch und durch kannte, konnte die Suche nicht erschöpfend sein; aber er durchsuchte das System immerhin zehn Minuten lang auf Anschlüsse mit der Kennung ›SDI‹.
Haken, Schnur und Senker.
Dann las er unsere falschen SDINET-Dateien weiter und machte einen Dump der Datei *form-letter:*

SDI Network Project
Lawrence Berkeley Lab
Mail Stop 50-351
1 Cyclotron Road
Berkeley, CA 94720

name name
address address
city city, state state, zip zip
Dear Sir:
Thank you for your inquiry about Sdinet. We are happy to comply with your request for more information about this network. The following documents are available from this office. Please state which documents you wish mailed to you:
#37.6 Sdinet Overview Description Document 19 pages, revised Sept, 1985
#41.7 Strategic Defense Initiative and Computer Networks: Plans and implementations (Conference Notes) 227 pages, revised Sept, 1985
#45.2 Strategic Defense Initiative and Computer Networks: Plans and implementations (Conference Notes) 300 pages, June, 1986
#47.3 Sdinet Connectivity Requirements 65 pages, revised April, 1986
#48.8 How to link into the Sdinet 25 pages, July 1986
#49.1 X.25 and X.75 connections to Sdinet (includes Japanese, European, and Hawaii nodes) 8 pages, December 1986

#55.2 Sdinet management plan for 1986 to 1988 47 pages, November 1985

#62.7 Unclassified Sdinet membership list (includes major Milnet connections) 24 pages, November 1896

#65.3 Classified Sdinet membership list 9 pages, November, 1986

#69.1 Developments in Sdinet and Sdi Disnet 28 pages, October, 1986

NUI Request Form

This form is available here, but should be returned to the Network Control Center

Other documents are available as well. If you wish to be added to our mailing list, please request so.

Because of the length of these documents, we must use the postal service.

Please send your request to the above address, attention Mrs. Barbara Sherwin.

The next high level review for Sdinet is scheduled for 20 February, 1987. Because of this, all requests for documents must be received by us no later than close of business on 11 February, 1987. Requests received later than this date may be delayed.

Sincerely yours,
Mrs. Barbara Sherwin
Documents Secretary
Sdinet Project

Ich fragte mich, wie er auf diesen Brief reagieren würde. Würde er uns seine Adresse schicken?

Aber das machte nicht viel Unterschied, Steve White rief von Tymnet zurück. »Ich habe Ihre Verbindung bis zur Universität Bremen verfolgt.«

»Das Übliche, was?«

»Ja. Ich glaube, die Vorlesungen laufen wieder«, sagte Steve. »Jedenfalls hat die Bundespost die Datex-Leitung von Bremen nach Hannover verfolgt.«

»Okay. Scheint so, daß der Hacker in Hannover sitzt.«

»Genau das sagt die Bundespost auch. Sie haben die Datex-Lei-

tung bis zu einem Wählanschluß in City-Nähe von Hannover verfolgt.«
»Nur weiter, ich hänge an Ihren Lippen.«
»Jetzt kommt der harte Teil. Jemand hat das Datex-System von Hannover angewählt. Er kommt wirklich aus Hannover – es ist keine Fernleitung.«
»Weiß die Bundespost diese Telefonnummer?«
»Fast. In der letzten halben Stunde hat der Techniker die Leitung verfolgt und hat die Zahl der in Frage kommenden Telefonnummern auf fünfzig eingegrenzt.«
»Warum können sie die richtige Nummer nicht ermitteln?«
»Das weiß Wolfgang auch nicht so genau. Es scheint so, daß die Nummer ganz sicher zu einer Gruppe von Ortstelefonen gehört; wenn sie aber das nächste Mal die Leitung verfolgen, werden sie das richtige Telefon aufs Korn nehmen. Wie ich Wolfgang verstanden habe, juckt es die Deutschen ebenfalls gewaltig, diesen Fall zu lösen.«
Eines von fünfzig, hm? Die Bundespost ist hart dran. Nächstes Mal haben sie ihn.
Freitag, der 16. Januar 1987.
Der Kuckuck hat seine Eier in das falsche Nest gelegt.

42. Kapitel

Die Verfolger hatten den Hacker fast erreicht. Wenn er nur noch einmal wiederkam, hatten wir ihn.

Aber morgen, Samstag nacht, war die letzte Chance, falls die deutschen Fernmeldetechniker wirklich aufgäben. Würde der Hacker auftauchen?

»Martha, du wirst's nicht gern hören, aber ich schlafe wieder im Labor. Aber dann sind wir vielleicht am Ziel.«

»Das hast du jetzt bestimmt zum zwölften Mal gesagt.«

Bestimmt, dachte ich. Die Jagd war wirklich ein andauernder Strom von »Ich hab ihn fast«, gefolgt von »Er ist irgendwo anders« gewesen. Aber diesmal war's tatsächlich anders. Die Nachrichten aus Deutschland klangen vertrauenswürdig. Sie waren auf der richtigen Spur.

Der Hacker hatte nicht alle unsere fingierten Dateien gelesen. In den 45 Minuten, die er in unserem System eingeklinkt war, hatte er etwa ein Drittel der Daten aufgelistet. Er wußte, daß es mehr gab, also warum blieb er dann nicht da und graste alles ab?

Um so wahrscheinlicher war es, daß er bald zurückkam. Also kroch ich wieder mal unter meinen Schreibtisch und schlief beim Geräusch eines Plattenantriebs ein, der in der Ferne wimmerte.

Ich wachte auf, diesmal ohne einen Piepser, der in mein Ohr quäkte, saß an einem friedlichen Samstagmorgen allein in einem sterilen Büro und starrte auf den Boden meiner Schreibtischschublade. Na gut, ich hatte es versucht. Leider war der Hacker nicht aufgetaucht.

Weil niemand sonst da war, fing ich an, mit einem astronomischen Programm zu spielen, und versuchte zu verstehen, wie Fehler beim Schliff des Spiegels die Bilder eines Teleskops beein-

flussen. Das Programm hatte gerade angefangen zu arbeiten, als sich um 8.08 Uhr mein Piepser meldete.
Ein schneller Spurt das Treppenhaus runter und ein Blick auf den Bildschirm. Da ist der Hacker und loggt sich in den Unix-5-Computer ein, mit einem seiner alten Kontennamen, *Mark*. Keine Zeit, um zu überlegen, was er da macht, nur schnell die Nachricht verbreiten, Tymnet anrufen, und die sollen die Bundespost verständigen.
»Hallo, Steve!«
»Der Hacker ist wieder dran, was?« Steve mußte es meiner Stimme angehört haben.
»Ja. Können Sie die Verfolgung starten?«
»Los geht's.« Er war gerade 30 Sekunden weg – es konnte keine ganze Minute gewesen sein – und meldete dann: »Er kommt diesmal aus Bremen.«
»Wie gestern«, bemerkte ich.
»Ich werde Wolfgang von der Bundespost benachrichtigen.« Steve legte auf, während ich den Hacker auf meinem Bildschirm beobachtete. Jede Minute, die der Unsichtbare uns besuchte, brachte uns um genausoviel näher daran, ihn zu demaskieren.
Ja, da war er und las methodisch unsere falschen Dateien. Meine Befriedigung wuchs mit jeder bürokratischen Nonsensnotiz, die er las, weil ich wußte, daß er auf zweierlei Weise irregeleitet wurde: Die Informationen waren falsch, und sein dreistes Umherstolzieren in unserem Computer ließ ihn genau in unsere Messer laufen.
Um 8.40 Uhr verließ er unseren Computer. Steve White rief in der nächsten Minute an.
»Die Deutschen haben ihn wieder zur Universität Bremen verfolgt«, sagte er. »Von dort nach Hannover.«
»Sind sie bei der Telefonnummer weitergekommen?«
»Wolfgang sagt, sie haben alle Ziffern seiner Telefonnummer bis auf die beiden letzten.«
Alle bis auf die beiden letzten? Das machte doch keinen Sinn – es bedeutete, daß sie den Anruf bis zu einer Gruppe von 100 Telefonen verfolgt hatten.
»Aber das ist doch schlechter als gestern«, konstatierte ich, »da

haben sie doch gesagt, sie hätten ihn in einer Gruppe von 50 Telefonen isoliert.«
»Ich kann Ihnen nur sagen, was ich höre.«
Beunruhigend, aber zumindest verfolgten sie die Leitungen.
Um 10.17 Uhr kam er zurück. Inzwischen war Martha hinauf zum Labor geradelt, und wir beide erfanden fleißig neue SDI-Dateien, um ihn zu füttern. Wir rannten beide zu den Monitoren und beobachteten, ob er unser neuestes Werk auch entdecken würde.
Diesmal interessierte er sich nicht für SDI-Dateien. Statt dessen ging er raus ins Milnet und versuchte, in Militärcomputer einzubrechen. Bei einem nach dem anderen versuchte er, sich seinen Weg an ihrem Passwortschutz vorbei zu erraten.
Er konzentrierte sich auf Computer der Air Force und der Army und klopfte gelegentlich an eine Tür der Navy. Orte, von denen ich noch nie gehört hatte, wie Air Force Weapons Labor, Descom Hauptquartier, Air Force CC OIS, CCA-amc.
Fünfzig Anlagen, kein Erfolg.
Dann glitt er über das Milnet in einen Computer namens Buckner. Er kam glatt rein... brauchte nicht mal ein Passwort auf dem Konto ›*guest*‹.
Martha und ich sahen erst uns, dann den Bildschirm an. Er war in das Army Communications Center in Gebäude 23, Raum 121, in Fort Buckner eingebrochen. Soviel war klar: Der Computer begrüßte den Hacker mit seiner Adresse. Aber wo war Fort Buckner?
Ich wußte nur, daß deren Kalender nicht stimmte. Der dachte, heute sei Sonntag, und ich wußte, daß Samstag war. Martha kümmerte sich um die Monitore, ich rannte in die Bibliothek und kam mit dem mir immer vertrauter werdenden Atlas zurück.
Ich blätterte die letzten Seiten durch und fand Fort Buckner im Register.
»Hey, Martha, du wirst es nicht glauben, aber der Hacker ist in einen Computer in Japan eingebrochen. Da ist unser Fort Buckner«, sagte ich und zeigte auf eine Insel im Pazifik. »Es ist auf Okinawa.«
Was für eine Verbindung! Von Hannover, Bundesrepublik Deutschland, klinkte sich der Hacker in die Universität Bremen

ein, durch ein transatlantisches Kabel in Tymnet, dann in meinen Computer in Berkeley und ins Milnet und kam schließlich in Okinawa raus.

Lieber Himmel.

Wenn ihn jemand in Okinawa entdeckt hätte, hätte er ein wahrlich erschreckendes Labyrinth entwirren müssen.

Nicht daß ihm diese weltweite Verbindung genügt hätte – er wollte die Datenbank von Fort Buckner. Eine halbe Stunde lang sondierte er ihr System, fand es aber erstaunlich unergiebig. Ein paar Briefe hie und da und eine Liste von etwa 75 Benutzern. In Fort Buckner mußte allseits Vertrauen herrschen: Niemand schützte sein Konto durch Passwörter.

Er fand nicht viel in diesem System, abgesehen von ein paar Meldungen über Nachschub aus Hawaii.

Ein Sammler militärischer Akronyme wäre begeistert über den Computer von Fort Buckner, aber jeder vernünftige Mensch würde sich langweilen.

»Wenn er sich so für Militärgeschwall interessiert«, sagte Martha, »sollte er sich lieber verpflichten.«

Denn dieser Hacker tat alles andere als sich langweilen. Er listete so viele Textdateien auf, wie er konnte, und übersprang nur die Programme und die Unix-Dienstprogramme. Kurz nach 11 Uhr wurde er schließlich müde und loggte sich aus.

Während er den Globus mit seinem Spinnennetz von Verbindungen umspannt hatte, hatte die Deutsche Bundespost ihn umzingelt.

Das Telefon klingelte – bestimmt Steve White.

»Hallo, Cliff«, sagte Steve, »die Spur ist vollständig.«

»Die Deutschen haben den Kerl?«

»Sie kennen seine Telefonnummer.«

»Na, und wer ist es?« fragte ich.

»Das können sie jetzt nicht sagen, aber Sie sollen die Tatsache dem FBI mitteilen.«

»Sagen Sie mir wenigstens so viel«, bat ich Steve, »ist es ein Computer oder eine Person?«

»Eine Person mit einem Computer zu Hause. Oder ich sollte sagen, im Geschäft.«

Martha hörte das Gespräch mit an und pfiff jetzt die Melodie eines Kanons: »Der Hahn ist tot, der Hahn ist tot.«
Den Rest des Tages verbrachten Martha und ich im Golden Gate Park von San Francisco und fuhren Karussell und Rollschuhe.
Nach all den Monaten war das Problem gelöst.
Der Kuckuck war uns auf den Leim gegangen.

Endlich war die Jagd vorbei. Die Polizei würde ihn verhaften, er würde vor Gericht gestellt, wir würden Schadenersatz fordern, und dann würde er in einer Gefängniszelle hin- und herlaufen.
Dachte ich.
Aber was noch wichtiger war, meine Forschungsarbeit war zu Ende. Vor fünf Monaten hatte ich mich gefragt: »Wieso gehn meine Abrechnungen um 75 Cents nicht auf?« Diese Frage hatte mich quer durchs ganze Land geführt, unter dem Ozean durch, durch Rüstungsbetriebe und Universitäten bis nach Hannover, Bundesrepublik Deutschland.
Martha und ich radelten heim und nahmen unterwegs einen Liter Schlagsahne mit. Wir pflückten die letzten Erdbeeren in unserem Garten und feierten mit hausgemachter Erdbeermilch. Ich schwör's – es gibt nichts Besseres als selbstgemachte Erdbeermilch. Man nimmt Eiskrem, ein paar Bananen, eine Tasse Milch, zwei Eier, ein paar Teelöffel Vanillezucker und eine Handvoll eigener Erdbeeren. Mit Malz soviel wie nötig andicken. Das ist vielleicht ein Milchshake!
Claudia, Martha und ich tanzten eine Weile im Hof herum – unser Plan hatte perfekt funktioniert.
»In ein paar Tagen verhaftet ihn die Polizei, und wir erfahren, wohinter er her war«, erzählte ich ihnen. »Jetzt, wo jemand weiß, wer dahintersteckt, kann's nicht mehr lange dauern.«
»Mann, du kommst bestimmt in die Zeitung«, staunte Claudia. »Wirst du dann überhaupt noch mit uns reden?«
»Ja, und werde sogar weiter abspülen.«

43. Kapitel

Er starrte trübe auf die defekten Jalousien. Eine Zigarette glomm zwischen seinen verkniffenen Lippen. Das kränkliche, grüne Glühen des Bildschirms spiegelte sich auf seinen fahlen, müden Zügen wider. Schweigend, zu allem entschlossen, brach er in den Computer ein.

Wie von achttausend Meilen weit herkommend streckten sich ihre weißen Arme sehnsüchtig nach ihm aus. Er konnte ihren heißen Atem auf seiner Wange spüren, als ihre zarten Finger durch sein langes, braunes Haar wühlten. Ihr Negligé teilte sich verführerisch, er fühlte jede Kurve durch die dünne Seide. Sie flüsterte: »Liebling, verlaß mich nicht...«

Plötzlich zerriß die Nacht – schon wieder dieser Ton –, er erstarrte und blickte zum Nachttisch. Ein rotes Licht blinkte durch den pechschwarzen Raum. Sein Piepser startete seinen Sirenengesang.

Am Sonntagmorgen um 6.30 Uhr träumten Martha und ich, als der Hacker in meine elektronische Falle trat. Verdammt. Und auch noch so ein schöner Traum.

Ich schlüpfte unter den Decken hervor und rief Steve White an. Er gab die Nachricht an die Bundespost weiter, und fünf Minuten später war die Spur vollständig. Wieder Hannover. Derselbe Kerl.

Von zu Hause konnte ich ihn nicht beobachten – er konnte mich bemerken. Aber erst gestern war er mit der Lektüre aller unserer falschen SDI-Dateien fertig geworden. Warum kam er dann jetzt zurück?

Erst als ich wieder zur Arbeit geradelt war, sah ich die Ziele des Hackers. Wieder das Milnet. Der Ausdruck zeigte, wie er sich in

meinen Computer in Berkeley einloggte, dann ins Milnet hinausging und versuchte, sich in ein System der Luftwaffenbasis Eglin einzuloggen.
Er versuchte Kontennamen, wie ›*guest*‹, ›*system*‹, ›*manager*‹ und ›*field service*‹... seine üblichen alten Tricks. Der Computer von Eglin gab sich nicht mit solchem Blödsinn ab: Er schmiß ihn nach dem vierten Versuch raus. Also ging er zum Computer der European Milnet Control und versuchte es wieder.
Immer noch kein Glück.
Sechzig Computer später war er immer noch nicht in einen Militärcomputer reingekommen. Aber er probierte es weiter.
Um 13.39 Uhr gelang es ihm, sich ins Navy Coastal Systems Center in Panama City, Florida, einzuloggen. Er war über das Konto ›*Ingres*‹ mit dem Passwort ›*Ingres*‹ reingekommen.
Mit der Datenbank-Software Ingres kann man rasch Tausende von Abrechnungssätzen auf den einen Eintrag durchsuchen, den man braucht. Man stellt Fragen wie ›Nenne mir alle Quasare, die Röntgenstrahlen emittieren.‹ oder ›Über wie viele Raketen des Typs Tomahawk verfügt die atlantische Flotte?‹. Datenbank-Software ist leistungsfähiges Zeug, und das Ingres-System gehört zum besten, was es gibt.
Aber es wird mit einem Hintertürpasswort verkauft. Wenn man Ingres installiert, wird es mit einem betriebsfertigen Konto geliefert, das ein leicht zu ratendes Passwort hat. Mein Hacker wußte das. Das Navy Coastal Systems Center nicht.
Als er eingeloggt war, prüfte er genau, ob ihn auch wirklich niemand beobachtete. Er listete die Dateistrukturen auf und suchte nach Verbindungen zu benachbarten Netzwerken. Dann listete er die ganze, verschlüsselte Passwortdatei auf.
Schon wieder.
Das war das dritte oder vierte Mal, daß ich sah, wie er eine ganze Passwortdatei in seine Maschine zu Hause kopierte. Hier ist was sehr seltsam, dachte ich. Die Passwörter sind durch Chiffrierung geschützt, so daß er unmöglich das ursprüngliche Passwort herausfinden kann. Aber warum sollte er sonst die Passwortdatei kopieren?
Nach einer Stunde im Computer der Navy wurde er's leid, und er

ging wieder im Milnet entlang an Türen klopfen. Auch das verlor nach einer Weile seinen Reiz; nach fünfzig oder hundert Versuchen hatte sogar er es satt, die Meldung ›*Invalid Login – bad password*‹ zu sehen. Also druckte er wieder ein paar SDI-Dateien aus, so ziemlich dasselbe Zeug, was er in den letzten paar Tagen gesehen hatte. Etwa um 14.30 Uhr steckte er's endgültig. Er hatte acht Stunden lang die militärischen Netzwerke gehackt.

Viel Zeit, um seinem Anruf nachzugehen. Und genug Zeit, um zu erfahren, daß die Deutsche Bundespost in engem Kontakt zum Staatsanwalt von Bremen steht. Man hat sich mit den hannoverschen Behörden in Verbindung gesetzt und auch das BKA informiert. Das lief ja alles bestens. Wie am Schnürchen sozusagen.

Aber wen sollte ich von diesem Einbruch in den Marinecomputer verständigen?

Vor einer Woche hatte mich das Air Force OSI davor gewarnt, die Systemverwalter direkt anzurufen.

Jim Christy sagte damals: »Das läuft einfach militärischer Handlungsweise zuwider.«

»Ich verstehe«, hatte ich eingewandt. »Aber gibt's denn irgendeine Stelle oder eine Datenschutzperson, der man diese Probleme berichten kann?«

»Nein, eigentlich nicht«, war die Antwort gewesen. »Sie können es dem National Computer Security Center mitteilen, aber das ist, was die Kommunikation angeht, eher eine Einbahnstraße. Man hört dort schon zu, aber macht Probleme nicht öffentlich. Wenn es ein Militärcomputer ist, rufen Sie bitte uns an«, hatte Jim geendet, »wir lassen dann die Meldung über unsere Kanäle den richtigen Leuten zukommen ...«

Und am Montagmorgen war der Hacker schon wieder da und hatte genügend Zeit, wieder an ein paar Türknöpfen zu drehen. Er prüfte nacheinander die Computer im Milnet, angefangen vom Rome Air Development Center in New York bis zu irgendeiner Anlage namens Naval Electronic Warfare Center. Er probierte es an fünfzehn Stellen, bis er endlich ins Schwarze traf. Um 10.40 Uhr kam er in den Computer der Luftwaffenbasis Ramstein. Diesmal entdeckte er, daß das Konto ›*bbncc*‹ nicht geschützt war. Kein Passwort nötig.

Der Computer von Ramstein war vermutlich ein System für elektronische Post von Offizieren. Der Hacker begann die gesamte Post aufzulisten – Sachen, das merkte ich sofort, die nicht für seine Augen bestimmt waren. Was tun? Ich konnte ihn diese Information klauen lassen, wollte mich aber auch nicht zeigen. Ihn abzuhängen, würde nicht viel nützen – er würde nur einen anderen Schleichweg finden. Dort anrufen? Keine Ahnung, wo die Luftwaffenbasis Ramstein liegt. Ich kann zwar das Air Force OSI informieren, muß aber jetzt etwas unternehmen – nicht in fünf Minuten –, bevor er den Rest ihrer Daten liest.
Ich griff nach dem Telefon, um Jim Christy vom Air Force OSI anzurufen, und wußte seine Nummer nicht mehr. Suchend griff ich in die Tasche. Mein Schlüsselbund. Natürlich! Der alte Schlüsselbundtrick: Einfach Rauschen verursachen, und die Verbindung ist gestört. Ich schüttelte meine Schlüssel gegen den Anschlußstecker und unterbrach die Kommunikationsleitung des Hackers. Gerade soviel, daß es für ihn wie ein Rauschen war. Statisches Rauschen in der Leitung, würde er denken. Jedesmal, wenn er elektronische Post von Ramstein anforderte, störte ich seine Befehle, und der Computer von Ramstein mißverstand ihn.
Nach ein paar weiteren Versuchen gab er es bei der Luftwaffenbasis Ramstein auf, ging wieder ins Milnet zurück und versuchte, woanders reinzukommen.
Endlich hatte ich Jim Christys Nummer und ihn alsbald an der Strippe. »Der Hacker ist in eine Anlage namens Ramstein Air Force Base reingekommen«, machte ich Meldung. »Wo immer das auch ist, sagen sie denen, sie sollen ihre Passwörter ändern.«
»Ramstein ist in Deutschland.«
»Wie?« fragte ich. »Ich dachte, Deutschland gehört zur freien Welt? Was macht denn die US Air Force in Deutschland? Etwa immer noch besetzen?«
»Beschützen. Aber lassen wir das. Ich warne Ramstein. Und Sie widmen sich wieder Ihrem Hacker.«
Ich hatte zehn Minuten verpaßt. Er versuchte, in weitere militärische Systeme einzubrechen; langsam und methodisch probierte er Dutzende Anlagen aus.

Die Milnet-Adressen schienen alphabetisch geordnet zu sein; er arbeitete gerade am letzten Viertel des Alphabets.
Bezeichnungen, die mit R und S begannen. Aha! Ja, das war's. Er arbeitete nach einer alphabetischen Liste. Irgendwie hatte er sich das Milnet-Verzeichnis beschafft und hakte jede Anlage ab, nachdem er sie ausprobiert hatte.
Er hatte S halb durch, als er es bei einem Computer namens Sekkenheim versuchte. Loggte sich einfach als Gast ein. Kein Passwort. Es war zum Heulen.
Obwohl er in den Computer reingekommen war, blieb er jedoch nicht lange. Ein paar Minuten, um ihre Systemdateien durchzublättern, dann loggte er sich aus.
Warum?
Ich schob die Frage beiseite und rief die Air Force an.
»Hey, der Hacker ist soeben irgendwo reingekommen, heißt Sekkenheim ... ist am Milnet, muß also ein Militärcomputer sein. Aber ich hab noch nie davon gehört.«
»Verdammter Aal,« brummte Jim.
»Wie?«
»Mist. Seckenheim ist das Army Material Command in Europa. Schon wieder Deutschland.«
»Hoppla. Tut mir leid.«
»Schon gut. Ich kümmere mich drum.«
Erfolg für den Hacker bedeutete Probleme für die Schnüffler. Wie viele überseeische Militärbasen wohl die USA haben? Mit Computertechnologie konnte ich zwar umgehen. Aber ein kleines Problem bei der Datenverarbeitung hatte mir unversehens Lektionen in Geographie, Zeitgeschichte und Außenpolitik beschert.
Obwohl der Hacker heute drei Computer geknackt hatte, war er immer noch nicht zufrieden. Er hämmerte wieder auf dem Milnet rum, also hielt ich im Schaltraum Wache. Ich sah zu, wie er nacheinander Passwörter ausprobierte. Um 11.37 Uhr kam er in einen VAX-Computer namens Stewart. Loggte sich mit *›field‹*, *›password‹* und *›service‹* ein. Hatte ich schon gesehen. Noch eine VAX mit VMS, bei der die Standardpasswörter nicht geändert worden waren.
Der Hacker sprang mitten rein. Das Wartungsservicekonto war

privilegiert, und er verlor keine Zeit, sich diesen Vorteil zunutze zu machen. Er inaktivierte zuerst die Abrechnung, damit er keine Spuren hinterließ. Dann ging er direkt zum Dienstprogramm *›authorize‹* – die für Passwörter zuständige Systemsoftware – und suchte sich eine Benutzerin aus, Rita, die das System die letzten paar Monate nicht benutzt hatte. Er modifizierte Ritas Konto so, daß es volle Systemprivilegien hatte. Dann setzte er ein neues Passwort *›Ulfmerbold‹*.

Wo hatte ich das schon gehört? Ulfmerbold. Es klang deutsch. Darüber konnte ich später nachdenken. Jetzt mußte ich meinen Hacker beobachten.

Schließlich, kurz nach Mittag, verließ der Hacker Berkeley. Ein produktiver Tag für ihn.

Es stellte sich heraus, daß der Stewart-Computer Fort Stewart gehörte, einer Armeebasis in Georgia. Ich rief Mike Gibbons vom FBI an, und er übernahm es, sie dort anzurufen.

»Mike, haben Sie schon mal das Wort ›Ulfmerbold‹ gehört?«

»Nein. Klingt aber deutsch.«

»Ich frag nur so. Hören Sie, die Deutschen haben die Verfolgung abgeschlossen. Die Bundespost weiß jetzt, wer anruft.«

»Hat man es Ihnen gesagt?«

»Nein. Keiner sagt mir jemals irgendwas.«

Mike lachte. »So arbeiten wir eben. Aber ich werde gleich den Jusat auf den Fall ansetzen.«

»Jusat?«

»Ach so. Justizattaché. Sie wissen, der Typ in Bonn, der unsere Angelegenheiten regelt.«

»Wie lange wird's denn dauern, bis sie den Burschen verhaften?« Ich wollte nur wissen, wer und warum – die letzten Stücke des Puzzles.

»Ich weiß es nicht. Aber wenn's passiert, werde ich's Ihnen sagen. Dürfte nicht mehr lange dauern...«

Zufällig rief gegen 15 Uhr Tejott von der CIA an: »Was gibt's Neues?«

»Wir haben am Wochenende die Spur bis zum Ende zurückverfolgt.«

»Wo ist er?«
»In Hannover.«
»Mmmm. Wissen Sie den Namen?«
»Nein, noch nicht.«
»Weiß ihn die ›F‹-Einheit?«
»Ich glaube nicht. Aber rufen Sie sie an, und finden Sie's raus. Mir sagen sie ja nie etwas.«
Ich bezweifelte, daß das FBI es der CIA sagen würde, aber ich wollte nicht zwischen den beiden zerquetscht werden. War schon verrückt genug, mit beiden zu sprechen.
»Und Hinweise auf seine Identität?«
»Schwer zu sagen. Schon mal das Wort ›Ulfmerbold‹ gehört?«
»Mmm. Woher stammt das?«
»Der Hacker hat's als Passwort gewählt, als er heute morgen in einen Computer eingebrochen ist. In Fort Stewart, Georgia.«
»Er läßt nichts anbrennen, was?«
Tejott versuchte immer noch, uninteressiert zu scheinen, aber in seiner Stimme lag ein Ton, der ihn verriet.
»Ja. Er ist auch noch an ein paar anderen Stellen reingekommen.«
»Wo?«
»Oh«, sagte ich, »nichts Besonderes. Bloß ein paar Militärbasen in Deutschland. Und ein Ort namens Fort Buckner.«
»Der Mistkerl!«
»Sie kennen das?«
»Ja. Ich hab in Fort Buckner gearbeitet. Damals, im Militärdienst. Hab mit meiner Frau in der Basis gewohnt.«
Ein CIA-Agent mit einer Frau? Daran hatte ich noch nie gedacht. In Spionageromanen gibt es nie Ehefrauen oder Kinder.
Der Hacker hatte ein seltsames Passwort gebraucht. Stand nicht in meinem Wörterbuch. Nicht im Cassell Deutsch-Englisch. Der treue Atlas verzeichnete nichts. Trotzdem hatte ich dieses Wort schon mal gehört.
Martha hatte es noch nicht gehört. Meine Freunde auch nicht. Nicht mal meine Schwester, die einzige, die ihr Leben dabei riskiert hatte, um in einer High-School in McLean, Virginia, herumzuschnüffeln.

Es dauerte drei Tage, aber mein Chef Roy Kerth fand es heraus. Ulf Merbold ist der BRD-Astronaut, der im Space Shuttle astronomische Beobachtungen gemacht hatte.

Noch ein Hinweis auf Deutschland, unnötig, jetzt, wo die Beweise überwältigend waren. Aber warum nahm er den Namen eines Astronauten? Heldenverehrung? Oder irgendein dunkleres Motiv?

Konnte das erklären, warum er immer wieder in Computer einbrach? Konnte es sein, daß ich jemandem gefolgt war, der vom US-Raumfahrtprogramm besessen war – ein Typ, der davon träumte, Astronaut zu werden, und Informationen über das Raumfahrtprogramm sammelte?

Nein. Dieser Hacker forschte Militärcomputer aus – keine Systeme der NASA. Er wollte SDI-Daten, keine Astronomie. Auf Okinawa sucht man nicht nach dem Space Shuttle. Man findet keine Astronautenbiographie, wenn man die Pläne der Army zur Führung eines Nuklearkriegs in Mitteleuropa durchsieht.

44. Kapitel

Der Dienstagmorgen begrüßte mich mit einem Stapel Nachrichten von Tymnet. Steve White las mir elektronische Post von der Deutschen Bundespost vor: »Da die Universität Bremen keine internationalen Anrufe mehr bezahlt, müssen Sie diese Kosten tragen.«

Er wußte, daß wir uns das nicht leisten konnten, und ich wehrte ab. »Steve, mein Chef versucht sich schon davor zu drücken, mein Gehalt zu zahlen. Völlig ausgeschlossen, daß er auch für die Verbindungen des Hackers löhnt.«

»Wieviel Zeit wenden Sie für diesen Fall auf?«

»Oh, etwa acht Stunden am Tag.« Ich machte keine Witze. Sogar eine fünfminütige Verbindung des Hackers wuchs sich zu einem Vormittag am Telefon aus. Alle wollten wissen, was passiert war. Niemand bot Unterstützung an.

»Na, dann hab ich eine gute Nachricht für Sie«, sagte Steve. »Wolfgang Hoffmann sagt, morgen sei in Hannover eine Besprechung. Irgendwas, um die juristischen, technischen und polizeilichen Aktivitäten zu koordinieren.«

»Warum ist das eine gute Nachricht?«

»Weil man erwartet, dieses Wochenende eine Verhaftung vornehmen zu können.«

Endlich.

»Aber es gibt einige Probleme. Die Deutschen haben immer noch nichts vom FBI gehört. Also schieben sie die Sache erst mal auf. Wolfgang bittet Sie, diese Nachricht ans FBI weiterzugeben.«

»Mach ich.«

Bei meinem nächsten Gespräch sah ich die andere Seite der Medaille. Spezialagent Mike Gibbons erklärte mir die Lage.

Er hatte Telegramme nach Bonn geschickt, der Jusat des FBI sollte Kontakt mit dem BKA aufnehmen, und gleichzeitig per Luftpost eine Akte mit Information an den Attaché. Aber irgendwie und irgendwo blieb beides hängen – Wolfgang hatte immer noch nichts von irgendwelchen Genehmigungen des FBI gehört.
»Sie verstehen, wir können mit niemandem direkt reden, nur durch unseren Jusat«, erklärte Mike. »Aber ich werde noch mal an den Türen rütteln und etwas lauter werden, auf daß man uns in Bonn hört.«
Dieser FBI-Agent lag bestimmt nicht auf der faulen Haut, trotzdem erfuhr ich nie etwas über den Justizattaché. Arbeitet er nun für das FBI oder für das Außenministerium? Ist das eine Person, die das nebenher macht oder eine ganze Behörde? Was machen die wirklich? Mit wem von der bundesdeutschen Regierung reden die? Was mußte man tun, um sie aufzuwecken?
Auch die CIA ließ mich nicht in Ruhe. Tejott wollte alle Einzelheiten vom letzten Wochenende wissen. Aber der Kern der Sache, der Name des Typs, seine Motive und – vielleicht – seine Hintermänner, blieben ein Rätsel. Ich wußte nur, daß man ihn ausgedeutet hatte. »Sagen Sie, Tejott, wenn ich das für Sie rausfinde, gibt's dann eine Chance, daß Sie mir vielleicht, äh, ein bißchen Tratsch zutragen?«
»Ich tratsche nicht«, sagte der Schnüffler.
»Ich meine, nehmen wir mal an, Sie finden raus, wer hinter all dem steckt. Würden Sie mir davon was erzählen?«
Ich wollte wirklich wissen, ob er einen Spion nach Deutschland schicken und somit rausfinden konnte, was dieser Unbekannte aus Hannover vor hatte.
»Tut mir leid, Cliff. Wir hören zu, und die anderen reden.«
So viel dazu, von der CIA auch nur irgend etwas erfahren zu wollen.

Am anderen Tag kamen jedoch mehr Nachrichten über Tymnet. Sie hatten die Telefonnummer des Hackers ermittelt und verglichen seinen Namen mit dem auf den deutschen Datex-Konten. Hmm. Sie machen ihre Hausaufgaben!

Scheint, daß der Hacker drei verschiedene Kennungen benutzt hatte, als er das Datex-Netzwerk manipulierte. Die erste gehörte dem Hacker. Derselbe Name, dieselbe Adresse. Die zweite gehörte einer anderen Person. Und die dritte... die gehörte einer Firma. Einer kleinen Firma in Hannover, die sich auf Computer spezialisiert hatte.

Waren diese Kennungen gestohlen? Es ist genauso leicht, eine Netzwerkbenutzerkennung zu stehlen wie die Nummer einer Telefonkreditkarte – man muß nur derjenigen Person über die Schulter gucken, die gerade telefoniert. Vielleicht hat der Hacker die Nummern der Datex-Netzwerkkonten mehrerer Personen geklaut. Wenn diese bei großen multinationalen Firmen arbeiteten, würden sie das vielleicht nie merken.

Oder machte der Kerl mit jemandem gemeinsame Sache?

Ich hatte mich oft genug davon überzeugt, daß er allein handelte. Wenn mehrere Leute zusammenarbeiten würden, müßten sie dauernd Passwörter austauschen. Außerdem hatte der Hacker eine einzigartige Persönlichkeit – geduldig, methodisch, eine fast pedantische Sorgfalt. Jemand anders hätte nicht genau denselben Stil, wenn er im Milnet herumspionierte.

Doch einige seiner Opfer schliefen nicht. Zwei telefonierten am Tag, nachdem er versucht hatte, ihre Türen aufzubrechen, mit mir.

Grant Kerr von der Luftwaffenbasis Hill in Utah rief an. Er war empört, daß einer meiner Benutzer, Sventek, am vergangenen Wochenende versucht hatte, in seinen Computer einzudringen. Und Chris McDonald von der Raketenbasis White Sands berichtete dasselbe.

Wie beruhigend, daß man bei einigen Militärbasen doch noch die Augen offenhält. Neununddreißig von vierzig schlafen. Aber es gibt in der Tat ein paar Systemverwalter, die ihre Buchungskontrollen aufmerksam analysieren.

Die nächsten Tage hielt mich der Hacker ständig auf Trab. Er rief weiter meine SDINET-Dateien ab, also fügte ich alle paar Stunden ein paar neue hinzu. Die Dateien sollten ein geschäftiges Büro widerspiegeln – Arbeitsüberhang und eine fleißige, informationsfreudige Sekretärin, die nicht genau wußte, wie ihr Computer funktionierte. Und bald vergeudete ich jeden Tag eine Stunde damit, diesen Stuß zu produzieren, um mit dem Hacker Schritt zu halten.

Zeke Hanson vom National Security Center half mir bei diesen erdichteten Dateien. Ich wußte nichts über militärische Rangstufen, deshalb gab er mir einige Tips.

»Beim Militär ist's wie bei jeder anderen Hierarchie. Ganz oben sind die Obersten. Unten sind die Unteren. Und dazwischen gibt's Stellen für die, die nach oben wollen. Spaß beiseite. Ich erklär's Ihnen mal genau ...« Und ich hörte mir die lange Latte an. Vom »General« bis runter zum »Sergeant«. Ein Doktorand hat's da weiß Gott einfacher. Man redet jede Krawatte mit »Professor« an und jeden Bart mit »Dekan«. Im Zweifelsfall (Fliege) sagt man einfach »Doktor«.

Also, alle paar Tage loggte sich der Hacker in mein System ein und las die SDINET-Dateien. Wenn er jemals an der Echtheit dieser Information zweifelte, dann zeigte er das nie. Tatsächlich versuchte er bald, sich mit Hilfe des Kontos SDINET in Militärcomputer einzuloggen.

Warum auch nicht? Manche dieser Pseudodateien beschrieben Netzwerkverbindungsglieder zu Milnet-Computern. Ich sorgte dafür, daß sie überquollen von Jargon und Techno-Geschwafel.

Obwohl ich den Hacker fleißig weiterfütterte, führte das jedoch immer noch nicht zu einer Verhaftung. Jedesmal, wenn er auftauchte, orteten wir ihn richtig, aber ich wartete weiterhin auf einen Telefonanruf, der mir mitteilte: »Wir haben ihn verhaftet.«

Jetzt, wo die Deutschen einen Verdacht hatten, traf sich Mike Gibbons mit dem Staatsanwalt von Virginia. Die Mitteilungen des FBI hierüber waren Wischiwaschi: Ein deutscher Staatsbürger könne nur bei begründetem Spionageverdacht ausgeliefert werden.

Tejott sollte das eigentlich wissen.

»Glauben Sie, bei diesem Fall handelt es sich um Spionage?« fragte ich ihn.

Ich hätte wissen sollen, daß man keine solchen Fragen stellt, wenn man mit Schnüfflern redet. Zumindest nicht über ungesicherte Telefonleitungen. Seine Antwort war etwa wie die Reaktion eines sprechenden Computers in einem Science-fiction-Film: »Spezifikation ungenügend, wiederholen Sie.«

Gegen Ende der Woche kam der Hacker für fünf weitere Sitzungen zurück, die alle eine Stunde oder länger dauerten, und überprüfte, ob die Computer der Army und der Navy ihn immer noch reinließen. (Ich fragte mich, warum sie ihre Löcher immer noch nicht gestopft hatten.) Dann spielte er in unserem Laborcomputer herum und sah wieder die SDINET-Dateien durch. Vielleicht hatte er Angst, wir könnten wissen, daß er Sventeks Konto gestohlen hatte, denn er fand noch ein unbenutztes Konto von unserem Labor, änderte dessen Passwort und begann seinen Hack.

Bei all den aufgepowerten Computerleuten in meiner Abteilung hatte ich Angst, einer von ihnen könnte eine Notiz an ein elektronisches Schwarzes Brett hängen oder die Geschichte zufällig in einer Unterhaltung durchsickern lassen. Der Hacker durchsuchte unser System immer noch nach Wörtern wie *›security‹* und *›hakker‹*, deshalb würde er auf diese Nachricht stoßen, und der Vogel würde davonfliegen.

Die Deutschen hatten für dieses Wochenende eine Razzia versprochen. Der Hacker freute sich am Donnerstag, dem 22. Januar, zum, wie ich hoffte, letzten Mal, als er in einen Computer bei Bolt, Beranak und Neumann in Cambridge, Massachusetts, einbrach. Dieser Computer, die sogenannte Butterfly-VAX, war so ungeschützt wie alle übrigen: Man loggte sich einfach als Gast ein, ohne ein Passwort.

Ich hatte schon von BBN gehört – sie hatten das Milnet aufgebaut. Tatsächlich würde bald das ganze Milnet von ihren Butterfly-Computern gesteuert werden. Der Hacker hatte einen besonders sensiblen Computer gefunden – wenn er in diesem Computer das richtige trojanische Pferd absetzte, konnte er alle Passwörter stehlen, die je das Milnet kreuzten. Denn hier entwickelten BBN ihre Netzwerksoftware. In den Lawrence-Berkeley-Labors Passwörter zu stehlen, bringt einem nur die Zugangsberechtigung zu den Nachbarcomputern. Der Ort, um Software abzufangen, ist da, wo sie verteilt wird. Laß eine logische Bombe in die Entwicklungssoftware gleiten und sie wird zusammen mit den echten Programmen kopiert und ins ganze übrige Land verschickt. Ein Jahr später verheert der tückische Code Hunderte von Computern.

Der Hacker verstand das, begriff aber wahrscheinlich nicht, daß er in ein solches Entwicklungssystem geraten war. Er durchsuchte das System und fand ein klaffendes Sicherheitsloch: Das *root*-Konto brauchte kein Passwort. Jeder konnte sich als Systemverwalter einloggen, ohne sich auszuweisen. Mannomann!

Dieses offensichtliche Loch mußte sicher irgend jemand irgendwann entdecken, also verlor er keine Zeit, um es auszunutzen. Er wurde Systemverwalter und richtete ein neues, privilegiertes Konto ein. Auch wenn der ursprüngliche Schwachpunkt entdeckt wurde, hatte er eine neue Hintertür in den Computer von BBN geschaffen.

Er richtete unter dem Namen ›*Langman*‹ ein Konto mit dem Passwort ›*bbnhack*‹ ein. Ich verstand das Passwort, na klar, aber warum Langman? War das vielleicht sein wirklicher Name? Die Deutsche Bundespost wollte ihn mir nicht sagen, aber vielleicht tat das der Hacker selber. Was bedeutet der Name Langman?

Keine Zeit, darüber nachzudenken. Der Hacker fand folgenden Brief im BBN-Computer: ›*Hallo, Dick! Du kannst mein Konto bei der Universität Rochester benutzen. Logge dich als Thomas ein, Passwort trytedj . . .*‹

Er brauchte keine 15 Sekunden, um in den Computer von Rochester zu gelangen. Dann las er eine Stunde Informationen über Pläne von integrierten Schaltkreisen. Offenbar konstruierte ein Doktorand in Rochester hochintegrierte Schaltkreise unter Verwendung einer fortgeschrittenen, rechnergestützten Technik. Der Hacker versuchte, sich alles zu schnappen, einschließlich der Programme.

Das wollte ich verhindern. Industriespionage. Und so ließ ich jedesmal, wenn er anfing, eine interessante Datei zu kopieren, meine Schlüssel an die Drähte rasseln. Er konnte es sich anschauen, mußte aber die Finger davon lassen. Um 17.30 Uhr gab er schließlich auf.

Unterdessen dachte ich über das Wort Langman nach. Wer hieß so?

Ah – es gab einen Weg, das rauszufinden. Das Telefonbuch. Maggie Morley, unsere Bibliothekarin, konnte kein Telefonbuch von Hannover finden, also bestellte sie eins. Eine Woche später übergab mir Maggie mit angemessenem Aplomb das TELEFONBUCH DER DEUTSCHEN BUNDESPOST, Ausgabe Nummer 17, Ortsnetz Hannover, mit einem Stempelaufdruck Funk-Taxi 3811 auf dem Beschnitt.
Mein Atlas zeigte ein eindimensionales, eben geographisches Hannover. Und die Reiseführer erzählten von einer historischen, malerischen Stadt, die an der Leine liegt. Aber im Telefonbuch, da war die wirkliche Stadt: die Optiker, die Stoffgeschäfte, die Autohäuser, die Parfümerien. Und Leute ... Leute ... Leute ... ich verbrachte eine Stunde nur damit, die Seiten daraufhin durchzublättern. Zahlreiche Einträge mit Lang, Langhardt, Langheim und Langheinecke, aber nicht ein einziger Langman.
Totaler Holzweg.
Steve White übermittelte eine Nachricht aus der BRD. Die Deutschen hatten ihre Hausaufgaben ordentlich gemacht. Offenbar hatte die deutsche Polizei die Telefonnummern ausgedruckt, die der Hacker anrief. Und endlich hatten sie herausgefunden, wer in die Sache verwickelt war. Sie hatten das Netz der Anrufe, die bei dem Hacker zusammenliefen, komplett dokumentiert.
Planten die deutschen Behörden eine Großrazzia? Tymnet verbreitete eine mittelschwere Horrormeldung: »Gefährliche Hacker führen eine sehr ernste Situation herbei. Die Ermittlungen werden ausgedehnt. 30 Leute bearbeiten nunmehr den Fall. Mehrere deutsche Hacker stehen mit einer Privatfirma in Verbindung.«
Gefährliche Hacker? 30 Leute bearbeiten den Fall?

45. Kapitel

Wenn man einer Organisation lange genug zusetzt, beruft sie schließlich eine Konferenz ein. Nach meinen Anrufen bei FBI, NSA, CIA, und DOE war es das Air Force Office of Special Investigations, das zuerst nachgab. Sie luden alle in der Hoffnung, das Problem zu lösen, am 4. Februar 1987 in die Luftwaffenbasis Bolling ein.

Die Welt der Vorstädte Washingtons ist durch ihre Position an der Ringautobahn gegliedert. Die Luftwaffenbasis Bolling liegt irgendwo bei 5 Uhr, also etwa Südsüdost. Trotz solcher haargenauer Richtungsangaben verfuhr ich mich hoffnungslos: Durch die Seitenstraßen Berkeleys zu radeln, ist eben nicht ganz dasselbe, wie mit einem Auto auf einem Highway von DC zu fahren.

Um 11.30 Uhr traf ich mich mit drei Leuten vom Energieministerium in einem Restaurant in der Nähe der Luftwaffenbasis. Bei Tortellini redeten wir über die Computersicherheitspolitik des DOE. Sie kümmern sich um Geheimhaltung im Zusammenhang mit Atombomben und sind sich aber auch schmerzlich bewußt, daß Sicherheit mit dem Arbeitsbetrieb interferiert: Hochsicherheitscomputer sind schwierig hochzufahren und benutzerunfreundlich. Offene, benutzerfreundliche Systeme sind gewöhnlich unsicher.

Dann fuhren wir nach Bolling. Es war das erste Mal, daß ich eine Militärbasis betrat und wie im Film: Alles grüßt die Offiziere, und mich natürlich niemand.

Etwa 20 Leute erschienen, alle Drei-Buchstaben-Behörden waren vertreten. Endlich konnte ich Stimmen Gesichtern zuordnen. Mike Gibbons sah wirklich aus wie ein FBI-Agent – etwa 30 Jahre

alt, sauber gebügelter Anzug, Schnauzer und eine Figur, die einem Freizeit-Bodybilder alle Ehre gemacht hätte. Wir redeten eine Weile über Microcomputer – er kannte das Atari-Betriebssystem in- und auswendig. Jim Christy, der Ermittler der Air Force für Computerverbrechen, war groß und schlaksig und strahlte Vertrauenswürdigkeit aus. Und da war auch Tejott und saß, schweigend wie fast immer, in einer Ecke des Raums.
Mit einem Brustkasten wie ein Faß und lächelnd begrüßte mich Zeke Hanson von der NSA mit einem Klaps auf die Schultern. Er kannte sich mit Computern und Bürokratien gleichermaßen aus. Gelegentlich flüsterte er mir Interpretationen zu wie: »Dieser Typ ist wichtig für unsere Sache« oder: »Sie betet nur die offizielle Linie runter.« Ich fühlte mich unwohl zwischen all den Anzügen, aber mit Zekes Rückendeckung traute ich mich, aufzustehen und den Mund aufzumachen.
Ich stotterte eine Weile etwas von Netzwerkverbindungen und schwachen Stellen, und dann diskutierten die anderen die nationale Computersicherheitspolitik. Offenbar gibt's keine.
Während der ganzen Besprechung fragten die Leute immerzu: »Wer ist zuständig?« Ich schaute hinüber zur Abordnung des FBI. Mike Gibbons, der Agent, der diesen Fall bearbeitete, rutschte unbehaglich auf seinem Stuhl herum. Neben Mike saß George Lane vom FBI; er griff die Fragen auf und stellte fest: »Da wir den Kerl nicht ausgeliefert bekommen, wird das FBI nicht viel Kapazität auf den Fall verwenden können. Wir haben schon getan, was wir konnten.«
Die Leute vom DOE wollten das so nicht hinnehmen. »Wir haben gebeten und gedrängt, daß Sie die Deutschen anrufen. Und die bitten und drängen, daß Sie sich mit ihnen in Verbindung setzen. Aber in Bonn hat man Ihre Genehmigung immer noch nicht gesehen.«
»Wir haben ... äh ... ein paar Probleme mit unserem Jusat-Büro, aber das betrifft uns hier nicht«, beschwichtigte Lane. »Der Hauptgrund ist, daß es keinen tatsächlichen Schaden gibt, den dieser Hacker angerichtet hat.«
Russ Mundy, ein drahtiger Colonel von der Defense Communications Agency, hielt's nicht länger aus. »Kein Schaden! Dieser Kerl

bricht in zwei Dutzend Militärcomputer ein, und das ist kein Schaden? Er stiehlt Rechenzeit und Netzwerkverbindungen – von Programmen, Daten und Passwörtern ganz zu schweigen. Wie lange müssen wir denn noch warten, bevor er in was wirklich Ernsthaftes reinkommt?«

»Aber es sind keine geheimen Daten betroffen«, konterte der FBI-Agent. »Und wie hoch beziffert man denn den Verlust – 75 Cents Rechenzeit in Berkeley?«

Ich hörte zu, wie es der Colonel andersherum versuchte. »Wir verlassen uns, die Kommunikation betreffend, auf unsere Netzwerke. Nicht bloß das Militär, sondern auch Zivilisten. Ingenieure, Studenten, Sekretärinnen, zum Teufel, sogar Astronomen«, sagte er und deutete auf mich. »Dieser Hacker untergräbt das Vertrauen, das unsere Gemeinschaft zusammenhält.«

Offensichtlich bewertete das FBI den Raubzug des Hackers als geringfügige Belästigung, eine Bagatelle. Die Militärs erkannten ihn als ernstzunehmenden Angriff auf ihre datentechnischen Kommunikationseinrichtungen.

Das Justizministerium stärkte dem FBI den Rücken, als dessen Vertreter etwas süffisant bemerkte: »Die Bundesrepublik liefert einen deutschen Staatsbürger nicht aus. Warum also die ganze Aufregung? Und außerdem kriegt das FBI jedes Jahr hunderte Anzeigen wie diese, und wir können wirklich nur einer oder zwei nachgehen.«

Weiterhin betonte er, daß wir bereits genügend Beweise hätten, um den Hacker zu überführen: Mein Tagebuch und die Ausdrucke hätten bei einer Verhandlung Beweiskraft. Und nach dem US-Gesetz müßten wir den Kerl nicht mal *in flagranti* erwischen: ihn also verhaften, wenn er gerade in einen ausländischen Computer eingeklinkt war.

»Sie sollten also den Laden wirklich dichtmachen«, wandte er sich an mich. »Sie stärken Ihre Sache nicht, und wir haben schon genug Beweismaterial, um ihn vor Gericht zu zerren.«

Am Ende bat das Air Force OSI jede Gruppe um eine Stellungnahme zum weiteren Vorgehen. FBI und Justizministerium wollten, wie nicht anders zu erwarten, daß wir den Laden dichtmachten und den Hacker aus den Computern von Berkeley aussperrten. Weder Tejott noch der CIA noch Zeke vom National Computer Security Center der NSA meinten, es sei noch etwas zu gewinnen, wenn wir alles offenließen.

Leon Breault vom Energieministerium stand auf.

»Wir müssen die Leute an der Front unterstützen und diesen Kerl fangen. Wenn das FBI das nicht tut, tun wir's«, sagte er und funkelte den Vertreter des Justizministeriums an.

Und diese Leute, die von dem Hacker betroffen waren, wollten, daß die ›Observierung‹ weiterging. Unsere Überwachungsstation zuzumachen bedeutete, daß der Hacker weiter umherstreifen würde, nur auf einem anderen, unbekannten Schleichpfad.

Aber wer würde uns nun unterstützen? Das FBI wollte den Fall nicht in die Hand nehmen. Und die Militärs hatten keine Berechtigung, Genehmigungen zu erteilen.

Wo gab's die Stelle, an die man sich wenden konnte? Die ungenierte Datenwilderei dieses Hackers aus Hannover hatte uns mehrere neuartige Sicherheitsprobleme bei Computern gezeigt. Wem sollten wir davon berichten? Wen interessierte das wirklich?

Na, das National Computer Security Center natürlich.

Aber Zeke belehrte mich eines Besseren: »Wir setzen Standards für sichere Computer und lassen die Finger von anwendungsbezogenen Problemen. Dennoch sammeln wir gerne Berichte von Erfahrungen vor Ort.«

»Sehe ich ja ein, aber würden Sie mich von den Problemen anderer in Kenntnis setzen?« fragte ich. »Würden Sie mir einen Bericht über Sicherheitslöcher in meinem Computer schicken? Können Sie mich anrufen, wenn jemand versucht, in meinen Computer einzubrechen?«

»Nein, wir sind eine Informationssammelstelle.«

Genau das hatte ich von einer Organisation, die von der NSA betrieben wird, auch erwartet. Ein Riesenstaubsauger, der alle Information einsaugt, aber nicht einen Pieps rausläßt.

Nehmen wir an, grübelte ich, ich finde ein Computersicherheitsproblem, und es ist auch noch weit verbreitet. Vielleicht sollte ich den Mund halten und hoffen, daß es niemand sonst rausfindet...

Oder vielleicht sollte ich's hinausposaunen, eine Notiz an viele

elektronische Schwarze Bretter hängen: ›Hey, ihr könnt in jeden Unix-Computer einbrechen, wenn ihr...‹ Das würde den Leuten, die die Systeme verwalten, gewaltig durch die Knochen fahren. Sie vielleicht sogar zum Handeln bewegen... Oder sollte ich einen Virus basteln, einen, der dieses Sicherheitsloch ausnutzt?
Wenn es eine vertrauenswürdige Clearingstelle gäbe, könnte ich es dort berichten. Sie wiederum könnte sich eine Reparaturanleitung ausdenken und dafür sorgen, daß die Systeme ausgebessert werden... Das National Computer Security Center schien die logische Stelle dafür zu sein. Schließlich sind sie auf Computersicherheitsprobleme spezialisiert... Aber sie wollten die Sache nicht anpacken. Das NCSC war zu sehr damit beschäftigt, sichere Computer zu entwickeln. In den letzten Jahren hatten sie eine Reihe von unlesbaren Dokumenten veröffentlicht, die beschrieben, was sie unter einem sicheren Computer verstanden. Um zu beweisen, daß ein Computer sicher war, heuerten sie am Ende der Vorstellung ein paar Programmierer an, die versuchen sollten, in das System einzubrechen. Kein sehr beruhigender Sicherheitsbeweis.
Wie viele Löcher verfehlten die Programmierer?

Um es kurz zu machen: Die Besprechung in der Luftwaffenbasis Bolling endete mit einem Unentschieden bei der Abstimmung über die Frage, ob wir den Hacker weiter überwachen sollten; FBI und Justizministerium waren dagegen, CIA und NSA äußerten sich nicht, die militärischen Gruppen und das Energieministerium wollten, daß wir unsere Anlage offenließen. Da das DOE unsere Rechnungen bezahlte, würden wir sie offenlassen, solange eine Verhaftung wahrscheinlich schien.
Da ich gerade in Washington war, lud mich Zeke Hanson ein, am nächsten Tag im National Computer Security Center einen Vortrag zu halten. Es liegt direkt an der Straße von Fort Meade, dem Hauptquartier der NSA. Trotzdem verirrte ich mich. Im Kerosindunst des Flughafens von Baltimore filzte ein Wachposten meinen Rucksack und suchte Disketten, Tonbandgeräte und Overhead-Folien. »Hey, was kann ich denn auf einer Overhead-Folie stehlen?« fragte ich keck.

Der Posten brummte: »Vorschriften. Wenn Sie Ärger machen, laß ich Sie nicht durch.«
Er hatte eine Pistole an der Seite. Na dann.
Man betritt den Konferenzraum durch eine Tür mit einem Zahlenschloß. Zwanzig Leute begrüßten mich; sie hatten einen Stuhl an der Stirnseite des Raums freigelassen. Zehn Minuten nach Beginn meines Vortrags marschierte ein dünnes, bärtiges Kerlchen herein, setzte sich mir gegenüber und unterbrach meine Beschreibung der Verfolgungen von Tymnet.
»Wie groß ist das adiabatische Temperaturgefälle auf dem Jupiter?«
Wie bitte? Da rede ich über transatlantische Netzwerke, und dieser Typ fragt mich nach der Jupiteratmosphäre? Na, du Würstchen, dachte ich, dich steck ich locker in die Tasche, und antwortete: »Oh, etwa 2 Grad pro Kilometer, zumindest bis zu einem Druck von 200 Millibar.«
Dann fuhr ich mit meiner Geschichte fort, und alle zehn Minuten stand der bärtige Kerl auf, verließ den Raum und kam zurück. Er stellte Fragen über den Kern des Mondes, die Entstehung der Krater auf dem Mars, über die wechselseitigen Bahnstörungen der Jupitermonde. Komisch. Niemand schien sich daran zu stören, also gliederte ich – so gut es ging – meinem Hacker-Jagdbericht das astronomische Verhör dieses Typs ein.
Etwa um 16.45 Uhr war ich fertig und ging aus dem Raum (in der Nähe stand ein Wachposten). Der bärtige Typ nahm mich beiseite und sagte zu der Wache: »Der ist okay, er gehört zu mir.« Und fragte mich: »Was machen Sie heute abend?«
»Oh, ich gehe mit einem befreundeten Astronomen essen.«
»Lassen Sie's sausen. Sagen Sie ihm, Sie kämen ein paar Stunden später.«
»Warum? Wer sind Sie?«
»Sage ich Ihnen noch. Rufen Sie jetzt Ihren Freund an.«
Also sagte ich mein Freitagabendessen ab und wurde in einen dunkelblauen Volvo gesteckt. Was geht hier vor? fragte ich mich beklommen. Ich weiß nicht mal seinen Namen und fahre mit ihm immer weiter die Straße entlang. Bestimmt irgendeine Entführung.

»Ich bin Bob Morris, der wissenschaftliche Leiter des Computer Security Center«, sagte er, sobald wir auf dem Highway waren. »Wir fahren nach Fort Meade, wo Sie Harry Daniels treffen werden. Er ist der stellvertretende Direktor der NSA. Erzählen Sie ihm Ihre Geschichte.«
»Aber ...«
»Erzählen Sie ihm einfach, was passiert ist. Ich hab ihn aus einer Kongreßversammlung in Washington geholt, damit er Sie trifft. Er ist auf dem Weg hierher.«
»Aber ...« Dieser Kerl ließ mir kein Wort.
»Sehen Sie, die Jupiteratmosphäre ist ja gut und schön – obwohl ich immer dachte, Atmosphären verhielten sich insgesamt adiabatisch, solange es Konvektion darin gibt –, aber wir stehen vor einem ernsten Problem ...«
Bob war Kettenraucher und hielt die Fenster geschlossen. Ich schnappte nach Luft. Er fuhr fort. »Wir müssen die Leute drauf aufmerksam machen, die was unternehmen können.«
»Die Besprechung gestern in Bolling hatte doch genau diesen Zweck«, warf ich ein.
»Erzählen Sie einfach Ihre Geschichte.«
Wenn die Sicherheitsüberprüfung im Computer Security Center scharf gewesen war, dann war sie beim Hauptquartier der NSA ... also, es dauerte sage und schreibe 10 Minuten, bis ich durch konnte.
Bob hatte kein Problem: »Dieser Ausweis läßt mich überall rein, wenn ich ein Geheimdokument bei mir trage.«
Er gab sein Passwort ein und steckte die Karte in das Lesegerät; inzwischen fummelte die Wache an meinen Folien herum. Als wir in das Büro des Direktors kamen, war Harry Daniels soeben angekommen.
»Ich hoffe in Ihrem Interesse, daß das wirklich wichtig ist«, sagte er und blickte Bob durchdringend an. Der Typ sah beeindrukkend aus – war schlank und etwa 1,95 Meter groß und duckte sich etwas, wenn er durch die Tür ging.
»Ist es. Sonst hätte ich Sie nicht gerufen«, sagte Bob. »Cliff, erzählen Sie's ihm.«
Es gab keinen Platz mehr auf seinem Schreibtisch – er war mit

Auf diesem Weg kam der Hacker in Amerikas geheimste Datenbanken

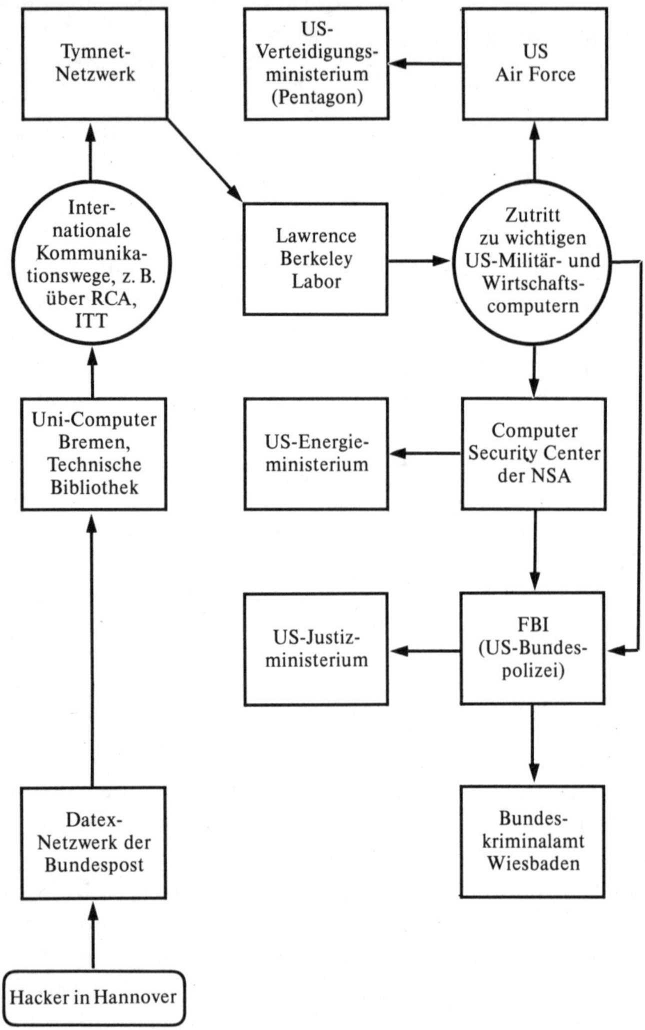

Chiffriermaterial völlig bedeckt –, deshalb breitete ich ein Diagramm der Verbindungen des Hackers auf dem Boden aus.
Harry Daniels folgte dem Schaubild genau. »Benutzt er das deutsche Datex-P-System, um Zugang zu internationalen Kommunikationswegen zu erhalten?« fragte er.
Heiliger Bimbam! Wieso kennt ein so hohes Tier solche Details von Kommunikationsnetzwerken? Ich war beeindruckt und beschrieb im folgenden die Einbrüche des Hackers, aber die beiden ließen mich kaum zwei Sätze sagen, ohne mich mit mindestens einer Frage zu unterbrechen.
Bob Morris nickte schließlich und sagte: »Da raucht noch die Kanone, Harry.« Der NSA-Boss nickte. Die beiden sprachen noch ein paar Minuten miteinander, während ich mit einer japanischen Chiffriermaschine aus dem Zweiten Weltkrieg spielte. Ich wünschte, ich hätte meinen Geheimcodering von Captain Midnight mitgebracht, um ihn ihnen zu zeigen.
»Cliff, das ist eine wichtige Sache«, sagte Harry Daniels. »Ich bin nicht sicher, ob wir Ihnen helfen können, aber Sie können mit Sicherheit uns helfen. Wir haben echte Schwierigkeiten, verschiedene Einheiten davon zu überzeugen, daß Computersicherheit ein Problem darstellt. Wir würden gerne mit dem National Telecommunications Security Committee reden. Dort werden bundesweite Richtlinien entwickelt, und wir hätten gerne, daß sie davon erfahren.«
»Können Sie ihnen das nicht einfach sagen?«
»Wir sagen ihnen das schon seit Jahren«, sagte Harry Daniels. »Aber das ist der erste dokumentierte Fall.«
Bob Morris fuhr fort: »Beachten Sie, er sagte ›dokumentiert‹. Der einzige Unterschied zwischen Ihrem Fall und anderen ist, daß Sie ein Tagebuch geführt haben.«
»Also geht das schon länger so?«
»Ich hätte Harry nicht aus Washington geholt, wenn ich nicht glauben würde, daß es was Ernstes ist.«
Als wir von Fort Meade zurückfuhren, wurde Bob Morris, was seine Biographie anging, etwas gesprächiger: »Die letzten zehn Jahre habe ich oben in den Labors von Bell in New Jersey an der Sicherheit von Unix gearabeitet.«

Moment mal, dachte ich, und etwas wie Ehrfurcht flog mich an. Das mußte der Morris sein, der das Unix-Verschlüsselungsverfahren für Passwörter erfunden hatte. Ich hatte Artikel von ihm über Computersicherheit gelesen. Natürlich – Robert Morris, der Geiger. Seine Exzentrik war legendär: Ich hatte Geschichten von ihm gehört, wie die, er lege sich nach dem Dessert auf den Boden, damit seine Katze die Sahne aus seinem Bart lecken konnte.

Bob fuhr fort: »Beim Treffen nächsten Monat werden endlich Nägel mit Köpfen gemacht. Wenn wir jemals Fortschritte über das bloße Schreiben von Standardisierungsdokumenten hinaus erzielen wollen, müssen wir diesen Leuten eine Gefahr demonstrieren.« Endlich – endlich jemand bei der NSA, jubelte ich innerlich, der begriffen hatte, daß Computersicherheit mehr bedeutete, als Computer zu konstruieren.

»Jedes System kann unsicher sein. Man muß es nur dämlich verwalten.« Bob brachte es auf den Punkt.

»Genau, das trifft den Nagel auf den Kopf«, stimmte ich zu. »Einige Probleme sind echte Konstruktionsfehler – wie das Gnu-Emacs-Sicherheitsloch –, aber die meisten entstehen aufgrund schlechter Verwaltung. Die Leute, die unsere Computer betreiben, wissen einfach nicht, wie sie sie sichern sollen.«

»Müssen wir eben ändern«, sagte Bob. »Sichere Computer halten vielleicht elektronische Langfinger draußen, aber wenn die Dinger dann so störrisch sind, daß niemand sie benutzen will, ist's wirklich kein großer Fortschritt.«

Einen einzigen Computer dichtzumachen, war wie ein Gebäude gegen Einbruch sichern. Aber ein ganzes Netzwerk von Computern, die Dateien und Post untereinander austauschen, das hieß, eine kleine Stadt sichern. Und Bob als wissenschaftlicher Leiter des Computer Security Centers lenkte diese Bemühungen.

Als wir zurück waren, hatte ich mich fast an das verräucherte Auto gewöhnt. Wir fingen an, uns darüber zu streiten, wie Planetenumlaufbahnen interagieren – ein Thema, bei dem ich eigentlich sattelfest sein sollte. Aber dieser Typ kannte eben seine Himmelsmechanik.

Aua. Ich war nun wirklich schon zu lange aus der Astronomie raus, wenn ich seine Fragen nicht immer abschmettern konnte.

46. Kapitel

Es hatte Spaß gemacht, mit Bob Morris zu reden. Und doch war ich froh, wieder zu Martha nach Hause zu kommen. Draußen vor dem Airport erwischte ich den Bus und ließ mich heimschaukeln. Als ich ausgestiegen war, ging ich bei Rot über die College Avenue – schon wieder eine Lanze für die Anarchie gebrochen.

Unsere Untermieterin Claudia übte Geige, als ich zur Tür hereinkam.

Sie setzte ihr Instrument ab und begrüßte mich mit einem nekkenden Lächeln. »Wo warst du – hast dich bestimmt wieder mit losen Vögeln rumgetrieben, was?«

»Nicht die Bohne. Ich hab in dunklen Hinterhöfen finstere, muskelbepackte Schnüffler in Trenchcoats getroffen.«

»Hast du mir einen mitgebracht?«

Claudia gehörte zur männermordenden Sorte.

Ich hatte keine Zeit, mir eine schlaue Antwort zu überlegen, weil mich Martha wie ein Bär von hinten umklammerte und mich hochhob. »Ich hab dich vermißt«, sagte sie und setzte mich mit einem Kuß ab. Es ist lustig, aber auch ein bißchen verwirrend, mit einer Frau zusammenzuleben, die einen im Ringkampf schlagen kann.

Ich hatte Angst gehabt, sie wäre böse, weil ich schon wieder weg gewesen war, aber sie zuckte die Schultern.

»Wir können gleich essen. Komm mit in die Küche und hilf mir.«

Martha bereitete gerade ihr berühmtes Curry zu, das mit einer frischen Kokosnuß eingeleitet werden sollte. Ich war draußen auf der hinteren Veranda und schlug mit einem Hammer auf der Kokosnuß herum, als ich Laurie ihr Motorrad bremsen hörte.

Laurie war Marthas beste Freundin und Zimmergenossin auf dem College. Trotz ihres wilden Äußeren – Bürstenschnitt, Lederjacke, Stiefel und schwarzes Trägerhemd – war sie ein nettes Mädchen vom Lande aus New Mexico. Sie und Martha hatten einen besonderen Draht zueinander, was mich einfach ein bißchen eifersüchtig machte. Aber ich glaube, ich hatte ihre Prüfung bestanden, denn sie behandelte uns beide als Familie.
»Hey, Cliffer«, begrüßte sie mich und fuhr mir durchs Haar. Sie sah hungrig auf die Kokusnuß, erriet, was es gab, stiefelte nach drinnen, umarmte Martha, winkte Claudia zu und schnappte sich die Katze.
»Setz das faule Tier ab und hack lieber ein paar Zwiebeln.«
In der Küche konnte Martha despotisch werden.
Schließlich stand das Abendessen auf dem Tisch: eine Platte voll Reis mit Curry und Schälchen mit gehacktem Gemüse, Nüssen, Rosinen, Früchten und Chutney. Wenn etwas wächst, macht Martha Curry draus.
»Hey, wo bist du denn die letzten Tage gewesen?« fragte mich Laurie.
»Ach, ich bin nach Washington zitiert worden – weißt du, die Reagans hatten mich zum Abendessen geladen.«, antwortete ich und wollte nicht sagen, daß ich mit einem ganzen Haufen Spitzel, Schnüfflern und Spionen zusammengewesen war. Laurie verabscheute die Regierung, und ich wollte nicht, daß sie schon wieder vom Leder zog.
»Oh, bitte sag mir, was Nancy getragen hat«, quietschte Laurie und nahm sich zum dritten Mal von dem Curry. »Und was gibt's Neues von der Hackerfront?«
»Ach, den haben wir immer noch nicht gefangen. Vielleicht nie.«
»Glaubst du immer noch, daß es ein Student aus Berkeley ist?«
Ich hatte Laurie seit ein paar Monaten nichts mehr davon erzählt und bemühte mich um eine aktuelle Fassung: »Schwer zu sagen. Soweit ich weiß, kommt er aus dem Ausland.«
Ich wurde nervös und staunte selbst darüber, daß ich so wenig Lust hatte, einer engen Freundin zu erzählen, was ich gemacht hatte. Ich schämte mich eigentlich nicht, aber ...

»Warum rackerst du dich eigentlich so ab, so'n armen Computerfuzzy zu nageln, nur weil er 'n bißchen rumspielt?«
»Rumspielt?« fragte ich etwas aufgebracht zurück. »Er ist in dreißig Militärcomputer eingebrochen.« Und sofort wünschte ich, ich hätte es nie gesagt.
»Na und? Is doch 'n guter Grund, ihn eben nicht zu nageln«, sagte Laurie. »Wer weiß, vielleicht ist das 'n Pazifist von den Grünen. Und vielleicht versucht er rauszufinden, was für 'n geheimnisvollen Blödsinn die Militärs wieder machen, und will die Öffentlichkeit darauf stoßen.«
Daran hatte ich vor Monaten auch schon gedacht und war deswegen beunruhigt. Jetzt aber war ich sicher, daß das nicht seine Motive waren. Ich hatte das naheliegendste Experiment durchgeführt: seine Interessen in Kategorien eingeordnet. Damals, im Januar, hatte ich eine Reihe von Ködern mit verschiedenem Geschmack präpariert. Zwischen die fingierten SDINET-Dateien hatte ich ebenfalls gefälschte Dateien über die Lokalpolitik in Berkeley plaziert. Andere Dateien sahen so aus wie Bilanzen, Gehaltsabrechnungen, Spiele und Dinge aus dem Bereich Computerwissenschaften.
Wenn er wirklich ein Friedensfreund wäre, würde er sich vielleicht diese politischen Dateien ansehen. Ein Dieb, der sich für die Gehaltsliste unseres Labors interessierte, würde nach Finanzberichten greifen. Und von einem Studenten oder einem Computerfreak würde ich erwarten, daß er sich die Spiele oder die wissenschaftlichen Dateien schnappte. Aber er interessierte sich dafür überhaupt nicht. Nur für die SDI-Dateien.
Dieses Experiment und eine Menge Feinheiten in seiner Vorgehensweise überzeugten mich davon, daß er kein Idealist war.
Der Hacker aus Hannover war ein Spion.
Aber ich konnte das nicht klipp und klar beweisen, und sogar nachdem ich Laurie mein Experiment erklärt hatte, war sie immer noch nicht überzeugt. Sie glaubte immer noch an irgend jemanden, der als »einer von uns« gegen das Militär arbeitete, und in ihren Augen verfolgte ich »einen von unserer Seite«.
Wie konnte ich erklären, daß ich aufgehört hatte, klare politische Grenzen zu ziehen, weil ich schon so lange in diese Sache ver-

wickelt war? Wir hatten alle gemeinsame Interessen: ich, mein Labor, das FBI, die CIA, die NSA, militärische Gruppen, ja sogar Laurie. Jeder von uns wollte Sicherheit und eine Privatsphäre.

Ich versuchte es anders. »Sieh mal, Laurie, das ist keine Frage der Politik, sondern einfach des Anstands. Dieser Kerl hat meine Privatsphäre verletzt und die aller anderen Benutzer auch. Wenn jemand in deine Wohnung einbrechen und deine Sachen durchwühlen würde, wär's dir dann nicht egal, ob er als Genosse oder Nichtgenosse eingestiegen ist, weil du nämlich stinksauer bist?« Auch dieses Argument zog nicht.

»Ein Computersystem hat nicht denselben privaten Charakter wie eine Wohnung«, entgegnete Laurie. »Viele Leute benutzen es für viele Zwecke. Bloß weil dieser Kerl keine offizielle Erlaubnis hat, es zu benutzen, heißt das noch nicht notwendigerweise, daß er keinen legitimen Zweck damit verfolgt.«

»Verdammt noch mal! Ein Computersystem kann man mit einer Wohnung sehr wohl vergleichen. Du willst bestimmt nicht, daß jemand in deinem Tagebuch schnüffelt, und du willst todsicher genausowenig, daß jemand an deinen Daten rumpfuscht. In diese Systeme eindringen, ist meiner Meinung nach unbefugtes Betreten. Es ist nicht richtig, egal, warum. Und ich hab das Recht, die Regierungsbehörden darum zu bitten, mir zu helfen, diesen Störenfried wieder loszuwerden. Das ist ihr Job!«

Ich war wütend und laut geworden, und Martha schaute etwas beklommen von mir zu Laurie. Ich merkte, daß ich rumgetönt hatte wie einer dieser bescheuerten Law-and-Order-Typen, die immer eine Schrotflinte mit sich rumschleppen und nach dem letzten Survival-Training die Russen um die Ecke kommen sehen. Oder noch schlimmer – war ich so blindlings patriotisch, daß ich jeden, der ein Interesse an Militärgeheimnissen hatte, für einen Verräter oder einen Spion im Solde Moskaus hielt?

Ich fühlte mich ertappt und verwirrt und schob ganz unfair alle Schuld auf Laurie, weil sie so vereinfachte und so selbstgerecht war. Sie hatte nicht mit diesem Hacker fertig werden müssen, sie hatte die CIA nicht um Hilfe bitten müssen, sie hatte nicht mit diesen Leuten sprechen müssen und festgestellt, daß es wirkliche Menschen waren und keine Schurken, die in Mittelamerika unschuldige Bauern umbrachten... Zumindest mal nicht die, mit denen ich gesprochen hatte... und selbst wenn, war es dann in meinem Fall wirklich so verwerflich, mit ihnen zu kooperieren? Hatte ich mich da total verrannt? Ich konnte nicht mehr reden. Mir schwirrte der Kopf. Ich stand auf und schob meinen halbvollen Teller Curry brüsk von mir, stapfte hinaus in die Garage, um ein paar Bücherregale zu schleifen, und grollte in Ruhe.

Nach einer Stunde wurde es zunehmend schwieriger, weiter in dieser Stimmung zu bleiben. Ich dachte an das Kaminfeuer, an den Pie zum Nachtisch und Lauries tolle Rückenmassage. Aber weil ich in einer großen, streitsüchtigen Familie aufgewachsen bin, bin ich im Grollen und Schmollen ausdauernde Weltklasse. Ich blieb in der kalten Garage und schliff wie wild.

Plötzlich bemerkte ich, daß Laurie still in der Tür stand. »Cliff«, sagte sie sanft, »ich wollte wirklich nicht gemein sein. Martha weint in der Küche. Komm, gehn wir rein.«

Wie leicht ich Martha doch immer mit meiner Wut verletzte. Ich wollte den Rest des Abends nicht verderben, also ging ich hinein. Wir umarmten uns, Martha trocknete ihr Gesicht und servierte das Dessert. Den Rest des Abends sprachen wir heiter von anderen Dingen.

Aber die Fragen, die Laurie in mir aufgerührt hatte, kamen wieder und verfolgten mich die ganze Nacht. Ich lag wach und fragte mich, wohin mich all das führte und was für ein Mensch ich war, daß gerade ich in diesen seltsamen Fall gezogen wurde und mich zu diesem – eigentlich für mich völlig untypischen – Verhalten gezwungen sah. Klar, ich saß natürlich zwischen allen Stühlen. Die Schnüffler trauten mir nicht – ich war nicht sicherheitsüberprüft und arbeitete nicht für eine Rüstungsfirma. Niemand hatte mich gebeten, auf diese Jagd zu gehen, und unser Budget war auf Null.

Da wir weder finanziert wurden noch autorisiert waren, sahen die Drei-Buchstaben-Behörden keinen Grund, uns anzuhören. Ich war für sie kaum mehr als eine Belästigung, dachte ich resigniert und kam mir wie ein Doktorand vor.

Und wie erkläre ich meinen Freunden, daß ich gerade von der CIA gekommen bin?

Eine Woche danach rief Mike Gibbons vom FBI an. »Wir schließen unsererseits die Ermittlungen ab. Es bringt Ihnen nichts mehr, Ihre Anlage noch länger offenzulassen.«
»Mike, sagen Sie das oder einer Ihrer Chefs?«
»Die offizielle Linie des FBI«, sagte Mike, offensichtlich verärgert.
»Hat der Justizattaché überhaupt mit denen in Bonn gesprochen?«
»Ja, aber da gibt es Durcheinander. Das BKA übernimmt die Fangschaltungen nicht, und so dringt nicht viel Information bis zum Büro des Jusat durch. Sie können den Laden jedenfalls dichtmachen, Cliff.«
»Und was wird mit den anderen Anlagen, die der Hacker noch angreifen wird?«
»Die sollen sich dort selbst drum kümmern. Den meisten ist's sowieso egal.« Mike hatte recht. Manchen, bei denen der Hacker eingebrochen hatte, war's wirklich egal, ob er sie erwischt hatte oder nicht. Der Optimis-Datenbank des Pentagon zum Beispiel. Mike hatte sie benachrichtigt, daß ein Ausländer ihren Computer benutzte. Sie zuckten mit keiner Wimper. Soweit ich weiß, haben sie das immer noch nicht getan.
Das FBI wollte zwar, daß wir zumachten, aber das Energieministerium unterstützte uns weiter. CIA und NSA verhielten sich unentschlossen; keiner sagte, wie's denn nun laufen sollte.
Auch keine materielle Unterstützung. Für alles, was wir ihnen erzählt hatten, hatte die NSA nicht einen müden Penny ausgespuckt. Und obwohl es vielleicht ganz lustig war, mit Geheimagenten auf gutem Fuß zu stehen, brachte das meine Astronomie nicht voran und noch weniger meine wissenschaftliche – geschweige denn hausgemeinschaftliche Reputation.

Im Februar verschwand der Hacker für einige Wochen. Keine meiner Alarmanlagen ging los, und seine Konten blieben inaktiv. Hatte ihm jemand einen Tip gegeben, daß er verhaftet werden sollte? Oder schlich er sich durch andere Computer?
Wie auch immer, sein Verschwinden nahm etwas von dem Entscheidungsdruck. Drei Wochen lang hatte ich nichts zu berichten,

deshalb war's egal, ob wir die Anlage offenließen. Ohne ein halbes Dutzend Behörden im Nacken schaffte ich's tatsächlich, in dieser Zeit ein Programm zu schreiben. Dann, als ich die Ausdrucke meiner Überwachungsanlage routinemäßig durchsah, bemerkte ich, daß jemand den Petvax-Computer des Lawrence-Berkeley-Labor benutzte. Es sah so aus, als käme er von einem Computer bei Caltech namens Cithex in die Petvax rein. Ich war schon warnend auf den Cithex hingewiesen worden – Dan Kolkowitz von Stanford hatte bemerkt, daß deutsche Hacker dieses System benutzt hatten, um in seine Computer einzubrechen. Deshalb sah ich mir den Datenverkehr von unserer Petvax zu dem Cithex-Computer genauer an.
Genau. Da war's. Jemand hatte sich von der Petvax aus bei der Caltech-Maschine angemeldet und versuchte, an einem Ort namens Tinker in Oklahoma einzubrechen. Tinker? Ich schlug es im Milnet-Verzeichnis nach. Luftwaffenbasis Tinker.
Oho! Ein wenig später gibt's eine Verbindung zur Optimis-Datenbank am Pentagon. Dann probiert er das Letterman Army Institute aus, den Revisor der Army in Fort Harrison.
Verflucht noch mal! Wenn das nicht derselbe Hacker ist, dann ist's jemand, der sich genauso aufführt. Darum hat sich der Hakker drei Wochen lang ruhig verhalten. Er benutzte andere Computer, um ins Milnet reinzukommen. Was tun? Ganz bestimmt würde es ihn nicht aus den Netzwerken raushalten, wenn ich die Sicherheitslöcher in meinem Labor verstopfte.
Von allen Computern ausgerechnet die Petvax! Ein Außenstehender würde vielleicht glauben, es sei ein Spielzeug. Pustekuchen! Pet ist ein Akronym für Positronenemissionstomographie. Ein medizinisches Diagnoseverfahren, um festzustellen, an welchen Stellen im Gehirn Sauerstoff verbraucht wird. Die Wissenschaftler des LBL injizieren einem Patienten ein radioaktives Isotop und erhalten so Bilder des Gehirninneren. Man braucht dazu nur einen Teilchenbeschleuniger, um radioaktive Teilchen zu erhalten, sowie einen hochempfindlichen Teilchendetektor und einen leistungsfähigen Computer.
Dieser Computer ist die Petvax. In ihr sind Patientendaten, Analyseprogramme, medizinische Daten und Bilder der Gehirne von bereits untersuchen Menschen gespeichert.

Dieser Hacker spielte mit medizinischem Werkzeug rum. Knack diesen Computer, und jemand kann gesundheitlich geschädigt werden. Zum Beispiel durch eine falsche Diagnose oder eine unnötige Injektion.

Für Ärzte und Patienten, die dieses Instrument benutzen, hat es perfekt zu arbeiten. Es ist hochempfindliches medizinisches Gerät, kein Spielzeug für einen Kyberpunk. Oder einen ausgeflippten Computerfreak.

War es wirklich derselbe Hacker? Zwei Minuten, nachdem er sich von der Petvax abgemeldet hatte, kam er unter dem Decknamen Sventek in meinen Unix-Computer. Niemand sonst kannte das Passwort.

Wir machten die Petvax zu, veränderten ihre Passwörter und installierten eine Alarmvorrichtung. Aber der Zwischenfall machte mir Sorgen. Durch wie viele andere Computer mogelte sich dieser Hacker noch?

Am 27. Februar übermittelt mir Tymnet elektronische Post Wolfgang Hoffmanns von der Deutschen Bundespost. Offenbar kann die deutsche Polizei Hacker nur verhaften, während sie irgendwo eingeklinkt sind. Wir hatten keinen Mangel an Beweisen, um sie vor den Kadi zu bringen, aber ohne zweifelsfreie Identifikation würde die Anklage nicht durchkommen. Wir mußten sie auf frischer Tat ertappen.

Zwischenzeitlich erzählte einer der Computermeister vom LBL die ganze Angelegenheit einem Programmierer bei den Lawrence Livermore Labors. Der schickte seinerseits elektronische Post an mehrere Dutzend Leute und kündigte an, er werde mich zu einem Vortrag einladen: ›*Wie wir die Hacker aus Deutschland gefangen haben.*‹

Rums.

Zehn Minuten, nachdem er seine Meldung abgeschickt hatte, riefen mich nacheinander drei Leute an und fragten alle dasselbe: »Wir dachten, Sie wollten den Deckel zulassen. Warum die plötzliche Publizität?«

Wie entsetzlich, dachte ich. Jetzt war's passiert. Und wenn der Hacker die Meldung sieht, ist alles aus.

John Erlichman hat mal gesagt, wer zuviel Zahnpasta aus der Tube drückt, kriegt sie nur schwer wieder rein und sollte sich lieber noch mal die Zähne putzen. Ich rief Livermore an; es dauerte fünf Minuten, bis ich die Leutchen dort so weit hatte, daß sie die Meldung aus allen Systemen löschten.
Aber wie verhindern wir solche Lecks in Zukunft?
Vielleicht damit, daß ich anfing, meine Kollegen besser zu informieren. Und ab dato erzählte ich ihnen jede Woche, was passierte und warum wir uns ruhig verhalten mußten. Es funktionierte bemerkenswert gut – sag den Leuten die Wahrheit, und sie respektieren, daß sie für dich die Klappe halten müssen.
Den März über tauchte der Hacker gelegentlich auf. Gerade oft genug, um mein Leben schon wieder durcheinanderzubringen, aber nicht lang genug, um ihn in Deutschland festzunageln.
Donnerstag, der 12. März. Ein wolkenverhangener Tag in Berkeley. Trocken am Morgen, und ich radelte ohne Regencape los. Um 12.19 Uhr besuchte der Hacker für einige Minuten seinen alten Schlupfwinkel. Listete ein paar meiner SDINET-Dateien auf – er erfuhr, daß Barbara Sherwin kürzlich ein Auto gekauft hatte und daß das SDINET nach Übersee expandierte. Er sah die Namen von dreißig neuen Dokumenten, aber er las sie nicht. Warum nicht?
Steve White war in der Stadt aufgetaucht, auf der Durchreise zum Tymnet-Büro in Silicon Valley. Er, Martha und ich hatten uns in einem Thai-Restaurant verabredet, also mußte ich um 18 Uhr zu Hause sein.
Gegen 16 Uhr fing's an zu regnen, und mir war klar, daß ich völlig durchnäßt heimkommen würde. Ich hatte keine Wahl. Also radelte ich in einer wahnwitzigen Strampelei nach Haus – der Regen verwandelte die Fahrradbremsen in Bananenschalen. Mein Regencape hätte auch nicht viel genützt. Die Autopneus bespritzten mich von beiden Seiten, und die Reifen meines Fahrrads duschten mich von unten. Als ich ankam, war ich klitschnaß.
Ich hatte zwar einiges an trockener Kleidung, aber damals nur ein Paar Schuhe: die ausgelatschten Schleicher, in denen das Wasser quatschte. Wie sie rechtzeitig trocken kriegen? Ich sah mich um. Claudias neuer Mikrowellenherd. Ich überlegte und stopfte die Latschen in Claudias Turbo-Thermo. Drückte ein paar Knöpfe.

Auf der Anzeige erschien ›120‹. Waren das 120 Sekunden, 120 Watt, 120 Grad oder gar 120 Lichtjahre? (Wie gesagt, in der Küche bin ich nur fürs Abspülen und Keksebacken zuständig.) Egal. Ich würde die Schleicher einfach durch die Sichtscheibe beobachten und dafür sorgen, daß nichts anbrannte. Die ersten zehn Sekunden – kein Problem. Dann klingelte das Telefon.
Ich rannte ins vordere Zimmer, um abzunehmen. Martha.
»Ich bin in einer halben Stunde zu Hause, Schatz«, sagte sie. »Vergiß das Abendessen mit Steve White nicht.«
»Ich mach mich gerade fertig. Äh, Martha, wie stellt man denn den Mikrowellenherd ein?«
»Das mußt du doch nicht. Wir gehn doch essen, hast du's vergessen?«
»Nimm mal an, ich will meine Schuhe trocknen«, sagte ich. »Wie muß ich dann den Mikrowellenherd einstellen?«
»Bleib ernst.«
»Ich bin doch ernst. Meine Schleicher sind total naß.«
»Untersteh dich, sie mikrowellieren zu wollen.«
»Also gut, mal rein theoretisch, auf wie lange müßte ich die Mikrowelle einstellen, nur mal angenommen?«
»Völliger Schwachsinn. Ich komm heim und zeig dir, wie du sie am besten trocken kriegst.«
»Also, äh, mein Schatz«, versuchte ich zu unterbrechen.
»Nix, rühr die Mikrowelle ja nicht an«, sagte sie sehr bestimmt. »Bleib brav sitzen und tschüs, bis nachher.«
Als ich auflegte, hörte ich vier Piepser aus der Küche. Au weia.
Aus der Rückseite von Claudias neuem Panasonic-Mikrowellenherd quoll eine üble Wolke dicken, schwarzen Rauchs. Wie in den Fernsehnachrichten, wenn eine Ölraffinerie explodiert. Und der Gestank! Wie ein alter, brennender Reifen.
Ich riß die Mikrowelle auf, und sie spie noch eine Rauchwolke aus, griff hinein und versuchte, die Latschen rauszuziehen – sie sahen immer noch so aus wie Schuhe, hatten aber die Konsistenz von heißem Mozzarella. Ich warf sie mitsamt der Glasplatte aus dem Küchenfenster. Die Platte zerschellte in der Hofeinfahrt, und die verschmorten Schleicher lagen dampfend unterm Zwetschgenbaum.

Da hatte ich den Salat. Martha kommt in einer halben Stunde heim, und in der Küche riecht's wie bei einem Dragsterrennen. Höchste Zeit, die Bescherung wegzuputzen.
Ich holte mir Küchenkrepp und fing an, die Mikrowelle damit zu bearbeiten. Überall schwarzer Ruß. Und auch nicht von der Art, die sich mit links wegwischen läßt. An echter Schmiere rumwischen, verteilt die Sauerei nur noch mehr.
Noch eine halbe Stunde. Wie wird man den Geruch verbrannten Gummis los? Ich riß alle Fenster und Türen auf. Und es regnete rein. Ich blieb immer noch relativ gelassen.
Wenn du eine Sauerei anrichtest, verdeck sie.
Und dazu fiel mir ein Haushaltstip ein: ›Um Küchengerüche zu überdecken, erhitzen Sie etwas Vanille auf dem Herd.‹ Genau. Ich schüttete reichlich Vanille in eine Pfanne und drehte die Hitze hoch. Tatsächlich, nach ein paar Minuten wirkte die Vanille. Die Küche roch nicht mehr wie ein verbrannter, alter Schwarzwandreifen, sondern wie ein verbrannter, neuer Weißwandreifen.
Unterdessen reinigte ich Wände und Decke. Und ließ die Vanille im Stich. Sie verdampfte. Der Topf brannte. Und ich begann zu kochen.
Noch fünfzehn Minuten. Ich beschloß, Martha zum Ausgleich ein paar Kekse zu backen. Ich griff in den Kühlschrank nach dem Plätzchenteig vom vorigen Abend und knallte einiges davon auf ein Backblech. Drehte den Ofen auf 200 Grad, gerade richtig für knusprige Schokoladenkekse.
Ein Drittel der Dinger rutschte jedoch vom Backblech – warum, weiß ich heute noch nicht, und blieb am Boden des Ofens kleben, wo sich das Zeug in Asche verwandelte. Da kam Martha rein. Sie schnupperte. Sie sah die schwarzen Ränder an der Decke und fragte: »Du hast doch nicht etwa ...«
»Es tut mir leid.«
»Ich hab's dir doch gesagt.«
»Es tut mir doppelt leid.«
»Aber ich hab doch gesagt ...«
Die Türglocke läutete. Steve White kam rein und fragte mit britischer Gelassenheit: »Nanu, Cliff. Seit wann arbeiten Sie in einer Reifenfabrik?«

47. Kapitel

Den März über und Anfang April hatte sich der Hacker fast verzogen. Er tauchte gelegentlich auf, gerade so lange, daß seine Konten auf der Liste der aktiven blieben. Aber er schien sichtlich desinteressiert, in andere Computer zu gelangen, und nahm meine neuen SDINET-Dateien überhaupt nicht zur Kenntnis. Was war los mit ihm? Wenn er verhaftet wäre, würde er hier nicht auftauchen, überlegte ich. Und wenn er sich mit anderen Projekten beschäftigt, warum taucht er dann für eine Minute auf und verschwindet dann wieder?

Am 14. April 1987 arbeitete ich gerade am Unix-System, als ich bemerkte, daß sich Marv Atchley einloggte.

Komisch. Marv ist doch oben, grübelte ich, und hält ein paar Programmierern eine Standpauke. Ich lief rüber zu seiner Kiste und schaute mir sein Terminal an. Nicht mal eingeschaltet.

Wer benutzte Marvs Konto? Ich rannte rüber zum Schaltraum und sah jemanden durch unseren Tymnet-Anschluß reinkommen. Er war als Marv Atchley in unser System eingeklinkt.

Ich rief Tymnet an – Steve verfolgte die Leitung rasch. »Das kommt von Hannover. Sind Sie sicher, daß es nicht der Hacker ist?«

»Schwer zu sagen. Ich ruf Sie gleich wieder an.«

Ich rannte vier Treppen hoch und spähte in den Konferenzraum. Ja, da war Marv Atchley und hielt einen engagierten Vortrag vor 25 Programmierern.

Als ich in den Schaltraum zurückkam, war der Pseudo-Marv weg. Aber ich konnte sehen, daß er ohne jeden Trick ins System gekommen war. Sonst hätte er meinen Alarm ausgelöst. Wer's auch war, er mußte Marvs Passwort kennen.

Nach Ende der Besprechung zeigte ich Marv den Ausdruck.
»Der Teufel soll mich holen, wenn ich weiß, wer das ist. Ich habe bestimmt mein Passwort nie jemandem gesagt.«
»Wann hast du's zum letzten Mal geändert?«
»Oh, vor ein paar Wochen.«
»Und was ist dein Passwort?«
»›*Messias*‹. Ich werde es gleich ändern.«
Woher, zum Teufel, hatte dieser Hacker Marvs Passwort? Ich hätte es doch merken müssen, wenn er ein trojanisches Pferd abgesetzt hätte. Konnte er ›*Messias*‹ erraten haben?
O ja. Es gibt dafür einen Weg.
Unsere Passwörter sind chiffriert gespeichert. Man kann den ganzen Computer durchsuchen und findet das Wort ›Messias‹ nie. Man findet es verschlüsselt als ›*p3kqznqiewe*‹. Unsere Passwortdatei war randvoll mit solchem chiffrierten Buchstabensalat. Und es gibt keine Möglichkeit, die Salatköpfe aus diesem Gemenge zu rekonstruierten.
Aber man kann Passwörter raten. Nehmen wir an, der Hacker versuchte, sich als Marv einzuloggen, dann versuchte er das Passwort ›*Aardvark*‹. Mein System sagt ›nix gut‹. Der Hacker ist hartnäckig und versucht es wieder, diesmal mit dem Passwort ›*Aaron*‹. Wieder kein Glück.
Er versucht, sich nacheinander mit Passwörtern einzuloggen, die er in einem Wörterbuch nachschlägt. Schließlich probiert er das Passwort ›*Messias*« aus. Die Tür öffnet sich weit.
Jeder Versuch dauert ein paar Sekunden. Die Finger des Hackers würden wund, bevor er das ganze Wörterbuch durch hätte. Diese Brachialmethode beim Passwortraten funktioniert jedoch nur bei einem total schlecht verwalteten Computer.
Aber ich hatte gesehen, wie dieser Hacker unsere Passwortdatei in seinen eigenen Rechner kopierte. Wozu konnte er aber eine Liste unserer chiffrierten Passwörter gebrauchen?
Das Passwortchriffrierverfahren von Unix verwendet ein Verschlüsselungsprogramm, das öffentlich ist. Jeder kann eine Kopie davon kriegen – es hängt an Schwarzen Brettern. Bei hunderttausend Unix-Computern in der Welt könnte man das Programm auch gar nicht geheimhalten.

Das Verschlüsselungsprogramm von Unix funktioniert nur in einer Richtung: Es chiffriert englischen Text zu Buchstabensalat. Man kann den Prozeß nicht umdrehen und chiffrierte Passwörter ins Englische zurückübersetzen.
Aber mit diesem Verschlüsselungsprogramm kann man jedes Wort aus dem Wörterbuch chiffrieren. Man macht eine Liste chiffrierter englischer Wörter aus dem Wörterbuch. Danach ist es ganz einfach, das, was in meiner Passwortdatei steht, mit der Liste chiffrierter Passwörter zu vergleichen. Auf diese Weise mußte der Hacker Passwörter knacken.
Auf seinem Computer in Hannover ließ er das Passwortchiffrierprogramm von Unix laufen. Er fütterte es mit dem ganzen Wörterbuch, und sein Programm verschlüsselte nacheinander alle Wörter der englischen Sprache. Etwa so:
›*Aardvark*‹ wird zu ›*vi4zkcvlsfz*‹ chiffriert. Ist es dasselbe wie ›*p3kqznqiewe*‹? Nein, also geh zum nächsten Wort im Wörterbuch.
›*Aaron*‹ wird zu ›*zzole9cklg8*‹ verschlüsselt. Nicht dasselbe wie ›*p3kqznqiewe*‹, also geh zum nächsten Wort im Wörterbuch.
Schließlich würde sein Programm entdecken, daß ›*Messias*‹ zu ›*p3kqznqiewe*‹ verschlüsselt wird.
Wenn sein Programm ein passendes Wort gefunden hatte, Bingo!, dann druckte es das aus.
Mein Hacker knackte Passwörter, indem er ein Wörterbuch benutzte. Er konnte jedes Passwort herausfinden, vorausgesetzt, es war ein englisches Wort.
Eine ernste Sache. Es bedeutete, daß er jetzt in der Lage war, die Passwörter legitimer Benutzer aus allen Passwortdateien herauszufinden, die ich ihn hatte kopieren sehen. Das verhieß nichts Gutes. Ich ging mein Tagebuch durch. Er hatte diese Dateien aus unserem Unix-Computer, dem System von Anniston und dem Naval Coastal Systems Command kopiert. Ich fragte mich, ob er in diese Computer zurückkomen würde.
Heh – ich hatte bewiesen, daß er mit seinem Rechner Passwörter knackte. In einem englischen Wörterbuch stehen etwa 100 000 Wörter. Es war ungefähr drei Wochen her, daß er meine Passwortdatei kopiert hatte. Wenn dieser Passwortknacker seit drei Wo-

chen andauernd gelaufen war, konnte er dann Marvs Passwort geraten haben? Auf einer normalen VAX dauert's etwa eine Sekunde, ein Passwort zu chiffrieren. 100 000 Wörter würden dann also rund einen Tag erfordern. Auf einem IBM-PC vielleicht einen Monat. Ein Cray-Supercomputer vielleicht eine Stunde.
Aber Marv zufolge hatte dieser Typ es in weniger als drei Wochen geschafft. Also benutzte er keinen kleinen Heimcomputer. Er mußte den Passwortknacker auf einer VAX oder einer Sun-Workstation laufen lassen. Trotzdem mußte ich mit dieser Schlußfolgerung vorsichtig sein. Er verwendete vielleicht einen schnelleren Algorithmus oder hatte ein paar Tage gewartet, nachdem er Marvs Passwort geknackt hatte.
Trotzdem klopfte ich mir selbst auf die Schulter. Nur weil ich gemerkt hatte, daß er Passwörter knackte, kannte ich den Rechnertyp, den er benutzte.
Detektivarbeit mit Fernbedienung.
Das erklärte, warum er immer unsere Passwortdateien in sein System kopierte. Er knackte unsere Passwörter in Deutschland.
Schon ein erratenes Passwort war gefährlich. Wenn ich jetzt Sventeks Konto löschte, konnte er in das Konto von jemand anderem schlüpfen. Wie gut, daß ich die Tür für ihn nicht zugemacht hatte. Was ich für kugelsicher gehalten hatte – meine Passwörter –, erwies sich als löcherig wie ein Schweizer Käse.
Passwortknacken. War mir wirklich noch nicht begegnet, aber ich denke, den Experten bestimmt. Was sagten also die dazu? Ich rief Bob Morris an, das hohe Tier, dem ich bei der NSA begegnet war. Er hatte das Passwortchiffriersystem von Unix erfunden.
»Ich glaube, der Hacker knackt meine Passwörter«, teilte ich Bob mit.
»Was?« Bob klang interessiert. »Benutzt er ein Wörterbuch, oder hat er wirklich den Algorithmus der Datenverschlüsselung umgedreht?«
»Ein Wörterbuch, glaube ich.«
»Ist ja'n Ding! Ich selbst habe drei gute Programme zum Passwortknacken. Eins davon macht eine Vorberechnung der Passwörter, deswegen läuft es ein paar hundertmal schneller. Wollen Sie eine Kopie?«

Ich traute meinen Ohren kaum. Bot er mir doch tatsächlich eine Kopie eines Passwortknackprogramms an!

»Äh, nein, ich glaube nicht«, sagte ich. »Aber wenn ich jemals Passwörter dechiffrieren muß, rufe ich Sie an. Sagen Sie, seit wann kann man Passwörter knacken?«

»Auf so'ne Weise, mit roher Gewalt? Ach, vielleicht seit fünf oder zehn Jahren. Ist ein Kinderspiel.«

Passwörter knacken ein Spiel? Was war das für ein Typ?

Bob fuhr fort: »Raten funktioniert nicht, wenn man gute Passwörter wählt. Unsere eigentliche Sorge sind die Chiffrierprogramme. Wenn jemand einen Weg findet, diese Software umzudrehen, dann sitzen wir bös in der Patsche.«

Ich verstand jetzt, was er meinte. Das Programm, das ›*Messias*‹ in ›*p3kqznqiewe*‹ übersetzte, ist wie eine Einbahnstraße. Es braucht nur eine Sekunde, um ein Passwort zu verschlüsseln. Aber wenn jemand einen Weg fände, diese Wurstmaschine rückwärts laufen zu lassen – einen Weg, um ›*p3kqznqiewe*‹ in ›*Messias*‹ umzuwandeln –, könnte er jedes Passwort herausfinden, ohne zu raten.

Nun, ich hatte es wenigstens der NSA gesagt. Es mochte ja sein, daß sie diese Techniken schon seit Jahren kannten, aber jetzt wußten sie offiziell, daß jemand anderes sie anwandte. Würden sie das öffentlich machen? Das muß man sich mal vorstellen, wenn die NSA das seit zehn Jahren wußte, warum hatten sie's nicht schon längst allgemein bekanntgegeben?

Systemkonstrukteure mußten über dieses Problem Bescheid wissen – um bessere Betriebssysteme zu entwickeln. Auch Systemverwalter sollten das wissen. Und jeder, der ein Passwort benutzt, sollte gewarnt werden. Die Regel ist einfach: Nimm keine Passwörter, die in einem Wörterbuch stehen. Warum hatte mir das niemand gesagt?

Das National Computer Security Center schien sich nicht für die wirklichen, alltäglichen Probleme Tausender von Unix-Computern draußen im Lande zu interessieren. Ich aber wollte über Schwächen meines Unix-Systems Bescheid wissen. Welche Probleme waren berichtet worden? Ich hatte schon einen Fehler im Gnu-Emacs-Editor entdeckt – ein weitverbreitetes Sicherheitsloch. Ich meldete es pflichtbewußt dem National Computer Secu-

rity Center. Aber dort hatte man's nicht weitergegeben. Und jetzt hatte ich entdeckt, daß Passwörter, die in Wörterbüchern stehen, nicht sicher sind.
Wie viele Sicherheitslöcher gab's noch in meinem System?
Das NCSC wußte es vielleicht, aber es sagte nichts.
Das Motto der NSA ›Schweigen ist Gold‹ schien allgemeine Richtschnur zu werden. Doch gerade weil man über diese Sicherheitsprobleme von Computern Stillschweigen hält, treffen sie uns alle. Ich konnte sehen, daß der Hacker diese Löcher schon lange entdeckt und ausgenutzt hatte. Warum sagte das den guten Leuten niemand?
»Dafür sind wir nicht zuständig«, erklärte Bob Morris, als ich ihn darauf ansprach. »Wir sammeln diese Information, um zukünftige Computer um so besser zu konstruieren.«
Irgendwo, irgendwie stimmte hier irgendwas nicht. Die Typen mit den schmutzigen Westen kannten die Kombinationen zu unseren Tresoren. Aber die mit den weißen Westen schwiegen.
Also vergessen wir die NSA fürs erste. Was konnte ich noch tun?
Zeit, den anderen Behörden die Sporen zu geben.

Ende April '87 hatte die Deutsche Bundespost immer noch nicht die entsprechenden Papiere von den USA erhalten. Ihre Fangschaltungen gründeten sich auf eine Strafanzeige, die die Universität Bremen erstattet hatte.
Aber obwohl die Bundespost die Spur mehrmals zurückverfolgt hatte, konnte sie mir Name oder Telefonnummer des Verdächtigen nicht mitteilen. Das deutsche Datenschutzgesetz verbot das. Klang bekannt. Kurzum, ich überlegte, ob meine Schwester Jeannie wohl bereit wäre, in Hannover rumzuschnüffeln. Bis jetzt war sie die einsatzfreudigste Ermittlerin gewesen.
Ich telefonierte mit Mike Gibbons. »Wir behandeln das nicht mehr als Kriminalfall«, sagte er.
»Warum aufgeben, wenn die Deutschen die Leitung verfolgt haben und den Namen des Verdächtigen wissen?«
»Ich habe nicht gesagt, daß wir aufgeben. Ich habe nur gesagt, daß das FBI das nicht als Kriminalfall behandelt.«

Was bedeutete das? Leider ließ Mike wie üblich den Rolladen runter, wenn ich Fragen stellte.
Hatte die Arbeit der Air Force Fortschritte gemacht? Dort machte man unter der Hand bekannt, daß ›Reptilien‹ durch das Milnet krochen und versuchten, in Militärcomputer einzubrechen. Und eine Stelle nach der anderen verschärfte die Sicherheitsmaßnahmen.
Aber die Air Force verließ sich auf das FBI, daß es den Hacker schon fangen würde. Ann Funk und Jim Christy hätten mir gerne weitergeholfen, wie sie mir am Telefon versicherten.
»Sie können mir alles erzählen, nur nicht: ›Dafür bin ich nicht zuständig‹«, bat ich sie.
»Okay«, erwiderte Ann. »Das steht nicht in meiner Macht.«

48. Kapitel

Ich ging wirklich nicht gerne von Berkeley weg. Erstens, weil ich dann meinen Schatz vermißte. Zweitens, weil dann der Hacker unbeobachtet war.

Ich sollte mit dem NTISSIC reden, einer der zahlreichen Regierungsunterorganisationen, deren Akronym nie aufgeschlüsselt worden ist. Bob Morris sagte, sie bestimmten die Richtlinien für Telekommunikation und Informationssicherheit. Also konnte ich die übrigen Buchstaben raten.

»Wenn Sie schon in der Gegend sind«, ich hatte Tejott an der Strippe, »wie wär's, wenn Sie mal bei unserm Hauptquartier in Langley vorbeischauen würden?«

Ich – die CIA besuchen? Die Schnüffler in ihrem eigenen Bau treffen? Ich malte es mir aus: Hunderte von Schnüfflern in Trenchcoats, die in den Korridoren auf der Lauer lagen und nur auf mich warteten.

Dann lud mich die NSA nach Fort Meade ein. Aber nicht ganz so formlos. Am Telefon sagte Zeke Hanson: »Wir hätten gerne, daß Sie einen Vortrag für die Abteilung X-1 vorbereiten. Man wird Ihnen die Fragen vorher schicken.«

Abteilung X-1 der National Computer Security Agency? Mann, das war ja wie bei Jerry Cotton. Und wie üblich kriegte ich keine weitere Information aus ihnen raus... Zeke wollte mir nicht mal sagen, was X-1 bedeutete.

Na gut. Also, ich kam bei der NSA an, und Bob Morris begrüßte mich in seinem Büro. Die drei Tafeln waren mit kyrillischer Schrift (»Das sind Versrätsel«, erklärte er) und ein paar mathematischen Formeln bedeckt. Wo sonst, wenn nicht bei der NSA?

Ich nahm die Kreide und schrieb eine kurze Notiz auf chinesisch, und Bob revanchierte sich mit einem einfachen Zahlenproblem: OTTFFSS.

»Welcher Buchstabe kommt als nächster, Cliff?«

Das hatte schon einen Bart. One. Two. Three. Four. Fife. Six. Seven. »Der nächste Buchstabe ist E für Eight«, verkündete ich.

Wir alberten eine Weile mit Rätseln und Palindromen herum, bis er diese Zahlenreihe hinschrieb: 1, 11, 21, 1211, 111221.

»Vervollständigen Sie die Reihe, Cliff.«

Ich sah sie mir fünf Minuten lang an und gab auf. Ich bin sicher, es ist leicht, aber ich hab's bis zum heutigen Tag nicht rausgekriegt.

Es war verrückt. Hier war ich und hoffte, der NSA Feuer unterm Hintern zu machen. Und da war Bob Morris, ihr Top-Guru, und machte mit mir Zahlenspiele. Lustig, ganz klar. Und beunruhigend.

Wir fuhren hinunter nach Washington zum Justizministerium. Redeten über Computersicherheit, und ich wies ihn darauf hin, daß ich nach allem, was er wußte, die ganze Geschichte auch erfunden haben konnte.

»Sie haben keine Möglichkeit, mich zu überprüfen«, prahlte ich.

»Müssen wir gar nicht. Die NSA ist ein Spiegellabyrinth – jede Abteilung überprüft eine andere.«

»Sie meinen, Sie spionieren sich gegenseitig aus?«

»Nein, nein, nein. Wir überprüfen ständig unsere Ergebnisse. Wenn wir zum Beispiel ein mathematisches Problem mit theoretischen Mitteln lösen, prüfen wir das Ergebnis mit einem Computer. Dann könnte eine andere Abteilung dasselbe Problem mit einer anderen Methode zu lösen versuchen. Es ist nur eine Sache der Abstraktion.«

»Glauben Sie, es stört sich jemand dran, daß ich keine Krawatte anhabe?« Ich hatte frische Jeans angezogen, weil ich mir dachte, es könnten wichtige Leute dabeisein. Aber ich besitze immer noch weder Anzug noch Krawatte.

»Keine Sorge«, sagte Bob. »Auf Ihrem Abstraktionsniveau spielt das keine Rolle.«

Die Besprechung war streng geheim, also konnte ich nicht zuhö-

ren – jemand holte mich, als ich dran war. In einem kleinen Raum, der nur vom Overhead-Projektor erhellt war, waren etwa dreißig Leute, die meisten in Uniform.
Nun, ich sprach eine halbe Stunde und beschrieb, wie der Hacker in Militärcomputer einbrach und durch unsere Netzwerke hüpfte. Ein General im Hintergrund unterbrach mich immer wieder mit Fragen. Keine einfachen wie: »Wann haben Sie diesen Kerl entdeckt?«, sondern harte Brocken wie: »Können Sie beweisen, daß keine elektronische Post gefälscht worden ist?« und: »Warum hat das FBI diesen Fall nicht gelöst?«
Die Fragerei ließ auch während einer weiteren halben Stunde nicht nach. Dann ließen sie mich endlich von der Folter runter. Bei Käsesandwichs erklärte mir Bob Morris – ziemlich locker –, was passiert war: »Ich habe noch nie soviel Lametta in einem Raum auf einem Haufen gesehen. Wissen Sie, der eine Typ, der die guten Fragen gestellt hat – das ist einer von den Untergeordneten. Nur ein Generalmajor.«
Ich wußte so gut wie nichts über die Welt des Militärs. Und so sollte es auch bleiben. »Ich glaube, ich bin beeindruckt«, sagte ich, »obwohl ich nicht weiß, warum eigentlich.«
»Sollten Sie auch«, erwiderte Bob. »Ansonsten sind das alles ranghöchste Offiziere. General John Paul Hyde zum Beispiel arbeitet bei der Stabsführung. Und dieser Typ in der ersten Reihe – das ist ein hohes Tier vom FBI. Es ist gut, daß er Sie gehört hat.«
Ich war da nicht so sicher. Ich konnte mir vorstellen, daß so was für einen FBI-Boss harte Zeiten bedeutet: Er weiß, daß seine Behörde etwas tun sollte, trotzdem läuft da irgendwas nicht. Er brauchte bestimmt keinen Zusatzkick von einem langhaarigen Intellektuellen aus Berkeley. Er brauchte unsere Unterstützung und unsere Kooperation.
Mir wurde plötzlich unbehaglich. Ich drückte den Rückspulknopf hinten in meinem Hirn. Hatte ich etwa Mist gebaut? Es ist schon ein seltsames Gefühl, wenn man nervös wird, nachdem man was getan hat. Je mehr ich darüber nachdachte, desto mehr beeindruckten mich die Offiziere. Sie hatten die wunden Punkte meines Vortrags genau getroffen und sowohl die Details als auch die Bedeutung dessen, was ich sagte, verstanden.

Was war eigentlich los mit mir? Vor nicht allzu langer Zeit hatte ich die Militärs noch als kriegslüsterne Marionetten der Wall-Street-Kapitalisten angesehen. Und jetzt wirkten sie auf mich wie schlaue Leute, die sich mit einem ernsten Problem befassen.
Am nächsten Vormittag sollte ich in der Abteilung X-1 der NSA sprechen. Sie hatten tatsächlich eine Liste mit Fragen vorbereitet und baten mich, mich auf die folgenden Themen zu konzentrieren.

1. Wie wurde der Aggressor aufgespürt?
2. Welche Überwachungseinrichtungen werden verwendet?
3. Wie ist es möglich, jemanden zu kontrollieren, der als privilegierter Benutzer arbeitet?
4. Stellen Sie die technischen Details des Eindringens im Computer dar.
5. Wie erhielt der Aggressor Passwörter für die Crays von Livermore?
6. Wie erhielt er Systemverwalterprivilegien?
7. Traf der Aggressor Maßnahmen gegen eine Entdeckung?

Ich sah mir diese Fragen an und konnte sie nicht beantworten. Oh, ich verstand schon, was die NSA-Leute mich fragten. Aber da stimmte was nicht. War es, daß die Antworten auf diese Fragen dazu benutzt werden konnten, um in Systeme einzubrechen? Nein, das war nicht mein Einwand. Die Fragen bezogen sich im wesentlichen auf die Verteidigungsmöglichkeiten.
Oder widerstrebte mir die Rolle der NSA, nur Information zu sammeln, sie aber mit niemandem zu teilen? Nein, eigentlich auch nicht. Ich hatte mich damit abgefunden.
Als ich sie ein drittes Mal las, spürte ich, daß ihnen eine Annahme zugrundelag, die ich beleidigend fand. Ich kratzte mich am Kopf und fragte mich, was mich so ärgerte.
Schließlich erkannte ich, was mich an ihren Fragen so störte.
Es war nicht der Inhalt der Frage, sondern ihre wesensmäßige Neutralität. Sie unterstellten einen unpersönlichen Gegner – einen keimfreien ›Aggressor‹. Sie implizierten, daß das ein emotionsloses, technisches Problem sei und mit rein technischen Mitteln zu lösen.

Solange man jemanden, der einen beklaut, als ›Aggressor‹ betrachtet, wird man keinen Fortschritt machen. Und solange die NSA-Leute unpersönlich und objektiv blieben, würden sie nie begreifen, daß es sich nicht einfach um einen Computer handelte, in den eingebrochen wurde, sondern daß hier eine Gemeinschaft angegriffen wurde.

Als Wissenschaftler verstand ich die Notwendigkeit, gegenüber einem Experiment objektiv zu bleiben. Aber ich, ich würde das Problem nie lösen, wenn ich mich nicht mit Haut und Haar hineinbegab; bis ich mir Sorgen machte wegen des Krebspatienten, der von diesem Kerl verletzt werden konnte; bis ich wütend wurde, weil dieser Hacker uns alle unmittelbar bedrohte.

Ich formulierte die Fragen um und schrieb eine neue Folie.

1. Wie bricht dieser Gauner in Computer ein?
2. In welchen Systemen schleicht er rum?
3. Wie wurde dieser Mistkerl privilegierter Benutzer?
4. Wie bekam dieser Nimmersatt Passwörter für die Crays von Livermore?
5. Hat sich das Stinktier gegen Entdeckung abgesichert?
6. Kann man eine Ratte kontrollieren, die Systemverwalter ist?
7. Wie kann man einen Maulwurf in seinen Schlupfwinkel zurückverfolgen?

Diese Fragen konnte ich beantworten.

Diese NSA-Schnüffler redeten in einem moralischen Null-Jargon, während ich wirklich echte Wut im Bauch hatte. Wut, daß ich meine Zeit damit verschwendete, einen Datendieb zu verfolgen, statt Astrophysik zu betreiben. Wut, daß dieser rücksichtslose Kerl sich ungestraft sensitive Information schnappte. Wut, daß das meiner Regierung offensichtlich scheißegal war.

Aber wie trichtert man einer hochkarätigen Technokratenbande was ein, wenn man langhaariger Astronom, ohne Krawatte und noch nicht mal sicherheitsüberprüft ist? (Es muß bei denen so 'ne Regel geben wie: ›Kein Anzug, keine richtigen Schuhe, keine Verfassungstreue.‹) In meinem Vortrag gab ich mein Bestes, aber ich fürchte, die NSA-Leute interessierten sich mehr für die Technik als für irgendwelche ethisch-moralischen Implikationen. Danach zeigten sie mir ein paar ihrer Computersysteme. Ein bißchen beunruhigend war's schon: In jedem Raum, den ich betrat, blinkte ein rotes Licht an der Decke. »Es warnt alle davor, über etwas Geheimes zu reden, solange man hier ist«, sagte mir meine Führerin.

»Was bedeutet Abteilung X-1?« fragte ich sie.

»Ach, nichts Besonderes«, erwiderte sie. »Die NSA hat 24 Abteilungen, jede mit einem Buchstaben. X ist die Gruppe Sichere Software. Wir testen sichere Computer. X-1 sind die Mathematiker, die die Software theoretisch testen; sie versuchen, Löcher in ihrem Aufbau zu finden. Die X-2-Leute sitzen am Rechner und versuchen, schon geschriebene Software zu knacken.«

»Deshalb seid ihr also an Schwächen von Computern interessiert.«

»Genau. Eine Abteilung der NSA braucht vielleicht drei Jahre, um einen sicheren Rechner zu entwickeln. X-1 untersucht seine Konstruktion, und dann klopft ihn X-2 auf Löcher ab. Wenn wir welche finden, geben wir ihn zurück, aber wir sagen ihnen nicht, wo der Fehler steckt. Wir überlassen das denen, es rauszufinden.«

Ich fragte mich, ob sie das Problem mit Gnu-Emacs entdeckt hätten. Während unseres Rundgangs wollte ich von mehreren NSA-Leuten wissen, ob es irgendeine Möglichkeit gab, unsere Arbeit finanziell zu unterstützen. Privat bedauerten alle, daß unsere Mittel samt und sonders aus Forschungsgeldern für Physik stammten. In ihrer Funktion jedoch boten sie keine Hilfe an.

»Es wäre leichter, wenn Sie ein Rüstungsbetrieb wären«, erklärte mir ein Schnüffler. »Die NSA schreckt vor Akademikern zurück. Scheint da eine Art wechselseitiges Mißtrauen zu geben.«

Bis jetzt betrug die gesamte externe Unterstützung 85 Dollar, das Honorar für einen Vortrag vor der San Francisco Bay Technical Librarians Association.

Die Tour durch die NSA dauerte gut bis zum Mittagessen, deshalb verließ ich Fort Meade spät und verfuhr mich prompt wieder auf dem Weg zur CIA nach Langley, Virginia. Etwa um 14 Uhr fand ich die unbeschilderte Abfahrt und hielt schließlich eine Stunde zu spät vor dem Wachhaus.

Der Wachposten starrte mich an, als ob ich soeben vom Mars gekommen wäre.
»Zu wem wollen Sie?«
»Tejott.«
»Ihr Nachname?«
»Stoll.«
Die Wache sah ihr Klemmbrett durch, reichte mir ein Formular zum Ausfüllen und legte einen blauen Passierschein auf das Armaturenbrett des Mietwagens.
Ein VIP-Parkschein bei der CIA. Ist daheim in Berkeley mindestens 5 Dollar wert. Vielleicht auch 10 Dollar.
Ich? Eine sehr wichtige Person? Für die CIA? Einfach absurd. Auf dem Weg zum Parkplatz wich ich ein paar Joggern und Fahrradfahrern aus. Ein bewaffneter Wachposten versicherte mir, daß ich das Auto nicht abschließen müsse. Im Hintergrund zirpten die Grillen und quakten Enten.
Was machen Enten am Tor zur CIA?
Tejott hatte nicht gesagt, wie tief der Vortrag in die technischen Details gehen sollte, deshalb stopfte ich meine Folien in einen zerknitterten Umschlag.
Dann mal los zum CIA-Gebäude.
»Sie sind zu spät«, rief Tejott von der anderen Seite der Eingangshalle.
Was sag ich ihm nur? Daß ich mich auf Autobahnen immer verfahre?
Mitten in der Eingangshalle ist in den Boden ein Siegel der CIA von anderthalb Meter Durchmesser eingelassen, ein Adler hinter einem Dienstsiegel aus Fliesen. Ich erwartete, jeder würde darum herumgehen, wie die High-School-Boys in DENN SIE WISSEN NICHT, WAS SIE TUN. Nichts da. Alle laufen drüber, keiner erweist dem armen Vogel Respekt.
An der Wand befindet sich eine Inschrift aus Marmor: DIE WAHRHEIT WIRD EUCH FREI MACHEN. (Ich fragte, warum sie das Motto von Caltech verwendeten – dann fiel mir ein, daß das Zitat aus der Bibel stammte.) Vier Dutzend Sterne waren auf der anderen Wand eingraviert – über das Leben der Menschen, die sie darstellten, konnte ich nur Vermutungen anstellen.

Nach einer rituellen Durchsuchung meiner Habseligkeiten bekam ich einen leuchtend roten Ausweis mit einem großen V. Die Kennzeichnung als ›Visitor‹ war eigentlich unnötig – ich war der einzige Besucher weit und breit und ohne Krawatte.
Kein Trench in Sicht.
Die Atmosphäre glich der einer zahmen Universität; Leute schlenderten durch die Korridore und diskutierten über Zeitungsartikel. Ab und zu ging ein Pärchen vorbei, Arm in Arm. Meilenweit entfernt von Boris-und-Natascha-Spielchen.
Na, dachte ich, nicht genauso wie eine Uni. Als Tejott mir sein Büro im ersten Stock zeigte, fiel mir auf, daß jede Tür eine andere Farbe hatte, aber daß an keiner Cartoons, Aufkleber oder politische Plakate zu sehen waren. Manche hatten dafür Zahlenschlösser, fast wie Banktresore. Sogar die Sicherungskästen hatten Vorhängeschlösser.
»Da Sie zu spät sind, haben wir die Besprechung neu anberaumt«, sagte Tejott.
»Ich mußte noch Folien aussuchen«, sagte ich. »Wie technisch soll mein Vortrag denn sein?«
Tejott blinzelte mich an und sagte: »Machen Sie sich keine Gedanken darüber. Sie werden keine Folien brauchen.«
Mir schwante Ärger. Kein Ausweg diesmal. Als ich an Tejotts Schreibtisch saß, entdeckte ich, daß er eine phantastische Auswahl von Stempeln hatte. Echte **Streng geheim**-Stempel, dann noch solche wie **Geheim, Streng vertraulich, Nur zum internen Gebrauch, Nach Lesen in den Reißwolf** und **Noforn**. Ich dachte, das letzte bedeute ›No Fornicating‹, also ›Keine Unzucht treiben‹, aber Tejott klärte mich auf. ›No Foreign Nationals‹ bedeutete: ›Nicht für ausländische Staatsangehörige‹. Ich verzierte ein Blatt Papier mit allen Stempeln und stopfte es in meinen Packen Folien. Greg Fennel, der andere Schnüffler, der mich in Berkeley besucht hatte, schaute herein und nahm mich mit in den Computerraum der CIA. Eher ein Stadion. In Berkeley war ich ein Dutzend Rechner in einem großen Raum gewöhnt. Hier waren Hunderte von Zentralrechnern dicht an dicht in eine riesige Höhle gepackt. Greg wies darauf hin, daß dies die größte Rechenanlage der Welt sei, bis auf Fort Meade.

Alles IBM-Zentralrechner.
Nun sind große IBM-Systeme unter Unix-Fans ein Rückschritt in die 60er Jahre, als Rechenzentren groß in Mode waren. Gegenüber Workstations auf dem Schreibtisch, Netzwerken und Personal Computern scheinen Zentralrechnersysteme wie Goliaths. Groß und leicht zu schlagen. Mit einem Wort: antiquiert.
»Warum das ganze IBM-Zeug?« fragte ich Greg. »Das sind doch Dinosaurier.« Ich zeigte verächtlich meine Unix-Parteilichkeit.
»Wir verändern uns«, antwortete Greg. »Wir haben eine eifrige Gruppe zur Künstliche-Intelligenz-Forschung, fleißige Robotikwissenschaftler, und unser Bildverarbeitungslabor brodelt förmlich.«
Ich erinnerte mich, wie ich Tejott und Greg stolz durch das Rechensystem meines Labors geführt hatte. Plötzlich war mir das unglaublich peinlich – unsere fünf VAXen, für uns wissenschaftliche Arbeitspferde, erschienen neben denen hier reichlich mickrig.
Aber wir hatten andere Ziele. Die CIA braucht ein gigantisches Datenbanksystem – sie wollen Riesenmengen verschiedener Daten organisieren und verknüpfen.
Wir brauchten Zahlenfresser: Computer, die schnell in Mathe waren. Es ist immer verführerisch, die Geschwindigkeit eines Computers oder seine Plattenkapazität zu messen und dann zu sagen: »Dieser ist besser.«
Die Frage ist nicht: »Welcher Computer ist schneller?«, nein, nicht mal: »Welcher ist besser?« Man sollte vielmehr fragen: »Welcher ist angemessener?« oder: »Welcher macht das, was man braucht?«
Nach der Runde durch die Rechnerabteilung der CIA brachten mich Tejott und Gregg hinauf in den siebten Stock. Im Treppenhaus stehen die Stockwerksnummern in verschiedenen Sprachen: Ich erkannte den vierten Stock (chinesisch) und den fünften Stock (thailändisch).
Ich kam in ein Vorzimmer mit Perserteppich, impressionistischer Kunst an den Wänden und einer Büste von George Washington in der Ecke. Eine bunte Mischung. Ich ließ mich mit Greg und Tejott auf einem Sofa nieder. Uns gegenüber waren zwei andere Typen,

beide mit einem Bildausweis. Wir unterhielten uns ein wenig – einer der beiden sprach fließend chinesisch; der andere war Tierarzt gewesen, bevor er zur CIA ging. Ich fragte mich, was ich denen für einen Vortrag halten sollte.

Die Bürotür flog auf, und ein großer, grauhaariger Mann rief uns herein. »Hallo, ich bin Hank Mahoney. Ich grüße Sie.«

Das ist also das Treffen. Es stellte sich bald für mich heraus, daß der siebte Stock der geheime Treffpunkt der Obermacker der CIA war und Hank Mahoney ihr Vizedirektor. Neben ihm grinsten Bill Donneley, der Stellvertretende Direktor, und ein paar andere.

»Sie haben also wirklich von diesem Fall gehört?« fragte ich ihn.

»Wir verfolgen ihn täglich. Natürlich bedeutet dieser Fall für sich genommen nicht viel. Aber er stellt ein ernstes Problem für die Zukunft dar. Und wir schätzen es sehr, daß Sie die Mühe auf sich genommen haben, uns auf dem laufenden zu halten.«

Man überreichte mir ein offizielles Dankeszertifikat – aufgerollt wie ein Diplom. Ich wußte nicht, was ich sagen sollte, deshalb stammelte ich etwas von Dankeschön und schaute Tejott an, der in sich hineingluckste. Danach sagte er: »Wir wollten eine Überraschung draus machen.«

Überraschung? Lieber Gott – ich hatte erwartet, in einen Raum voller Programmierer zu kommen und einen Vortrag über Netzwerksicherheit zu halten. Ich warf einen Blick auf das Zertifiakt. Es war unterschrieben von William Webster, dem Direktor der CIA. Tatsächlich durchsuchten die Wachen meinen Stapel Folien, als ich hinausging. Mittendrin lag das Stück Papier mit dem verräterischen Stempel **Streng geheim.** Oje.

Alarm – Besucher gefangen, der CIA mit **Streng geheim**-Dokumenten verlassen will! Natürlich ist sonst nichts auf dem Blatt. Nach fünf Minuten hin und her und zwei Telefonaten lassen sie mich raus. Aber nicht ohne die Stempelsammlung zu beschlagnahmen. Und dann noch eine Belehrung über das Thema: »Wir hier nehmen Sicherheit ernst.«

Ich flog zurück nach Berkeley und saß neben Greg Fennel, der wegen irgendeiner Geheimgeschichte in den Westen flog. Es stellt sich heraus, daß er von der Astronomie her kommt – er leitete mal ein Observatorium. Wir redeten ein bißchen über das Space-

Teleskop, ein milliardenschweres Hochpräzisonsinstrument, das bald in den Weltraum geschossen werden soll.
»Mit einem 235-Zentimeter-Teleskop im Weltraum werden wir phänomenale Details von Planeten zu sehen kriegen.«
»Stellen Sie sich mal vor, was man damit machen könnte, wenn man es auf die Erde richten würde«, sagte Greg.
»Wieso denn? Die wirklich interessanten Sachen sind doch alle am Himmel. Und außerdem kann man das Space-Teleskop sowieso nicht auf die Erde richten. Seine Sensoren würden dabei durchbrennen.«
»Nehmen wir an«, Greg ließ den Einwand nicht gelten, »jemand hat ein solches Teleskop gemacht und richtet es auf die Erde. Was könnten Sie sehen?«
Ich jonglierte ein paar Zahlen im Kopf, Nun gut, ein 235-Zentimeter-Teleskop in einer Umlaufbahn in 300 Meilen Höhe. Die Wellenlänge des Lichts beträgt etwa 400 Nanometer... »Oh«, antwortete ich, »man könnte Details in Metergröße leicht sehen. Die Grenze läge bei ein paar Dezimetern. Nicht ganz ausreichend, um ein Gesicht zu erkennen.«
Greg lächelte und sagte nichts. Es dauerte eine Weile, aber dann ging es mir schließlich auf: Das astronomische Space-Teleskop würde nicht das einzige große Teleskop in einer Umlaufbahn sein. Greg sprach wahrscheinlich von irgendeinem Spionagesatelliten. Dem geheimen KH-11 höchstwahrscheinlich.
Ich kam wieder zurück nach Hause und war mir nicht sicher, ob ich Martha erzählen sollte, was passiert war. Ich hatte eigentlich nicht das Gefühl, anders geworden zu sein – ich wollte immer noch lieber Astronomie betreiben als einen Hacker jagen –, aber ich fürchtete, Martha würde die Treiber, denen ich die Hand gegeben hatte, absolut nicht billigen.
»War's lustig?« fragte sie, als ich zurückkam.
»Ja, auf eine seltsame Weise schon«, antwortete ich. »Du wirst nicht wissen wollen, wen ich getroffen habe.«
»Spielt keine Rolle. Du bist den ganzen Tag im Flugzeug eingeklemmt gewesen. Komm, ich massier dir den Rücken.«
Trautes Heim, Glück zu zwein.

49. Kapitel

Ich kochte immer noch vor Ärger, wenn ich an die acht Monate dachte, die wir an diesem Fall geklebt hatten. Mein Chef ließ es mich nicht vergessen, daß ich nichts Nützliches tat.

Dann rief am Mittwoch, dem 22. April 1987, Mike Gibbons an, um mir mitzuteilen, daß das FBI-Hauptquartier entschieden hatte, wir sollten den Hacker weiter überwachen. Alles deutete darauf hin, daß die Polizei in Hannover den Kerl fassen wollte, und das konnte nur gelingen, wenn wir den Deutschen sofort meldeten, wenn unser Alarm losging. Unterdessen hatte das FBI ein offizielles Gesuch um Kooperation und unverzügliche Telefonüberwachung eingereicht. Sie standen über das US-Außenministerium mit dem BRD-Justizministerium in Verbindung.

Ein dreifaches Hurra. Woher dieser plötzliche Gesinnungswechsel? Hatte das NTISSIC-Komitee eine Entscheidung getroffen? Weil ich ihnen ständig in den Ohren lag? Waren die Deutschen auf das FBI zugegangen?

Obwohl das FBI erst jetzt interessiert war, hatte ich meine Überwachungsstation nie abgeschaltet. Auch wenn ich ein paar Tage weg war, blieb sie in Aktion. Die Ausdrucke der letzten Woche zeigten, daß er am Samstag, dem 19. April, von 9.03 Uhr bis 9.04 Uhr im System gewesen war. Später an diesem Tag erschien er noch mal für einige Minuten. Nach ein paar Tagen Stillhalten erschien er wieder, prüfte, ob die SDINET-Dateien noch da waren und verschwand.

Im vergangen Monat hatte ich neue Köder für den Hacker ausgelegt. Er sah ihn – zumindest warf er einen Blick auf die Namen der Dateien, aber er las keine davon. Befürchtete er, daß er beobachtet wurde? Wußte er etwa Bescheid?

Wenn er aber annahm, beobachtet zu werden – wäre er wirklich so total behämmert, überhaupt wieder aufzutauchen, oder konnte er sich plötzlich vielleicht keine längeren Verbindungen leisten?
Die Deutsche Bundespost teilte uns mit, daß er diese Anrufe einer kleinen Firma in Hannover in Rechnung stellte.
Den ganzen Frühling über bastelte ich weiter neue Köder. Für einen Außenstehenden waren die fingierten SDINET-Dateien das Produkt eines rege funktionierenden Büros. Meine geheimnisvolle Barbara Sherwin verfaßte Aktennotizen und Briefe, Bestellungen und Reisebuchungen. Hier und da streute sie ein paar technische Artikel ein, die erläuterten, wie das SDI-Netzwerk alle möglichen geheimen Computer miteinander verband. Eine oder zwei Notizen implizierten, daß man die LBL-Computer dazu benutzen konnte, sich ins Netzwerk einzuklinken.
Jeden Tag verschwendete ich eine Stunde damit, diese Dateien zusammenzumixen. Meine Hoffnung war, den Hacker eher hiermit zu beschäftigen, statt daß er irgendwo in militärischen Systemen wilderte. Zugleich hatten wir damit die Gelegenheit, den Hacker zu verfolgen.

Am Montag, dem 27. April, radelte ich spät ins Labor und fing an, ein Programm für unser Unix-System zu schreiben, damit es mit den Macintosh-Computern auf den Schreibtischen der Leute kommunizieren konnte. Wenn ich die miteinander verbinden konnte, konnte jeder Wissenschaftler den Drucker des Macintosh benutzen. Eine lustige Sache.
Um 11.30 Uhr hatte ich zwei Programme vermurkst – was vor einer Stunde funktioniert hatte, tat's jetzt nicht mehr –, als Barbara Schaeffer aus dem 5. Stock anrief.
»Hey, Cliff«, sagte die Astronomin, »gerade ist 'n Brief für Barbara Sherwin eingetrudelt.«
»Bleiben Sie ernst.«
»Wirklich. Kommen Sie rauf, wir machen ihn auf.«
Ich hatte Barbara von dem Dummy-SDI-Projekt erzählt und erwähnt, daß ich ihren Briefkasten als Poststelle benutzte. Aber ich hatte nie erwartet, daß der Hacker wirklich etwas mit der Post schicken würde.

Du meine Güte! Hatte uns dieser Hacker wirklich mit einem Brief bedacht?
Ich rannte die fünf Treppen hoch – der Lift ist zu langsam. Babs und ich sahen uns den Brief an. Adressiert an Mrs. Barbara Sherwin, SDINET-Projekt, Postfach 50-351, LBL, Berkeley, CA. Abgestempelt in Pittsburgh, Pennsylvania.
Mein Herz hämmerte noch vom Treppensprint, aber ich spürte den Adrenalinstoß, als ich diesen Umschlag sah .
Wir schlitzten den Umschlag sorgfältig auf, und heraus fiel folgender Brief:

Triam International, Inc.
6512 Ventura Drive
Pittsburgh, PA 15236
21. April 1987

SDI Network Project
LBL, Mail Stop 50-351
1 Cyclotrov Road
Berkley, California 94720

ATTENTION:	*Mrs. Barbara Sherwin*
	Document Secretary
SUBJECT:	*SDI Network Project*

Dear Mrs. Sherwin:
I am interested in the following documents. Please send me a price list and an update on SDI Network Project. Thank you for your cooperation.

Very truly yours,
Laszlo J. Balogh

#37.6 SDI Network Overview Description Document, 19 Pages, December 1986
#41.7 SDI Network Functional Requirement Document, 227 pages, Revised September 1985
#45.2 Strategic Defense Initiations and Computer Network Plans

and Implementations of Conference Notes, 300 pages, June 1986

#47.3 SDI Network Connectivity Requirements, 65 pages, Revised April 1986

#48.8 How to Link to SDI Network, 25 pages, July 1986

#49.1 X.25 and X.75 Connection to SDI Network (includes Japanese, European, Hawaiian), 8 pages, December 1986

#55.2 SDI Network Management Plan for 1986 to 1988, 47 pages November Membership list (includes major connection, 24 pages, November 1986)

#65.3 List, 9 pages, November 1986

Himmel, Arsch und Zwirn! Jemand hatte unseren Köder geschluckt und bat um weitere Informationen! Ich hätt's ja noch verstanden, wenn der Brief aus Hannover gekommen wäre. Aber Pittsburgh? Ich bat Babs Schaeffer, die Verschwiegenheit in Person zu sein, und rief Mike Gibbons im FBI-Büro in Alexandria an.

»Hey, Mike, erinnern Sie sich noch an den Speck, den ich im Januar in die Falle gesteckt habe?«

»Sie meinen diese SDI-Dateien, die Sie zusammengemixt haben?«

»Genau«, sagte ich. »Also, meine eifrige Phantomsekretärin hat gerade einen Brief bekommen.«

»Bleiben Sie ernst.«

»Jemand in Pittsburgh will etwas über SDI erfahren.«

»Und Sie haben diesen Brief?«

»Direkt vor mir.«

»Okay«, sagte Mike, »hören Sie gut zu. Berühren Sie diesen Brief nicht. Besonders nicht an den Kanten. Schnappen Sie sich eine Klarsichthülle. Geben Sie den Brief vorsichtig da rein. Dann schicken Sie ihn mir per Eilboten. Und noch mal: Fassen Sie ihn ja nicht an. Tragen Sie Handschuhe, wenn's sein muß, oder nehmen Sie eine Pinzette.«

»Die echte Barbara Schaeffer hat ihn aber schon angefaßt.«

»Dann müssen wir vielleicht ihre Fingerabdrücke nehmen. Ach, bevor Sie ihn in den Umschlag tun, zeichnen Sie ihn auf der Mitte der Rückseite ab.«

Das klang ganz nach ›Die Kriminalpolizei rät ...‹, aber ich befolgte die Anweisungen. Behandelte den Brief wie ein astronomisches Negativ – nur daß ich mir eine Fotokopie davon machte. Denn ich hatte den Verdacht, Mike würde vergessen, das Original zurückzugeben.

Nachdem ich eine Stunde bei mir rumgewühlt (Haben Sie schon mal Klarsichthüllen gesucht?) und den Brief an das FBI geschickt hatte, kramte ich mein Tagebuch aus.

Die Information in diesem Brief tauchte in genau einer meiner fingierten Dateien auf. Diese Datei namens ›*form-letter*‹ war nur einmal gelesen worden. Am Freitag, dem 16. Januar 1987, hatte der Hacker diese Datei gelesen.

Ich konnte beweisen, daß niemand sonst sie gesehen hatte. Ich hatte diese Datei ›*form-letter*‹ so geschützt, daß niemand außer dem Systemverwalter sie lesen konnte. Oder jemand, der unberechtigterweise zum Systemverwalter geworden war.

Na, vielleicht hatte jemand anderes einen Weg rausgefunden, diese Datei zu lesen, überlegte ich, verwarf den Gedanken aber sofort wieder. Denn wenn der Computer aus irgendeinem Grund auf diese Datei zugriff, ging mein Alarm los, und ich bekam einen Ausdruck. Richtig. Nur eine Person hatte diesen Alarm ausgelöst.

Der Hacker.

Ich verglich Laszlo Baloghs Brief aus Pittsburgh mit meinem vorfabrizierten Brief vom 16. Januar. Er fragte haargenau nach allem, was der Köder anbot. Identisch. Nur daß er vorsorglich das Wort ›geheim‹ bei Dokument #65.3 gestrichen hatte.

Mehrere Fehler sprangen ins Auge: Es heißt ›Cyclotron‹, nicht ›Cyclotrov‹. ›Berkeley‹, nicht ›Berkley‹. Ich fragte mich, ob die Muttersprache des Verfassers vielleicht nicht Englisch war – wer würde denn sagen ›Plans and Implementations of Conference Notes‹?

Komisch. Wer steckt dahinter?

Oh – ich weiß, was da vorgeht! Dieser Hacker wohnt in Pittsburgh, Pennsylvania. Er ruft Hannover, klinkt sich ins deutsche Telefonnetz ein und dringt dann in meinen Computer ein. Was für eine geniale Methode, sich zu verstecken!

Nee. Das ist nicht schlüssig. Wieso sollte er nicht direkt anrufen – von Pittsburgh gleich nach Berkeley?

Ich las mein Tagebuch vom 18. Januar noch einmal. An diesem Tag hatten wir die elektronische Verbindung den ganzen Weg zurück bis zum Telefon des Hackers in Hannover verfolgt. Die Spur lief zu jemandem in Hannover, nicht in Pittsburgh.

Die Information war von meinem Computer in Berkeley über Tymnet nach Hannover geflossen. Und drei Monate später trifft ein Brief aus Pittsburgh ein.

Ich kratzte mich am Kopf und suchte eine Telefonnummer auf dem Brief. Gab keine. Vielleicht wird Laszlo bei der Telefonauskunft von Pittsburgh geführt? Nein. Triam auch nicht.

Aber dieser Name ... Ich rief meine Schwester Jeannie an.

»Heh, Schwesterherz, was für ein Name ist ›Balogh‹?

Jeannie weiß solche Sachen.

»Klingt nach Mittel- oder Südeuropa. Ungarisch oder Bulgarisch. Hast du einen Vornamen?«

»Laszlo.«

»Ganz sicher Ungarisch. Hatte nämlich mal einen Freund, dessen Vater ...«

»Könnte es möglicherweise auch Deutsch sein?«

»Kommt mir nicht so vor.«

Ich erzählte ihr von dem Brief und den Schreibfehlern.

»›tron‹ durch ›trov‹ zu ersetzen klingt nach einem ungarischen Fehler«, sagte sie. »Ich wette, es ist Ungarisch.«

»Hast du schon mal den Namen ›Langman‹ gehört?«

»Nein, kann ich nicht behaupten. Das heißt auf deutsch ›Langer Mann‹, falls dich das irgend tröstet.«

»Der Hacker hat ein Konto für ›T. G. Langman‹ eingerichtet.«

»Klingt für mich wie ein Deckname«, sagte Jeannie. »Und woher willst du wissen, daß dieser Laszlo echt ist? Kann genauso gut ein Pseudonym sein.«

Computerhacker verstecken sich hinter Pseudonymen. In den letzten sieben Monaten war ich auf Pengo, Hagbard, Frimp, Zombie gestoßen... aber T.G. Langmann und Laszlo Balogh? vielleicht.

Ein Hacker in Hannover erfährt eine Geheimsache aus Berkeley.

Drei Monate später schreibt uns ein Ungar aus Pittsburgh einen Brief. Faszinierend.

Drei Monate, wie? Ich dachte ein wenig darüber nach. Angenommen, zwei Freunde kommunizieren miteinander. Nachrichten würden ein paar Tage brauchen, um von einem zum andern zu gehen. Eine Woche oder zwei vielleicht. Aber nicht drei Monate.

Also war Laszlo in Pittsburgh wahrscheinlich kein enger Freund des Hackers in Hannover.

Nehmen wir jetzt an, daß die Information über einen Dritten gelaufen wäre. Wie viele Leute waren beteiligt? Wenn zwei oder drei Leute sich treffen, eine Entscheidung fällen und dann handeln, so dauert das nur eine Woche oder zwei. Aber wenn fünf oder zehn Leute sich treffen, etwas entscheiden und handeln sollen, dann dauert das einen Monat oder zwei.

Trotzdem war ich ziemlich sicher, daß nur eine Person den Computer bedient. Niemand sonst hätte diese Zähigkeit, Methodik und hartnäckige Vorgehensweise. Die Deutsche Bundespost hatte mitgeteilt, sie sei zwei Leuten auf der Spur und einer »Firma«.

Was geht da vor?

Ratlos lehnte ich mich zurück. Was immer da passiert, gestand ich mir ein, es wächst mir über den Kopf. Solche Sachen lernt man nicht als Doktorand. Da mußten jetzt andere ran. Alles Weitere hatte die CIA zu regeln. Ich rief Tejott an und wurde gerade zwei Sätze meiner Schilderung los.

»Warten Sie eine Sekunde. Ich ruf Sie über eine andere Leitung zurück.«

Eine gesicherte Telefonleitung.

Zweifellos erschütterte ihn dieser letzte Dreh bis ins Mark. Ich mußte es ihm zweimal erklären – er wollte auch eine Kopie von Laszlos Brief per Eilboten. In bestimmten Kreisen verbreiten sich Neuigkeiten schnell: Eine halbe Stunde später rief mich Greg Fennel von der CIA an und fragte, ob Laszlo sich in meinen Computer eingeloggt haben konnte. Ich erklärte ihm meine Alarmanlagen und Fallstricke.

»Nein, der einzige, der diese Datei gesehen hat, ist ein Hacker in Hannover.«

Greg schwieg eine Sekunde am Telefon und sagte dann: »Die Kanone raucht wirklich noch.«
Ähnliches hatte auch der NSA-Typ von sich gegeben.
Zeit, Bob Morris anzurufen. Ich erzählte ihm von dem Brief, und er schien mäßig interessiert. »Soll ich Ihnen eine Kopie per Eilboten schicken?«
»Nicht nötig. Normal reicht auch.«
Er schien sich mehr für meine Methoden, Alarmanlagen zu installieren, zu interessieren als für den Inhalt des Briefs. In gewisser Weise war das nicht erstaunlich – Bob hatte schon kapiert, daß da etwas Ernstes vorging.
Das Air Force OSI schickte einen Ermittler vorbei, der den Brief untersuchen sollte. Ihr Mann, Steve Shumaker, hatte so viel gesunden Menschenverstand, um in Arbeitshosen und T-Shirt zu erscheinen, damit die Leute hier keinen Verdacht schöpften. Er bat um eine Kopie des Briefes und die Ausdrucke vom Air Force System Command Space Division. Sie wollten eine *post-mortem*-Analyse von dem Einbruch des Hackers durchführen.
»Ich geb Ihnen eine Kopie des Briefes – überhaupt kein Problem«, sagte ich zu Shumaker. »Aber ich kann Ihnen die Originalausdrucke nicht überlassen. Das FBI hat mich angewiesen, alle unter Verschluß zu halten – als Beweismittel und so.«
»Können Sie sie kopieren?«
Auch das noch! 500 Seiten Computerausdruck kopieren.
Also verbrachten wir eine geschlagene Stunde vor dem Kopierer und nudelten das verdammte Papier durch die Maschine. Ich fragte den OSI-Detektiv, was er zu dem Brief aus Pittsburgh meinte.
»Wir haben alle gewarnt, daß das passieren mußte. Vielleicht wachen sie jetzt auf.«
»Was haben Sie bis jetzt unternommen?«
»Wir besuchen die Anlagen und versuchen, das Sicherheitsbewußtsein der Betreiber zu schärfen«, sagte er. »Wir haben ein Team zusammengestellt, das die Sicherheit ihrer Computer testet. Es versucht, in Systeme der Air Force einzubrechen. Unsere Erfahrungen sind nicht sehr ermutigend.«
»Sie meinen, Sie sind die einzigen, die die Luftwaffencomputer

auf Sicherheit überprüfen?« fragte ich. »Die müssen doch Tausende von diesen Dingern haben.«
»Es gibt noch eine Gruppe in San Antonio, das Air Force Electronic Security Command, das nach Bruchstellen in der elektronischen Sicherheit sucht«, sagte Shumaker. »Die kümmern sich hauptsächlich um Kommunikationssicherheit – Sie wissen schon –, Funkstrecken abhörsicher machen. Sind wirklich scharfe Hunde da drüben.«
Mike Gibbons vom FBI war auch ein scharfer Hund. Jetzt, wo er persönlich beteiligt war, wollte er alles haargenau wissen – auch jedesmal, wenn der Hacker erschien. Den ganzen Tag über rief er wiederholt an und bat mich um meine Protokolle und Notizen, Disketten und Ausdrucke, Beschreibungen der Überwachungsanlagen – einfach alles.
So macht man Fortschritte.
Mir ging dieser Brief nicht aus dem Kopf. Ich suchte weiter nach einer harmlosen Erklärung, ob er vielleicht nicht irgendwie durch Zufall entstanden sein konnte. Doch schließlich ließ ich's sein. Ich konnt's mir nicht anders erklären: Dieser Brief mußte bedeuten, daß mein Plan funktioniert hatte. Nein, nicht mein Plan, es war der von Claudia. Meine liebe, arglose Untermieterin, die einen Computer nicht von einem Toaster unterscheiden konnte, hatte diesen gewieften Hacker in die Falle gelockt!
Als ich nach Hause radelte, schwenkte ich plötzlich von meiner üblichen Route ab und stürmte in die Eisdiele von Double-Rainbow und dann in den Videoverleih. Vollbepackt flitzte ich heim. Dort tanzte ich mit einer Kopie des Briefes von Laszlo durch die Gegend und erzählte alles. Aufgedreht von diesen Neuigkeiten kicherten Martha und Claudia bösartig und verfielen in den Boris-und-Natascha-Akzent.
»Gechaimplann 35b war gewäsen Ärfolk!«
Wir verzogen uns alle in Claudias Zimmer, warfen die Glotze an, mampften Popcorn und schleckten Eis und lachten über die Monster in GODZILLA VERSUS MONSTER ZERO.

50. Kapitel

»Sagen Sie zu niemandem was!«
Mike Gibbons war am Telefon und wies mich an, der CIA die Nachricht nicht zu übermitteln.
»Äh, tut mir leid, Mike, aber ich hab es diesem Tejott schon erzählt.« Ich fragte mich, ob Mike schon mal was von Tejott gehört hatte.
»Dann kümmere ich mich darum. Dieser Brief, den Sie uns geschickt haben, ist ziemlich aufschlußreich. Wir haben einige Labortests damit gemacht.«
»Was haben Sie erfahren?« fragte ich. Mike war gesprächiger als gewöhnlich, vielleicht konnte ich dem ein wenig nachhelfen.
»Kann ich Ihnen nicht sagen, aber wir nehmen diesen Fall nicht auf die leichte Schulter. Manche Aspekte sind ziemlich, na, eben ziemlich aufschlußreich.«
Mike benutzte das Wort jetzt schon zum zweiten Mal. Da war was im Busch.
»Ach übrigens«, fuhr er fort, »könnten Sie mir ein halbes Dutzend Blätter mit Ihrem Briefkopf schicken?«
Das FBI möchte den Briefkopf meines Labors? Es klang, als ob sie auf Laszlos Brief antworten wollten. Aber was würde ›ich‹ diesem Typ mitteilen? Wie wär's mit:

Lieber Mr. Balogh,
Sie wurden als Hauptgewinner in der großen SDINET-Lotterie gezogen ...

Die nächsten Tage spielte der Hacker Verstecken mit mir. Er tauchte drei Minuten auf, sah sich unsere Passwortdatei an und

loggte sich aus. Mein Köder wurde von Tag zu Tag verlockender. Aber er knabberte nicht daran.
Am Montagmorgen kam er um 6.54 Uhr in unser System. Von meinem beharrlichen Piepser geweckt, holte ich aus und schlug auf den Wecker. Der falsche Krachmacher. Das Piepsen ging weiter. Dreimal. S für Sventek. Der Hacker, drüben im Unix-4-Computer.
Wie aufgezogen rannte ich zu meinem Macintosh, schaltete ihn ein und rief Steve White bei Tymnet an.
»Steve, jemand hat meinen Alarm ausgelöst«, sagte ich, immer noch ein bißchen benommen. »Ich hab noch nicht überprüft, wer, aber könnten Sie die Verfolgung starten?«
»In Ordnung. Bin in zehn Sekunden dran«, sagte er. »Da ist es. Kommt über den Satelliten Westar. Rufadresse 2624 DNIC 5421 - 0421. Das ist Bremen. Ich sag der Bundespost Bescheid.«
Ich hatte die Nummer mitgeschrieben. Jetzt war mein Heimcomputer warmgelaufen. Steve hatte gerade eine internationale Verfolgung in weniger als einer Minute durchgeführt. Ich wählte mein Laborsystem von meinem Pippifax-Computer und untersuchte den Unix-4-Rechner. Da war *Sventek*, er war gerade am Gehen.
Vier Minuten war er drin gewesen. Lang genug, um ihn zu entdecken und seine Spur zu verfolgen. Lang genug, um mir den Morgen zu verderben. Ich würde nicht mehr einschlafen können, also radelte ich hinauf zum Labor. Drüben im Osten begleitete mich der Morgenstern. Die Venus.
In vier Minuten hatte dieser Hacker einen neuen Teil meines Betriebssystems ausgeforscht. Er suchte in unserem Unix-Computer nach einem Programm namens *X-preserve*.
Hey, ich weiß, was er tut. Er sucht nach dem *X-preserve*-Loch im VI-Editor. Dave Cleveland und ich hatten das vor fast einem Jahr gestopft. Aber dieser Hacker versucht erst jetzt, es auszunutzen.

VI ist der Unix-Editor für den Bildschirm. Als Bill Joy ihn schrieb, damals 1980, hielten ihn die Leute für die hübscheste Erfindung weit und breit. Er ließ einen zusehen, wenn man Worte verschob! Wenn man ein Wort in der Mitte eines Absatzes entfer-

nen wollte, bewegte man einfach den Cursor auf dieses Wort, und ab ging die Post!
VI war der Urahne von Hunderten von Textverarbeitungssystemen. Heute finden es die Unix-Leute etwas schwerfällig – es hat weder die Vielseitigkeit von Gnu-Emacs noch die Benutzerfreundlichkeit moderner Editoren. Trotzdem taucht VI in jedem Unix-System auf.
Was passiert, wenn Sie einen längeren Artikel schreiben, und der Computer kriegt einen Schluckauf – zum Beispiel, es gibt einen Stromausfall, oder irgendein Idiot zieht den Stecker raus? Dann war früher alles futsch, was Sie eingetippt hatten.
Der VI-Editor rettet mit Hilfe von *X-preserve*, was Sie gemacht haben. Wenn der Computer wiederaufersteht von den Toten, setzt *X-preserve* die Stücke Ihrer Arbeit wieder zusammen. Dann fragt es Sie, wohin es diese zusammengestoppelte Datei speichern soll. Die meisten Leute sagen dann: »Ach, tu sie in mein Privatverzeichnis.«
Aber *X-preserve* prüft nicht, wo Sie diese Datei ablegen. Sie können auch sagen: ›*Steck die Datei in das Systemdateienverzeichnis*‹, und dann tut es das.
Genau das probierte der Hacker. Er machte eine Datei, die sagte: ›*Gib Sventek Systemprivilegien.*‹ Er schickte den VI-Editor los und brachte ihn zum Stolpern, indem er ihm ein ›*interrupt*‹-Steuerzeichen eingab. VI spürte ein Problem und speicherte seine Datei in Stücken.
Der nächste Schritt des Hackers? Dem *X-preserve* sagen: ›*Diese Datei ins Systemverzeichnis schieben.*‹ In ein paar Minuten würde Unix sie ausbrüten, und er war Systemverwalter.
Aber das Kuckucksei fiel aus dem Nest. Wir hatten das *X-preserve*-Programm in Ordnung gebracht... es prüft jetzt, wer Sie sind und verhindert, daß Sie eine Datei in die Systemumgebung schieben.
Armer Kerl. Er war bestimmt am Boden zerstört. Gewiß, ein eleganter Trick, um in Systeme einzubrechen, aber hier in Berkeley funktioniert er einfach nicht.
Oh, ich hatte unsere anderen Löcher offengelassen. Er kann immer noch Gnu-Emacs benutzen, um sein Programmei in das Sy-

stemnest zu legen. Und ich habe für ihn absichtlich zwei andere Löcher in unserem System gelassen, die noch auf ihre Entdeckung warten. Nur um seine Fähigkeiten auszutesten. Bis jetzt schlägt er sich ganz tapfer.

All das dauerte drei Minuten.

Er gab sein Programm perfekt ein – kein einziger Tippfehler. Als ob er das schon oft gemacht hätte. Als ob er es geübt hätte, in fremde Computer einzubrechen.

Wie viele andere Systemverwalter hatten *X-preserve* bis jetzt noch nicht geflickt? Wie viele andere Löcher warteten immer noch darauf, von ihm entdeckt zu werden? Wen sollte ich warnen? Wie sollte ich das den Leuten mit den weißen Westen mitteilen, ohne gleichzeitig den Übeltätern dadurch einen Tip zu geben?

Zu spät. Die Typen mit den schmutzigen Westen wissen es schon.

Obwohl diese Verbindung nach Berkeley nur ein paar Minuten gedauert hatte, berichtete die Universität Bremen, er sei 45 Minuten angemeldet gewesen. Und die Bundespost verfolgte die gesamte Verbindung noch einmal zu derselben Person in Hannover zurück.

Ich erfuhr, daß die Universität Bremen den Datenverkehr des Hackers ebenfalls ausdruckte. Jetzt beobachteten wir den Kerl zu zweit. Er konnte frei herumlaufen, verstecken konnte er sich nicht.

In den letzten paar Monaten hatte er an den SDINET-Dateien nur geknabbert, die Namen dieser Dateien gesehen und bemerkt, daß ich jeden Tag neue Notizen und Briefe hinzufügte. Aber er las sie einfach nicht. Ich fing an, meine Zweifel zu haben, ob er sich überhaupt noch für unsere Dichtung interessierte.

Am Mittwoch, dem 20. Mai, wurden meine Zweifel beseitigt. Er klinkte sich um 5 Uhr morgens ein und machte einen Dump aller SDINET-Dateien. Da gab es einen Brief ans Pentagon mit der Bitte um höhere Mittel und einen Vortrag über ›Horizontdurchbrechendes Radar‹ – ein Schlagwort, das ich in einer Elektronikzeitschrift gefunden hatte. Eine weitere Notiz schilderte Tests eines neuen Supercomputers, inklusive der Parallelprozessoren. Ich hatte versucht, meine absolute Ahnungslosigkeit auf diesen Gebieten durch Jargon zu vertuschen.

Er schluckte brav. Eines nach dem andern. Ich wollte, daß er jede fingierte Datei einzeln abrief und nicht einfach sagen konnte: »Gib mir alle Dateien.« Also fügte ich ein paar Stolpersteine ein. Dateien, die viel zu lang waren, um sie auszudrucken. Dann einige kurze Dateien voller Kauderwelsch – Computergulasch. Er konnte diese vergifteten Dateien nicht einfach ausdrucken, also mußte er jede zuerst prüfen. Das machte ihn langsamer, und er blieb länger im System: mehr Zeit zur Verfolgung.

Neun Monate? Wir hatten diesen gewieften Mistkerl fast ein ganzes Jahr beobachtet. Und die Telefonrechnungen von Mitre wiesen aus, daß er dort schon seit mehr als 12 Monaten einbrach.

Was für eine Hartnäckigkeit!

Und wieder fragte ich mich, was diesen Typ antrieb. Klar, mich würd's auch jucken, eine Nacht oder zwei einfach so rumzuspielen. Vielleicht würd's mir sogar ein paar Wochen Spaß machen. Aber ein ganzes Jahr? Nacht für Nacht geduldig Türklinken von Computern drücken? Dann müßte man mich schon bezahlen.

Bezahlen? Wurde der Hacker bezahlt? Als er die nächsten paarmal auftauchte, hatte ich seinen SDINET-Weidegründen nicht viel hinzugefügt. Meine Phantomsekretärin Barbara Sherwin hatte auf dem Textsystem lediglich eine Aktennotiz hinterlassen, daß sie eine Woche Urlaub wolle. Der Hacker las das und mußte damit eigentlich verstanden haben, warum es so wenig neue Informationen gab.

Aber anstatt dafür durch die LBL-Dateien zu stromern, ging er hinaus ins Milnet und versuchte wieder einmal geduldig, Passwörter zu raten. Einer meiner erdichteten SDINET-Berichte erwähnte ein Spezialprojekt an der Raketenbasis White Sands. Tatsächlich verbrachte er fünfzehn Minuten damit, an deren Tür zu kratzen. Die Computer von White Sands zeichneten ein Dutzend Einbruchsversuche auf, aber keiner war erfolgreich gewesen.

Chris McDonald, das Computersicherheitsas von White Sands, rief mich in derselben Stunde an: »Jemand löst in meinem WSMR05-Computer Alarm aus.«

»Ich weiß. Es ist derselbe Hacker.«
»Er probiert Konten aus, die nicht existieren. Namen wie SDI-NET. Auf diese Weise schafft er's wirklich nicht reinzukommen«, sagte Chris überzeugt. »Außerdem braucht diese Maschine zwei Passwörter, und wir haben sie letzte Woche alle geändert.« White Sands war auf der Hut.
Der Hacker verschwendete nur seine Zeit, als er dreißig andere Computer genauso ausprobierte. Das Korean Advanced Institute of Science and Technology. Das Army Safety Center in Fort Rukker. Strategic Air Command. Die Defense Nuclear Agency in der Luftwaffenbasis Kirtland. Obwohl er es immer noch mit Kontennamen wie ›*guest*‹ und ›*system*‹ versuchte, benutzte er auch ›*sdinet*‹.
Zweifellos glaubt er fest daran.
Die Reisen des Hackers durch mein System wurden mittlerweile größtenteils Routine. Ich rannte immer noch zum Schaltraum, wenn mein Piepser sich meldete, aber ich glaube, ich hatte mich an die Maus im Käfig gewöhnt.

Acht Monate hatte ich gewartet. Noch ein bißchen länger auf der Lauer zu liegen, machte mir partout nichts aus. In der zweiten Juniwoche absolvierte er von 15.38 Uhr bis 16.13 Uhr eine Stippvisite in meinem Computer. Wir verfolgten ihn ganz zurück – wieder Hannover – und standen die ganze Zeit über mit dem FBI in Verbindung.
Sofort, nachdem er sich in meinen Computer in Berkeley eingeloggt hatte, sprang er ins Milnet und versuchte, sich in einige Computer der Unisys Corporation in Paoli, Pennsylvania, einzuloggen. Systeme namens ›*Omega*‹, ›*Bigburd*‹ und ›*Rosencrantz*‹ (Ich wartete auf ›Güldenstern‹, aber auf den stieß er nie). Dann probierte er es bei dem Unisys-System BurdVAX.
Er kam beim ersten Versuch rein. Kontenname ›*Ingres*‹, Passwort ›*Ingres*‹. Nicht schlecht... er kennt die Ingres-Datenbank. Aber warum probierte er überhaupt diese Unisys-Computer aus? Weshalb waren sie ihm aufgefallen? Vielleicht hatte ihm jemand gesagt, er solle sie suchen.
Vielleicht arbeitete Laszlo Balogh aus Pittsburgh in Paoli. Der At-

las ließ mich die Sache anders sehen. Paoli ist eine Vorstadt von Philadelphia, Hunderte Meilen weit weg von Pittsburgh. Irgendwie wußte er von den Unisys-Computern in Paoli, Pennsylvania.

Als Ingres-Benutzer hatte der Hacker nur begrenzte Privilegien, aber nahm, was er kriegen konnte. Sehr nützlich für ihn war, daß er einen Weg fand, die Unisys-Passwortdatei zu lesen. Er kopierte das ganze Ding in seinen Computer zu Hause. Dann listete er mehrere Dateien auf, die niemals allgemein lesbar sein sollten: die Liste der Telefonnummern, die der Unisys-Computer kannte, und seine Netzwerkadressendatei.

Ich wußte schon, was er mit der Unisys-Passwortdatei machen würde. Er würde sie dechiffrieren, indem er ein Wörterbuch drüberhetzte. Dann würde er sich in ein Konto mit mehr Privilegien einloggen und noch mehr Macht ansammeln.

Die anderen Dateien waren genauso sicherheitsrelevant. Sie lieferten dem Hacker Telefonnummern benachbarter Computer und eine Karte des lokalen Netzwerks von Unisys. Jetzt wußte er, wie man sich von der BurdVAX bei anderen Computern anmeldete ... er mußte es nicht selbst herausfinden.

Aber gerade als ich zusah, meldete er sich ab. War er ängstlich? Nein, nur geduldig. Er prüfte andere Computer. Zuerst das System von Fort Buckner in Okinawa. Ja, sein Passwort war dort noch gültig. Trotz unserer Warnungen hatte man dort nichts geändert.

Als nächstes versuchte er's beim Naval Coastal Systems Command in Panama City, Florida. Aber er konnte nicht in sein altes Ingres-Konto rein. Sie hatten das Passwort seinetwegen geändert.

Störte ihn nicht einen Augenblick. Er drehte sich um und loggte sich als Benutzer ›*Ovca*‹ mit dem Passwort ›*Baseball*‹ ein. Das funktionierte perfekt.

Aha! Noch ein Beweis, daß er Passwörter knackte. Vor zwei Monaten hatte sich der Hacker als Ingres in diesen Marinecomputer eingeloggt und seine verschlüsselte Passwortdatei kopiert. Und jetzt kann er sich immer noch einloggen, obwohl sie das Ingres-Konto gelöscht haben, weil er ein anderes Konto benutzt. Die

Idioten hatten nur ein Passwort geändert. Und ihre Passwörter waren gewöhnliche englische Wörter.

Du lieber Gott.

Weil er schon dabei war, überprüfte er scine alten Schlupfwinkel. Air Force Base Ramstein. Fort Stewart. Universität Rochester. Die Optimis-Datenbank des Pentagon. Schließlich verließ er das Netzwerk.

Heute war er bei Unisys in einen neuen Computer eingebrochen. Wo hatte er diesen Namen gehört? Natürlich – das ist ein Rüstungsbetrieb, der Computer für das Militär herstellt. Nicht irgendwelche Computer. Unisys baut sichere Computer-Systeme, in die man nicht einbrechen kann.

Genau.

Moment mal. Welche anderen Rüstungsbetriebe waren noch betroffen? Ich kritzelte eine Liste auf ein Stück Papier.

Unisys. Hersteller sicherer Computer.

TRW. Die machten Militär- und Raumfahrtcomputer.

SRI. Die haben Militärverträge über die Konstruktion von Computersicherungssystemen.

Mitre... die entwickeln Hochsicherheitscomputer für das Militär. Das sind die Leute, die die sicheren Computer der NSA testen.

BBN. Die haben das Milnet aufgebaut.

Was stimmt nicht an diesem Bild? fragte ich mich. Das sind doch genau die Firmen, die sichere Systeme entwerfen, konstruieren und testen. Und trotzdem bummeln frank und frei Hacker durch ihre Computer.

Diese Firmen haben auch nicht gerade Minibudgets. Sie kassieren für die Entwicklung sicherer Software Milliarden Dollars von unserer Regierung. Kein Zweifel. Auch hier griff die alte Regel: Die Kinder des Schuhmachers gehen barfuß.

Ich hatte gesehen, wie dieser Kerl in Computer der Army, der Navy und der Air Force, von Rüstungsbetrieben, Universitäten und Labors einbrach. Nicht aber in Banken. Oh, ich wußte, warum. Deren Netzwerke sind nicht so allgemein zugänglich wie das Arpanet.

Aber ich wette, wenn er in ihre Netzwerke reinkäme, wäre er genauso erfolgreich.
Man muß wirklich nicht genial oder ein Experte sein, um in Computer einzubrechen. Nur geduldig. Was diesem Hacker an Originalität fehlte, glich er durch Zähigkeit aus. Einige Löcher, die er ausnutzte, waren mir neu: das Gnu-Emcas-Problem zum Beispiel. Aber meist profitierte er von Fehlern der Systemverwalter, wie zum Beispiel Konten durch naheliegende Passwörter ›geschützt‹ lassen, sich Passwörter per elektronischer Post zuschicken oder Buchungskontrollen nicht überwachen.
Wenn man das bedachte, war es dann nicht idiotisch, die Anlage offenzulassen? Das ging schon zehn Monate so, und er war immer noch frei. Trotz seiner Einbrüche in mehr als 30 Computer, trotz des Briefs von Laszlo aus Pittsburgh, trotz all der Telefonverfolgungen war dieser Hacker immer noch auf freiem Fuß.
Wie lange sollte das noch so weitergehen?

51. Kapitel

Es war Juni – Sommer im Paradies. Ich radelte nach Hause und genoß den Anblick. Berkeley-Studenten mit Frisbees, die Segel von Windsurfern und ab und zu ein offenes Cabrio in der linden Luft. Unser Garten war voller Rosen, Ringelblumen und Tomaten. Die Erdbeeren gediehen und versprachen noch viele Milchshakes.

Im Haus jedoch saß Martha wie eingemauert und lernte für ihr Examen. Diese allerletzte Schinderei erwies sich als noch härter als drei Jahre Studium. Im Sommer, wenn alle sich draußen amüsieren können, steckst du in öden Wiederholungskursen, stopfst dir den Kopf mit Paragraphen voll und zählst die Tage bis zur Prüfung – eine dreitägige Feuerprobe nach dem Vorbild der Heiligen Inquisition.

Martha wurde damit fertig, indem sie geduldig ihre Bücher las, mit farbigen Stiften komplizierte Übersichten von jedem Gebiet zusammenstellte und sich mit Leidensgenossen beiderlei Geschlechts traf, um sich gegenseitig abzuhören. Sie nahm das Ganze rational, jeden Tag verwandte sie genau 10 Stunden drauf und knallte dann die Bücher zu. Aikido war ihr Ausgleich. Sie knallte die Leute auf die Plane, daß es eine Freude war.

Martha sprach selten über den lauernden Horror des Examens, aber er lag ständig in der Luft. Zuzusehen, wie sie das durchmachte, brachte Erinnerungen an meine eigene Leidenszeit zurück.

In Astronomie genießt man zuerst drei oder vier Jahre verwirrende Seminare, unmögliche Problemstellungen und Hohn und Spott vom Lehrkörper. Wenn man das überstanden hat, wird man mit einem achtstündigen, schriftlichen Examen belohnt – und zwar mit solchen Fragen: ›Wie bestimmt man das Alter von Meteoriten anhand der Elemente Samarium und Neodynium?‹ Wenn man durchkommt, erhält man die große Ehre und das Vergnügen einer mündlichen Prüfung durch ein Gremium hochgelehrter Herren. Ich erinnerte mich lebhaft daran.

Ich hier, und auf der anderen Seite des Tisches fünf Profs. Ich habe Angst und versuche, Lockerheit zu mimen, während mir der Schweiß von der Stirn tropft. Aber es läuft ganz gut; ich hab's geschafft, auf der Oberfläche rumzulabern und den Eindruck zu erwecken, ich wüßte was. Nur noch ein paar Fragen, dachte ich, und dann entlassen sie mich. Dann beginnt der Prüfer am Ende des Tisches – ein Typ mit einem kleinen, falschen Lächeln, das ich nie vergessen werde –, seinen Bleistift mit einem Taschenmesser zu spitzen.

»Ich habe nur eine Frage, Cliff«, sagt er und schnitzt sich durch den Faber-Castell. »Warum ist der Himmel blau?«

Mein Hirn ist wie abgepumpt. Mit dem naiven, verständnislosen Staunen eines Neandertalers, der Feuer betrachtet, schaue ich aus dem Fenster und zum Himmel. Ich zwinge mich etwas zu sagen – irgendwas. »Streulicht«, antworte ich. »Äh, ja, gestreutes Sonnenlicht.«

»Könnten Sie das genauer erklären?«

Von irgendwoher in mir kamen Worte, die mich ein dunkler Selbsterhaltungstrieb artikulieren ließ. Ich rede über das Spektrum des Sonnenlichts, die Atmosphäre und darüber, wie Licht mit Luftmolekülen interagiert.

»Könnten Sie das genauer erklären?«

Ich behaupte, daß Luftmoleküle Dipole seien, und erkläre den Welle-Teilchen-Dualismus des Lichts, kritzele Gleichungen an die Tafel und ...

»Könnten Sie das genauer erklären?«

Eine Stunde später stehe ich im Wasser. Seine einfache Frage – eine fünf Jahre alte Frage – umfaßt Schwingungstheorie, Elektrizität und Magnetismus, Thermodynamik, sogar Quantenmechanik.

Sogar in meinen elendiglichen Qualen bewunderte ich diesen Typ mit dem kleinen, falschen Lächeln.

Und so sehe ich nun an einem Sonntagmorgen Martha zu, wie sie ruhig an einem Überblick arbeitet. Der Eßtisch ist voller Bücher. Sie wird bestehen, na klar, aber ich weiß auch, wieviel Angst sie hat, und daß man sich bei so einem Examen absolut dumm und hilflos fühlen kann. Ich kann ihr die Schinderei nicht leichter machen, aber wenigstens Frühstück. Ich schleiche mich leise in die Küche und schlage ein paar Eier auf...

Um 9.32 Uhr tritt der verdammte Hacker in meine Falle. Der Piepser quäkt. Ich rufe Steve White an. Er ruft Deutschland an.
Steve brauchte eine Minute, um festzustellen, daß der Hacker von Rufadresse 2624 DNIC 4511 0199-36 kam. Direkt aus Hannover. (Oder so direkt, wie transatlantische Verbindungen eben sein können.)
Die Bundespost roch den Braten. Die Deutschen brauchten nur ein paar Minuten, um zu bestätigen, daß sie die Verfolgung eingeleitet hatten. Sehr schön. Auch ich blähte die Nüstern, zog mir was über und radelte hinauf zum Labor.
Als ich ankam, war noch reichlich Zeit. Mein ungebetener Besucher spazierte immer noch durch die SDINET-Dateien und kopierte jede sorgfältig in seinen Computer. Eine Datei beschrieb, wie die strategische Verteidigungsinitiative benutzt werden sollte, um Satelliten im Weltraum aufzuspüren. Eine andere Datei schien mitzuteilen, daß man sich von meinem Labor aus direkt bei mehreren Computern anmelden könne.
Der Hacker wollte es versuchen, konnte aber nicht herausfinden, wo wir die Netzwerk-Software installiert hatten. Also durchkramte er unseren ganzen Computer nach allen Programmen, die das Wort ›SDI‹ enthielten. Er fand eine ganze Reihe, aber keines schien so zu funktionieren, wie er wollte.
Dann klaute er Dave Clevelands Post. Dave hatte etwas vorbereitet – er hatte einen Brief geschrieben, der erzählte, wie er die SDINET-Anschlüsse versteckt hatte. Daves Brief enthielt den Satz: *›Ich habe den SDI-Netzwerk-Anschluß versteckt, und ich glaube kaum, daß den viele entdecken werden.‹*
Diese Spur reichte, um den Hacker auf eine 60-Minuten-Jagd zu schicken. Er durchkämmte unser System und tastete nach dem

verborgenen Programm, das ihm den Zugang zu allen Militärcomputern erlauben würde.
Ich lehnte mich zurück und lächelte meinen Bildschirm an. Wir hatten den Hacker nach Strich und Faden reingelegt. Er fühlte sich in der Tat herausgefordert, die Verbindung zum SDI-Netzwerk nun endlich zu entdecken, und schien felsenfest überzeugt, diese geheimen Computer erreichen zu können.
Denn mein System sah ganz nach allererster Sahne aus. Weil's erste Sahne war: Hier und da hatte ich Hinweise gestreut, daß auch andere das SDI-Netzwerk benutzten.
Ich ließ einen Physiker mitwirken, der sich beim Systemverwalter darüber beschwerte, das SDI-Netzwerk habe letzten Dienstagabend nicht funktioniert. Und ein anderer schrieb ein Allerweltsprogramm voller Subroutinen mit Namen wie *›SDI-link‹* und *›Copy-SDI‹*.
Obwohl es Stunden dauerte, entdeckte das der Hacker schließlich und muß sich sehr gewundert haben, wieso es anderen so leichtfiel, dieses Netzwerk zu benutzen. Er versuchte, sich in Computer namens *›sdi‹* und *›sdinetwork‹* einzuloggen. Immer wieder siebte er unser System durch, aber es nutzte nichts.
Schließlich gab er auf, und ich konnte nach Hause gehen. Martha war natürlich nicht erfreut. Sie hatte den ganzen Morgen gepaukt und war hungrig und knatschig.
Die zwei Eier starrten mich aus der Pfanne an, ungebraten, so wie ich sie zurückgelassen hatte.
Also machte ich einen Brunch mit Omeletts, heißem Kakao und Obstsalat, sie fegte ihre Bücher mit Caracho vom Tisch, und wir setzten uns und genossen ein paar friedliche Augenblicke in dem ruhigen, sonnendurchfluteten Raum. Je verrückter das Leben wird, desto wertvoller sind diese Momente der einträchtigen Stille mit dem Kreuzworträtsel der Sunday Times.

Am Montagmorgen berichtete Terese Brecken, die Systemverwalterin der PetVAX, daß jemand ihren Computer angegriffen habe. Er konnte nicht hinein, hatte ihn aber sondiert und nach Schwachstellen abgesucht. Seine Fingerei hatte Alarm ausgelöst.

Teresa berichtete, er sei über ihren Anschluß zum High Energy Physics Network reingekommen. Was nicht viel hieß – es gibt ein paar tausend andere Computer an diesem Netz, und außerdem ist das Hepnet an das SPAN angeschlossen, das Space Physics Applications Network, das von der NASA betrieben wird. Zusammengenommen sind weit über 10 000 Computer in diesen Netzwerken.
Hatte mich der Hacker die ganze Zeit ausgelacht? War er, während ich das Tymnet-Mauseloch beobachtete, durch irgendein NASA-Netzwerk reingetanzt?
Teresas Monitore zeigten, daß dieser Hacker vom Computer 6.133 gekommen war, dem Computer des Severe Storms Data Center im NASA-Raumfahrzentrum Godard. Da war nicht viel zu machen, außer dort anzurufen.
Sehr weit kam ich nicht. Die Leutchen waren zwar beunruhigt wegen des Hackers in ihrem Computer und hatten ein oder zwei Probleme, aber..., »und das müssen Sie verstehen, Mr. Stoll, mehr können wir Ihnen nicht sagen«. Doch ich ließ nicht locker und plagte sie so lange, bis sie mir schließlich sagten, diese bestimmte Verbindung sei vom NASA-Raumfahrtzentrum Marshall in Huntsville, Alabama, ausgegangen.
Wirklich von dort, überlegte ich, wer wußte das schon? Marshall führte keine Aufzeichnungen.
Wirklich derselbe Typ? Ich bezweifelte das. Die Computer der NASA sind nicht geheim – die NASA betreibt zivile Weltraumforschung und hat nichts zu tun mit der strategischen Verteidigungsinitiative. Trotzdem war der Zwischenfall es wert, daß man ihn festhielt. Ich schrieb ihn in mein Tagebuch.
Dann rief ich Mike Gibbons an und fragte ihn, wie lange wir noch warten müßten, bis das FBI und seine deutschen Kollegen sich endlich in Marsch setzten.
»Kann jetzt jeden Tag passieren«, erwiderte Mike. »Die Genehmigungen sind ergangen, und wir warten nur noch auf den richtigen Zeitpunkt.«
»Nennen Sie mir Genaueres, Mike. Stunden, Tage, Wochen oder Monate?«
»Länger als Tage, kürzer als Wochen.«

Ich fragte mich, ob das FBI auch Laszlo Balogh falsche Informationen zuspielen ließ. »Gibt's eine Reaktion auf den Brief von Pittsburgh?« fragte ich.
»Hey, meinen Sie, daß die Yankees wieder ein Spiel gewinnen?«
Wie üblich lenkte Mike wieder mal haargenau vom für mich Wesentlichen ab.

Der Hacker loggte sich jetzt fast jeden Tag für ein paar Minuten ein. Manchmal griff er sich alle neuen Dateien vom SDINET-Konto. An anderen Tagen versuchte er, in Militärcomputer einzubrechen. Einmal versuchte er eine halbe Stunde lang, das Passwort für unseren Elxsi-Computer zu erraten – ich hatte eine Andeutung fallenlassen, daß unser Elxsi ein zentraler Controller des SDINET sei.
Die quasimilitärischen Scheindokumente konnte ich gerade so schnell stricken, wie er sie zu lesen imstande war. Da ich wußte, daß er meine Handarbeit an einen Agenten in Pittsburgh weitergab, fügte ich einen Schuß überprüfbarer Informationen hinzu. Zum Beispiel den genauen Zeitpunkt, wann das Pentagon einen geheimen Satelliten mit der Raumfähre *Atlantis* in den Weltraum fliegen lassen würde. Allen, die Zeitung lasen, war das bekannt. Aber ich dachte mir, daß es bei seiner Suche nach Geheiminformationen genau diese Körnchen Wahrheit waren, die ihm bestätigten, daß er auf die Goldader gestoßen war.

Am Sonntag, dem 21. Juni 1987, um 12.37 Uhr loggte er sich als *Sventek* in unseren Unix-Computer ein. Fünf Minuten lang prüfte er den Systemstatus und listete ein paar Postdateien auf. Dieser Einbruch war genauso wie die andern. Mit einem Unterschied.
Er war sein letzter.

52. Kapitel

»Hallo, Cliff, hier ist Steve.« Ich legte meinen Schokoladenkeks weg.

»Ich hab gerade eine Nachricht Wolfgang Hoffmanns von der Deutschen Bundespost bekommen. Er sagt, vor der Wohnung des Hackers wird von Montag bis Mittwoch nächster Woche rund um die Uhr ein Polizeiposten stehen. Sie werden ihn kontinuierlich überwachen und sofort die Wohnung stürmen und ihn verhaften, sobald er sich in Berkeley einklinkt.«

»Woher soll der Bulle denn wissen, wann er losschlagen soll?«

»*Sie* werden das Signal geben, Cliff.«

So einfach war das also: Wenn der Hacker das nächste Mal mein System anfaßte, sollte ich das FBI und Tymnet anrufen. Die würden die Verbindung verfolgen, das BKA verständigen, und die Bullen würden ihm auf die Bude rücken.

Endlich, nach 10 Monaten.

Wird er auftauchen? dachte ich. Und was, wenn er's nicht tut? Werden sie ihn so oder so schnappen oder die ganze Sache aufgeben? Bei meinem Glück lassen sie die ganze Sache sicher fallen.

Das Wochenende verbrachte ich zu Hause mit Martha und kam am späten Sonntagabend ins Labor. Bestenfalls würde der Hacker auf Sventeks Konto auftauchen, ich würde das FBI anrufen, und mitten in einem Dump einer Datei meines SDI-Schwachsinns würde er verhaftet. Ich versuchte mir vorzustellen, wie er wie wahnsinnig versuchte, seinen Computer unterm Bett zu verstekken, während die Polizei seine Wohnungstür aufbricht.

Mit solchen kindischen Siegerphantasien richtete ich mich unter meinem Schreibtisch ein und wickelte mich in die Patchwork-

Decke, die Martha und ich im letzten Winter gemacht hatten. Falls mein Piepser ausfiel, schoben zwei PC Wache, die beide mit einer Klingel verbunden waren. Nach zehn Monaten wollte ich meine große Chance nicht verpassen.
Am Montagnachmittag, 22. Juni, kabelte Wolfgang Hoffmann diese Nachricht: »Verhaftungen in Kürze erwartet. Uns sofort verständigen, wenn Hacker auftaucht.«
Okay, ich warte. Alle paar Minuten laufe ich hinüber zum Schaltraum, und alles ist ruhig. Ach ja, ein paar Physiker benutzen Tymnet, um Hochtemperatur-Supraleiter zu analysieren. Aber sonst gibt's keinen Datenverkehr. Meine Alarmanlagen und Fallstricke können's kaum erwarten, ihren Dienst zu tun. Aber nicht ein Pieps.
Noch eine Nacht unter dem Schreibtisch.
Am Dienstagmorgen, dem 23. Juni, rief Mike Gibbons vom FBI an.
»Sie können den Laden dichtmachen, Cliff.«
»Was ist passiert?«
»Die Haftbefehle sind heute morgen um 10 Uhr ergangen.«
»Aber ich hab niemanden in meinem System gesehen.«
»Spielt keine Rolle.«
»Ist jemand verhaftet worden?«
»Kann ich nicht sagen.«
»Wo sind Sie, Mike?«
»In Pittsburgh.«
Da ging was vor. Aber Mike konnte nicht sagen, was. Ich beschloß, noch ein bißchen zu warten, bevor ich die Tür vor dem Hacker verschließen würde.
Ein paar Stunden später schickte Wolfgang Hoffmann eine Nachricht: »Eine Wohnung und eine Firma wurden durchsucht. Aber niemand war anwesend. Ausdrucke, Platten und Bänder wurden beschlagnahmt und werden in den nächsten Tagen analysiert. Erwarten keine weiteren Einbrüche.«
Was bedeutet das? Hausdurchsuchung? Hatten sie hierzu endlich einen Befehl? Wenn ja, warum hatte die deutsche Polizei nicht auf unser Signal gewartet? Und was hatte ich? Hatte ich was zu feiern?

Was auch immer passiert war, wir konnten endlich unsere Türen verschließen. Ich änderte unsere Tymnet-Passwörter und stopfte das Loch im Gnu-Emacs-Editor. Was aber sollten wir mit all unseren Passwörtern machen?
Der einzige Weg, ein sauberes System zu gewährleisten, wäre, jedes einzelne Passwort über Nacht zu ändern. Dann, am nächsten Morgen, einen Benutzer nach dem anderen verständigen. Ganz einfach, wenn nur ein paar Leute in unserem System wären. Aber unmöglich bei unseren 1200 Wissenschaftlern.
Doch wenn wir nicht jedes Passwort änderten, konnten wir nicht sicher sein, daß nicht ein anderer Hacker ein Konto geklaut hatte. Es genügt schon ein gestohlenes Konto. Am Ende setzten wir alle Passwörter außer Kraft und baten jeden, ein neues zu wählen. Eines, das nicht im Wörterbuch steht.
Ich stellte Fallen auf allen gestohlenen Konten des Hackers auf. Wenn also jemand versucht, sich als Sventek einzuloggen, wird das System den Versuch zurückweisen – aber es schnappt sich jede Information über den Ursprung des Anrufs. Soll er's nur probieren.
Martha und ich konnten nicht gerade großräumig feiern – ihr Paukkurs kettete sie an –, aber wir schwänzten einen Tag und setzten uns an die Nordküste ab. Wir spazierten auf den hohen, mit wilden Blumen übersäten Klippen entlang und sahen den Wellen zu, die sich dreißig Meter unter uns an den Felsen brachen. Dann kletterten wir zu einer abgelegenen, kleinen Bucht hinunter – unserem Privatstrand – und für ein paar Stunden waren all meine Sorgen weit weg und ganz und gar unwirklich.
In den nächsten paar Tagen sickerten Neuigkeiten aus der BRD durch.
Offenbar hatte die Polizei gleichzeitig eine Firma in Hannover sowie die Wohnung eines ihrer Angestellten gestürmt. Sie beschlagnahmten in der Firma 80 Platten und doppelt soviele in der Wohnung. Sowohl der Firmenchef als auch der Angestellte machten keine Aussagen. Aber der Chef deutete an, sie hätten den Verdacht gehabt, beobachtet zu werden.
Die Beweisstücke? An irgendeinen Ort namens Wiesbaden zur Expertenanalyse geschickt. Zum Teufel, ich könnte sie leicht ge-

nug selbst analysieren. Einfach nach dem Wort ›SDINET‹ suchen. Als Erfinder dieses Wortes könnte ich sofort sagen, ob ihre Ausdrucke die richtigen waren.
Wie heißt der Hacker? Was hatte er gewollt? Was war das für eine Verbindung mit Pittsburgh? Was ist mit dem dort passiert?
Zeit, Mike vom FBI zu fragen. Ich rief ihn an.
»Jetzt, wo alles vorbei ist, könnten Sie mir doch den Namen des Kerls endlich sagen?«
»Erstens ist es nicht vorbei, und zweitens kann ich Ihnen seinen Namen wirklich nicht sagen,« erwiderte Mike und war offenbar noch pikierter.
»Kann ich dann von den Deutschen mehr über ihn erfahren?«
Wenn ich auch den Namen des Hackers nicht wußte, den des Staatsanwalts wußte ich.
»Nehmen Sie keinen Kontakt mit den Deutschen auf. Das ist eine sensitive Sache, und Sie würden nur was durcheinanderbringen.«
»Können Sie mir wenigstens sagen, ob der Hacker hinter Gittern ist? Oder läuft er immer noch frei rum?«
»Auch das darf ich Ihnen nicht sagen.«
»Und wann erfahre ich dann, was passiert ist?«
»Ich werde es Ihnen schon rechtzeitig sagen. Halten Sie in der Zwischenzeit Ihre Ausdrucke unter Verschluß.«
Die Ausdrucke unter Verschluß halten? Den Hörer immer noch am Ohr sah ich mich in meinem Büro um. Zwischen Bücherregalen voller Computermanuals und Astronomiebüchern engeklemmt standen drei Kartons mit den Ausdrucken des Hackers. Meine Bürotür hat kein Schloß, und das Gebäude ist 23 Stunden am Tag offen. Oh – das Pförtnerkabuff ist abschließbar. Ich könnte die Kartons über dem Waschbecken auf das oberste Regal direkt unter der Decke stapeln.
Ich konzentriere mich wieder auf Mike und fragte ihn, wann ich denn mit einer Nachricht über den Fall rechnen konnte.
»Oh, in ein paar Wochen«, war die Antwort. »Der Hacker wird angeklagt und vor Gericht gestellt. Bis dahin bitte, Klappe halten. Veröffentlichen Sie nichts und meiden Sie Reporter.«
»Warum?«

»Wenn's öffentlich wird, kommt er vielleicht davon. Der Fall ist schon schwierig genug, auch ohne Zeitungskommentare.«

»Aber der Fall liegt doch klar,« protestierte ich. »Der US-Bundesgeneralanwalt hat festgestellt, wir hätten mehr als genug Beweismaterial, um den Kerl zu verurteilen.«

»Sehen Sie, Cliff, Sie wissen eben nicht genau, was läuft«, sagte Mike. »Vertrauen Sie mir und – Klappe halten.«

Etwas mißmutig und leicht gekränkt legte ich auf. Okay, das FBI war mit seiner Arbeit zufrieden. Konnten sie auch. Trotz mehrerer Fehlschläge war Mike an der Ermittlung drangeblieben. Sein Job verpflichtete ihn zur Verschwiegenheit. Dagegen konnte ich nicht an. Aber er konnte mich nicht davon abhalten, selber nachzuforschen. Vor knapp zehn Monaten hatten mir Luis Alvarez und Jerry Nelson geraten, den Hacker als Forschungsaufgabe zu behandeln. Nun, zumindest die Untersuchung war abgeschlossen. Oh, ein paar Details waren noch herauszufinden, die eigentliche Arbeit war jedoch zu Ende. Aber das FBI ließ mich meine Ergebnisse nicht veröffentlichen.

Wenn du ein Experiment durchführst, machst du dir Notizen, denkst ein Weilchen nach und veröffentlichst dann die Ergebnisse. Wenn du nicht publizierst, nützt dieses Experiment niemandem was. Der Zweck des Ganzen ist schließlich, andere davor zu bewahren, das zu wiederholen, was schon gemacht worden ist.

Es war jedenfalls Zeit, den Gegenstand meines Interesses zu wechseln. Den Rest des Sommers verbrachte ich damit, seltsame Computerbilder von Teleskopen anzufertigen und im Rechenzentrum ein paar Vorlesungen zu halten. Bei der Verfolgung des Hakkers aus Hannover hatte ich gelernt, wie man Computer miteinander verbindet.

Früher oder später würde das FBI mich publizieren lassen. Und wenn's soweit war, war ich bereit. Etwa Anfang September 1988 begann ich, einen knochentrockenen, wissenschaftlichen Artikel über den Hacker zu verfassen. Ich ließ einfach die Essenz meines Labortagebuchs – insgesamt 125 Seiten – in einen langweiligen Aufsatz einfließen und machte ihn für irgendeine obskure Computerzeitschrift fertig.

Trotzdem war's für mich nicht ganz einfach, das Hackerprojekt loszulassen. Ein Jahr lang hatte die Jagd mein Leben beherrscht. Im Verlauf meines Abenteuers hatte ich Dutzende Programme geschrieben, der Gesellschaft meiner Liebsten entsagt, mit FBI, NSA, OSI und CIA verkehrt, meine Latschen atomisiert, Drucker gemopst und mehrere Flüge von Küste zu Küste unternommen. Ich grübelte, womit ich meine Zeit ausfüllen sollte, jetzt wo mir mein Leben nicht mehr von den Launen eines unsichtbaren Gegners aus Übersee diktiert wurde.
Währenddessen wünschte sich 8000 Meilen weiter östlich jemand, er hätte nie etwas von Berkeley gehört.

53. Kapitel

Einen Monat, bevor der Hacker gefaßt wurde, stieß Darren Griffiths zu unserer Gruppe hinzu. Er war aus Südkalifornien, mochte Punkmusik, Unix-Netzwerke, Laserdrucker und Freunde mit Stachelfrisuren. In dieser Reihenfolge. Nicht nur der Cafés und Konzerte wegen zog ihn Berkeley an, sondern auch wegen den Hunderten von Computern, die mit einem Ethernet verbunden waren und für Darren ein verschlungenes Labyrinth darstellten, das es zu erforschen galt.

Bei der Arbeit ließ ihm unser Chef seinen eigenen Rhythmus und die Wahl der Projekte, die ihn interessierten. Nach fünf, wenn die normalen Leute gegangen waren, drehte er die Stereoanlage in seinem Kabuff auf und schrieb Programme zum Sound von U2.

»Je lauter die Musik, desto besser der Code«, meinte er.

Ich erzählte ihm von dem Hack der vergangenen Monate und dachte mir, daß das Loch in Gnu-Emacs bestimmt nach seinem Geschmack wäre, aber er zuckte nur mit den Schultern.

»Mein Gott, das sieht doch 'n Blinder mit 'nem Krückstock, wie man das ausnutzt, Cliff. Außerdem ist's nur in ein paar hundert Systemen. Wenn du 'n echt geiles Sicherheitsloch willst, dann such mal bei VMS. Die haben 'n Loch drin, da kannst du mit 'nem Lastwagen durch.«

»Wie?«

»Ja. Es ist in jeder VAX von Digital Equipment, die mit dem VMS-Betriebssystem Version 4.5 läuft.«

»Was ist das Problem?«

Darren erklärte es. »Jeder, der sich ins System einloggt, kann Systemverwalter werden, wenn er ein kurzes Programm laufen läßt. Man kann ihn nicht dran hindern.«

Davon hatte ich noch nicht gehört. »Macht denn DEC nichts dagegen?« fragte ich. »Schließlich verkaufen die diese Systeme.«
»Na klar, sie verschicken Flickzeug. Aber sonst halten sie schön den Mund. Die wollen sich ja nicht die Kunden verschrecken.«
»Klingt vernünftig.«
»Klar, aber niemand installiert diese Flicken. Was würdest denn du machen – da taucht ein Band in der Post auf, und dabei steht *›Bitte installieren Sie dieses Programm, sonst könnte Ihr System Schwierigkeiten entwickeln‹*..., du würdest nicht drauf achten, weil du was Besseres zu tun hast.«
»Also sind alle diese Systeme angreifbar?«
»Genau.«
»Moment mal. Dieses Betriebssystem ist doch von der NSA anerkannt. Die haben es getestet und als sicher klassifiziert.«
»Bestimmt haben die's ein Jahr getestet. Und einen Monat, nachdem sie das System bestätigt hatten, hat es DEC leicht modifiziert. Nur eine kleine Änderung im Passwortprogramm.«
Das war ja ein Ding! Das Prüfprogramm des National Computer Security Centers hatte auch ein Loch. »Und jetzt sind 50 000 Computer unsicher«, stellte ich fest und konnte es nicht fassen. Wenn mein Hacker das gewußt hätte, hätte ich einen Großkampftag gehabt. Wie gut, daß wir ihn festgenagelt hatten.
Dieses Problem schien mir viel zu wichtig, als es nur in meinem Hirn zu speichern, also rief ich Bob Morris beim National Computer Security Center an und schilderte es ihm. Er hatte bisher noch nichts davon gehört, versprach aber, es nachzuprüfen. Ich hatte meine Pflicht erfüllt und die Behörden unterrichtet.
Gegen Ende Juli 1987 griff Darren eine Meldung aus dem Netzwerk auf. Roy Omond, ein Systemverwalter in Heidelberg, hatte entdeckt, daß Leute vom Chaos Computer Club in seine VAX eingebrochen waren. Sie hatten das Loch benutzt, das Darren mir beschrieben hatte. Omonds Meldung schilderte, wie diese Burschen sich reingeschummelt hatten, trojanische Pferde abgesetzt hatten, um Passwörter zu erwischen, und dann ihre Spuren löschten.
Schon wieder der Chaos Computer Club? Ich hatte gehört, daß sich 1985 ein paar deutsche Hacker zusammengetan hatten, um

gemeinsam Computer-Netzwerke zu ›erforschen‹. Ihnen machte das Staatsmonopol nur Probleme – sie nannten es die ›Bundespest‹ (tatsächlich sind die deutschen Telefongebühren im Vergleich zu den nordamerikanischen exorbitant), und entwickelten sich bald zu einer Art Bande, die systematisch Computer in der Bundesrepublik Deutschland, der Schweiz, Frankreich und schließlich in den Vereinigten Staaten angriff. Diese Pseudonyme, die ich schon gehört hatte – Pengo, Zombie, Frimp –, waren alle Mitglieder... selbsternannte Kyberpunks, die sich damit brüsteten, in wie viele Computer sie einbrechen konnten.
Klang sehr vertraut.

Im Spätsommer hatte sich das Problem ausgeweitet. Die Chaos-Leute brachen über das SPAN-Netzwerk der NASA in hundert Computer rund um die Welt ein. Moment mal. Die PetVAX! Dieser Alarm im Juni – ich hatte die Burschen ins NASA-Netzwerk zurückverfolgt. Ich wette, daß die Verbindung bis ganz zurück nach Deutschland gelaufen war. Oje.
Sehr bald schon begriff ich, was da abging. Der Chaos Computer Club war in Computer des CERN eingebrochen und hatte dort endloses Kopfzerbrechen ausgelöst – angeblich hatten sie Passwörter gestohlen, Software zerstört und experimentelle Systeme abgeschossen.
Aus Jux und Dollerei?
Aus dem CERN hatten Chaos-Mitglieder Passwörter gestohlen, um Computer in amerikanischen Physiklabors zu erreichen – Fermilab in Illinois, Caltech und Stanford. Von dort war es ein Katzensprung ins NASA-Netzwerk und in die Computer der NASA.
Jedesmal, wenn sie in einen Computer eindrangen, benutzten sie den Fehler im VMS-Betriebssystem, um Systemverwalter zu werden. Dann modifizierten sie das System so, daß es sie mit einem speziellen Passwort reinließ – eines, das nur sie kannten. Wenn jetzt ein Chaos-Clubmitglied das Zauberpasswort bei einem undichten VAX-Computer benutzte, kam es rein – sogar wenn das ursprüngliche Loch zugestopft worden war!
O Mann! Hier war die Kacke am Dampfen. Hunderte von Compu-

tern waren gefährdet. Sie konnten die Software auf jedem System ganz leicht zerstören. Aber was tun? Die NASA ist nicht für jeden Computer verantwortlich, der an ihrem Netzwerk hängt. Die Hälfte davon steht in Universitäten, die wissenschaftliche Experimente durchführen. Die NASA hat wahrscheinlich nicht mal eine Liste aller Computer, die an ihrem Netzwerk hängen.

Das NASA-Netzwerk ist wie das Milnet eine Straße, die Computer im ganzen Land miteinander verbindet. Natürlich wird auch ein Einbrecher diese Straße benutzen, aber das ist wohl kaum die Schuld des Straßenbauers. Die NASA ist nur dafür zuständig, die Straße intakt zu halten. Die Sicherheit jedes einzelnen Computers liegt in der Hand der Leute, die ihn betreiben.

Der Chaos Computer Club bereitete den Netzwerkleuten Kopfschmerzen – sie drehten nämlich Hunderten von Systemverwaltern und Tausenden von Wissenschaftlern eine lange Nase. Wenn man eine VAX besaß, hatte man die Systemsoftware vom Scratchband zurückzuspielen – mindestens ein Nachmittag Arbeit. Multiplizieren wir das mit tausend Anlagen. Oder waren es fünfzigtausend?

Zum Schluß meldeten die Chaos-Club-Leute ihre Einbrüche triumphierend der Presse und servierten sich selbst als brillante Programmierer. Ich suchte, ob irgendwo mein Labor, das Milnet oder Hannover erwähnt wurde. Nichts. Es war, als ob sie von meinem Hacker nie etwas gehört hätten. Und dennoch, es schien mehr als nur ein Zufall: Ein paar Monate, nachdem ich das kriminelle Treiben eines deutschen Hackers aufgedeckt hatte, wenden sich deutsche Computer-Club-Leute an die Öffentlichkeit und erzählen, sie seien durch die Netzwerke der NASA spaziert.

Konnten die in meinen Computer eingebrochen sein? Eine Weile glaubte ich das. Die Chaos-Leute schienen mit dem VMS-Betriebssystem vom DEC zu arbeiten und wenig über Unix zu wissen. Mein Hacker kannte VMS ganz sicher, schien aber mehr auf Unix zu Hause zu sein. Und er hatte keine Hemmungen, jeden möglichen Fehler im Computer auszunutzen. Hannover liegt nicht weit von Hamburg, der Heimat des Chaos Clubs. Etwas weniger als hundert Meilen.

Aber mein Hacker war am 29. Juni 1987 verhaftet worden. Und Chaos-Clubmitglieder waren im August in Systeme eingebrochen.

Hmmm. Wenn der Hacker aus Hannover in Verbindung mit den Chaos-Leuten stand, würde seine Verhaftung auf den ganzen Club bestimmt wie ein Schock wirken. Sie würden wahrscheinlich sofort untertauchen, bestimmt und auf jeden Fall die Klappe halten, wenn sie hörten, daß eins ihrer Mitglieder verhaftet worden war. Eine weitere Eigenheit..., die NASA hat keine Geheimnisse. Oh, das militärische Transportgut der Raumfähre ist vielleicht geheim. Aber sonst ist fast alles über die NASA öffentlich. Bis hin zu den Bauplänen ihrer Raketen. Verdammt noch mal, man kann die Blaupausen der Raumfähre kaufen.

Die NASA ist nicht der richtige Ort für einen Spion.

Nein, und jetzt war's mir klar, mein Hacker war nicht im Chaos-Club. Wahrscheinlich hielt er lose Verbindung zu diesen Leuten... vielleicht klinkte er sich in ihr elektronisches Schwarzes Brett ein. Aber sie wußten nichts von ihm. Die Mitglieder des Chaos-Clubs rechtfertigen ihre Aktionen mit eigenartigen ethischen Grundsätzen. Sie behaupten, es sei vollkommen in Ordnung, durch anderer Leute Datenbänke zu stromern, solange man keine Information zerstört. Mit anderen Worten: Sie sind der Überzeugung, ihre technische Neugierde brauche vor meiner persönlichen Sphäre nicht haltzumachen. Sie beanspruchen das Recht, jeden Computer durchzusehen, in den sie gelangen können.

Information in Datenbanken? Sie haben keine Skrupel, sie sich anzusehen, wenn sie rausfinden können, wie sie sie kriegen. Angenommen, es ist eine Liste von Aids-Patienten? Ihre Steuererklärung von letztem Jahr? Oder eine Aufstellung ihrer Kredite?

Es war riesig, mit Darren über all das zu reden; Darren, der so viel über Netzwerke wußte und ein scharfes Auge für Löcher hatte. Aber egal wann wir miteinander sprachen, immer wirkte er amüsiert und distanziert und betrachtete das Hackerproblem als reine intellektuelle Spielerei. Ich spürte, daß er auf mich herabsah, weil ich es todernst nahm, mich so davon auffressen ließ und den Hakker wirklich kriegen wollte.

Schließlich, eines Nachmittags, nachdem sich Darren geduldig mein Jammern über den Hacker und meine düsteren Prophezeiungen zukünftigen Unheils angehört hatte, fixierte er mich mit seinen blaugrauen Augen.

»Cliff«, sagte er, »du bist ein alter Hosenscheißer. Warum machst du eigentlich soviel Wind, nur weil einer in deinem System rumtollt? Das hättest du doch selber sein können, früher. Wo ist denn dein Sinn für kreative Anarchie?«

Ich versuchte mich zu verteidigen – wie ich's vor Monaten bei Laurie versucht hatte. Niemand hatte mir befohlen, den Netzwerkbullen zu spielen. Ich hatte bei einem einfachen Rätsel angefangen: Warum gab's in meiner Abrechnung einen Fehler von 75 Cents? Eins gab das andere, und schon befand ich mich auf der Spur unseres Freundes. Und ich tappte ja nicht einfach in blinder Wut herum und versuchte auch nicht, den Kerl zu schnappen, bloß weil er in meinem Computer war. Ich erfuhr, was unsere Netzwerke eigentlich waren. Ich hatte sie immer für ein kompliziertes technisches Hilfsmittel gehalten, ein Gewirr aus Kabeln und Stromkreisen. Aber sie waren weit mehr als das – das elektronische Flechtwerk für eine empfindliche Gemeinschaft von Menschen, die durch Vertrauen und Kooperation aneinandergebunden waren. Wenn man dieses Vertrauen zerstört, wird die Gemeinschaft für immer auseinanderfallen.

Darren und andere Programmierer äußerten oft Respekt vor Hakkern, weil sie die Zuverlässigkeit von Systemen prüften, Löcher und Schwächen aufdeckten. Ich konnte diese Sichtweise wohl respektieren – es zeugt schon von Stärke und Selbstbewußtsein, wenn man es jemandem dankt, der einen auf die eigenen Fehler stößt –, aber ich war nicht mehr damit einverstanden. Ich sah den Hacker nicht als Schachmeister, der uns allen wertvolle Lektionen erteilt, indem er die Schwächen unserer Verteidigung ausnutzt, sondern als einen Marodeur, der nach seinem Zug durch fremde Computer Zwietracht und Mißtrauen zurückläßt.

In einer Stadt, wo die Leute ihre Türen nie abschließen, würden wir da den ersten Einbrecher dafür loben, daß er den Bewohnern gezeigt hat, wie dumm es ist, ihre Häuser offenzulassen? Nachdem es passiert ist, kann man dort niemals wieder die Türen unverschlossen lassen, kann niemals das Vertrauen, die Offenheit und die Freizügigkeit wiedergewinnen, die einmal die Beziehungen der Bewohner geprägt hatten.

Hacken kann bedeuten, daß Computer-Netzwerke komplizierte

Schlösser und Kontrollpunkte bekommen müssen. Für die rechtmäßigen Benutzer wird es schwieriger werden, frei miteinander zu kommunizieren; sie werden weniger Information mit anderen teilen können. Vielleicht müssen wir uns alle ausweisen und unsere Absichten offenlegen, wenn wir das Netzwerk benutzen wollen – kein Einloggen mehr, um einfach nur zu tratschen, herumzudödeln, nachzusehen, wer noch im Netz ist.
Es gibt genug Raum für ›kreative Anarchie‹ in den Netzwerken, so wie sie sind – niemand ist für sie verantwortlich, niemand macht Regeln –, sie existieren nur aus dem Willen zur Zusammenarbeit heraus, und sie entwickeln sich ganz nach Lust und Laune der Benutzer. Der Mißbrauch dieser Offenheit durch einen Hacker könnte das Ende der lockeren und gemeinschaftsbezogenen Weise sein, in der die Netzwerke heute funktionieren.
Ich konnte Darren endlich antworten. Grade *weil* ich kreative Anarchie schätze, hatte ich mit all den Schnüfflern angebandelt und den Computerbullen gespielt. Ich hoffte, wenn dieser Hackerspuk vorbei war, würden wir alle begreifen, daß wir uns unsere Grundlage des gegenseitigen Vertrauens erhalten mußten, wenn wir unsere Netzwerke auch als Spielplätze behalten wollten; um das zu schaffen, mußten wir es ernst nehmen, wenn Leute dieses Vertrauen mißbrauchten und so die ethische Grundlage der elektronischen Kommunikation zerstörten.*
Aber obwohl ich zu wissen glaubte, warum ich es getan hatte, wußte ich immer noch nicht, was ich getan hatte. Wie hieß der Bursche aus Hannover? Wer steckte hinter der ganzen Sache? Niemand wollte mir das sagen.

* Hier muß allerdings betont werden, daß die in diesen Fall verwickelten Hacker sicher nicht nach den ethischen Prinzipien des Chaos Computer Clubs (CCC) gehandelt haben, wonach keine Daten zerstört werden dürfen und nicht im Auftrag oder gegen Bezahlung gehackt werden darf. Im übrigen zeigt eine Maxime des CCC, daß »Offenheit und Vertrauen« als »Grundlagen der elektronischen Kommunikation« erst noch herzustellen sind. Die bestehende weltpolitische Situation, die Spionage erst hervorbringt, scheint in diesem Licht den freien Informationsaustausch viel mehr zu bedrohen als Hacken. (A. d. Ü.)

54. Kapitel

Wer steckt dahinter?

Es gibt nur einen Weg, das rauszufinden: Forschung betreiben.

Das FBI wollte mir nichts erzählen, außer: »Verhalten Sie sich ruhig und stellen Sie keine Fragen.« Nicht gerade hilfreich.

Vielleicht würde mein Nachhaken ein schwebendes Gerichtsverfahren stören. Aber wenn es wirklich ein Verfahren gab, dann waren sie bestimmt auf meine Mitarbeit angewiesen. Schließlich hatte ich den entscheidenden Beweis: ein paar Tausend Seiten Ausdrucke, alle fein säuberlich in Kartons gestapelt und in einer Pförtnerloge eingeschlossen.

Na, wenn ich schon keine Fragen stellen konnte, konnte ich doch immer noch Forschung betreiben. Ergebnisse zu veröffentlichen ist genauso ein Teil von Forschung, wie eine Auffälligkeit zu untersuchen. In meinem Fall wahrscheinlich sogar wichtiger. Denn als sich das Gerücht über den Hacker aus Hannover verbreitete, begannen Leute vom Militär anzurufen und wollten weitere Informationen.

Was sollte ich denen erzählen?

Ende August 1987 war ein Jahr vergangen, seit wir diesen Hacker zum ersten Mal in unseren Computern entdeckt hatten, und zwei Monate, seit man ihn endlich in Hannover gestellt hatte. Und das FBI sagte mir immer noch, ich solle mich ruhig verhalten.

Natürlich konnte mich das FBI rechtlich nicht an der Publikation hindern, nicht einmal daran, selber nachzuhaken. Martha blieb eisenhart dabei: »Du kannst schreiben, was du willst. Das ist ein Grundrecht.«

Sie mußte es ja wissen. Sie war gerade dabei, für ihr Examen Verfassungsrecht zu lernen. Noch drei Wochen, und es war vorbei.

Um sie von dem Examen abzulenken, fingen wir an, schon wieder eine Patchwork-Decke zu nähen. Nur ab und zu ein paar Minuten, aber das Muster wuchs und wuchs, und obwohl ich es nicht merkte, wuchs zugleich etwas sehr Schönes.
Wir teilten uns die Arbeit an der Decke wie immer. Sie schnitt die Stücke zu, ich heftete sie, und wir nähten sie beide zusammen.
Wir waren dabei, die Stücke zuzuschneiden, als Laurie zum Brunch vorbeikam.
Martha zeigte ihr den Entwurf und erklärte, daß die Decke ein ›Gartenstern‹ werden solle. Der leuchtende Stern in der Mitte sollte leuchtend gelb und orange werden, wie die Pfingstrosen in unserem Garten. Drumherum sollte ein Kreis aus Tulpen kommen und dann eine Bordüre namens ›Schneeball‹, wie die Schneeballbüsche, die wir hatten, die Pflanzen, die im Frühjahr als erste blühen. Laurie schlug eine andere Bordüre vor, die ›fliegenden Gänse‹, die die Vögel in unserem Garten darstellen sollte.
Als ich Laurie und Martha so zuhörte, wie sie über diese Muster mit den alten, romantischen Namen sprachen, spürte ich eine tiefe Wärme. Hier war mein Heim. Hier war meine Liebste. Die Decke, die wir jetzt nähten, würde unser ganzes Leben lang existieren, ja, sie würde uns sogar überdauern und noch ... unsere Enkel kuschelig einhüllen ...
O Mann! Jetzt ging's ganz schön mit mir durch. Streßerscheinung? Spießerphantasien? Gewiß, wir lebten zusammen. Wir teilten unser Leben miteinander, solange das gut für uns beide war, und waren frei, woanders hinzugehen, wenn's nicht mehr lief. Genau. So war's besser, offener, weniger zwanghaft.
Ganz klar.
Laurie sagte: »Das sollte eure Hochzeitsdecke werden.«
Martha und ich starrten sie an.
»Wirklich. Ihr beide seid doch schon wie'n altes Ehepaar. Sieht doch jeder. Seit fast acht Jahren beieinander und liebt euch. Warum macht ihr's dann nicht so richtig offiziell und schmeißt 'ne Riesenparty?«
Ich wurde total verlegen. Was Laurie gesagt hatte, war so wahr und offensichtlich, daß ich bisher Tomaten auf den Augen gehabt

haben mußte. Oder hatte mir in der letzten Zeit die Hackerjagd die Sicht verstellt? War ich wirklich so festgefahren in meinem Denken vom ›Zusammensein auf Zeit‹, jeden Tag zusammen zu sein, solange alles gut lief? Aber mal ehrlich, würde mich Martha im Stich lassen, wenn wir Schwierigkeiten hätten? Oder würde ich sie verlassen, wenn mir eine andere besser gefiele?

In diesem Augenblick erkannte ich, was zu tun war und wie ich leben wollte. Ich schaute Martha an, wie sie sich mit ihrem sanften stillen Gesicht über die leuchtenden Kattunstücke beugte. Ich hatte plötzlich Tränen in den Augen. Ich konnte nicht sprechen. Ich blickte Laurie hilfesuchend an. Aber als sie mein Gesicht sah, verschwand sie in die Küche, um Tee zu kochen, und ließ Martha und mich alleine.

»Schatz?«

Sie hob den Kopf und schaute mich fest an.

»Wann willst du heiraten?«

»Wie wär's im nächsten Frühling, nach der Regenzeit, wenn's Rosen gibt?«

Also war es abgemacht. Kein Zurück, keine Reue, kein Umherschauen, ob sich nicht noch was Besseres findet. Martha und ich, fürs ganze Leben. Laurie erschien mit der Kanne, goß den Tee ein, und wir saßen alle beisammen, redeten nicht viel, aber waren sehr glücklich.

Im Oktober '87 begann ich wieder an den Hacker zu denken. Darren und ich kabbelten uns darüber, ob ich einen Artikel schreiben sollte oder nicht. »Wenn du nicht 's Maul aufmachst«, argumentierte Darren, »wird sich 'n anderer Hacker auf die Socken machen und nach Löchern in den Computern anderer suchen.«

»Aber wenn ich was veröffentliche, erfährt ein Dutzend Hacker, wie man's macht.«

Das ist eben die Schwierigkeit, wenn man über Sicherheitsprobleme öffentlich redet. Wenn man in einem Comic beschreibt, wie man eine Rohrbombe macht, wird der nächste Junge, der Holzkohle und Salpeter findet, zum potentiellen Bombenleger. Wenn man aber die Information zurückhält, wird die Gefahr nicht erkannt.

Im Januar '88 waren es sechs Monate, seit der Hacker verhaftet worden war; anderthalb Jahre, seit wir ihn zum ersten Mal entdeckt hatten. Trotzdem wußte ich seinen Namen immer noch nicht.

Zeit, meine Ergebnisse zu veröffentlichen.

Also schickte ich den Artikel mit dem Titel: ›*Pirsch auf den schlauen Hacker*‹ an die COMMUNICATIONS der Association of Computer Machinery. Obwohl man diese wissenschaftliche Zeitschrift nicht in Zeitungsständern findet, erreichen die COMMUNICATIONS die meisten Computerprofis. Jeder Artikel wird von einem Gutachter beurteilt. Das bedeutete, daß drei andere Computerwissenschaftler meinen Artikel durchlesen und anonym eine Stellungnahme abgeben würden, ob er veröffentlicht werden sollte.

Der Artikel sollte in der Mai '88-Ausgabe erscheinen.

Die Association for Computer Machinery (ACM) und das Lawrence Berkeley Labor wollten ihn zeitgleich am ersten Mai ankündigen.

Ende des Monats wollten Martha und ich heiraten. Wir hatten den Rosengarten von Berkeley reserviert, unsere Hochzeitskleider genäht und unsere Freunde und Verwandten eingeladen. Auch ohne den möglichen Pressewirbel um den Hacker würde das kein ruhiger Monat werden.

Wir waren schon in den Startlöchern, als uns die deutsche Illustrierte QUICK zuvorkam. Am 14. April 1988 druckten sie die Story eines deutschen Hackers, der in drei Dutzend Militärcomputer eingebrochen war. Obwohl ihr Reporter es geschafft hatte, den Hacker zu treffen, stammte der Großteil der Story aus meinem Tagebuch.

Mein Tagebuch! Wie hatte es die QUICK geschafft, da dranzukommen? Ich führte mein Tagebuch in meinem Laborcomputer – es bestand aus Disketten, nicht aus Papier. War jemand in meinen Computer eingebrochen und hatte mein Tagebuch gelesen?

Unmöglich. Mein Tagebuch war in meinem Macintosh: Ich klinkte mich nie in ein Netzwerk ein, und versteckte die Diskette jeden Abend in meinem Schreibtisch.

Ich las die Übersetzung des Artikels nochmals genauer und erkannte, daß jemand eine Kopie meines Tagebuchs von Januar 1988 weitergegeben hatte. Bevor ich den Köder mit dem falschen SDINET ausgelegt hatte. Hatte ich irgend jemandem eine Kopie dieses Tagebuches gegeben?

Ja, hatte ich. Am 10. Januar 1988 hatte ich das Tagebuch an Mike Gibbons vom FBI geschickt. Er mußte es an den Justizattaché in Bonn weitergegeben haben. Wer weiß, wo es als nächstes gelandet war?

Jemand hatte es der QUICK zugespielt.

John Markoff – jetzt bei der NEW YORK TIMES – hatte von der Sache Wind bekommen und stellte Fragen. Blieb nur eins: Mein Labor kündigte eine Pressekonferenz an. Mit mir auf dem Podium.

An diesem Abend gegen 23 Uhr war ich nervös und hatte solches Lampenfieber, daß mir richtig schlecht war. Ich auf einer Pressekonferenz?

Ein Anruf von der NSA half mir auch nicht sehr.

Sally Knox, eine Verwalterin am Computer Security Center der NSA, war in der Stadt. Sie hatte von der morgigen Veranstaltung gehört. »Unterstehen Sie sich, uns ins Spiel zu bringen«, blaffte sie mir ins Ohr, »unsere Presse ist schon schlecht genug.«

Ich schaue Martha an.

Sie hört die Stimme dieser Frau am Telefon und verdreht die Augen.

Ich versuche, den Zorn der Schnüfflerin zu beschwichtigen.

»Hören Sie mal, Sally«, sage ich. »Die NSA hat doch nichts falsch gemacht. Ich hab nicht vor zu sagen, daß Ihnen die Mittel gekürzt werden sollten.«

»Das spielt doch keine Geige. Wenn die Medien schon unsern Namen hören, gibt's Ärger. Die verzerren doch jede Information. Es wird einfach keine faire Darstellung geben.«

Ich schaue Martha an.

Sie bedeutet mir aufzulegen.

»Okay, Sally«, sagte ich. »Ich versichere, daß ich Ihre Behörde nicht mal mit einem Buchstaben erwähnen werde. Wenn jemand fragt, sag ich nur ›Kein Kommentar‹.«

»Nein, das machen Sie nicht. Dann schnüffeln die Kerle nur rum und stöbern noch mehr auf. Sagen Sie, wir hätten nichts damit zu tun gehabt.«

»Hören Sie mal, Sally, lügen werde ich nicht. Und überhaupt, ist das National Computer Security Center nicht eine öffentliche, eine nichtgeheime Behörde?«

»Schon. Aber das ist kein Grund, die Presse rumwühlen zu lassen.«

»Warum schicken Sie dann keinen von Ihren Leuten auf meine Pressekonferenz?«

»Keiner unserer Mitarbeiter ist befugt, mit den Medien zu sprechen.«

Bei dieser Einstellung dachte ich so nebenbei, ist es kein Wunder, daß diese Behörde eine so schlechte Presse hat.

Martha schrieb mir einen Zettel: *Frag sie mal, ob sie schon mal was vom Grundrecht auf freie Meinungsäußerung gehört hat.*

Aber ich kam nicht zu Wort.

Sally lamentierte ohne Ende. Der Kongreß wolle sie in die Pfanne hauen. Die Presse wolle sie in die Pfanne hauen. Und ich wolle sie in die Pfanne hauen.

So ging es fast eine halbe Stunde lang, in der sie mich davon zu überzeugen versuchte, daß ich die NSA oder das National Computer Security Center auf keinen Fall erwähnen dürfe.

Es war 23.30 Uhr. Ich war fix und fertig, und hielt es einfach nicht mehr aus.

»Hören Sie mal, Sally«, sage ich, »worauf wollen Sie eigentlich hinaus, wenn Sie mir vorschreiben, was ich sagen soll?«

»Ich schreibe Ihnen nicht vor, was Sie sagen sollen. Ich sage Ihnen nur, was Sie nicht sagen sollen.«

Ich legte auf.

Martha rollte sich im Bett herum und schaute mich an. »Sind die alle so?«

Die Pressekonferenz am nächsten Morgen war tierisch. Ich bin wissenschaftliche Kolloquien und technische Seminare gewöhnt. Man hört immer von Pressekonferenzen, aber ich war noch nie ›life‹ bei einer dabeigewesen. Jetzt bin ich sogar die Hauptfigur.

Es war der reine Wahnsinn. Zusammen mit Roy Kerth, meinem

Chef, ratterte ich in einer halben Stunde alles runter und beantwortete Fragen von Reportern. Die Fernsehberichterstatter stellten leichte (»Wie fühlen Sie sich jetzt, wo's vorbei ist?«), die Zeitungsleute stellten knifflige, schwere Fragen: »Wie sollte die nationale Politik zur Computersicherheit aussehen?« Oder: »Hatte Admiral Poindexter recht, bei sensitivem, aber nicht geheimem Material schärfer vorzugehen?«

Niemand fragte nach der NSA. Keiner erwähnte das National Computer Security Center.

Sally hatte eine halbe Stunde umsonst gelabert.

Ich hatte eigentlich keine allzugute Meinung von der Presse gehabt, glaubte, sie würde alles verzerren, was passiert war. Jetzt hatten sie eine technisch fundierte Story, die zwei Kontinente und die Arbeit eines Jahres umfaßte. Wie würde man darüber berichten?

Überraschend genau. Mein technischer Artikel enthielt mehr Details – das Gnu-Emacs-Loch, wie der Hacker Passwörter knackte –, aber ich war erstaunt, wie gut die Zeitungen die Story mitteilten. Die ganzen wichtigen Sachen kamen – die Militärcomputer, der Köder, sogar ›Operation Duschkopf‹.

Und diese Reporter machten ihre Hausaufgaben. Sie riefen in Deutschland an und gruben irgendwie aus, was ich nie herausgefunden hatte: den Namen des Hackers.

Sie telefonierten mit ihm.

55. Kapitel

»Hallo, ist dort M. H. in Hannover?«
»Ja.«
»Hier ist Richard Covey. Ich bin Reporter hier in Kalifornien. Dürfte ich mich mit Ihnen unterhalten?«
»Ich kann nichts sagen.«
»Über diesen Hackerfall – könnten Sie mir sagen, ob Sie allein gearbeitet haben oder mit noch jemandem?«
»Ich kann dazu nichts sagen. Mein Verfahren läuft noch.«
»Was waren Ihre Intentionen?«
»Es war ausschließlich ein Hobby.«
»Sind Sie Student?«
»Äh, ja. Ich kann am Telefon nicht reden, weil ich den Leitungen nicht traue. Wir werden vielleicht abgehört.«
»Haben Sie einen Anwalt?«
»Ja.«
»Wie heißt er?«
Keine Antwort.
»Kennen Sie Laszlo Balogh in Pittsburgh?«
»Nein. Ich hab noch nie von ihm gehört, außer in den Zeitungsberichten.«
»Haben Sie Vermutungen, wie Balogh an die falschen Daten rangekommen ist?«
»Ich kann dazu nichts sagen.«
»Haben Sie mit jemandem zusammengearbeitet?«
»Ich kann dazu nichts sagen.«
»Waren Sie ein Spion?«
»Ha. Jeder, der das glaubt, macht sich lächerlich. Ich war bloß neugierig.«

»Können Sie sich vorstellen, wie die Daten nach Pittsburgh gekommen sind?«
»Nein, kann ich mir nicht vorstellen. Ich hab sie niemandem gezeigt. Es ist gefährlich für mich, etwas zu sagen, weil ich nicht weiß, ob die Telefonleitungen sauber sind.«
»Wurden Sie für Ihre Arbeit bezahlt?«
»Dazu kann ich auch nichts sagen. Ich muß jetzt aufhören.«
(Klick.)

M. H.
Endlich. Mein Kuckuck heißt also M. H.
So, er spricht Englisch, wenn auch ohne Zusammenziehungen. Und am Telefon ist er genauso paranoid wie am Computer – sieht sich immer um. Deutsche Zeitungen hatten berichtet, er sei 25 Jahre alt. Und ich wußte schon seit langem, welche Zigarettenmarke er rauchte. Benson & Hedges.
Wieder einmal blättere ich das Telefonbuch von Hannover durch. Da steht sein Name, in Ordnung, aber wer ist er? Was hatte dieser Bursche vor? Von Berkeley aus werde ich das nie rausfinden.
Vielleicht sollte ich jemanden in der BRD anrufen? Wen kenne ich da? Ein paar Studenten am Max-Planck-Institut. Einige Astronomen in Darmstadt. Und einen Kommilitonen vom College in Hamburg.

Gegen Ende des Sommers '88 schickte mir ein Unbekannter einen Brief.
Ich brauche eine Unterkunft, wenn ich nach San Francisco komme. Haben Sie was dagegen, wenn ich bei Ihnen auf dem Boden schlafe?
Schien ein Student aus dem Ausland zu sein.
Martha, Claudia und ich betreiben eigentlich keine Jugendherberge, aber unsere Tür ist immer offen für Besucher.
Michael Sperber blieb ein paar Nächte und amüsierte uns mit Berichten über seinen USA-Trip. Für mich genauso interessant war folgendes: Sein Vater, Jochen Sperber, ist Reporter in Norddeutschland und konnte vielleicht mit Hackern in der Gegend von Hannover Kontakt aufnehmen.

Wenn man eine Patchwork-Decke macht, müssen die Ecken der Stücke genau aneinanderpassen. Jede Spitze muß genau an die nächste stoßen. Wenn das nicht klappt, stimmt der ganze Entwurf nicht mehr.

Beim Zusammenstückeln der Beweise aus den Netzwerkverfolgungen war ich zuversichtlich, daß meine Spuren stimmten – jedes Stück paßte perfekt zum andern. Das Ganze wirkte so, daß es einfach wahr sein mußte.

Wenn ich aber Berichte aus Deutschland hinzutat, paßten einige Stücke nicht ganz. Die Hauptfigur, M. H., bleibt verschwommen und will partout nicht reden. Ich kann mir seine Aktionen nur aufgrund der Aussagen seiner Kollegen erschließen.

Trotzdem versuchte ich sogar hier, alles doppelt zu überprüfen. Ich kann Daten und Zeiten mit dem korrelieren, was in meinem Tagebuch steht. Unterschiedliche Quellen machen ähnliche, aber nicht identische Angaben. Wie bei einer Patchwork-Decke versuche ich, die Ecken und Kanten auf Stoß zu bekommen.

Was ist wirklich passiert?

Hier meine Vermutung; sie beruht auf Interviews von Jochen Sperber. Mitteilungen von Leuten, die mit dem Verfahren zu tun hatten. Zeitungsberichten und elektronischen Meldungen von Programmierern aus der Bundesrepublik Deutschland.

Zu Beginn der 80er Jahre erweiterte der deutsche Fernmeldedienst sein Angebot durch ein Datennetzwerk. Ihr Datex-P-Service lief nur zögernd an, aber 1985 begannen Universitäten und Firmen sich anzuschließen. Ein bequemer, wenn nicht sogar billiger Weg, um über die BRD verteilte Computer miteinander zu verbinden. Wie überall fingen Studenten an, diesen Service auszunutzen. Zuerst entdeckten sie Fehler in den Sicherungsvorrichtungen des Systems, dann fanden sie Wege, um sich durch das Netz irgendwo im Ausland einzuklinken. Die Deutsche Bundespost hatte alle Hände voll damit zu tun, Datex in die Gänge zu bringen und ignorierte diese Hacker weitgehend.

Ein Dutzend Hacker gründete Anfang 1984 mit dem Chaos Computer Club eine ›ordentliche‹ Organisation. Mit spektakulären Aktionen versuchten sie ihre computerunkundigen Landsleute auf die Risiken von Verdrahtung und Verkabelung hinzuweisen

und als ›Datenreisende‹ eine Computer-Gegenkultur ins Leben zu rufen. Manche sind Kyberpunker; einige extrem professionell bei der Datenverarbeitung, andere kaum mehr als Novizen. Mittels sogenannter Mailboxen – elektronische Briefkastensysteme zur schnellen Nachrichtenübermittlung von Computer zu Computer tauschten sie anonym Telefonnummern gehackter Computer aus, sowie gestohlene Passwörter und Kreditkarten.
M. H. kannte den Chaos-Club, war dort allerdings nie eine zentrale Figur gewesen. Als ›freier‹ Hacker hielt er vielmehr Distanz. Tagsüber arbeitete er bei einer kleinen Software-Firma in Hannover.
Über eine knisternde Telefonleitung sagte mein befreundeter Astronom in Hannover: »Weißt du, H. kannte Hagbard, der zu anderen Hackern in Deutschland, wie Pengo und Frimp, Kontakte unterhielt. Hagbard ist natürlich ein Pseudonym, sein wirklicher Name ist...«
Hagbard. Diesen Namen hatte ich schon gehört. Nachdem ich aufgelegt hatte, suchte ich in meinem Tagebuch nach Hagbard. Da war er – er war ins Fermilab und in Stanford eingebrochen. Trotzdem war er mir noch woanders begegnet. Ich durchsuchte Datenbänke in der Uni und fragte Freunde. Nicht ein Mucks. In den nächsten drei Tagen fragte ich alle Leute, die ich traf, in der Hoffnung, jemandem würde ein Licht aufgehen.
Schließlich sagte die Frau hinter dem Ladentisch der Buchhandlung Pendragon in Berkeley: »Na klar. Captain Hagbard Celine ist der Held des Dope & Daten-Epos ILLUMINATUS!«
Jetzt fiel's mir wieder ein: Robert Anton Wilson hat eine Sciencefiction-Roman-Trilogie geschrieben, über eine internationale Verschwörerclique, die die Welt beherrscht. Die ›Illuminati‹ beherrschen – und zerstören – alles. Gegen diesen jahrtausendealten Geheimkult führt Hagbard Celine einen kleinen Anarchistenbund.
Also agiert der Gesinnungsgenosse von H. unter dem Pseudonym Hagbard. Er mußte wirklich davon überzeugt sein, da draußen in der weiten Kabelwelt gäbe es eine Verschwörung. Und wahrscheinlich glaubte er, ich sei einer der geheimen Illuminati – mit der Absicht, die Guten zu unterdrücken!
Vielleicht hat er recht. Ein paar meiner radikalen Freunde würden ihm zustimmen. Aber ich weiß ganz sicher nichts Geheimes.

Hagbard arbeitete also mit M. H. zusammen. Die beiden tranken zusammen Bier in den Kneipen von Hannover und verbrachten ganze Nächte am Computer von H.
Zuerst spielte H. offenbar nur in den Netzwerken herum und suchte nach Wegen, um Verbindungen in die ganze Welt zu kriegen. Wie ein Amateurfunker versuchte er so weit zu kommen wie möglich. Zuerst schaffte er es, sich in Karlsruhe einzuklinken; später erreichte er Bremen über das Datex-P-Netzwerk.
Bald entdeckte er, daß viele Systemverwalter ihre Hintertüren nicht verschlossen hatten. Gewöhnlich waren es Universitätsrechner, aber M. H. begann sich zu fragen: Wie viele andere Systeme standen noch weit offen? Auf welche Art und Weisen konnte man sich noch in Computer schleichen?
Im September 1985 brachen Hagbard und Pengo routiniert in Computer in Nordamerika ein: meist in Hochenergiephysiklabors, aber auch in ein paar NASA-Anlagen. Hagbard beschrieb H. aufgeregt seine Heldentaten.
Da war die Herausforderung. H. begann, sich außerhalb Deutschlands umzusehen. Aber er kümmerte sich nicht mehr um Universitäten und Physiklabors – er wollte echten Nervenkitzel. H. wollte das Militär ins Visier kriegen.
Die Führung des Chaos Computer Clubs hatte ihre Mitglieder und alle anderen gewarnt: »Dringt nie in einen Militärcomputer ein. Die Sicherheitsleute auf der anderen Seite werden ihr Spielchen mit euch spielen – fast wie Schach. Denkt dran, daß sie dieses Spiel schon seit Jahrhunderten üben.« M. H. hörte nicht.
Offenbar fand H. einen Weg in einen ungeschützten Computer, der einer Tochtergesellschaft der US-Rüstungsfirma Mitre gehörte. Als er in dem System drin war, entdeckte er detaillierte Instruktionen, wie man sich in die Computer bei Mitre in Bedford, Massachusetts, und in McLean, Virginia, einklinkte.
Warum nicht? Das System war weit offen, und er konnte überallhin in Amerika anrufen.
Im Sommer 1986 operierten H. und Hagbard getrennt, verglichen aber häufig ihre Notizen. Sie teilten sich die Arbeit, methodisch Türklinken zu drücken, als sie die Straßen der militärischen Netzwerke entlangliefen.

Mittlerweile arbeitete M. H. in Hannover, programmierte VAX-Computer und verwaltete mehrere Systeme. Sein Vorgesetzter wußte offenbar von den Mondscheinsitzungen seines Systemverwalters. Ob er sie billigte?
Bald erweiterte H. seinen Brückenkopf bei Mitre. Er erforschte ihr System von innen her und streckte dann Fühler in andere amerikanische Computer aus. Er sammelte Telefonnummern und Netzwerkadressen und griff dann diese Systeme methodisch an. Am 20. August 1986 stieß er auf das Lawrence-Berkeley-Labor.
Sogar dann noch spielte H. nur herum. Es war ihm bewußt, daß er Mitwisser von Geheimnissen, und zwar sowohl wirtschaftlichen wie politischen, war, aber er hielt den Mund. Dann schilderte er Hagbard gegen Ende September in einem nebligen Biergarten in Hannover seine neueste Tat.
Man verdient kein Geld, wenn man in Universitäten und Colleges einbricht. Wer, außer ein paar Doktoranden, interessiert sich denn schon für Daten aus Physiklabors?
Aber Militärbasen und Rüstungsbetriebe?
Hagbard witterte Geld. Und Hagbard hatte eine Nase dafür, zu wem er Kontakt aufnehmen mußte.
Zu Pengo in West-Berlin.
Pengo hatte Kontakte zu Hackern überall in der BRD, zum Beispiel auch mit Dirk B. aus West-Berlin, und wußte, wie man Informationen verwertete. Im Spätsommer des Jahres 1986 fuhren Pengo und der Ex-Croupier Peter C. über die Grenze nach Ost-Berlin. Dort trafen sie sich in den Räumen der Handelsfirma MATA NOVIC, Leipziger Straße 60, mit dem KGB-Major ›Sergej‹ und übergaben ihm das gehackte Datenmaterial.
Für 30 000 Deutsche Mark wechselten ein Magnetspeicherband, Disketten und Merkblätter ihren Besitzer.
Wie ich später erfuhr, wickelten im weiteren Verlauf vor allem Dirk Brzezinski und dessen Freund Peter C. die ›Ostgeschäfte‹ ab.
Der KGB zahlte jedoch nicht nur für Ausdrucke. H. und Co. ließen offenbar auch ihr Know-how verkaufen: Wie man in VAX-Computer einbricht, welche Netzwerke man zur Überquerung des Atlantik benutzt; Details über die Funktionsweise des Milnet.
Noch wichtiger war für den KGB, daß er Forschungsdaten über

westliche Technologie erhielt, unter anderem über die Konstruktion integrierter Schaltungen, über computergestützte Produktionsverfahren und besonders über Betriebssystem-Software, die dem US-Exportverbot unterlag. Für Kopien des VMS-Betriebssystems von Digital Equipment boten sie 250 000 Deutsche Mark.

Eine Menge Kohle. Dem Norddeutschen Rundfunk zufolge erfüllten die Westberliner Hacker viele der Wünsche des KGB: Quellcode des Unix-Betriebssystems, Pläne für sehr schnelle Galliumarsenidchips und Computerprogramme zum Design von Speicherchips.

Nur daß der Quellcode von Unix keine 130 000 Dollar wert ist. Chipkonstruktionspläne? Mag sein. Aber ein ausgefeiltes Programm für die Computerentwicklung... vielleicht hatte der KGB doch zu teuer eingekauft.

Hagbard wollte mehr als Kohle. Er wollte Kokain.

Hagbard gab etwas von dem Geld (aber nichts von dem Koks) gegen Ausdrucke, Passwörter und Netzwerkinformation an H. weiter. Außer einem Anteil zahlte Hagbard seine Telefonrechnung, die manchmal mehr als 2000 Deutsche Mark im Monat betrug, wenn er Computer rund um die Welt anrief.

H. hob alles auf. Er führte ein detailliertes Notizbuch und speicherte jede Sitzung auf einer Diskette. So konnte er, wenn er sich bei einem Militärcomputer ausgeklinkt hatte, interessante Teile ausdrucken und diese an Hagbard und dann an den KGB weitergeben.

Auf der Wunschliste des sowjetischen Geheimdienstes standen auch SDI-Daten, und als H. danach suchte, entdeckte ich natürlich, daß SDI in seinen Anfragen auftauchte. Marthas ›Operation Duschkopf‹ war dann jede Menge SDI-Rauhfutter für H.

Aber konnte der KGB diesen Ausdrucken trauen? Wieso konnten sie so sicher sein, daß Hagbard nicht alles erfunden hatte, um seine Kokssucht zu finanzieren?

Der KGB beschloß, den deutschen Hackerring zu überprüfen. Die mythische Barbara Sherwin war ideal, um die Tragfähigkeit dieser neuen Form der Spionage zu testen. Sie hatte schließlich die Leute aufgefordert, ihr zu schreiben, wenn sie mehr Information wollten.

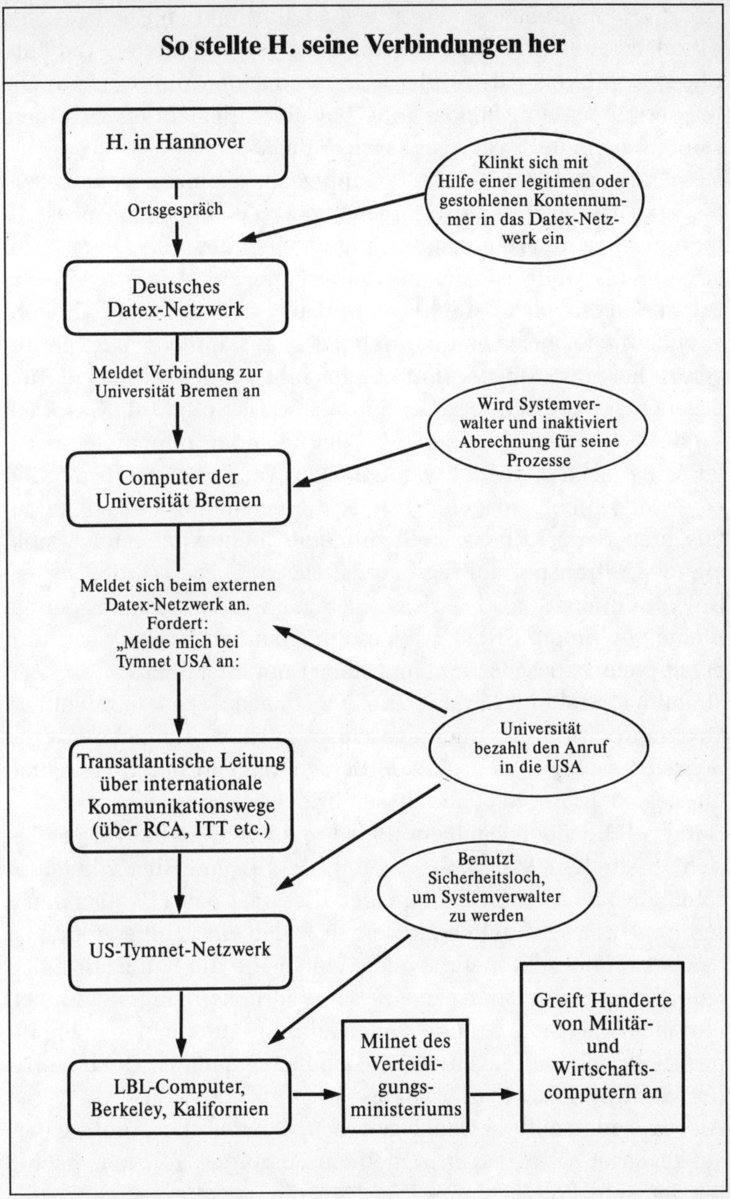
So stellte H. seine Verbindungen her
H. in Hannover
Ortsgespräch
Klinkt sich mit Hilfe einer legitimen oder gestohlenen Kontennummer in das Datex-Netzwerk ein
Deutsches Datex-Netzwerk
Meldet Verbindung zur Universität Bremen an
Wird Systemverwalter und inaktiviert Abrechnung für seine Prozesse
Computer der Universität Bremen
Meldet sich beim externen Datex-Netzwerk an. Fordert: „Melde mich bei Tymnet USA an:
Universität bezahlt den Anruf in die USA
Transatlantische Leitung über internationale Kommunikationswege (über RCA, ITT etc.)
Benutzt Sicherheitsloch, um Systemverwalter zu werden
US-Tymnet-Netzwerk
LBL-Computer, Berkeley, Kalifornien
Milnet des Verteidigungsministeriums
Greift Hunderte von Militär- und Wirtschaftscomputern an

Aber Geheimdienste gehen so was nicht direkt an. Sie benutzen Mittelsmänner. Der KGB kontaktierte einen anderen Geheimdienst – entweder den bulgarischen oder den ungarischen. Die wiederum hatten offenbar eine bewährte Beziehung zu einem Kontaktmann in Pittsburgh: Laszlo Balogh.
Der PITTSBURGH POST-GAZETTE zufolge bezeichnete sich Laszlo als »ungarischer Flüchtling, Technischer Zeichner, als Angestellter einer Kreditkartenorganisation, als Spediteur, als Diamantenhändler, als Weltreisender, als Leibwächter für zwei kuwaitische Prinzessinnen, als CIA-Schläger und als FBI-Informant«. Obwohl er behauptete, ausgedehnte Kontakte zu ausländischen Regierungen zu haben, und teure Importautos fuhr, hatte er einmal eidlich bezeugt, er habe Schwierigkeiten gehabt, als Spitzel ein Gespräch für das FBI mitzuschneiden, weil der Recorder immer wieder unter seine Jacke gerutscht war. Offenbar war er Vorstandsmitglied einer jetzt dichtgemachten Firma, die versuchte, mit einem gefälschten Scheck, ausgestellt auf eine nichtexistierende Bank, einen Mülltransportauftrag zu erhalten.
Geld stinkt nicht, also war's Laszlo egal, woher es kam. Er wußte nichts von einem SDINET, kannte niemanden in Hannover und behauptete, er besäße nicht mal einen Computer.
Hmmm. Ich sah mir Laszlos Brief noch mal an. Der war mit einem Textverarbeitungsprogramm geschrieben worden, nicht mit einer Schreibmaschine. Wenn Laszlo Balogh keinen Computer besitzt, überlegte ich, wer hat dann diesen Brief verfaßt?
Hat das FBI jedoch genügend Beweise, um Laszlo Balogh vor Gericht zu stellen? Man wollte es mir nicht sagen. Aber wie ich es sehe, steckt Laszlo schwer in der Klemme: das FBI überwacht ihn, und wer auch immer an seinen Fäden zieht, eine Freude ist das bestimmt nicht mehr. Andererseits hatte die Polizei der BRD jede Menge Beweise gegen M. H. Ausdrucke, Fangschaltungen und mein Tagebuch. Als sie seine Wohnung aufbrachen, fielen ihnen mehr als 100 Disketten, ein Computer und eine Dokumentation des US-Milnet in die Hände.
Also war niemand zu Hause gewesen. Obwohl ich geduldig darauf gewartet hatte, daß er in meinem Computer erschien, machte die deutsche Polizei am 23. Juni 1987 die Hausdurchsuchung, als

H. nicht eingeloggt war. Und aufgrund einer Lücke im deutschen Gesetz konnte er nun nicht angeklagt werden. Sein Anwalt argumentierte, da M. zu dem Zeitpunkt, als seine Wohnung durchsucht worden war, nicht eingeloggt gewesen sei, mußte nicht unbedingt er den Hack gemacht haben. Dies und die fehlende richterliche Genehmigung für die Fangschaltung reichte aus, um das Ermittlungsverfahren 1988 einzustellen.

Und die anderen? Am 2. März 1989 beschuldigten die deutschen Behörden acht Leute geheimdienstlicher Tätigkeit, unter anderem H., Hagbard, Pengo und Peter C.. Sie wurden alle freigelassen (weil sie mit den Behörden kooperiert hatten? Ich weiß es nicht), bis auf den Berliner Programmierer Dirk B., der wegen Fahnenflucht (er ist bei der Bundeswehr) verhaftet wurde, und Peter C.

Hagbard, der Vermittler, der H. mit den anderen Hackern verband, ist seither runter von seinem Kokaintrip. Die Kohle ist allerdings schon vorher draufgegangen: Er hatte Schulden und ist arbeitslos. Zu guter Letzt mußte er auch noch sein Modem verkaufen. Am 5. Juli 1988 offenbarte er sich den Behörden. Seine Hackertage sind gezählt.*

Pengo packte am 20. Juli 1988 aus. Er behauptet, er hoffe, obwohl er in die Sache verwickelt war, »das Richtige getan zu haben, als ich unseren Behörden detaillierte Informationen über meine Beteiligung an dem Fall gegeben habe«.

Aber solange das Verfahren gegen ihn noch schwebt, wird er nichts weiter sagen.

M. H. lebt immer noch in Hannover und raucht seine Benson & Hedges.

* Am 4. Juni 1989 verbreitete die dpa folgende Meldung: »In einem Waldstück zwischen Celle und Braunschweig hat die Polizei die Leiche des ›KGB-Hackers‹ Karl Koch (24) aus Hannover gefunden. Koch, der sich nach Angaben der Polizei vermutlich selbst verbrannte, wurde bereits Donnerstag abend in dem Wald in der Nähe der Gemeinde Ohof entdeckt. Ein Verbrechen an dem Hacker, der für den sowjetischen Geheimdienst KGB gearbeitet hatte, kommt nach dem bisherigen Stand der Ermittlungen, so die Polizei nicht in Betracht.

›Captain Hagbard‹, wie Koch mit Hackernamen hieß, offenbarte sich Mitte 1988 dem Verfassungsschutz. Er brachte die Ermittlungen ins Rollen, die zur Aufdeckung des Spionagefalls von Hackern führte. Die Spionagegeschichte nahm 1986 in Hannover ihren Anfang. Sechs Personen aus Berlin und Hannover werden der Computerspionage für den KGB beschuldigt. Alle haben gestanden.« (A. d. Ü.)

56. Kapitel

Als ich damals diese Jagd aufnahm, begriff ich mich als jemand, der sich alltäglichen Aufgaben widmete. Ich tat, was man mir aufgetragen hatte, vermied Macht und Einfluß und hielt mich aus brennenden Problemen raus. Ich war politisch so gut wie uninteressiert. Gewiß, ich definierte mich verschwommen über die alte, linke 60er Bewegung. Aber ich dachte nie viel darüber nach, wie meine Arbeit mit der Gesellschaft vermittelt war...

Vielleicht hatte ich mich für Astronomie entschieden, weil sie so wenig mit irdischen Problemen zu tun hat.

Jetzt, nachdem ich wie Alice in ein Wunderland gerutscht war, finde ich die politische Linke und die Rechte in ihrer jeweiligen Abhängigkeit vom Computer seltsamerweise ›vereint‹.

Die Rechte hält Computersicherheit deshalb für nötig, weil nationale Geheimnisse geschützt werden müßten; meine linken Freunde befürchten eine Verletzung ihrer Privatsphäre, wenn Diebe Datenbänke filzen. Politisch Gemäßigte erkennen, daß unsichere Computer Geld kosten, wenn ihre Daten von Fremden ausgebeutet werden.

Der Computer ist zu einem universellen Arbeitsmittel geworden, das keine intellektuellen, politischen oder bürokratischen Grenzen kennt; eine allgegenwärtige Notwendigkeit, die die Welt umspannt und alle (politischen) Standpunkte übergreift.

Als ich das erkannte, wurde ich zum – fast fanatischen – Computersicherheitsprofi. Ich mache mir Sorgen um unsere angreifbaren Datenbanken. Ich frage mich, was in Finanznetzwerken passiert, wo jede Minute Millionen Dollar hin- und herfließen. Es stinkt mir, daß dem FBI die Sache völlig egal zu sein scheint. Und ich fürchte, daß die Computerpiraterie zunehmen wird*.

Es mußte schon viel Mist gebaut werden, daß ich mich drum scherte. Ich wünschte mir, wir lebten in einem neuen goldenen Zeitalter, wo moralisches Verhalten vorausgesetzt wird; wo technisch versierte Programmierer die Privatsphäre anderer respektierten; wo wir keine Schlösser an unseren Computern bräuchten.

Es macht mich traurig, wenn ich sehe, wie talentierte Programmierer ihre Zeit verplempern, um in Computer einzubrechen. Statt neue Wege zur gegenseitigen Unterstützung zu entwickeln, bauen diese Leute Viren und logische Bomben. Und das Ergebnis? Man schiebt jeden Softwarepups auf einen Virus, öffentlich zugängliche Software wird zu wenig genutzt, und unsere Netzwerke werden Brutstätten des Verfolgungswahns.

Befürchtungen um die Sicherheit würgen in der Tat den freien Informationsfluß ab. Wissenschaftlicher und sozialer Fortschritt können sich nur gegenseitiger Achtung und in Freiheit entwikkeln. Der Verfolgungswahn, den viele Hacker in ihrem Kielwasser nachziehen, erstickt nur unsere Arbeit... zwingt Administratoren, unsere Verbindungen zu Netzwerkgemeinschaften abzuklemmen. Ja, man kann Computer und Netzwerke sicher machen. Man kann Systeme konstruieren, in die Außenstehende nicht so einfach einbrechen können. Aber sie sind gewöhnlich schwierig und benutzerunfreundlich. Und langsam. Und teuer. Die Kommunikation per Computer kostet sowieso schon zuviel – zusätzliche Chiffrierungen und ausgefeilte Benutzeridentifikationsverfahren machen das nur schlimmer.

Andererseits scheinen unsere Netzwerke bevorzugte Zielobjekte (und Kanäle) internationaler Spionage geworden zu sein. Stellen wir uns nur mal vor, was ich tun könnte, wenn ich ein Geheim-

* Wie recht Cliff Stoll damit hatte, zeigt eine AFP-Meldung vom 26. Mai 1989 aus Detroit: »Eine Sondergruppe der US-Bundespolizei hat ein Netz von überwiegend jugendlichen Computerpiraten aufgedeckt, die sich durch ihre ›Hacker-Tätigkeit‹ in die Datennetze von rund 20 Institutionen und Unternehmen eingeschlichen und auf diese Weise 1,5 Millionen Dollar erbeutet haben. Unter den Opfern der Hackerbande, zu der nach Ansicht der Polizei mindestens 57 Computerfreaks gehören, waren auch das Schatzamt des US-Bundesstaates Michigan und eine Telefongesellschaft.« (A. d. Ü.).

Stationen der Weltreise im Datennetz

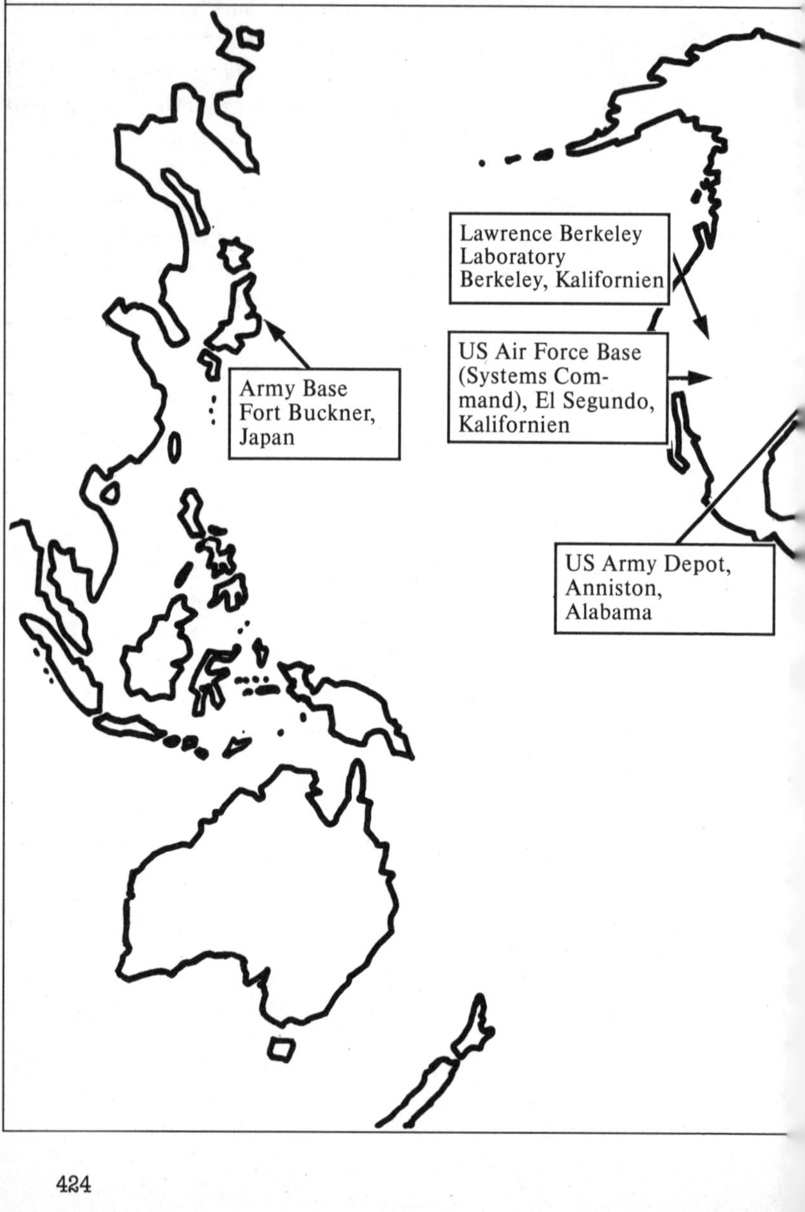

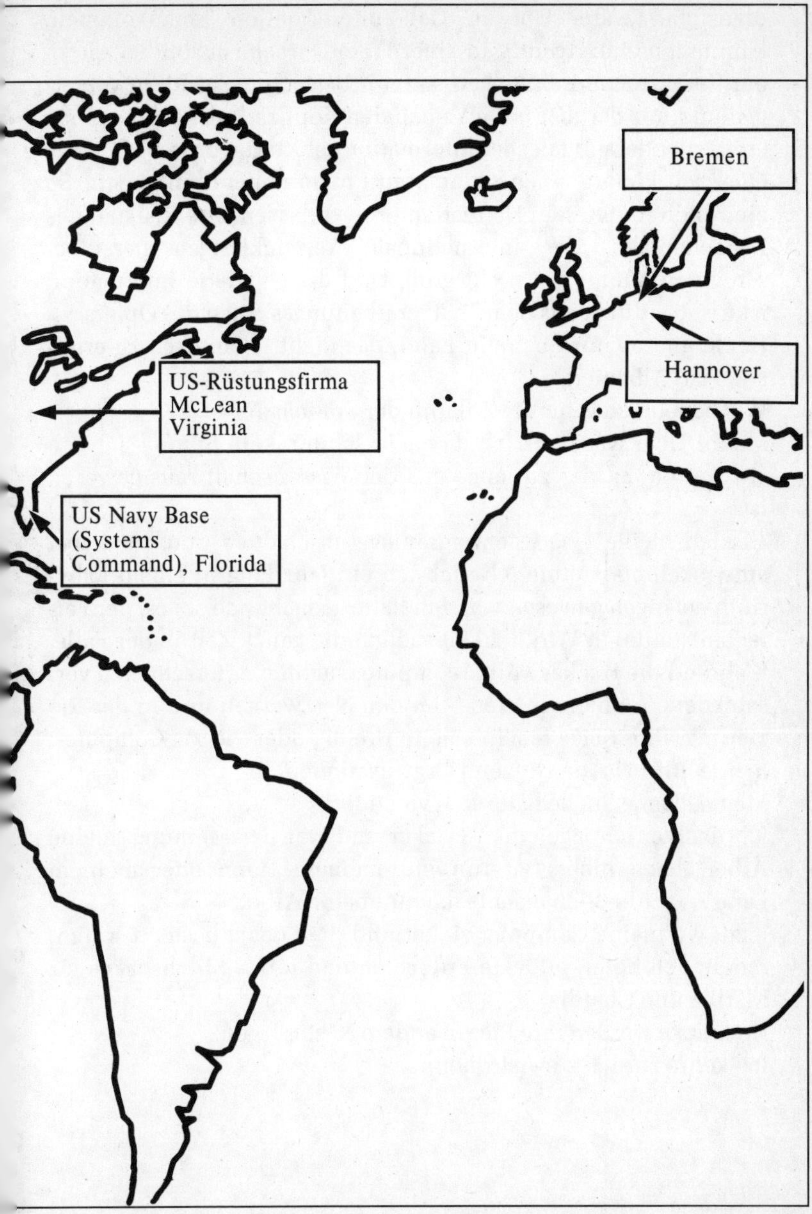
Bremen
Hannover
US-Rüstungsfirma
McLean
Virginia
US Navy Base
(Systems
Command), Florida

dienstchef wäre. Um an Geheiminformation ranzukommen, könnte ich eine Agentin in einer Fremdsprache ausbilden, sie in ein fremdes Land einfliegen, sie mit Bestechungsgeldern versorgen und mir darüber hinaus noch den Kopf zerbrechen, wenn sie erwischt oder mit falscher Information gefüttert würde.

Oder ich könnte einen unlauteren Programmierer anheuern. So ein Spion müßte sein Heimatland nie verlassen. Das Risiko eines Zwischenfalls, der internationale Verwicklungen heraufbeschwören könnte, ist nicht groß. Und die gelieferte Information ist frisch – direkt aus dem Textverarbeitungssystem des Opfers.

Heute gibt es nur noch ein Land, das nicht telefonisch zu erreichen ist: Albanien.

Was bedeutet das für die Zukunft der Spionage?

Mann! Über was denk ich da nach? Ich bin kein Spion – ich bin ein Astronom, der zu lange aus der Wissenschaft raus gewesen ist.

Als ich meine Überwachungsanlage abschaltete und die Kabel aufwickelte, erkannte ich, daß ich ein Jahr lang in einem Labyrinth gefangen gewesen war. Ich hatte gedacht, ich sei es, der Fallen aufstellte; in Wirklichkeit saß ich die ganze Zeit in der Falle. Während die Hacker Militärcomputer suchten, erforschte ich verschiedene Gemeinschaften – an den Netzwerken und in der Regierung. Ihre Reise brachte sie in dreißig oder vierzig Computer; meine führte in ein Dutzend Organisationen.

Meine eigene Suche hatte sich verändert.

Ich dachte, ich jage einen Hacker und war der Meinung, meine Arbeit habe nichts zu tun mit meinem Heim oder meinem Land . . . schließlich machte ich nur meine Arbeit.

Jetzt, wo meine Computer sicher und die Löcher gestopft waren, radelte ich heim, pflückte Erdbeeren und mixte Milchshakes für Martha und Claudia.

Kuckucke werden ihre Eier in andere Nester legen.

Ich kehre zurück zur Astronomie.

Epilog

Während ich verzweifelt versuchte, die Hackerjagd endlich abzuschließen, hatten wir auch noch eine Hochzeit zu planen. Es war eine hektische Zeit, und ich verfluchte meine Arbeit (und M. H.), die mich von wichtigen privaten Dingen abhielten. Wir wollten Ende Mai heiraten, und so kamen uns die Enthüllungen damals im April besonders ungelegen; da ich medienmäßig total gefordert war, blieben schließlich fast alle Vorbereitungen an Martha hängen.

Aber sie wurde damit fertig, fest entschlossen, die Hochzeit so zu gestalten, wie es uns entsprach. Wir siebdruckten die Einladungen selbst; wir beide luden zusammen mit unseren Familien ein. Natürlich lief die Farbe durch, und auf der Hälfte der Einladungen waren unsere Fingerabdrücke, aber das gehört eben zum Hausgemachten.

Martha, angetan mit einem weißen Kleid? Und ich im Smoking? Absurd. Und Laurie im Brautjungfernkostüm? Niemand brachte es fertig, Laurie, egal weswegen, in ein Kleid zu stecken. Wir einigten uns irgendwie. Laurie trug weiße Leinenhosen und ein Herrenjacket, Martha machte sich ein einfaches, hellgelbes Kleid, und ich nähte mir selbst ein Baumwollhemd. (Versuchen Sie mal, sich selbst ein Hemd zu nähen. Sie werden eine ganz neue Ehrfurcht vor Hemdenmachern lernen, besonders wenn Sie die Manschetten verkehrt herum annähen.)

An unserer Hochzeit regnete es, und es gab im Rosengarten keine Möglichkeit zum Unterstellen. Claudias Streichquartett hatte vorgesorgt. Man entrollte eine Persenning; wenigstens die Musikantinnen und ihre Geigen waren vor dem Wolkenbruch geschützt. Meine Schwester Jeannie kam direkt aus ihrem letzten Kurs am

Navy War College – und mitten hinein in einen politischen Streit mit Laurie. Natürlich verfuhren wir uns nach der Zeremonie auf dem Weg zu einem entlegenen Gasthaus am Meer.
Es wurde trotz allem eine Superfete. Man kann übers Heiraten sagen was man will, aber der Hochzeitstag war der glücklichste Tag in meinem Leben.

M. H. war entlarvt, also konnte ich zurück zur Astronomie oder zumindest zur Datenverarbeitung. War zwar nicht gerade wie einen internationalen Spionagering zerschlagen, aber Forschung kann man schließlich überall betreiben. Das Schönste daran ist, man weiß nicht, wohin einen die Wissenschaft führt.
Es war aber nicht egal. Die Computerleute meinten, ich hätte das letzte Jahr nutzlos vertan, als ich mit den Schnüfflern klüngelte. Die Drei-Buchstaben-Schnüffler hatten keine Verwendung für mich – wer braucht schon einen Astronomen? Und die Astronomen wußten, daß ich seit zwei Jahren aus dem Gebiet raus war.
Was tun?

Martha hatte ihr Examen bestanden und arbeitete als Assessorin bei einem Richter jenseits der Bay in San Francisco. Es gefiel ihr – bei Verhandlungen Notizen machen, relevante Gesetze recherchieren, an Urteilen mitschreiben. Eine Art Doktorandenzeit für Jura.
Sie fand eine weitere Assessorenstelle in Boston ab August 1988. Bei einem Erdbeermilchshake beschrieb sie ihre Möglichkeiten:
»Ich könnte am Bezirksgericht in Boston arbeiten. Es ist dort akademischer – keine Verhandlungen, nur Berufungen. Könnte ganz lustig werden.«
»Und die Alternativen?«
»Ich überleg mir, ob ich an die Uni zurückgehe und meinen Doktor jur. mache. Das dauert dann aber noch ein paar Jahre.«
Immer die Akademikerin.
Wollte ich von Berkeley weg und mit ihr nach Massachusetts?
Eine einfache Entscheidung: Mit ihr würde ich überall hingehen. Wenn sie nach Boston geht, würde ich dort einen Job aufreißen.
Zum Glück suchte das Harvard Smithsonian Center for Astro-

physics gerade eine Kreuzung aus Astronom und Computercrack; jemanden, der mit ihrer Röntgenastronomiedatenbank spielte.
Eine Datenbank kann ich genauso gut versauen wie sonst wer, und meine Pause von der Astronomie war ihnen egal. Und weil sie Astronomen waren, waren sie auch an Leute gewöhnt, die spät auftauchten und unter Schreibtischen schliefen.
Es war nicht leicht, Berkeley zu verlassen – die Erdbeeren, die Straßenverkäufer, der Sonnenschein –, aber wir schlossen einen Nichtangriffspakt mit unseren Hausgenossen: Wir konnten sie jederzeit besuchen und mußten nicht abspülen. Dafür konnten sie bei uns in Massachusetts bleiben, wenn sie kalifornische Kiwis mitbrachten.
Das Schlimmste war der Abschied von unserer Untermieterin Claudia. Ich hatte mich richtig an ihr nächtliches Mozartüben (was für ein Unterschied zu dem Konzert der Grateful Dead in Berkeley!) gewöhnt. Sie hatte sich noch nicht mit einem Gefährten arrangiert, obwohl mehrere vielversprechende Musiker sie umschwärmten, als wir weggingen ...
Also packten wir im August '88 etliche Koffer für ein Jahr Massachusetts.
Seine Wurzeln im Westen aus dem Boden zu ziehen und sie an der Ostküste einzupflanzen, hatte verschiedene Vorteile. Meine Computernetzwerkadresse änderte sich ... eine feine Sache, da mehrere Hacker einzubrechen versucht hatten, nachdem mein Artikel veröffentlicht war. Zwei oder drei hatten mir verschiedentlich gedroht – ich wollte ihnen absolut keine Zielscheibe bieten. Und auch diverse Drei-Buchstaben-Behörden gaben's auf, mich anzurufen und mich um Rat, Meinung und Gerüchte zu bitten. In Cambridge konnte ich mich jetzt auf Astronomie konzentrieren und Computersicherheit und Hacker vergessen.
In den letzten zwei Jahren war ich in Sachen Computersicherheit zum Experten geworden, hatte aber in Astronomie rein nichts dazugelernt. Noch schlimmer, die Physik der Röntgenastronomie war mir vollkommen fremd: Mein Gebiet ist die Planetenkunde, und Planeten senden keine Röntgenstrahlung aus.
Was schauen sich Röntgenastronomen also an? Die Sonne. Sterne und Quasare. Und explodierende Galaxien.

»Explodierende Galaxien?« fragte ich Steve Murray, meinen neuen Chef am Center for Astrophysics. »Galaxien explodieren doch nicht. Sie sind doch einfach bloß da, als Spiralen.«
»Quatsch. Sie haben in den 70er Jahren Astronomie gelernt, Cliff«, erwiderte Steve. »Also, wir hier schauen uns Sterne an, die als Supernovae explodieren, Ausbrüche von Röntgenstrahlung bei Neutronensternen, sogar Materie, die in schwarze Löcher fällt. Treiben Sie sich hier mal 'ne Weile rum, und wir bringen Ihnen richtige Astronomie bei.«
Sie pfuschten nicht. Innerhalb einer Woche saß ich an einem Computer und baute Datenbanken von Röntgenbeobachtungen auf. Klassische Datenverarbeitung, aber gute Physik dabei. Genau! Es gibt wirklich Schwarze Löcher im Zentrum von Galaxien. Ich hab die Daten gesehen.
Das Smithsonian Astrophysical Laboratory teilt sich das Gebäude mit dem Harvard Observatorium. Natürlich kennt jeder das Harvard Observatorium. Aber das Smithsonian? Das ist doch in Washington, oder? Erst seitdem ich nach Cambridge gezogen war, merkte ich, daß das Smithsonian eine affenscharfe Astronomieabteilung hatte, das Center for Astrophysics. Ist mir auch egal, solange sie gute Astronomie machen.
Cambridge, Massachusetts, mag auf der anderen Seite des Landes liegen, kulturell aber liegt es aber gleich neben Berkeley. Jede Menge 60er-Jahre-Hippies, linke Politik, Buchläden und Cafés. Fast jeden Abend spielen Straßenmusiker, und in den U-Bahn-Stationen der Innenstadt kriegt man Gitarren- und Mandolinenmusik um die Ohren. Und die Stadtviertel – manche Häuser sind hundert Jahre alt. Radfahren in Cambridge ist das reinste Abenteuer – die Fahrer nehmen einen richtiggehend aufs Korn. Geschichte, verrückte Leute, gute Astronomie, preiswerte Pizza – alle Zutaten für einen guten Platz zum Leben.
Und die Ehe? Außer daß Martha mich vom Mikrowellenherd fern hält, ist's ein Mordsspaß.
Am Mittwoch, dem 2. November 1988 blieben Martha und ich lange auf und lasen uns einen Roman vor. Um Mitternacht zogen wir uns die Patchwork-Decke über die Ohren und schliefen ein.
Ich träumte gerade, ich schwebte auf einem Eichenblatt durch die

Luft, als das Telefon klingelte. Verdammt. Das Leuchtzifferblatt der Uhr zeigte 2.25 Uhr.
»Hallo, Cliff. Hier ist Gene. Gene Maya vom NASA Ames Laboratory. Ich entschuldige mich jetzt nicht, daß ich Sie aufwecke. Unsere Computer werden angegriffen.«
Die Aufregung in seiner Stimme weckte mich vollends auf.
»Wachen Sie auf und prüfen Sie Ihr System«, sagte Gene. »Oder besser, schlafen Sie weiter, und prüfen Sie's. Aber rufen Sie mich zurück, wenn Sie was Ungewöhnliches sehen.«
Ich hatte den Hörer keine 10 Sekunden aufgelegt, als es wieder klingelte. Diesmal piepste es nur in der Leitung.
Ein Piepsen in Morsezeichen.
Mein Computer rief an. Er brauchte meine Aufmerksamkeit.
Ach, zum Teufel. Ich kann mich nicht verstecken. Ich stolpere hinüber zu meinem guten alten Macintosh, wähle den Computer des Harvard-Observatoriums und tippe meinen Kontennamen ein, Cliff. Dann mein Passwort ›*Robotcat*‹, das nicht im Wörterbuch stand.
Das Einloggen ging sehr langsam. Nach fünf Minuten gab ich auf. Mein Computer reagierte einfach nicht.
Da war was faul.
Na, gut, dachte ich, wenn du schon wach bist, kannst du auch gleich nachsehn, was es an der Westküste gibt. Vielleicht wartet elektronische Post auf mich. Ich meldete mich über Tymnet beim Lawrence-Berkeley-Labor an – keine Ferngespräche für mich.
Das Unix-System in Berkeley war auch langsam. Frustrierend langsam. Aber nur ein anderer benutzte es. Darren Griffiths.
Über den Bildschirm tauschten wir ein paar Meldungen aus:

```
Hi Darren -- It's Cliff How's things:-)
Call me on the phone right away. We're under attack.
OK 0-0
```

O-O bedeutet *Over* und *Out*. Und das :-) ist ein etwas grober Smiley. Man muß ihn von der rechten Seite anschauen, dann lächelt er.
2.15 Uhr in Massachusetts ist nicht ganz Mitternacht in Berkeley. Darren war nicht im geringsten am Einschlafen.

»Hallo, Darren. Was ist das für ein Angriff?«
»Irgendwas frißt unser System auf, läßt eine Unmenge Prozesse anlaufen. Macht das System immer langsamer.«
»Ein Hacker?«
»Nein. Ich vermute einen Virus, aber ich kann's noch nicht genau sagen.« Darren sprach langsam beim Eintippen. »Ich arbeite erst zehn Minuten dran, deshalb bin ich nicht sicher.«
Dann fiel mir der Anruf von Gene Maya wieder ein.
»Das NASA Ames Labor berichtet dasselbe«, teilte ich ihm mit.
»Ja. Ich wette, dieser Angriff kommt vom Arpanet«, sagte Darren.
»Genau, schau dir diese ganzen Netzwerkverbindungen an!«
Ich konnte keine sehen – solange ich am Telefon sprach, war mein Computer abgekoppelt, und ich war blind. Ich hatte nur eine Telefonleitung, deshalb konnte entweder ich sprechen, oder mein Macintosh konnte mit einem anderen Computer kommunizieren, aber nicht beides gleichzeitig. Ich legte auf und wählte meinen Harvard-Computer, eine Sun Workstation. Langsam. Irgendwas brütete da.
Ich sah mir die laufenden Prozesse an (mit dem Befehl *ps-axu*, wie ich das von dem Hacker gelernt hatte). Da war der Virus. Aber er ließ nicht nur einen oder zwei Prozesse laufen. Hunderte von Verbindungen zu anderen Computern.
Jeder Prozeß versuchte, mit einem anderen Computer zu kommunizieren. Die Verbindungen kamen von überall: benachbarte Systeme in Harvard, weit entfernte Computer vom Arpanet.
Sobald ich ein Programm abgeschossen hatte, nahm ein anderes seine Stelle ein. Ich trat sie alle auf einmal aus; keine Minute später und schon wieder erschien eines. Innerhalb von drei Minuten waren es ein Dutzend. Heiliger Bimbam!
Was kriecht da in meinem Computer rum?

Ein biologischer Virus ist ein Molekül, das in eine Zelle eindringt und sie dazu bringt, das Virusmolekül statt ihrer eigenen DNS-Moleküle zu kopieren. Wenn er dupliziert ist, kann der Virus die Zelle verlassen und andere Zellen infizieren.
In ähnlicher Weise ist ein Computervirus ein Programm, das sich

selbst repliziert. Wie sein biologischer Namensvetter dringt er in ein System ein, dupliziert sich und schickt Kopien von sich selbst in andere Systeme.
Für den Wirtscomputer sieht der Virus aus wie eine Reihe von Befehlen, die völlig legitim erscheinen, jedoch fürchterliche Konsequenzen haben. Oft sind diese Befehle in ganz normalen Programmen verborgen und halten Winterschlaf, bis das Programm aufgerufen wird. Wenn das infizierte Programm läuft, scheint so lange alles in Ordnung, bis der Virus ausgeführt wird. Dann wird der Computer so überlistet, daß er die Instruktionen des Virus woandershin kopiert.
Wohin? Wahrscheinlich kopiert sich der Virus in ein anderes Programm auf demselben Computer, was es schwierig macht, ihn auszurotten. Oder vielleicht auf einen anderen Datenträger, so daß ihn jemand auf einen anderen Computer überträgt.
Vielleicht tut der Virus nicht mehr, als sich in andere Programme zu kopieren. Ein bösartiger Virushersteller jedoch könnte eine Nebenwirkung einbauen wie: »Kopiere dich viermal und lösche dann alle Textdateien.«
Computerviren verbreiten sich am leichtesten in Personal-Computern: Diese Maschinen haben keine Sicherungseinrichtungen in ihren Betriebssystemen. Auf einem PC kann man jedes beliebige Programm laufen lassen und den Speicherplatz frei belegen. Bei Kleinrechnern ist schwer festzustellen, ob ein Programm auf einer Diskette verändert worden ist.
Größere Computer wie Unix-Systeme sind widerstandsfähiger: Ihre Betriebssysteme isolieren einen Benutzer vom anderen und setzen dem, was man manipulieren kann, Grenzen. Zusätzlich kann man Systemprogramme nicht ohne Berechtigung ändern – die Mauern des Betriebssystems verwehren einem den Zugang zu diesen sensitiven Bereichen.
Der Virusschreiber muß das Programm sorgfältig auf einen Zielcomputer zuschneiden. Ein Programm, das auf Ihrem IBM-PC läuft, funktioniert nicht auf meinem Macintosh oder auf dem Unix-System meines Labors. Und dann darf das Virusprogramm nicht viel Speicherplatz brauchen, sonst wird es leicht entdeckt und gekillt.

Ein Virus eignet sich gut dafür, Zeitbomben zu verstecken. Es ist ganz leicht, einen Virus zu konstruieren, dessen Instruktionen folgendermaßen funktionieren:

›*Kopiere mich in vier andere Programme.*‹
›*Warte bis zum 13. Februar.*‹
›*Lösche alle Dateien im System.*‹

Der Virus muß einen Verbreitungsweg finden. Bloß Programme auf einem Computer zu infizieren, schadet nur einer Person. Der Schöpfer eines bösartigen Virus will aber, daß der Virus Hunderte von Systemen infiziert. Wie gibt man ein Programm an Hunderte andere weiter?

Die Leute tauschen Software auf Platten und Disketten aus. Wenn man ein Programm auf einer Platte infiziert, dann wird jedes System angesteckt, das dieses Programm laufen läßt. So wie die Platte von Büro zu Büro geht, können Dutzende von Computern infiziert und möglicherweise leergefegt werden.

Auch elektronische Schwarze Bretter vermitteln Software. Diese über das Telefonnetz erreichbaren Computer werden von Amateuren, Schulen und ein paar Firmen betrieben. Man wählt ihre Nummer und kopiert sich Programme vom Schwarzen Brett in seinen Computer zu Hause. Genauso leicht kann man ein Programm von seinem System daheim auf das Schwarze Brett kopieren. Dort wartet es, bis es jemand abruft. Und wenn ein Virus in diesem Programm lauert, dann entdeckt man ihn nicht eher, als bis es zu spät ist.

Also verbreiten sich Computerviren durch Programmaustausch. Jemand bringt ein infiziertes Programm – ein Spiel – zur Arbeit mit und läßt es auf seiner Büromaschine laufen. Der Virus kopiert sich in ihr Textverarbeitungsprogramm. Später gibt er die Disketten mit diesem Programm einem Freund. Das System des Freundes wird angesteckt. Oh, jedes Programm scheint richtig zu arbeiten. Aber dann kommt der 13. Februar . . .

Der naheliegendste Weg, Viren zu verhüten, ist, keine Programme auszutauschen. Nimm keine Bonbons von einem Fremden – akzeptiere keine dubiose Software. Wenn man seinen Computer

von andern isoliert hält, kann ihn ein Virusprogramm nicht infizieren.
Diese Weisheit stammt aus dem Elfenbeinturm und sieht über unsere alltäglichen Bedürfnisse hinweg. Wenn wir keine Programme und Daten austauschen, nützen uns unsere Computer nicht viel. Es gibt einen Reichtum öffentlich zugänglicher Software – und vieles davon ist bestens geeignet, unsere Probleme zu lösen.
Viren und logische Bomben vergiften oder zerstören diesen allgemeinen Brunnen. Die Leute hören auf, öffentlicher Software zu vertrauen, und schließlich versiegen ihre Quellen.
Eine weitere Gemeinschaft, die auf Vertrauen beruht.
Aber es gibt noch eine andere Verbreitungsweise von Viren: direkt über ein Netzwerk.
Unser Arpanet verbindet 60000 Computer im ganzen Land. Man kann an jeden diesen Rechner Post schicken, Dateien über das Arpanet verschicken oder erhalten oder (wie M. H. gezeigt hat) sich interaktiv in Computer einloggen, die am Arpanet hängen.
Könnte sich ein Virus über das Arpanet verbreiten? Ein Programm, das sich selbst von einem Computer über das Netzwerk zu einem anderen kopiert...?
Ich hatte mir das schon mal überlegt, hatte diese Möglichkeit aber immer zurückgewiesen. Die Arpanet-Computer haben Schutzvorrichtungen gegen Viren: Man braucht Passwörter, um sich in sie einzuloggen.
Konnte ein Virus Passwörter raten?
Um 3.30 Uhr wählte ich, fröstelnd an meinem Macintosh zu Hause, den Computer meines Observatoriums an. Das ist eine Sun Workstation, auf der die populäre Berkeley-Sorte Unix läuft. Diese Hunderte von Jobs liefen immer noch... mein System war schwer überladen. Kein Hacker war eingeloggt.
Nur ich.
Dasselbe Symptom bei den Lawrence Berkeley Labors. Und bei NASA Ames.
Riecht nach Virus.
Ich rief Darren Griffiths am LBL an.

»Es ist ein Virus«, bestätigte er. »Ich kann ihn sich replizieren sehen. Versuch mal, die Jobs zu killen. Sie kommen einfach wieder.«
»Von wo?«
»Ich krieg Verbindungen von fünf Orten. Stanford, Universität Rochester, Aerospace Company, Campus Berkeley und irgendwas namens BRL.«
»Das Ballistics Research Laboratory der Army«, sagte ich und erinnerte mich an ein Gespräch mit Mike Muuss vom BRL. »Wie kommt der Virus in dein System?«
»Ich weiß es nicht, Cliff. Die Verbindungen kommen alle vom Arpanet, aber das Einloggen erfolgt irgendwie nicht normal. Sieht so aus, als ob der Virus durch ein Loch im Postsystem einbricht.«
Jemand hat einen Virus gebaut, der Sicherheitslöcher in Unixsystemen ausnutzt. Das Loch ist im Postsystem, und der Virus verbreitet sich über das Netzwerk. Was macht der Virus? Kopiert er sich nur, oder hat er eine eingebaute Zeitbombe?
Es ist 4 Uhr. Was soll ich tun? Ich rufe am besten die Arpanet-Überwachung an und warne sie. Im Network Operations Center, das das Netzwerk kontrolliert, hat ein Beamter 24 Stunden Bereitschaftsdienst. Bis jetzt hatte man dort noch nichts von diesem Virus gehört.
»Verständigen Sie lieber alle, denn bis 9 Uhr hat es sich über das ganze Netz ausgebreitet«, riet ich ihm.
Das Network Operations Center hörte nicht auf mich.
Der Virus ist erst ein paar Stunden alt. Ich sehe Viren von einem Dutzend anderer Anlagen kommen. Virulent. Am Morgen wird er Dutzende oder sogar Hunderte Systeme erreicht haben. Wir haben ein Problem.
Ein Riesenproblem.
Eine Epidemie.
Wir müssen diesen Virus verstehen und die Nachricht verbreiten. Ich grub mich in den Code meines Systems in Cambridge. Und tatsächlich konnte ich zwei Versionen des Virus sehen; eine an VAX-Computer angepaßt, die mit Unix laufen, die andere ist für Sun Workstations. Jede Datei umfaßte 45 000 Bytes. Wenn sie

Englisch wäre, würde das auf etwa 30 Seiten passen. Aber es war kein Text – ich machte einen Dump der Datei, und sie sah aus wie Kauderwelsch, noch nicht mal wie Maschinencode.
Das gibt doch keinen Sinn, grübelte ich. Computerprogramme *sehen* aus wie Maschinencode. Dieses nicht. Es hat keinen Kopfsatz und nur ein paar Befehle, die ich erkenne. Der Rest ist Gulasch.
Geduldig versuchte ich zu verstehen, was diese paar Befehle taten. Angenommen, ich wäre eine Sun Workstation, und jemand gäbe mir diese Befehle ein. Wie würde ich reagieren?
Mit einem Blatt Papier, einem Taschenrechner und einem Buch mit Maschinenbefehlen begann ich den Code des Virus aufzudröseln.
Die ersten paar Befehle streiften eine Verschlüsselung vom Rest des Virus einfach ab. Deshalb sah es so seltsam aus. Die eigentlichen Befehle hatte man absichtlich verschleiert.
Aha! Der Virusschreiber hat sein Virus versteckt, erkannte ich. Er hat versucht zu verhindern, daß andere Programmierer seinen Code verstehen; er warf Reißnägel auf den Weg, um seine Verfolger langsamer zu machen.
Zum Teufel.
Zeit, Darren noch einmal anzurufen.
Es war 5 Uhr, und wir verglichen unsere Notizen – er hatte dasselbe entdeckt – und noch mehr.
»Ich habe einen Teil des Virus demaskiert«, erläuterte er, »und kann sehen, wie er durch das Postsystem einbricht. Dann verbreitet es sich mit *›finger‹* und *›telnet‹* in andere Computer. Es entschlüsselt Passwörter mit Brachialraten.«
Zusammen fieselten wir das Programm am Telefon auseinander. Sein einziger Zweck war anscheinend, sich in andere Computer zu kopieren. Es suchte nach Netzwerkverbindungen – benachbarte Computer, entfernte Systeme, alles, was es erreichen konnte.
Immer wenn das Virusprogramm einen Computer am Netzwerk entdeckt, versucht es einzubrechen und benutzt dabei mehrere verborgene Löcher im Unix-Betriebssystem.
Löcher in Unix?

Klar.

Wenn man Post von einem Unix-Computer zu einem anderen schickt, bewerkstelligt das Unix-*sendmail*-Programm die Übertragung. Eine elektronische Meldung kommt aus dem Netzwerk an, und *sendmail* gibt sie an den Adressaten weiter. Es ist ein elektronisches Postamt, das Post verteilt.

Sendmail hat ein Loch. Normalerweise schickt ein fremder Computer Botschaften in dieses Programm, und alle sind glücklich und zufrieden. Aber wenn's ein Problem gibt, kann man das Programm bitten, in den Fehlersuchmodus zu gehen – die Hintertür des Programms.

Wenn man im Fehlersuchmodus ist, kann man mit *sendmail* normale Unix-Befehle von einem fremden Computer aus eingeben. Befehle wie ›*Führe das folgende Programm aus*‹.

So also brütete der Virus Kopien aus. Er schickte anderen Computern per elektronischer Post Kopien von sich selbst und befahl ihnen dann, das Virusprogramm auszuführen.

Nachdem das Virusprogramm angelaufen war, suchte es nach anderen Computern, die es infizieren konnte, und schickte ihnen Botschaften.

In manchen Systemen war *sendmail* in Ordnung gebracht worden. Dann probierte der Virus ein anderes Loch aus: den Dämon *finger*.

Wenn Sie sehen wollen, ob ich gerade ein Unix-System benutze, können Sie den Befehl *finger cliff* erteilen. Wenn ich eingeloggt bin, antwortet Unix mit meinem Namen, meiner Telefonnummer und dem, was ich grade mache. Übers Netzwerk funktioniert das prima; ich strecke häufig zuerst meinen *finger* aus, bevor ich jemanden anrufe.

Der Virus drang über das Programm ein, das *finger*-Anfragen bearbeitete. Der *finger*-Dämon hat Platz für 512 Zeichen; der Virus schickte 536 Zeichen. Was passierte mit den übrigen 24 Zeichen? Sie wurden als Unix-Befehle ausgeführt.

Indem der Virus beim *finger*-Dämon einen Überlauf verursachte, fand er einen zweiten Weg, den Befehl ›*Führe das folgende Programm aus*‹ in einem fremden Computer auszuführen.

Wenn das nicht reichte, hatte der Virus einen eingebauten Passwortrater. Er versuchte, sich in benachbarte, bewährte Computer einzuloggen und benutzte ein paar Hundert verbreitete Passwörter. Wenn er ein gültiges Passwort erriet, kopierte er sich in den Computer und fing von vorne an.

Puh!

Jeder einzelne dieser Wege würde eine Menge Computer anstekken. Zusammengenommen bildeten sie einen teuflisch effektiven Virus.

Wie beim Zauberlehrling kopierte sich das Programm immer weiter von einem Computer zum nächsten.

Lösche eine Kopie, und eine neue springt an ihre Stelle. Stopfe ein Loch zu, und der Virus probierte es bei einem anderen.

Sagte ich Virus?

»Du weißt, Cliff, ein Virus modifiziert andere Programme, wenn sie laufen. Dieses Ding verändert keine Programme, es kopiert sich nur selber«, erklärte Darren. »Es ist eigentlich kein Virus, es ist ein Netzwerkwurm.«

Ein Virus kopiert sich in andere Programme und verändert das Programm selbst. Ein Wurm kopiert sich von einem Computer zum nächsten. Beide sind ansteckend; beide können Verheerungen anrichten.

Viren infizieren gewöhnlich Personal-Computer und verbreiten sich mittels Disketten und kopierten Programmen. Würmer schlagen über Netzwerke zu; sie verbreiten sich über genau dieselben Verbindungen wie elektronische Post und Kommunikation.

Aber um 5.30 Uhr wußte ich nur, daß meine Computer steckenblieben, und daß dieses sich selbst replizierende Programm daran schuld war.

Wieder ein Kuckuck, der Eier in die Nester anderer Vögel legte.

Wurm oder Virus, wer ihn auch gebaut hat, hat absichtlich Straßensperren errichtet, damit niemand ihn versteht. Der Code ist chiffriert, und er versteckt seine internen Tabellen. Er löscht jeden Nachweis seines Mutterwurms. Er tut so, als ob er einem Computer in Berkeley eine Meldung schickt, obwohl er in Wirklichkeit überhaupt nichts schickt – ein Versuch, die Aufmerksamkeit vom wahren Ursprung des Programms abzulenken.

Um 6 Uhr früh an diesem Donnerstag dachte ich über die Wirkungen dieses Wurms nach. Da braut sich was Schlimmes zusammen, und jemand muß verständigt werden.
Aber wer?
Ich hatte das Arpanet Operations Center angerufen. Die konnten nicht viel tun. Auch wenn sie das ganze Netzwerk abschalteten, brütete der Wurm immer noch und kroch durch lokale Netzwerke. Da war's doch besser, das National Computer Security Center anzurufen.
Bob Morris, den wissenschaftlichen Leiter.

Ich wußte, daß Bob Morris am Donnerstagmorgen um 6.30 Uhr an seinem Computer war, eingeloggt im Dockmaster-Computer der NSA. Nachdem ich eine Meldung an diese Maschine geschickt hatte, rief ich ihn an.
»Hallo, Bob. Wir haben Ärger. Ein Virus verbreitet sich über das Arpanet und infiziert Unix-Computer.«
»Wann hat er angefangen?«
»Um Mitternacht, glaub ich. Vielleicht früher, ich weiß es nicht. Ich war die ganze Nacht auf und versuchte, ihn zu verstehen.«
»Wie verbreitet er sich?«
»Durch ein Loch im Unix-Postprogramm.«
»Sie meinen sicher *sendmail*. Verdammt noch mal, ich hab's seit Jahren gewußt.«
Bob Morris mochte es ja gewußt haben, aber er hatte es mir nie erzählt.
»Wer auch immer den Virus geschrieben hat«, sagte ich, »lacht sich ins Fäustchen, und alle anderen haben einen harten Tag.«
»Haben Sie 'ne Ahnung, wer ihn ausgesetzt hat?«
»Nein.«
»Keine Sorge. Wir schauen uns das an und sehn mal, was wir tun können.«
Wir plauderten noch eine Weile, dann legte ich auf. Also, ich hatte die Behörden gewarnt. Als wissenschaftlicher Leiter des National Computer Security Center konnte Bob in ein paar Stunden seine Truppen in Alarmbereitschaft versetzen und anfangen, herauszufinden, was es mit dem Virus auf sich hatte.

Ich starrte eine Weile auf meinen Computerbildschirm und schlief dann im Bademantel über der Tastatur ein.
Zwei Stunden später klingelte das Telefon. Don Alvarez vom MIT war dran.
»Hey Cliff«, sagte er, »da geht was Unheimliches vor. Auf unserem Computer laufen plötzlich hundert Jobs. Riecht nach einem Virus.«
»Bei Ihnen auch?«
Wir verglichen unsere Notizen und begriffen rasch, daß überall im Land Unix-Systeme infiziert sein mußten. Da kann man nichts anderes machen, als die Fehler in den Systemen auszubügeln.
»Es gibt nur zwei Möglichkeiten, diesen Virus zu verstehen«, sagte Don. »Die naheliegendste ist, ihn auseinanderzunehmen. Den Computercode Schritt für Schritt nachzuvollziehen und herauszufinden, was er tut.«
»Okay«, sagte ich, »das hab ich probiert, ist aber nicht einfach. Und die andere?«
»Behandeln Sie ihn als Black Box. Beobachten Sie, wie er Signale an andere Computer sendet und schätzen Sie ab, was drin ist.«
»Es gibt noch einen dritten Weg, Don.«
»Und der wäre?«
»Rausfinden, wer ihn geschrieben hat.«
Ich blätterte die Computernetzwerknachrichten durch: Peter Yee und Keith Bostic von der California University in Berkeley enträtselten den Virus, beschrieben die Unix-Löcher und publizierten sogar einen Weg, um die Software zu reparieren. Saubere Arbeit!
Im Laufe des Tages sezierten Jon Rochlis, Stan Zanarotti, Ted T'so und Mark Eichen vom MIT das Programm und übersetzten die Bits und Bytes in einen Plan. Donnerstag abend – weniger als 24 Stunden, nachdem der Virus ausgesetzt worden war – hatten die Teams aus Berkeley und vom MIT ihn zerlegt und beinahe ganz verstanden.
Mike Muuss vom Ballistic Research Labor machte auch Fortschritte. Einen Tag später baute er einen Testraum für den Virus und benutzte seine Software-Werkzeuge, um ihn auszutesten. Mit

Hilfe seiner Experimente konnte er nachvollziehen, wie der Virus sich ausbreitete und welche Löcher er benutzte, um andere Computer anzustecken.

Aber wer hatte ihn geschrieben?

Gegen 11 Uhr rief mich jemand vom National Computer Security Center der NSA an.

»Cliff, wir hatten gerade eine Besprechung«, sagte die Stimme. »Nur eine Frage: Haben Sie den Virus geschrieben?«

Ich war wie vom Donner gerührt. Ich sollte diesen Virus geschrieben haben?

»Nein, verdammt und zugenäht, ich hab ihn nicht geschrieben. Ich hab mir die Nacht um die Ohren gehauen und versucht, ihn abzuwürgen!«

»Bei der Besprechung deuteten einige an, Sie seien der wahrscheinlichste Urheber. Ich prüfe das nur nach.«

Witzbolde. Ich? Wieso glaubten die, ich hätte ihn geschrieben? Dann begriff ich: Ich hatte eine Meldung an ihren Computer geschickt. Ich war der erste, der sie angerufen hatte. Was für ein Wahnsinn!

Dieser Anruf gab mir zu denken. Wer hatte den Virus geschrieben? Warum? Man kann nicht zufällig einen Virus schreiben. Es mußte Wochen gedauert haben, ihn zu konstruieren.

Der Virusschreiber hatte eine Liste von einigen hundert möglichen Passwörtern beigefügt, wie etwa *›cat‹*, *›caynga‹*, *›celtics‹*, *›cerulean‹*, *›change‹*... wie war er an eine solche Liste gekommen? Hatte er sich vielleicht Passwörter von anderen Leuten geschnappt? Oder seine Lieblingswörter genommen? Jedenfalls könnte in dieser Liste ein Schlüssel zu seiner Lokalisierung liegen.

Der Virus selbst war ein weiterer Hinweis. Gute Programmierer schreiben sauberen Code. Lausige Programmierer schreiben lausigen Code. Dieses Programm war blitzsauber.

Am späten Donnerstagnachmittag rief ich Bob Morris noch einmal an.

»Was Neues?« fragte ich ihn.

»Ausnahmsweise sage ich Ihnen die Wahrheit«, sagte Bob. »Ich weiß, wer den Virus geschrieben hat.«

»Sagen Sie's mir?«
»Nein.«
Eine saubere Leistung. Zehn Stunden, nachdem ich angerufen habe, hat das National Computer Security Center den Schuldigen gefunden.
Aber ich nicht. Für mich war er immer noch ein Geheimnis, also mußte ich wieder damit anfangen, in den Netzwerken rumzuschnüffeln. Wenn ich nur den Computer finden könnte, der zuerst infiziert worden ist, dachte ich grimmig. Nein, das geht nicht. Da draußen sind Tausende.
John Markoff, ein Reporter von der NEW YORK TIMES, rief an.
»Einem Gerücht nach soll der Name der Person, die den Virus geschrieben hat, die Initialen RTM haben. Hilft Ihnen das weiter?«
»Nicht viel, aber ich werde es mal nachprüfen.«
Wie jemanden finden, von dem man nur die Initialen kennt?
Natürlich ... man schlägt im Netzwerk-Verzeichnis nach.
Ich loggte mich im Network Information Center ein und suchte nach allen mit den Initialen RTM. Einer sprang dabei raus: Robert T. Morris. Adresse: Harvard-Universität, Aiken Labor.
Aiken. Davon hatte ich schon gehört. Ist in unserer Nachbarschaft; drei Blocks weiter. Ich beschloß, dort mal vorbeizuschauen.
Ich zog meinen Mantel an und lief die Kirkland Street runter, dann hinüber in die Oxford Street, deren Bürgersteige Ziegelsteinpflaster haben. Vor dem Zyklotronlabor von Harvard stand auf der anderen Straßenseite ein Imbißwagen mit Gerichten aus dem Nahen Osten. Dreißig Meter weiter befindet sich das Aiken Labor – ein häßliches, modernes Betongebäude, das von alter, viktorianischer Architektur umgeben ist.
Ich ging hinauf ins Sekretariat.
»Hallo. Ich suche nach Robert Morris.«
»Noch nie gehört«, gab sie zurück. »Aber ich schau mal in meiner Maschine nach.«
Sie tippte in ihr Terminal:

```
Finger Morris
```

Ihr Computer antwortete:

```
Login name: rtm In real life: Robert T. Morris
Phone: 617/498-2247
Last login Thu Nov 3 00:25 on ttyp2 from 128.84.254.126
```

Hier hatten wir's ja: Das letzte Mal, daß Robert T. Morris den Harvard-Computer benutzt hat, war 25 Minuten nach Mitternacht gewesen, an dem Tag, als der Virus zu wirken begann. Aber er ist nicht hier in Massachusetts. Diese Adresse, 128.84.254.126, ist an der Cornell University. Er war von einem Computer der Cornell University in das Harvard-System reingekommen. Merkwürdig.

Die Sekretärin sah die Meldung, blickte auf und sagte: »Oh, der muß mal hier Student gewesen sein. Die Telefonnummer ist Zimmer 111.«

Ich ging hinüber zu Zimmer 111 und klopfte an die Tür. Ein Student im T-Shirt spähte heraus.

»Schon mal was von einem Robert T. Morris gehört?« fragte ich.

Er wurde blaß.

»Ja. Aber der ist nicht mehr hier.« Er schlug mir die Tür vor der Nase zu.

Ich drehte ab, überlegte einen Moment, ging wieder zur Tür, klopfte und stellte meine zweite Frage: »Haben Sie von dem Virus gehört?«

»Oh, RTM hätte das nie getan. Ganz sicher.«

Moment mal. Ich hatte ja nicht gefragt, ob Morris den Virus geschrieben hatte, und dieser Typ streitet es ab.

Es gab eine einfache Möglichkeit, seine Ehrlichkeit zu prüfen.

»Wann hat Morris zum letzten Mal einen Computer von Harvard benutzt?« stellte ich meine dritte Frage.

»Letztes Jahr, als er noch Student war. Er ist jetzt in Cornell, und loggt sich nicht mehr in unsere Computer ein.«

Doch die Antworten dieses Typs stimmten nicht mit den Abrechnungssätzen seines Computers überein. Einer von den beiden sagt die Wahrheit, dachte ich. Ich tippe auf den Computer.

Wir unterhielten uns fünf Minuten, und der Bursche erzählte mir,

daß er ein guter Freund von Morris sei, daß sie zusammen im selben Büro saßen und daß RTM niemals einen Computervirus schreiben würde.
Genau, ganz richtig, dachte ich etwas süffisant.
Ich ging wieder und glaubte, daß Morris von seinem alten Bürokumpel gedeckt wird. Morris muß mit ihm in Verbindung stehen. Und sie haben beide Angst. Ich hätte auch Angst, wenn ich in dieser Klemme steckte. Das halbe Land sucht nach dem Urheber dieses Virus.

Von wo war der Virus ausgegangen?
Ich überprüfte andere Computer in Cambridge und suchte nach Verbindungen nach Cornell. Eine Maschine, drüben im Labor des MIT für Künstliche-Intelligenz-Forschung, wies nächtliche Verbindungen von Robert T. Morris' Computer in Cornell nach.
Jetzt machte die Sache Sinn. Der Virus war in Cornell geplant und entwickelt worden. Dann benutzte der Urheber das Arpanet, um sich beim MIT anzumelden und den Virus dort freizusetzen. Eine Weile später geriet er in Panik, als er merkte, daß sein Geschöpf außer Kontrolle geraten war. Also loggte er sich in den Harvard-Computer ein, entweder um die Entwicklung des Virus zu überprüfen, oder um seine Freunde um Hilfe zu bitten.
Trotzdem war ich der Angeschmierte.
Wenig später stelle ich fest, daß Robert T. Morris jr. der Sohn von Bob Morris ... äh, Robert Morris sen. ist, der mir erst gestern abend gesagt hatte, er wisse schon seit Jahren von dem *sendmail*-Loch. Bob Morris, der Denkboss, der mich über Astrophysik gelöchert und dann mit Zigarettenrauch fast erstickt hatte.
Sein Sohn hatte also 2000 Computer außer Gefecht gesetzt. Warum? Um den Alten zu beeindrucken? Als Halloween-Streich? Um vor ein paar Tausend Programmierern anzugeben?
Was immer auch sein Motiv war, ich glaube nicht, daß er mit seinem Vater unter einer Decke steckte. Gerüchte wollen wissen, er habe mit einem oder zwei Freunden am Rechenzentrum von Harvard zusammengearbeitet (der Harvardstudent Paul Graham schickte ihm elektronische Post und fragte nach ›*Neuigkeiten von dem genialen Projekt*‹), aber ich bezweifle, daß sein Vater irgend

jemanden dazu anregen würde, einen Virus zu schreiben. Wie Bob Morris sen. sagte: »So was ist nicht unbedingt eine Empfehlung für eine Karriere bei der NSA.«
Nachdem Jon Rochlis vom MIT den Code seziert hatte, charakterisierte er den Virus als »nicht sehr gut geschrieben«.
Er war insofern einzigartig, als er die Computer über vier Wege angriff: Fehler in den Unix-Programmen *sendmail* und *finger*, Passwortraten und Ausnutzen von ungeschützten Wegen zwischen Computern. Zusätzlich tarnte Morris das Programm mehrfach, um zu verhindern, daß es entdeckt wurde. Aber er machte verschiedene Programmierfehler – zum Beispiel setzte er eine falsche Replikationsrate fest –, und wahrscheinlich hätten auch viele andere Studenten oder Programmierer den Virus schreiben können. Man muß dazu nur die Unix-Defekte kennen und reichlich verantwortungslos sein.
Wenn man mal verstanden hat, wie dieser spezielle Wurm-Virus Computer ansteckt, ist die Heilung offensichtlich: *sendmail* und den Dämon *finger* reparieren, die Passwörter ändern und alle Kopien des Virus im System löschen.
Offensichtlich – ja.
Einfach – nein.
Die Neuigkeit zu verbreiten, ist nicht einfach, wenn alle ihr elektronisches Postsystem gekappt haben. Schließlich erzeugte dieser Virus damit seine Kinder. Langsam, abwechselnd über Netzwerk und über Telefon, verbreitete sich die Nachricht. In ein paar Tagen war der RTM-Virus fast ganz erstickt.
Wie aber schütze ich mich vor anderen Viren?
Die Aussichten waren nicht so rosig. Weil sich Viren als Abschnitte legitimer Programme maskieren, sind sie schwer zu entdecken. Noch schlimmer, wenn ein Sytem mal infiziert ist, sind die Biester kaum noch zu verstehen. Ein Programmierer muß den Code decompilieren. Eine zeitaufwendige, langweilige Arbeit.
Zum Glück sind Computerviren selten. Obwohl es Mode geworden ist, Systemprobleme auf Viren zu schieben, treffen sie doch meist Leute, die Software austauschen und elektronische Schwarze Bretter benutzen. Zum Glück sind das gewöhnlich ver-

ständige Leute, die Sicherungskopien von ihren Datenträgern machen. Ein Computervirus ist hochspezialisiert: Ein Virus, der auf einem IBM-PC läuft, kann einem Macintosh oder einem Unix-Computer nichts anhaben. Ganz ähnlich konnte der Arpanet-Virus nur Systemen etwas anhaben, die mit dem Berkeley-Unix liefen. Computer mit anderen Betriebssystemen – wie AT&T-Unix, VMS oder DOS – waren völlig immun.

Also arbeitet Verschiedenheit Viren entgegen. Wenn alle Systeme am Arpanet mit Berkeley-Unix laufen würden, hätte der Virus alle 50 000 lahmgelegt. So infizierte er nur ein paar Tausend. Biologische Viren sind genauso spezialisiert: Menschen können sich nicht die Hundestaupe holen.

Bürokraten und Manager werden uns immer drängen, uns auf ein einziges System als Standard festzulegen: »Benutzen wir doch nur Sun Workstations.« Oder: »Kauft nur IBM-Systeme.«

Trotzdem sind unsere Computergemeinden buntgemischt – Maschinen von Data General stehen neben VAXen von Digital; IBMs sind mit Sonys verbunden. Wie in unseren Städten und besonders in den Stadtteilen, wo Baptisten neben Katholiken und Juden neben Lutheranern wohnen; die kreativ-eigenständige Mischung ist das bewegende Element unserer Gemeinschaft und läßt sie dadurch überleben.

Und wieviel Astronomie hatte ich derweil zustande gebracht?

Keine. 36 Stunden hatte ich daran gearbeitet, unsere Computer zu desinfizieren. Dann kamen Vorträge und Artikelschreiben. Und ein paar Trittbrettfahrer – zum Glück keiner so clever wie das Original.

Das letzte, was ich hörte, war, daß Robert T. Morris jr. untergetaucht war, Interviews vermied und sich die Chancen einer Anklageerhebung ausrechnete. Sein Vater ist immer noch bei der NSA, immer noch der wissenschaftliche Leiter ihres Computer Security Centers.

Wieviel Schaden war angerichtet worden? Ich studierte das Netzwerk und stellte fest, daß in 15 Stunden 2000 Computer infiziert worden waren. Bei diesen Maschinen war absolute Flaute – jedenfalls so lange, bis sie desinfiziert waren. Und den Virus zu entfernen, dauerte oft zwei Tage.

Angenommen, jemand macht 2000 Autos unbrauchbar, indem er zum Beispiel die Luft aus den Reifen läßt. Wie würde man da den Schaden berechnen? In einer Hinsicht gibt es überhaupt keinen Schaden: Die Autos sind unbeschädigt, und man muß nur die Reifen aufpumpen. Oder man mißt den Schaden daran, daß die Autos nicht zur Verfügung stehen.

Überlegen Sie mal: Wieviel verlieren Sie, wenn Sie Ihr Auto einen Tag nicht benutzen können? Die Kosten für einen Abschleppwagen? Oder den Preis eines Mietwagens? Oder die Arbeitszeit, die Sie verloren haben?

Vielleicht würden Sie demjenigen, der die Luft aus Ihren Reifen gelassen hat, danken – ihm eine Medaille verleihen, weil er Ihr Verkehrssicherheitsbewußtsein gestärkt hat.

In unserem Fall hatte jemand 2000 Computer für zwei Tage lahmgelegt. Was gab's für Verluste? Programmierer, Sekretärinnen und Manager konnten nicht arbeiten. Daten wurden nicht erhoben. Projekte verzögerten sich.

Zumindest soviel Schaden hatte der Virusschreiber verursacht. Und noch schlimmeren. Eine Weile, nachdem der Virus zugeschlagen hatte, machten einige Astronomen und Programmierer eine Umfrage. Die Computerleute glaubten, der Virus sei ein harmloser Scherz gewesen – einer der besten Witze überhaupt.

Die Astronomen waren anderer Meinung: Zwei Tage lang konnten sie nicht arbeiten. Ihre Sekretärinnen und Doktoranden arbeiteten nicht. Anträge und Artikel wurden nicht geschrieben. Wir bezahlen ihre Netzwerkverbindungen aus unserer Tasche – und dieser Blödsinn machte es ihnen noch schwerer, ihre Astronomienetzwerke auszudehnen.

Manche Programmierer halten den RTM-Virus für eine nützliche Lektion, um das Bewußtsein für Computersicherheit zu heben. Man solle dem Virusschreiber dankbar sein ... wie damals dem Hacker aus Hannover ...

Früher hätte ich in diesem Virus auch keine Gefahr gesehen. Aber in den letzten beiden Jahren hatte sich mein Interesse von einem Miniproblem (einer Unstimmigkeit von 75 Cents) zu Maxithemen verschoben: die störungsfreie Entwicklung unserer Netzwerke, ein allgemeines Gefühl für faires Verhalten, die juristischen Implikationen des Hackens, die Ethik des Computer-Gemeinwesens...

Mein Gott! Jetzt merke ich, daß ich doch tatsächlich erwachsen geworden bin – ein Mensch, der weiß, was er will und tut und auch die Verantwortung dafür zu übernehmen bereit ist, also ganz konkret: der *wirklich ein Interesse* daran hat, nicht Computer, sondern Menschen vor Manipulationen und Übergriffen zu schützen. Meine frühere, studentisch geprägte Einstellung hatte mich alles in der Welt als bloßes Forschungsobjekt betrachten lassen: Man konnte es auseinandernehmen, untersuchen, Daten erheben, allgemeine Muster feststellen... und plötzlich müssen aus Erkenntnissen Schlußfolgerungen gezogen werden, die Parteinahme und verantwortliches Handeln verlangen.

Man schickte mich auf die Suche nach 75 Cents, und ich wurde – mündig.

Der beste schlechteste Film aller Zeiten, THE BLOB, endet damit, daß das bösartige Monster in die Antarktis geschleppt wird: Es ist unschädlich, wenn es gefroren ist. Dann leuchtet das Wort ENDE auf der Leinwand auf, aber im letzten Augenblick erscheint ein unförmiges Fragezeichen. Das Monster ist nicht tot, es schläft nur.

Dieses Gefühl hatte ich, als ich endlich meine Überwachungsanlage abbaute, den letzten Eintrag in mein Notizbuch machte und von den nächtlichen Hacker-Jagden Abschied nahm.

So etwas Ähnliches wie dieses Monster ist immer noch da und bereit, zurückzukehren. Immer wenn jemand, verführt durch Geld, Macht oder einfach rücksichtslose Neugierde, ein Passwort stiehlt und durch die Netzwerke schleicht. Immer wenn jemand vergißt, daß die Netzwerke, in denen er so gerne spielt, hochempfindlich sind und nur bestehen können, wenn das in sie gesetzte Vertrauen nicht zerstört wird. Immer wenn jemand, der seinen Spaß will, mir nichts, dir nichts in Systeme einbricht und vergißt, daß er sich in der Privatsphäre anderer Leute befindet, dort Daten gefährdet, die andere vielleicht mühsam zusammengetragen haben und Mißtrauen und Feindseligkeit sät.

Netzwerke umfassen nicht nur gedruckte Schaltungen, sondern auch Menschen. Gerade jetzt während ich tippe, kann ich über meine Tastatur zahllose andere erreichen: Freunde, Fremde, Feinde. Ich kann mit einem Physiker in Japan kommunizieren, mit einem Astronomen in England, einem Schnüffler in Washington, meinem Freund in München. Ich könnte mit einem Kollegen in Silicon Valley tratschen oder mit einem Professor in Berkeley.

Mein Terminal ist ein Tor zu zahllosen, verschlungenen Wegen, die zu unzähligen Nachbarn führen. Tausende von Leuten vertrauen einander genügend, um ihre Systeme miteinander zu verbinden. Hunderttausende von Leuten benutzen diese Systeme, ohne je an die ausgetüftelten Netzwerke zu denken, die ihre getrennten Welten verbinden.

Wie in der Kleinstadt, die in jenem Monsterfilm verwüstet wird, arbeiten und vergnügen sich alle diese Menschen, ohne sich bewußt zu sein, wie empfindlich und störanfällig ihre Gemeinschaft ist. Sie könnte von einem Virus total vernichtet werden, oder – was noch schlimmer ist – sie könnte sich in wechselseitigem Mißtrauen verzehren, sich mit Sicherheitsschlössern, Kontrollinstanzen und Überwachungsanlagen extrem blockieren oder einfach eingehen, weil sie so unzugänglich und bürokratisch würde, daß niemand mehr in ihr Leben wollte.

Aber vielleicht, wenn M. H. und die anderen Hacker eine Ausnahme waren und Einkehr halten, wenn genügend Computerleute international zusammenarbeiten, um die Netzwerke frei und sicher zu halten, ist dann all das vorbei. Dann kann auch ich endlich zur Astronomie zurückkehren und habe Zeit für Martha.

Glauben Sie mir: Ich will kein Computerbulle sein. Ich will nicht, daß unsere Netzwerke Bullen brauchen. Ich will, daß diese ganze blöde Sache vom Winde verweht wird.

Das Telefon klingelt.

Das Lawrence-Livermore-Labor – von dem ich mich immer ferngehalten habe, weil sie Atombomben konstruieren.

Die Stimme klingt aufgeregt. Ein Hacker sei in ihren Computer eingebrochen.

»Bitte, helfen Sie uns!«

Dank

Ich habe versucht, dieses Ereignis so zu rekonstruieren, wie ich es erlebt habe. Meine Hauptquellen sind meine elektronischen und sonstigen Tagebücher, die ich in Kontakten mit anderen in diese Affäre Verwickelten und anhand von Zeitungsberichten überprüft habe. Einige Leute erscheinen unter Pseudonym, mehrere Telefonnummern wurden verändert, einige Gespräche aus dem Gedächtnis rekonstruiert, aber nichts ist erfunden.

Wie verbreitet man die Nachricht, daß ein Computer ein Sicherheitsloch hat? Manche sagen gar nichts, weil sie fürchten, wenn man den Leuten sagt, wie man Sprengstoff herstellt, basteln sie Bomben. In diesem Buch beschreibe ich explizit einige dieser Sicherheitsprobleme, in dem Bewußtsein, daß die mit den schmutzigen Westen sie bereits kennen. Außerdem sind die meisten dieser Löcher schon bekanntgemacht und korrigiert worden, entweder von den Anbietern oder den Benutzern.

Für die Unterstützung während der ganzen Ermittlung und der Niederschrift danke ich meinen Freunden, Kollegen und meiner Familie. Regina Wiggen war meine redaktionelle Hauptstütze; ich danke auch Jochen Sperber, Jon Rochlis, Dean Chacon, Donald Alvarez, Laurie McPherson und Guy Consolmagno.

Ich habe in mehreren Computernetzwerken eine Notiz ausgehängt und um Titelvorschläge gebeten. Mehrere Hundert Leute aus der ganzen Welt haben mit ausgeflippten Ideen reagiert. Ich danke Karen Anderson in San Francisco und Nigel Roberts in München für Titel und Untertitel.

David Gernert und Scott Furgerson von Doubleday haben mir immer und überall geholfen. An sie, wie auch an meinen Agenten John Brockman geht mein Dank für Ermutigung und guten Rat.

Allen diesen Menschen bin ich verpflichtet; den meisten schulde ich auch noch eine Kiste Schokoladenkekse.

Das Lawrence-Berkeley-Labor hat mich während der ganzen Suche unterstützt; die Leute des Smithsonian Astrophysical Observatory – besonders Joe Schwarz und Steve Murray – waren sehr verständnisvoll und hilfsbereit, während ich dieses Buch schrieb. Mein tief empfundener Dank geht an meine Freunde an beiden Instituten, und ich hoffe darauf, daß ich jetzt wieder zur Astronomie zurückkehren kann.

Ich war zehn Jahre alt, als Ernst Both vom Buffalo Museum of Science mich einlud, durch ein Teleskop zu schauen, und mir das Universum der Astronomie erschloß. Ich frage mich, ob ich je in der Lage sein werde, ihm angemessen zu danken.

Meiner Liebsten und Ehefrau Martha Matthews muß ich nicht danken. Sie hat so viel Anteil an diesem Buch, wie sie an der Geschichte gehabt hat. Ich liebe sie von ganzem Herzen.

Für die deutschsprachige Version meines Buches zolle ich der Übersetzerin, Gabriele Herbst, sowie dem Wolfgang Krüger Verlag, dessen Lektorat und Herstellung, große Anerkennung und allen Respekt.

Haben Sie es doch durch Kompetenz und nimmermüdes Engagement ermöglicht, mein ›Tagebuch‹ so rechtzeitig in der BRD zu veröffentlichen, daß es vielleicht bei den Diskussionen gerade in diesem Land, in dem der ›KGB-Hack‹ so hohe Wellen schlägt, zur Klärung und Besinnung beitragen kann.

Am 6. Juni 1989 erhielt ich aus Frankfurt die Nachricht, daß ›Hagbard‹ ums Leben gekommen ist.

Der tragische Tod von Karl Koch hat mich tief erschüttert.

Ich wollte niemanden zur Strecke bringen.

Cliff Stoll-Matthews

Cambridge, Massachusetts, 12. Juni 1989

Internet-Adresse: Cliff cfa200.harvard.edu

FISCHER LOGO

FÜR DEN SPIELRAUM IM KOPF

Unterhaltungslogik

J.C. BAILLIF
DENKPIROUETTEN
Listige Spiele aus
Logik und Mathematik
Band 8706

Die ›Denkpirouetten‹ von J.C.-Baillif erscheinen zunächst leicht, verlangen aber zu ihrer Auflösung eine kreative List: Amüsanter Zeitvertreib für Denksportler der Mathematik und anderer Disziplinen, Unterhaltung für den neugierigen Geist.

MARIE BERRONDO
FALLGRUBEN FÜR
KOPF-FÜSSLER
Eurekas
mathematische Spiele
Band 8703

Wo man sich beim Wahrscheinlichkeitsrechnen wahrscheinlich irren wird... über lügende Großmütter, kosmopolitische Großväter und die brennende Frage: Kannibale, ja oder nein? 253 verzinkte Rätsel und mathematische Probleme für den Eigengebrauch wie für die Verwirrung von Freund und Feind.

FISCHER TASCHENBUCH VERLAG

FI 1081/1

FISCHER LOGO

FÜR DEN SPIELRAUM IM KOPF

Naturwissenschaftliche Belletristik

RUDY RUCKER
LAFCADIO UND DIE SEXKUGEL
Ein physikalischer Roman
Band 8704

Eine kurzweilig, spannend und temporeich erzählte Geschichte, die von ›höheren Dimensionen und Sex‹ berichtet.
Politische, mathematische, erotische Verwicklungen um ein unersättliches Kügelchen Hypermaterie namens Babs.

RUDY RUCKER
MIXMISCHMASCH
Geschichten aus der Hypersphäre
Band 8705

Achtzehn Stories, achtzehn Delikatessen für den Verstand. Lekkerbissen, die beim Lesen in den Windungen der ›alten grauen Masse‹ wie auf der Zunge zergehen. Die Geschichte eines amerikanischen Mathematikprofessors, der auszog, das Fürchten zu verlernen, das Unbekannte mit analytischem Verstand durchdringt, ins Jenseits springt und die Schwerkraft überwindet.

FISCHER TASCHENBUCH VERLAG

fi 1082/1